U0929969

中国外交

China's Foreign Affairs

2022年版

中华人民共和国外交部
政策规划司/主编

世界知识出版社

图书在版编目(CIP)数据

中国外交：2022年版 / 中华人民共和国外交部政策规划司主编. —北京：世界知识出版社，2023. 1

ISBN 978-7-5012-6565-7

Ⅰ. ①中… Ⅱ. ①中… Ⅲ. ①外交—概况—中国—2022
Ⅳ. ①D82

中国版本图书馆CIP数据核字（2022）第255861号

中国外交 / 2022年版
Zhongguo Waijiao / 2022 Nian Ban

主　　编 / 中华人民共和国外交部政策规划司

责任编辑 / 王晓娟　侯奕萌
责任出版 / 王勇刚
责任校对 / 张　琨

出版发行 / 世界知识出版社
地址邮编 / 北京市东城区干面胡同51号（100010）
网　　址 / www.ishizhi.cn
电　　话 / 010-65265923（发行）　010-85119023（邮购）
经　　销 / 新华书店
印　　刷 / 河北新华第一印刷有限责任公司
开本印张 / 720毫米 × 1020毫米　1/16　26½印张　497千字
版次印次 / 2023年1月第一版　2023年1月第一次印刷
标准书号 / ISBN 978-7-5012-6565-7
定　　价 / 98.00元

《中国外交》（2022年版）指导委员会

《中国外交》（2022年版）编辑委员会

政策规划司编辑小组 / 张颖　黄磊　贾媛　黄雪青　吴雯萱

国务委员兼外交部长序

2021年，无论对于中国还是世界，都是载入史册的一年。

这一年，中国人民昂首阔步、勇往直前。我们隆重庆祝中国共产党百年华诞，习近平总书记庄严宣告中华民族伟大复兴进入了不可逆转的历史进程，党的十九届六中全会全面总结党的百年奋斗重大成就和历史经验，全党全国各族人民更加信心满怀地奋进新征程、建功新时代。我们沉着应对百年变局和世纪疫情，构建新发展格局迈出新步伐，高质量发展取得新成效，实现“十四五”良好开局。

这一年，人类社会动荡变革、负重前行。全球疫情跌宕蔓延，百年变局加速演进，世界进入新的动荡变革期。冷战思维沉渣泛起，单边主义逆流横行，世界再次面临分裂和对抗的风险。全球经济复苏受挫，发展困境加剧，南北鸿沟拉大，新的脆弱点、贫困带、动荡源不断出现。人类社会遭遇多重危机，全球治理经历深刻变革，国际秩序面临严峻挑战。各国都在探索应对之道，人类需要作出正确抉择。

2021年的中国外交，在以习近平同志为核心的党中央坚强领导下，秉持天下胸怀，践行为国为民，坚定站在历史正确的一边，站在人类进步的一边。我们坚持合作、不搞对抗，坚持开放、不搞封闭，坚持互利共赢、反对零和博弈，坚持平等相待、反对强权霸凌，在全球变局中开创新局，在世界乱局中化危为机，在斗争与合作中营造有利外部环境，同所有爱好和平的国家和人民一道，推动人类发展的车轮向着光明的前途迈进。

一年来，我们高举构建人类命运共同体鲜明旗帜，提出人与自然生命共同体、全球发展倡议等一系列新的重大倡议，为动荡变革世界引领正确方向。践行真正的多边主义，隆重纪念新中国恢复在联合国合法席位50周年，为维护国际秩序凝聚重要共识。推动国际社会团结抗疫，向120多个国家和国际组织提供超过20亿剂疫苗，为全球抗击疫情作出重大贡献。坚持经济全球化正确方向，推动《区域全面经济伙伴关系协定》生效，为世界经济复苏提供宝贵动力。坚持国与国相处的人间正道，同一切强权霸凌行径坚决斗争，同各国尤其是发展中国家共谋发展振兴，拓展深化全球伙伴关系。始终牢记“国之大者”，坚定捍卫国家利益、服务国内发展、践行外交为民，书写了新时代中国特色大国外交的崭新篇章。

2022年，是世界变局纵深发展、危机并存的重要年份，也是中国人民意气风发向第二个百年奋斗目标进军的关键之年。我们迎来党的二十大胜利召开，这是党和国家政治生活中的一件大事。外交战线将紧密团结在以习近平同志为核心的党中央周围，全面贯彻习近平新时代中国特色社会主义思想特别是习近平外交思想，为党和国家事业发展营造更加稳定有利的外部环境，为服务民族复兴、促进人类进步作出新的更大贡献！

2022年版《中国外交》白皮书，全面梳理总结过去一年国际形势的发展变化和中国外交的丰富实践，是各界了解中国外交政策的重要窗口，也为中国与世界架起沟通的桥梁。谨此向关心支持中国外交的朋友们致以诚挚谢意，期待大家继续为新时代中国特色大国外交提供宝贵支持。

中华人民共和国
国务委员兼外交部长
王毅
2022年5月

目 录

第一章　2021年的国际形势

第二章　2021年的中国外交

第三章　中国与各建交国家的关系

第四章　中国与国际和地区组织的关系

第五章　中国外交中的国际安全、军控与防扩散工作

第六章　中国外交中的条约法律工作

第七章 中国外交中的边界与海洋工作

第八章　中国外交中的新闻和公共外交工作

第九章 中国外交中的领事工作

附 录

第一章

2021年的国际形势

（一）概述

2021年，全球疫情跌宕蔓延，百年变局加速演进，世界经历深刻而宏阔的时代之变，进入新的动荡变革期。和平与发展仍然是时代主题，但面临严峻挑战。

1. 经济复苏曲折艰难

新冠疫情起伏反复，病毒变异增多，传播速度加快，给人民生命安全和身体健康带来严重威胁，给世界经济发展带来深刻影响。全球产业链供应链紊乱、大宗商品价格持续上涨、能源供应紧张等风险相互交织，复合型通胀风险正在显现，加剧了经济复苏进程的不确定性。单边主义、保护主义抬头，经济全球化遭遇逆流。全球发展进程遭受严重冲击，南北差距、复苏分化、发展断层、技术鸿沟等问题更加突出。人类发展指数30年来首次下降，世界新增1亿多贫困人口，近8亿人生活在饥饿之中，民生领域面临更多困难。一些发展中国家因疫返贫、因疫生乱，发达国家也有很多人陷入生活困境。

2. 国际秩序深刻演变

新兴市场和发展中经济体增速高出发达经济体1.2%，亚洲作为全球经济增长引擎作用更加突出，世界多极化继续深入发展。个别大国为了维护霸权地位，重拾冷战思维，制造集团对抗，大搞打压围堵，煽动仇恨偏见，使“新冷战”的阴云挥之不去。美国采取的对华政策致使中美关系遭遇严重困难。法、德着力推动欧洲加强战略自主。俄罗斯同美国、北约矛盾深重难解。大国博弈日趋激烈，地缘政治竞争快速回归，世界有滑向丛林法则的危险。绝大多数国家反对打“新冷战”，反对搞意识形态划线，反对强迫他国选边站队，要团结不要分裂、要合作不要对抗，成为国际社会共同呼声。

3. 全球治理破立变革

人类正经历罕见的多重危机，气候变化、恐怖主义、网络安全、生物安全等全球性问题层出不穷，全球治理体系更加暴露出短板不足，亟须改革完善。但一些国家从私利出发，推行形形色色的伪多边主义，借多边之名行单边之实，借规则之名行“双标”之实，借民主之名行霸权之实，利用手中制度性权利打压新兴国家，严重加剧全球治理赤字。真假多边主义、真假规则、真假人权、真假民主激烈交锋，推动全球治理变革在曲折中前行。

4. 国际思潮乱变交织

“占领国会山”“喀布尔时刻”等一幕幕乱象纷纷呈现，西式自由民主加速褪色，广大发展中国家独立自主选择发展道路的决心更加坚定。多国特别是西方国家社会不满积聚迸发，非理性因素蔓延，民粹主义、种族主义、身份政治、排外情绪甚嚣尘上，政治对立和社会撕裂加剧。不确定性滋生不安全感，物理隔离增添心理隔阂，人与人、社会与国家、国家与国家间的不信任进一步上升，寻求共识与合作面临更大阻力。个别国家鼓噪“民主对威权”叙事，煽动意识形态对立，价值、理念、制度之争更加激烈。

（二）全球各地区形势

1. 亚洲地区形势

2021年，在新冠肺炎疫情延宕与大国博弈升级交织冲击下，亚洲地区保持总体稳定，仍是全球最具活力和发展潜力的地区。谋求和平发展、促进开放合作仍是地区国家主要诉求，各国积极开展国际抗疫合作，经济复苏曲折前行，热点问题总体可控，区域合作稳步推进。

地区经济一体化逆势前行，区域产业链供应链运行总体保持稳定韧性。中国—东盟关系提升为全面战略伙伴关系，为地区和世界和平稳定、繁荣发展注入新的动力。《区域全面经济伙伴关系协定》（RCEP）如期达到生效门槛，充分体现了各方共同维护多边主义和自由贸易、促进区域经济一体化的信心和决心。亚洲国家努力克服疫情不利影响，高质量共建“一带一路”成效显著，数字经济、绿色经济成为合作新亮点。

同时，亚洲地区的不稳定、不确定因素仍然突出。个别大国加紧拉拢盟友伙伴，强化地区军事部署和盟友军事联动，以“筑墙”“脱钩”制造分裂对立。缅甸、阿富汗政局相继“突变”，外部力量加大介入。朝鲜半岛局势稳中有波动，政治解决进程仍面临困难。疫情对地区国家经济发展和社会稳定的冲击仍未探底，财政压力加大。亚洲各国应增强命运共同体意识，加强团结合作，共同维护地区和平稳定与发展繁荣。

2. 西亚北非地区形势

2021年，西亚北非地区形势继续复杂演变，新冠肺炎疫情对地区经济、政治、社会等层面深层影响进一步显现。主要大国调整地区政策，地区热点问题僵持难解。

新冠肺炎疫情对地区经济复苏、社会稳定带来较大挑战。截至2021年底，地区累计确诊病例近2700万。地区经济艰难复苏，2021年地区国家经济总量增长约4.1%，低于全球平均水平。地区各国面临发展经济、保障民生、维护稳定等显著压力。

美国拜登政府继续推进中东“战略收缩”，同时突出价值观外交，聚焦重返伊朗核问题全面协议，在巴以问题上重拾“两国方案”。地区热点问题在起伏中总体僵持。巴以再爆激烈冲突，矛盾根源难消。叙利亚战事趋稳，地区国家酝酿调整对叙政策。利比亚大选推迟。也门局势未有重大进展。苏丹政治过渡进程变数增多。

地区国家互动增加。土耳其与沙特、埃及等阿拉伯国家关系续有改善。沙特重整海湾阿拉伯国家合作委员会团结，与伊朗保持接触。以色列与部分阿拉伯国家接触增多，务实合作续有发展。另一方面，地区国家间关系复杂分化，以色列同伊朗依然对立，阿尔及利亚同摩洛哥断交。

3. 撒哈拉以南非洲地区形势

2021年，新冠肺炎疫情在撒哈拉以南非洲起伏反复，对非洲的深层次影响进一步显现，非洲形势的不稳定、不确定因素增多。

埃塞俄比亚、吉布提等9国大选顺利举行，抗疫情、谋和平、稳民生是非洲各国的主要任务。同时，部分非洲国家和地区安全形势引发关注。埃塞俄比亚国内军事冲突迄未平息，索马里安全形势严峻，非洲之角地区局势更趋复杂。马里、几内亚发生军事政变，南非、斯威士兰等国发生骚乱。萨赫勒地区和莫桑比克北部恐怖活动增多，几内亚湾海盗活动频发。

根据国际货币基金组织估算，2021年撒哈拉以南非洲经济增长4%，复苏势头在全球依然偏弱。非洲债务问题突出，旅游、航空、能源和农业等支柱产业低迷，因疫情重返极端贫困人口约3900万。同时，疫情带动非洲数字技术应用和电子商务等新业态快速发展，非洲经济前景依然看好。

非盟引领非洲抗疫行动取得积极成果。非洲大陆自贸区正式实施，非洲医药局协定生效。非盟、西非国家经济共同体、南部非洲发展共同体积极致力于自主解决地区热点问题。非洲国家在国际事务中继续展现集体影响力，国际地位进一步提升。

域外大国对非洲愈加重视。美国总统拜登向第34届非盟峰会发表视频致辞，同刚果（金）和肯尼亚等国总统会晤，并多次同非洲领导人通话。美国务卿等政要多次访非，美非商业峰会以视频方式举办，提出“共建繁荣非洲倡议”。法国举办非洲经济体融资峰会和新法非峰会。德国、土耳其分别举办对非合作峰会。日本外相访问塞内加尔和肯尼亚。

4. 欧亚地区形势

2021年，在新冠肺炎疫情等因素冲击下，欧亚地区面临多重压力和挑战。

俄罗斯政局总体稳定，执政党统一俄罗斯党在第八届国家杜马选举和地方选举中大获全胜。俄GDP同比增长4.7%，经济止跌复苏，基本恢复至疫前水平。俄美各层级接触有所增多，两国总统先后举行面对面会晤、保密视频会晤并通电话。但双方在多领域进行博弈和较

量，美对俄制裁不断加码，外交战愈演愈烈，军事对峙轮番升级，地缘争斗有增无减。俄要求美国和北约作出具有法律约束力的安全保障，但未得到满意结果。俄继续稳步推进独联体地区一体化进程。俄积极运筹地区热点，发挥大国外交影响力。

欧亚地区各国迎来独立30周年。乌兹别克斯坦和吉尔吉斯斯坦总统选举、哈萨克斯坦下议院选举、摩尔多瓦议会选举平稳举行。塔吉克斯坦、土库曼斯坦权力更新换代进程提速。阿塞拜疆总统阿利耶夫政治地位进一步巩固。亚美尼亚政局不稳，总理帕什尼扬执政面临诸多挑战。乌克兰、格鲁吉亚、摩尔多瓦进一步向西方靠拢。

乌克兰危机、"纳卡"冲突等热点问题呈现局部升温或反复态势。吉尔吉斯斯坦与塔吉克斯坦边境多次爆发武装冲突。塔利班在阿富汗重新执政，塔吉克斯坦与阿塔关系持续紧张，地区安全局势较前严峻。

5. 欧洲地区形势

2021年，欧洲地区形势总体稳定，也面临多重挑战。

政治局势稳中有变。12月8日，来自德国社民党的朔尔茨当选德国总理，默克尔结束16年执政生涯。德国社民党、绿党、自民党联合执政，联邦新政府出现"三党共治"局面。法国推动构建"主权欧洲"，总统马克龙着眼2022年总统选举和法国担任欧盟轮值主席国，积极布局蓄力。11月26日，法国、意大利签署《奎里纳莱条约》，强化两国多领域合作。中东欧国家政坛酝酿深刻变化，保加利亚举行三次议会选举和两轮总统选举，匈牙利多个反对党联合挑战政府执政地位，捷克举行议会众议院选举并组建新政府，罗马尼亚执政联盟出现裂痕并艰难重组内阁。

英国进入"后脱欧时代"。1月1日起，英国正式退出欧洲单一市场与欧盟关税同盟。4月28日，欧洲议会通过《欧盟—英国贸易与合作协定》（TCA），为英欧贸易关系提供了行动框架和法律依据，但英欧《北爱尔兰议定书》谈判进展缓慢。英国积极推动"全球化英国"战略，先后举办七国集团峰会、《联合国气候变化框架公约》第26次缔约方大会（COP26）。

欧洲疫情反复，经济复苏总体向好。受德尔塔、奥密克戎等新冠肺炎变异毒株侵袭，欧洲疫情经历多轮反复。欧盟高举团结旗帜抗疫，加大疫苗接种力度，推动数字新冠证书生效，并坚定推行支持型财政政策和货币政策，拉动经济稳步回升。欧盟复苏基金正式生效，欧盟、欧元区2021年GDP均增长5.2%并恢复至疫前水平，英国全年GDP增速达7.5%。但受全球供应链瓶颈、能源价格飙升、疫情等影响，欧洲经济仍面临诸多挑战。

欧美关系回暖，但欧洲周边不靖。美国总统拜登就任后首次出访选择欧洲，6月连续出席七国集团峰会、北约峰会、美国—欧盟峰会，建立跨大西洋贸易和技术理事会（TTC）等对话机制，加大欧美各领域协调。双方举行印太事务磋商，并就航空补贴、钢铁关税、数字税等争端达成妥协。英美特殊关系稳固，双方签署《新大西洋宪章》。9月，欧盟正式出台《欧盟印太合作战略》，推动地区合作多元化。欧俄关系未见明显改善，欧盟对俄罗斯追加多轮制裁，同白俄罗斯、土耳其等亦有龃龉。

6. 北美大洋洲地区形势

2021年，北美大洋洲地区形势深刻复杂演变。

年初发生的冲闯国会山事件震惊全球。美国大选结果最终尘埃落定，民主党以微弱优势赢得国会参众两院多数席位，拜登正式宣誓就任第47届美国总统，成为美国历史上年龄最大的总统。上任以来，拜登政府多措并举试图控制新冠肺炎疫情，着力推动国会通过经济复苏法案，叫停针对伊斯兰国家的入境限制和美墨边境墙修筑计划，加大打击针对亚裔的种族歧视和仇恨犯罪，采取全政府举措应对气候危机，促进清洁能源产业发展。随着德尔塔和奥密克戎变异病毒不断蔓延，美疫情形势在反复震荡中迎来第四波高峰，此后虽有所回落，但未能改变美仍是全球疫情最严重国家这一事实。民主、共和两党分歧难以弥合，民主党内部无法协调一致，拜登政府在基建投资、新财年预算案等重要问题上的立法议程一拖再拖，对种族歧视、枪支暴力、非法移民等问题有心无力、难有作为。美国民众对拜登总统首年执政表现感到不满，拜登总统民意支持率不断下跌。

美国经济触底反弹并已收复疫情失地，但风险不断积聚，为美经济持续增长埋下隐患。第一至第四季度美经济增速环比折合年率分别为6.3%、6.7%、2.3%、7%，全年经济增速5.7%。失业率保持下行趋势，从1月的6.3%降至12月的3.9%，为疫情在美暴发以来最低，但新增非农就业人数不及预期。通货膨胀率屡创新高，连续7个月超过5%，12月升至7%，创39年来最高纪录。2021财年美联邦财政赤字达2.77万亿美元，较上一财年略有下降。美联储维持0%～0.25%的近零利率，但于11月开始缩减债券购买规模并在12月加速，朝结束“无限量”量化宽松政策迈出步伐。

拜登政府持续推进“印太战略”。双边层面，拜登总统就职后20天内即先后同日本、印度、韩国、澳大利亚领导人通电话。10月，拜登总统先后视频出席美国—东盟峰会、东亚峰会，提出将建立“印太经济框架”，白宫发布《拓展美国—东盟战略伙伴关系新倡议》事实清单。国务卿布林肯、国防部长奥斯汀等政府高层多次访问日本、韩国、印度及东南亚国家。多边层面，美同日、印、澳于2月在线举行“四边机制”第三次外长会，3月

举行“四边机制”领导人首次视频峰会，9月在美举行首次线下峰会。9月，美、英、澳宣布成立三边安全伙伴关系（AUKUS），其首个项目是助澳获得建造核动力潜艇的能力。10月，美印以在线方式举办2021年“印太商业论坛”。

美国同俄罗斯关系跌宕起伏。美俄将《新削减进攻性战略武器条约》（新START）延期5年。美国借口俄罗斯对美网络攻击、干预美大选、侵占克里米亚等对俄实施大规模制裁，驱逐多名俄驻美外交官，引发俄方对等反制。美方表示希望与俄发展稳定可预测的关系，美俄元首多次通话，并在日内瓦举行会晤，同意重启双边战略稳定对话，启动网络安全问题磋商等。美支持乌克兰加入北约，并计划向乌提供防空系统等武器装备，引发俄方强烈反对。俄在俄乌边境部署军队，提出北约停止进一步东扩、不在欧洲部署进攻性武器等安全保障要求。

美国与欧洲关系密切。拜登总统出席慕尼黑安全会议特别视频会议、欧盟峰会，赴英国出席七国集团实体峰会、赴布鲁塞尔出席北约峰会和美国—欧盟峰会。美欧建立贸易和技术理事会，并在卫生、经济、气变、世贸组织改革等问题上加强合作。美豁免对“北溪2号”管道项目涉欧方制裁，取消对欧盟钢铝关税，美欧暂停民用大飞机补贴争端。

拜登政府完成对朝政策审议，向朝表明对话意愿，但在军演、制裁、人权等问题上维持对朝施压，美朝对话持续停滞。

美日韩加强协调。日本首相菅义伟、韩国总统文在寅4月、5月分别访美。3月，美国国务卿布林肯、防长奥斯汀访问日、韩，举行美日、美韩外长防长“2+2”会谈。布林肯国务卿、日本外相茂木敏充、韩国外长郑义溶9月在联大期间举行三国外长会晤。

美国在南亚加大拉拢印度，在阿富汗遭遇大溃败。拜登总统及国务卿、防长、总统国家安全事务助理、总统气候问题特使、常务副国务卿同印方高官通过电话、会见、访问等方式在双多边场合密切互动。9月，印总理莫迪赴美出席“四边机制”首次领导人线下峰会，5月、7月，印外长苏杰生与美国务卿布林肯进行互访。3月，拜登政府出台对阿富汗新政策。4月，拜登总统宣布美将于9月11日前完成自阿撤军。阿富汗局势突变，8月15日塔利班接管首都喀布尔，宣告20年来美发动的阿富汗战争失败。美8月30日仓皇完成自阿撤军，遭到阿富汗人民、美盟友和国际社会广泛批评。

美国中东政策继续调整。布林肯国务卿访问以色列、巴勒斯坦、埃及、约旦、科威特。美防长、中情局局长访问以色列、巴勒斯坦、埃及。美同伊拉克举行第三、第四轮战略对话，同以色列举行多轮战略磋商小组会议，与约旦通过换文方式签署有效期15年的《防务合作协议》，加强约美两军交流和在反恐等地区问题上的合作。美国和伊朗启动恢复履行伊核全面协议谈判进程，协议各方举行多轮磋商。

美国加大对拉美国家拉拢规制。加大对古巴、委内瑞拉、尼加拉瓜等反美国家制裁施压。拜登总统同智利、洪都拉斯、哥伦比亚总统通电话。副总统哈里斯同墨西哥、危地马拉总统通话或视频会晤。布林肯国务卿同厄瓜多尔总统、阿根廷外长、巴西外长通电话，同加共体国家外长举行视频圆桌会议。美副总统、国务卿、总统国家安全事务助理、贸易代表、国土安全部长、南方司令部司令、中情局局长、副国务卿等高官频繁访问巴西、墨西哥、哥伦比亚、阿根廷、乌拉圭、哥斯达黎加、危地马拉、多米尼加、巴拉圭等国。邀请巴西等地区7国领导人出席“领导人气候峰会”，邀请地区25国出席“领导人民主峰会”。首选拉美国家试点实施“重建更好世界”计划。发布“美国应对中美洲非法移民根源问题的战略”，推出“重返中美洲”计划，增加对北三角国家投资与援助，力图从源头上治理非法移民问题。向地区国家提供抗疫援助。

美国显著提升对非洲重视程度并加大投入。拜登总统向第34届非盟峰会发表视频致辞，系美总统历史上首次向非盟峰会致贺。拜登总统同肯尼亚总统、刚果（金）总统会晤，同南非总统、非盟委员会主席法基等通电话，邀请非洲17国元首出席“领导人民主峰会”。布林肯国务卿访问肯尼亚、尼日利亚和塞内加尔三国，并在西共体总部发表对非政策演讲，宣布2022年将举行第二届美非峰会。美国宣布向非洲49国援助2500万剂新冠疫苗，并基本落实完毕。美国以视频方式举办第13届美国—非洲商业峰会，提出“共建繁荣非洲倡议”。

美国力图在多边领域重塑领导地位，美重返气候变化《巴黎协定》、世界卫生组织、联合国人权理事会等多个国际组织，以线上方式举办“领导人气候峰会”“全球抗疫峰会”“领导人民主峰会”，参加二十国集团领导人峰会、第26届联合国气候变化大会等，推进全球最低企业税率、气候变化、抗疫、数字经济、网络安全等议题。

2021年，加拿大政治经济形势总体平稳。总理贾斯廷·特鲁多领导自由党政府继续实施积极的疫情防控政策，加快推进疫苗接种，成功抵御数次疫情返潮。推动疫情以来首份财政预算案在议会顺利过关，出台总额1014亿加元、为期三年的经济刺激计划，延续纾困政策，加大救助中小企业、补贴民生，着力打造绿色复苏、数字经济等新增长点。实现经济恢复性增长，全年国内生产总值增长4.6%。提前两年举行大选，蝉联执政，但仍未在众议院取得过半议席。对外，着力巩固加美同盟。特鲁多总理同美国总统拜登举行视频会晤，并赴美出席北美领导人峰会，双方发布“重振

伙伴关系路线图”，大力推进抗击疫情、恢复经济、应对气变、安全防务等领域合作。重视通过七国集团、加欧领导人峰会、北约等机制渠道，拉紧同传统盟友关系，密切跨大西洋协作。积极开展疫苗和气变外交，承诺2022年底前向“新冠肺炎疫苗实施计划”（COVAX）捐赠至少2亿剂疫苗，提出新的国家自主减排承诺，宣布多项支持发展中国家应对气候变化的政策举措。

2021年，澳大利亚政治经济形势总体稳定。斯科特·莫里森政府将防控疫情和复苏经济作为施政重点。受投资增长、大宗商品价格高企等拉动，澳经济复苏势头较好，2021～2022年财年澳国内生产总值增长4.25%。新冠疫情起伏反复，联邦政府在全国范围大力推进疫苗接种，目前16岁及以上公民完全接种率已达95%。澳继续加强同美国同盟关系，同美英建立三边安全伙伴关系并开展核动力潜艇项目建造，参与美日印澳“四边机制”，同东盟建立全面战略伙伴关系。加大对太平洋岛国援助力度。在气变问题上展示姿态，确立2050年碳中和目标。

2021年，新西兰政治经济形势保持稳定。新西兰工党政府继续将疫情防控、经济恢复、解决民生和气候变化问题作为施政重点。疫情形势总体平稳，严格边境管控。受德尔塔病毒蔓延影响，政府调整“清零”防控策略，实施以疫苗接种为核心、卫生手段为辅助的防控措施。经济呈复苏势头，2020/2021财年新西兰国内生产总值增幅约5.1%。继续巩固同澳大利亚、美国关系，加大对太平洋岛国抗疫和发展援助，加强同亚太地区国家合作。支持多边主义和自由贸易，核准《区域全面经济伙伴关系协定》。主办2021年亚太经合组织（APEC）领导人非正式会议。积极参与气候变化、国际反恐和防核扩散合作。

2021年，太平洋岛国地区形势总体稳定，但少数岛国内部矛盾增多，经济社会发展、国家治理面临一定挑战。萨摩亚大选后出现宪政危机，延宕数月后政权更迭。所罗门群岛发生严重反政府骚乱。新冠肺炎疫情冲击加剧，巴布亚新几内亚、斐济疫情形势较严峻，多个岛国“零感染”状态被打破，开放边境计划一拖再拖，经济复苏任重道远。太平洋岛国论坛秘书长换届选举引发争议，导致密克罗尼西亚次区域五国宣布退出论坛，区域合作进程受挫。岛国积极参与全球气候治理，呼吁国际社会加大对岛国应对气候变化的支持力度。

7. 拉丁美洲和加勒比地区形势

2021年，面对百年变局和世纪疫情，拉美和加勒比政治格局、经济社会发展、一体化进程以及同外部世界的关系持续经历深刻调整演变。

新冠肺炎疫情常态化。根据美国约翰斯·霍普金斯大学统计数据，截至2021年12月31日，拉美和加勒比地区33国累计报告确诊病例突破4700万、病亡近155万。阿根廷、墨西哥、巴拿马、哥伦比亚、乌拉圭等国疫情反弹明显。2021年，拉美疫苗完全接种率达59.4%，居全球前列。但各国疫苗接种进度参差不齐，智利、古巴、乌拉圭、阿根廷、厄瓜多尔70%以上人口已接种两剂，而海地、牙买加、危地马拉等国疫苗接种率不足40%。

地区政治生态加速演变。委内瑞拉执政力量重新掌控全国代表大会，古巴挫败"7·11反政府游行"，左翼政党在秘鲁、智利、尼加拉瓜、洪都拉斯等国胜选，地区左翼力量执政版图续有扩张。另一方面，右翼在厄瓜多尔东山再起，在阿根廷中期选举中收复失地，左右"钟摆效应"显现且轮动加快。此外，巴巴多斯正式脱离英联邦成为共和国，海地总统遇刺身亡加剧局势动荡。

经济触底回暖但后劲不足。得益于全球经济贸易恢复和大宗商品价格上涨，世界银行、国际货币基金组织、联合国拉美和加勒比经济委员会分别预测2021年拉美和加勒比经济恢复性增长6.7%、6.3%和6.2%。拉美经委会还预测2021年地区出口额、进口额将分别增长25%和32%。地区贫困人口总数2.01亿，贫困率由33%降至32.1%；极端贫困人口达8600万，极端贫困率由13.1%升至13.8%。同时，美联储货币政策调整的溢出效应无法忽略，地区国家通胀走高，经济下行压力加大。

地区一体化进程重现活力。地区各国围绕携手抗疫、恢复经济等议题，以相关地区机制为平台加强沟通协作，力求共克时艰。拉美和加勒比国家共同体正式结束"反思期"，时隔四年多举行第六届峰会。太平洋联盟成立十周年线上纪念仪式、南美进步论坛第六次特别首脑峰会、南方共同市场成立30周年峰会以及第58届和第59届首脑峰会、加勒比共同体第42届政府首脑会议、东加勒比国家组织第70次政府首脑会议、美洲玻利瓦尔联盟第19届和第20届峰会、美洲国家组织第51届年会分别召开，就加强疫苗研发生产、可持续发展、应对气候变化、数字转型合作等达成广泛共识。

美国提升对拉美重视程度，地区国家积极开展多元外交。拜登政府调整特朗普政府对拉政策，关注民主、移民、抗疫、供应链合作、气候变化等多个领域。美拉互动频繁，墨西哥总统出席北美领导人峰会，墨西哥、

厄瓜多尔、秘鲁总统分别同美副总统、国务卿和常务副国务卿举行视频通话，美副总统、国务卿、总统国家安全事务助理、南方司令部司令、国土安全部长、中情局局长等频繁访拉，聚焦移民、安全、气候变化、经贸投资、情报安全等领域合作。美将哥伦比亚、厄瓜多尔、巴拿马纳入“重建更好世界”计划首批试点国家。同时，地区国家积极拓展同欧盟、俄罗斯、日本、韩国、印度、以色列、卡塔尔、西班牙、葡萄牙等域外国家和多边组织合作。利用二十国集团、联合国气候变化大会等多边平台积极表达诉求，推动疫苗获取、债务融资、应对气候变化等国际合作。

（三）专题评述

1. 世界经济在分化中艰难复苏

2021年，世界经济在宏观政策刺激、疫苗接种加速等因素推动下总体走向复苏，主要经济体实现触底反弹。国际货币基金组织报告显示，2021年世界经济增速为6.1%。另一方面，疫情反复延宕，世界经济复苏不稳定、不确定、不平衡性上升。全球供应链持续紊乱，大宗商品价格走高，能源短缺尚未根本解决，各国普遍面临通胀压力。地缘政治紧张和武装冲突给国际经贸合作带来更多不确定性。全球疫苗接种进度不一、经济复苏分化，特别是新兴市场和发展中国家面临挑战增多，全球疫后发展“断层”或将拉大。

主要发达经济体曲折复苏。美国经济已基本恢复至疫情前水平，2021年经济增速为5.7%。就业明显改善，12月失业率降至3.9%，接近疫情前3.5%左右水平。欧元区经济震荡上行，全年经济增长5.4%，失业率下半年持续走低，但与此同时，在能源价格飙升和供应链瓶颈推动下，欧元区通胀不断加剧。日本受疫情反复影响，全年经济增长1.7%，复苏前景不容乐观。

新兴市场和发展中经济体经济复苏面临复杂挑战。多数发展中国家经济体系脆弱、政策空间有限，受到疫情的“非对称”冲击严重，加之疫苗接种和经济重启等方面落后，因疫返贫、疫后生乱现象增多，增长势头放缓，复苏进程严重滞后于发达国家，在全球复苏进程中面临“掉队”风险。2021年新兴市场和发展中国家整体经济增长6.8%。

全球货币环境开始收紧。受大规模刺激政策影响，市场流动性过剩，

2021年下半年以来全球通胀水平持续走高。美联储宣布缩减购债规模，并计划于2022年3月开始加息，释放明确货币政策转向信号。巴西、土耳其、墨西哥、俄罗斯、阿根廷等面临较大跨境资本流出压力的发展中国家多次加息，挪威、韩国、新西兰、波兰、匈牙利等一些发达经济体自9月起也陆续加入加息大军。英国于12月宣布加息25个基点，成为疫情后首个加息的主要发达经济体。

国际贸易复苏分化。世贸组织报告称，2021年全球货物贸易量增长9.8%，服务贸易增长15%，基本恢复至疫情前水平。受区域差异、服务贸易持续疲软和低收入国家疫苗接种滞后等因素影响，全球贸易相对积极的短期前景呈现区域不均衡性。北美、亚洲、欧洲、南美货物贸易整体呈正增长，非洲、中东出现下降。

不同行业复苏“时差”明显。受新冠疫苗接种、各国逐步推进复工复产影响，2021年全球制造业呈现逐步复苏势头，摩根大通全球制造业采购经理人指数（PMI）始终维持在枯荣线以上，在55上下波动。全球服务业复苏不均。建筑业基本恢复至2019年水平，但航空、旅游等行业仍深陷泥潭。全球旅游业2021年损失达2万亿美元，航空业收入预计2023年才能重回疫前水平。

产业链供应链压力难消、加速调整。疫情在世界范围内持续蔓延，多国防疫管制措施几度反复，影响复工复产、货物贸易和人员往来，全球产业链梗阻难消。不少港口运输作业能力受限，“堵船”现象严重，海运价格持续高涨。政治和安全因素对产业链影响持续上升，一些国家鼓励关键产业回流，跨国企业也希望适当调整产业布局，降低运输成本、增加抗风险能力，全球产业链本土化、区域化趋势增强。

全球能源形势紧张。煤炭、天然气、石油价格大幅上涨，供需严重失衡。WTI原油期货价格一度站上85美元/桶，创近7年新高。能源结构低碳转型导致各国对化石燃料的投资停滞，能源供给受到影响。欧洲、印度、巴西等全球多国出现能源供应短缺问题，严重影响各国生产生活秩序。能源价格高企亦引发多国电力价格上涨，引发多国民众对绿色转型路径的反思和讨论。

2. 阿富汗局势

2021年阿富汗局势发生根本性变化。美国拜登政府2021年初上台后即明确提出要完成从阿富汗撤军，5月1日正式启动“最终阶段”撤军进程，并于8月30日完成全部撤离。德国、法国、意大利等向阿派兵国与美保持同步，陆续完成撤军。阿富汗塔利班抓住时机，自8月6日展开战略反攻，并于8月15日进入首都喀布尔，重掌政权。这是2001年美国以反恐为名发动阿富汗战争、武力推翻阿塔政权以来，阿富汗局势发生的最复杂、最深刻的变化。

9月7日，阿塔公布首批临时政府成员名单，正式开启新政权运作。阿塔此后持续充实临时政府架构，着力恢复国内秩序，同时积极开展对外交往，寻求国际承认、支持和援助。阿国内局势总体稳定，但面临经济民生困难、恐怖主义威胁等严峻挑战，走向仍存在不确定性。

国际社会高度关注阿富汗局势演变，许多国家同阿新政权接触对话。美国、俄罗斯、欧盟、英国、德国等方特使（特代）同阿新政权代表在不同场合会见会晤。8月25日，七国集团领导人开会讨论阿局势，联合国秘书长和北约秘书长亦出席。9月17日，上海合作组织和集体安全条约组织举行成员国领导人阿问题联合峰会。9月23日，二十国集团举行阿问题外长会议。10月12日，二十国集团举行阿问题领导人特别峰会。12月19日，伊斯兰合作组织举行阿人道局势特别外长会议。

阿局势剧变后，中方同各方保持密切沟通交流，以灵活方式同阿塔接触，为阿局势平稳过渡发挥积极作用。中方呼吁国际社会在尊重阿独立、主权和领土完整基础上，落实“阿人主导、阿人所有”原则，加强接触对话，引导阿塔建立开放包容的政治架构，实行温和稳健的内外政策，坚决打击各类恐怖主义，同各国友好相处。国家主席习近平多次同主要国家领导人就阿问题交换看法，达成重要共识，并出席上合组织和集安组织成员国领导人阿问题联合峰会。国务委员兼外交部长王毅7月在天津会见阿塔高层，10月在多哈再次同阿塔高层会晤，并分别于9月、10月出席首次和第二次阿富汗邻国外长会，9月出席中俄巴（基斯坦）伊（朗）四国阿问题非正式会议。外交部阿富汗事务特使岳晓勇于7～11月展开百日穿梭访问，同阿、俄、美、巴基斯坦、伊朗及欧洲、中亚、海湾国家、联合国专门机构等密集沟通，参加“中美俄+”“莫斯科模式”等会议，推动涉阿国际地区协调合作。

3. 伊朗核问题全面协议执行

伊朗核问题全面协议由六国（安理会五常和德国）及欧盟与伊朗于2015年7月达成，并经安理会第2231号决议核可。协议核心是伊朗在一定时间内限制其核计划，并承诺永远不发展核武器，换取美欧和安理会暂停或解除伊核问题相关制裁。2018年5月，美国单方面退出全面协议并恢复对伊制裁。伊朗于2019年5月起分阶段减少履行全面协议核领域承诺，并于2020年12月通过《反制裁战略法》，不断采取提升核能力举措。

2020年，美国特朗普政府持续强化对伊朗极限施压，追加对伊制裁并实施“长臂管辖”。美强推安理会延长对伊常规武器限制性措施未果，又推动安理会启动对伊“快速恢复制裁”机制，企图全面恢复对伊制裁，遭到安理会绝大多数国家和国际社会反对，致使美方陷入空前孤立。同时，全面协议各方总体保持团结，妥善处理协议履约争端，支持国际原子能机构与伊朗通过对话合作解决相关保障监督问题。

美国拜登政府上台后，积极寻求重返全面协议。在各方共同努力下，2021年4月，伊核全面协议恢复履约谈判在维也纳重启，全面协议各方与美方围绕美伊恢复履约方案展开密集磋商。截至2021年6月，各方共举行六轮谈判，因伊朗政府换届，谈判暂时中止。11月，谈判在维也纳重启。各方均体现出推动全面协议重返正轨的政治意愿，推动谈判取得重要进展，同时仍有一些重要未决问题待解决。

作为全面协议参与方，中国始终从维护多边主义出发，旗帜鲜明维护全面协议和安理会决议，维护国际核不扩散体系和地区和平稳定。中国积极开展外交斡旋，劝和促谈，引导各方坚持在全面协议框架下妥善处理分歧，启动和推进全面协议恢复履约谈判，稳妥处理国际原子能机构对伊保障监督问题，为推动伊核问题的政治外交解决作出重要贡献。中国牵头全面协议阿拉克重水堆改造取得积极进展，成为全面协议执行亮点，广受各方赞誉。中国并坚持客观公正立场，反对制裁施压等单边霸凌行径，同时坚定维护自身的正当合法权益。

4. 2021年朝鲜半岛局势

2021年，朝鲜半岛局势总体保持稳定，朝美对话仍处僵局。1月初，朝鲜劳动党召开八大，提出“强对强、善对善”对美原则。4月底，美拜登政府完成对朝政策审议，宣称目标是实现半岛完全无核化，政策中心是外交，将以精准、务实方式加大对朝外交努力，不会聚焦“大交易”，也不会依靠“战略忍耐”。5月，美韩废除《导弹指南》。6月，朝鲜劳动党召开八届三中全

会，提出做好同美对话和对抗两手准备。8月，美韩举行联合军演，朝发声批驳，7月底恢复的南北通信线路再次中断。9月，韩总统文在寅在联大演讲时提议发表终战宣言。朝方称终战宣言是有趣想法和提议，同时应满足必要条件，要求美撤销对朝敌视政策和双重标准。11日，朝举行庆祝建党76周年“自卫–2021”国防展览，朝鲜劳动党总书记金正恩发表讲话，批评美韩奉行双重标准，要求继续强化国防力量，同时称朝主要敌人是战争本身，并非美韩等特定国家。12月，拜登政府以“侵犯人权”为名首次追加对朝制裁。12月底，朝鲜劳动党召开八届四中全会，就朝韩关系和对外工作提出应坚持的原则和战术方向。

作为朝鲜半岛近邻和半岛问题重要当事方，中方始终坚持维护半岛和平稳定，坚持实现半岛无核化，坚持通过对话协商解决问题，并按照“双轨并进”（并行推进半岛无核化和构建半岛和平机制）思路积极劝和促谈，推动半岛问题政治解决进程。2021年，中共中央政治局委员、中央外事工作委员会办公室主任杨洁篪，国务委员兼外交部长王毅多次就半岛问题同各方保持沟通。4月，刘晓明大使就任中国政府朝鲜半岛事务特别代表，在六方会谈团长层面与相关各方保持沟通。在执行安理会涉朝决议方面，中方在认真履行自身国际义务的同时，主张安理会决议应反映半岛局势变化，及时作出必要调整。10月底，中俄共提政治解决半岛问题安理会决议更新草案，旨在缓解对朝制裁，增加对朝人道援助，助推半岛和谈进程。

第二章

2021年的中国外交

（一）概述

2021年，中国外交在以习近平同志为核心的党中央坚强领导下，秉持天下胸怀，践行为国为民，攻坚克难、主动进取，在全球变局中开创新局，在世界乱局中化危为机，在斗争与合作中营造有利外部环境。我们坚定站在历史正确的一边，站在人类进步的一边，站在国际公平正义一边，站在广大发展中国家一边。坚持合作、不搞对抗，坚持开放、不搞封闭，坚持互利共赢、反对零和博弈，坚持平等相待、反对强权霸凌，书写中国特色大国外交新的篇章，为服务民族复兴、促进人类进步作出新的贡献。

1. 元首外交精彩纷呈，为动荡变革世界引领正确方向

习近平主席把握世界变局，洞察时代风云，提出构建人类卫生健康共同体、人与自然生命共同体、全球发展共同体等一系列重大倡议，与时俱进拓展人类命运共同体

的丰富内涵。2021年，习近平主席同外国领导人和国际组织负责人会晤通话79次，视频主持和出席重要外事活动40起，描绘出一个个合作共赢的同心圆，汇聚起构建人类命运共同体的强大合力。从拉美到中东，从金砖国家到联合国，从生态保护到数字治理，构建人类命运共同体在各方向、各领域不断取得积极进展，在世界大变局中焕发真理光芒，连续第五年写入联大决议，成为引领时代潮流和人类前进方向的鲜明旗帜。

2. 秉持命运与共，为全球抗击疫情作出重大贡献

我们把稳团结合作的“方向盘”，倡导全球疫苗合作行动，发起“一带一路”疫苗合作伙伴关系倡议，始终站在抗疫合作第一方阵，秉持疫苗公共产品第一属性，担当疫苗公平分配第一梯队。我们搬开免疫鸿沟的“拦路虎”，最早承诺将新冠疫苗作为全球公共产品，最早支持疫苗知识产权豁免，最早同发展中国家开展疫苗生产合作，向120多个国家和国际组织提供超过20亿剂疫苗，占中国以外全球疫苗使用总量的三分之一，中国疫苗成为人民的疫苗、世界的疫苗、可及的疫苗。我们为发展中国家送去“及时雨”，宣布再向非洲提供10亿剂、再向东盟国家援助1.5亿剂疫苗，同20国合作就地生产疫苗，多管齐下，争分夺秒，让疫苗跨越山海、跑赢病毒。我们坚持正本清源的“金规则”，反对溯源政治化逆流，同世界卫生组织发布联合专家组溯源报告，展现公开、透明的合作态度。全球80多国致函世界卫生组织反对溯源政治化，中国2500多万网民联署公开信呼吁世界卫生组织调查德特里克堡生物实验室。新冠病毒是人类共同的敌人，政治病毒是疫情肆虐的帮凶，这两种病毒最终都将被人类所战胜。

3. 倡导开放包容，为推动经济复苏提供宝贵动力

面对保护主义逆流横行，习近平主席明确指出，开放融通是大势所趋。我们要拆墙而不要筑墙，要开放而不要隔绝，要融合而不要脱钩，引导经济全球化朝着更加开放、包容、普惠、平衡、共赢的方向发展。我们抓住发展这把总钥匙，习近平主席郑重提出全球发展倡议，旨在对接联合国2030年可持续发展议程，推动各国形成合力，实现更加强劲、绿色、健康的全球发展，获得联合国等国际组织和近百个国家的响应支持。我们推动《区域全面经济伙伴关系协定》生效，申请加入《全面与进步跨太平洋伙伴关系协定》和《数字经济伙伴关系协定》，在保护主义逆风中迈出区域合作新步伐。我们不断扩大高水平对外开放，以更短的负面清单、更优的营商环境、更大力度的

制度型开放同世界分享中国机遇。第四届进博会吸引127个国家和地区、近3000家企业参展，国别、企业数量双提升。我们推动共建“一带一路”克难前行，第三次“一带一路”建设座谈会擘画新蓝图，中欧班列成为全球供应链的“稳定锚”，中老铁路帮助老挝实现“陆联国”夙愿。在145个国家和32个国际组织共同支持下，“一带一路”正在成为造福世界的“富裕带”、惠及人民的“幸福路”。

4. 深化战略沟通，为大国关系稳定发展不断注入正能量

中俄元首四次通话和视频会晤，正式宣布《中俄睦邻友好合作条约》延期，为中俄传统友谊赋予新的时代内涵。双方以全方位务实合作促进共同发展，以高水平战略协作维护世界稳定，树立起大国相交、邻国相处的典范，成为国际公平正义的中流砥柱。习近平主席应约同拜登总统两次通话并举行视频会晤，明确提出相互尊重、和平共处、合作共赢的战略框架，为中美关系健康稳定发展把舵引航。我们亮明“三条底线”、打出“两份清单”，要求美方不得挑战中国的道路和制度，不得阻挠中国的发展进程，不得侵犯中国的主权和领土完整。被非法拘押一千多天的孟晚舟女士平安回国，有力伸张了公道正义。中欧关系在挑战中取得新进展。习近平主席同法国、德国领导人两度举行视频峰会，中国—中东欧国家领导人视频峰会成功召开。中欧地理标志协定正式生效，“一带一路”标志性项目稳步推进，中欧在维护多边主义、加强全球治理、应对气候变化等方面取得积极成果。

5. 坚持携手共进，同周边和发展中国家共谋发展振兴

我们同周边国家命运与共的共识不断深化，共建美好家园的道路越走越宽。习近平主席同东盟国家领导人共同庆祝建立对话关系30周年，宣布将中国东盟关系提升为全面战略伙伴关系，实现双方关系新的跨越。双方就“一带一路”建设同东盟印太展望重点合作领域对接形成共识。澜湄经济发展带建设走实走深，“同饮一江水，命运紧相连”意识深入人心。李克强总理出席东亚合作领导人系列会议，拓展数字经济、蓝色经济、绿色经济合作新的空间。上海合作组织接收伊朗为正式成员，“中国+中亚五国”首次举行外长线下会晤。与朝鲜、韩国、蒙古保持友好合作势头，成为稳定地区局势的积极因素。中日领导人就构建契合新时代要求的中日关系达成共识。中印有效管控边境地区局部摩擦，致力关系改善发展。推动建立阿富汗问题邻国外长会新机制，向阿提供紧急人道援助，开启“松子空中走廊”，惠及阿富汗普

通民众。引导阿新政权奉行包容、反恐、睦邻政策，打击“东伊运”等恐怖组织。支持缅甸与东盟合作落实“五点共识”，坚决反对外部不当介入，积极斡旋推动局势降温，鼓励重启缅民主转型进程。

6. 南南合作紧扣发展中国家振兴愿望，开拓广阔新空间

中非合作掀起新高潮。习近平主席出席中非合作论坛第八届部长级会议，提出“真诚友好、平等相待，互利共赢、共同发展，主持公道、捍卫正义，顺应时势、开放包容”的中非友好合作精神，阐述构建新时代中非命运共同体“四点主张”，宣布对非合作“九项工程”，树立起中非关系新的里程碑。中拉关系继续稳中有进。中拉论坛第三届部长会议制定未来三年合作路线图，高质量共建“一带一路”在拉美更加走实，能源电力、交通运输、通信等合作续有进展，中拉贸易连续四年突破3000亿美元大关，平等、互利、创新、开放、惠民的新时代中拉关系加快构建。中阿战略伙伴关系迈上更高水平。我们提出“实现中东安全稳定五点倡议”、政治解决叙利亚问题四点主张、落实巴以“两国方案”三点思路，支持鼓励中东国家走出独立自强的新路。同阿拉伯国家联盟发表《中阿数据安全合作倡议》，不断充实中阿命运共同体内涵。我们还首次举行中国—太平洋岛国外长会，达成共建应急物资储备库、减贫与发展合作中心、应对气候变化合作中心等重要成果，应急物资储备库已经正式启用。事实证明，中国永远是发展中国家阵营的坚定一员，永远和广大发展中国家同呼吸、共命运，心手相连，团结奋进。

7. 坚守人间正道，为维护国际秩序凝聚重要共识

面对真伪多边主义的较量，我们高举真正多边主义的火炬，隆重纪念新中国恢复在联合国合法席位50周年，旗帜鲜明强调世界上只有一个体系，就是以联合国为核心的国际体系；只有一个秩序，就是以国际法为基础的国际秩序；只有一套规则，就是以《联合国宪章》为基础的国际关系基本准则。我们揭穿形形色色伪多边主义的实质，反对打着多边主义旗号搞拉帮结派的“小圈子”，反对借所谓“基于规则的秩序”把自己的“家规”强加给国际社会，反对以意识形态划线分裂世界，坚定推动国际关系民主化法治化。针对个别国家炮制“民主对抗威权”的伪命题，我们阐释全过程人民民主成功实践，守护真正的民主精神，倡导正确的民主观，在国际上激浊扬清、明辨是非，让唯我独尊、高人一等的“民主”现出原形。反对垄断民主定义权、反对以意识形态分裂世界，正在成为各国人民的共同呼声。

8. 敢于善于斗争，为维护国家利益构筑坚强防线

面对各种侵权霸凌行径，我们毫不退缩，坚决斗争，充分展现中国人的自信、自立、自强，彰显中华民族的志气、底气、骨气。针对台湾当局“倚美谋独”、个别国家“以台制华”发出严正警示，进行有力反制，震慑“台独”气焰。恢复与尼加拉瓜的外交关系，建交国总数增至181个，国际社会一个中国格局更加巩固。邀请各国人士赴新疆参访，以事实真相戳穿各种谎言伪证。有力遏阻外部势力干预香港事务，巩固香港由乱及治良好态势。在联合国人权理事会等多边舞台以正压邪，展示中国人权发展成就，坚决回击假借人权挑动事端，形成近百国予我支持的强大声势。成功推动联大协商一致通过173个国家共同提出的北京冬奥会奥林匹克休战决议，彰显国际社会对北京冬奥会的坚定支持。

9. 心怀“国之大者”，为服务国内发展、践行外交为民尽力尽责

成功举办湖北、西藏全球推介会，支持举办服贸会、进博会等国际展会，为地方扩大开放搭建新桥梁。实施远端精准防控维护国内抗疫成果，建立“快捷通道”“绿色通道”畅通国内国际双循环，积极助力构建新发展格局。在世界各国推进“春苗行动”，协助身在180国的数百万名同胞接种新冠疫苗。12308领保热线24小时为海外人员纾难解困，接听来电超过50万通，驻外使领馆处理领保案件约6万件。在全球范围开展风险评估预警服务，协助赴海外企业人员提升安防能力，及时撤离高危地区侨民，妥善处理重大恐袭事件，全力营救被绑架人员。“中国领事”APP全面上线，“互联网+领事服务”通过云端来到身边。

中国外交在百年变局中砥砺前行，在大国博弈中从容自信，取得一系列来之不易的成果，根本在于习近平总书记领航定向，在于习近平外交思想科学指引。在庆祝中国共产党百年华诞之际，《习近平外交思想学习纲要》出版发行，习近平外交思想研究中心建设加速推进，外交战线学习贯彻习近平外交思想正在不断引向深入。一年来的外交实践充分表明，习近平外交思想实现了历史使命与时代潮流的高度统一，民族精神与国际主义的高度统一，中国气派与世界情怀的高度统一，始终闪耀着马克思主义的真理光芒，彰显着推动时代的思想伟力，是新时代中国特色大国外交必须长期坚持的根本遵循。

（二）中国与各地区国家关系

1. 中国与亚洲地区国家关系

2021年，中国继续坚持与邻为善、以邻为伴，秉持亲诚惠容理念，同亚洲国家政治互信和友好合作不断深化，朝着构建更为紧密的亚洲命运共同体迈出新步伐。

保持高层互动势头，深化政治互信。国家主席习近平同亚洲13国领导人15次通电话，同老挝领导人举行视频会晤并共同出席中老铁路通车仪式，出席并主持中国—东盟建立对话关系30周年纪念峰会，在博鳌亚洲论坛2021年年会开幕式上发表主旨演讲，向孟加拉国纪念“国父”诞辰100周年暨庆祝独立50周年活动发表视频致辞。国务院总理李克强同蒙古、老挝、越南、巴基斯坦、马来西亚、柬埔寨等国总理视频会晤或通电话，出席大湄公河次区域经济合作第七次领导人会议、东亚合作领导人系列会议。柬埔寨国王访问上海并赴嘉兴参观南湖红船，是2021年唯一一位访华的外国国家元首。

持续深化抗疫合作，助力经济复苏。全力践行习近平总书记关于将疫苗作为全球公共产品的承诺，积极向亚洲19国提供疫苗援助和出口，同多国开展或探讨疫苗联合生产，推进疫苗技术研发，增强了地区国家战胜疫情的信心和决心。中国积极推动区域抗疫合作，推进落实“中国—东盟公共卫生合作倡议”，启动“中国—东盟健康之盾”合作倡议，支持东盟与中日韩合作基金和东盟抗疫基金采购疫苗等抗疫急需物资，推进东盟与中日韩应急医疗物资储备中心建设。成功主办中阿巴尼斯孟六国外长合作应对新冠肺炎疫情视频会议，成立中国南亚国家应急物资储备库、中国南亚国家减贫与发展合作中心。抗疫优势助推复工复产，中国与东盟继续互为第一大贸易伙伴。中国同亚洲国家扎实推进高质量共建“一带一路”，中老铁路年底实现竣工通车，中巴经济走廊、中泰铁路、雅万高铁、陆海新通道等重大项目取得积极进展。

区域合作提质升级，引领发展融合。中国东盟关系提升为全面战略伙伴关系，成为双方关系史上新的里程碑，为地区和平稳定、繁荣发展注入新动力。中国积极参与中国—东盟、东盟与中日韩、东亚峰会、东盟地区论坛等框架下的合作，倡议尽早启动中国东盟自由贸易区3.0版建设。《区域全面经济伙伴关系协定》（RCEP）如期达到生效门槛，全球人口最多、经贸规模最大、最具发展潜力的自由贸易区正式落地。积极推动澜沧江—湄公河合作高水平发展，持续推进中国—东盟东部增长区合作，打造次区域合作典范，推动地区融合发展迈上新台阶。

管控热点敏感问题，维护安全稳定。中国在美国及其盟友仓促撤离阿富汗引发的变局中主动作为，同重要涉阿攸关方密切沟通，推动建立阿富汗邻国协调合作新机制并举行两次阿富汗邻国外长会，为政治解决阿富汗问题发挥建设性作用。积极推动缅甸政局止乱回稳，支持缅甸与东盟对话合作，坚决反对外部不当介入。倡议举行中缅孟三方副外长会晤，推动缅孟双方就缅甸若开邦避乱民众问题加强沟通，争取实现早日遣返。继续大力开展缅北止战促和工作，劝促缅军方和缅北民地武停火和谈，维护中缅边境和平稳定。坚持朝鲜半岛和平稳定，坚持半岛无核化目标，按照“双轨并进”思路和分阶段、同步走原则，积极推动各方均衡解决彼此关切，持续推进半岛问题政治解决进程，维护朝鲜半岛局势缓和势头。

2. 中国与西亚北非地区国家关系

2021年，中国同西亚北非地区国家关系续有发展，双方携手抗疫卓有成效，政治互信不断增强，务实合作深入推进，人文交流再添新彩。

中国同地区国家保持高层交往，政治互信持续提升。国家主席习近平同埃及总统塞西，土耳其总统埃尔多安，沙特王储穆罕默德，伊朗时任总统鲁哈尼、现任总统莱希，伊拉克总统巴尔哈姆，叙利亚总统巴沙尔，以色列总统赫尔佐格通电话，同地区国家领导人多次互致函电。中共中央政治局委员、中央外事工作委员会办公室主任杨洁篪访问卡塔尔、科威特。国务委员兼外交部长王毅访问沙特、土耳其、伊朗、阿联酋、阿曼、巴林、叙利亚、埃及、阿尔及利亚、卡塔尔，与地区国家外长交往“全覆盖”。

中国同地区国家在涉及彼此核心利益问题上坚定相互支持。中方继续支持地区国家探索自主发展道路，反对外部干涉，维护主权安全和领土完整。地区国家在涉疆、涉港、人权、病毒溯源、冬奥会等问题上予我有力支持。

中国大力支持地区国家抗击疫情，向17个地区国家提供了超过5.1亿剂疫苗，同阿联酋、埃及、土耳其、阿尔及利亚开展疫苗本地化联合生产合作。

2021年9月，习近平主席出席第76届联大一般性辩论时提出全球发展倡议，得到地区国家积极响应。中国同地区国家各领域务实合作成果丰硕。

2021年中国与地区国家双边贸易额近4000亿美元，自地区国家进口原油2.65亿吨。双方高质量共建“一带一路”续有进展，埃及“斋月十日城”市郊铁路、以色列海法新港、土耳其安卡拉光伏产业园、胡努特鲁燃煤电站、科尼亚轻轨系统一期、中阿（联酋）产能合作示范园等共建“一带一路”重点项目克服疫情平稳推进，卡塔尔世界杯主体育场主体工程完工。双方在5G、航天航空、人工智能、新能源等高新技术领域的合作引领潮流。

中国建设性参与地区热点问题解决，充分体现负责任大国作用。习近平主席向联合国“声援巴勒斯坦人民国际日”纪念大会致贺电。王毅国务委员兼外长访问中东时提出实现中东安全稳定五点倡议、落实巴以“两国方案”三点思路、解决叙利亚问题四点主张，主持联合国安理会巴以冲突问题紧急公开会，在第四次巴以和平人士研讨会上发表视频致辞。

中国同地区国家科技、人文、治国理政交流密切。中国外交部同阿拉伯国家联盟秘书处发表《中阿数据安全合作倡议》,《全球数据安全倡议》率先在阿拉伯方向落地。中阿合作论坛第九届中阿关系暨中阿文明对话研讨会、第二届中国与中东合作论坛国际学术研讨会相继以线上形式举办。阿拉伯驻华使节、外交官分别赴青海考察、赴上海进党校听党课、看红船、“云访疆”，增进了对中国共产党建党百年伟大成就和中国民族宗教政策的认知。汉语教育在地区持续推进。

3. 中国与撒哈拉以南非洲地区国家关系

2021年，面对新冠肺炎疫情冲击，中国同撒哈拉以南非洲地区国家携手应对疫情，各领域务实合作成果丰硕，推动中非全面战略合作伙伴关系深入发展。

11月，中非合作论坛第八届部长级会议在塞内加尔成功举办。国家主席习近平通过视频方式出席会议开幕式并发表主旨演讲，总结提炼“中非友好合作精神”，提出构建新时代中非命运共同体的四点主张，宣布对非务实合作“九项工程”，在中非关系史上树立新的里程碑。会议还通过《达喀尔宣言》《达喀尔行动计划（2022—2024）》《中非应对气候变化合作宣言》《中非合作2035年愿景》四份成果文件。

高层交往频繁。习近平主席分别同布隆迪总统恩达伊施米耶、塞拉利昂总统比奥、刚果（金）总统齐塞克迪、坦桑尼亚总统哈桑、刚果（布）总统萨苏、马拉维总统查克维拉、赤道几内亚总统奥比昂等非洲领导人通话。国务院总理李克强通过视频方式出席第四届中非地方政府合作论坛。中共中央政治局委员、中央外事工作委员会办公室主任杨洁篪访问乌干达、赞比亚、刚果（布）、塞拉利昂。国务委员兼外交部长王毅继年初成功访问尼日利亚、刚果（金）、博茨瓦纳、坦桑尼亚和塞舌尔等5国后，现场出席中非合作论坛第八届部长级会议并访问塞内加尔和埃塞俄比亚，同撒哈拉以南非洲国家外长通话8次，出席中方同非洲驻华使团共同举办的“非洲日”招待会。

团结抗疫成果显著。截至2021年年底，中方已向非洲提供2亿余剂新冠疫苗，涵盖所有非洲国家。习近平主席宣布再向非洲提供10亿剂疫苗，其中6亿剂为无偿援助。援非洲疾控中心总部（ACDC）一期项目结构封顶。中方积极落实二十国集团“暂缓最贫困国家债务偿付倡议”（DSSI），同19个非洲国家签署缓债协议或达成缓债共识，免除非洲最不发达国家截至2021年年底到期未还的政府间无息贷款债务。

务实合作坚韧有力。2018年中非合作论坛北京峰会成果顺利收官。非洲52国和非盟委员会同中国签署共建“一带一路”合作文件。中国和毛里求斯自贸协定生效。中方克服疫情影响，稳步推进中非合作重点项目，首次发布《新时代的中非合作》白皮书和《中国企业投资非洲报告》，建立非洲农产品输华“绿色通道”，宣布“中非数字创新伙伴计划”，举办“非洲产品电商推广季”等活动，积极拓展线上线下合作平台。2021年，中非贸易额达2543亿美元，同比增长35.3%，实现历史新高。

国际协作更加密切。中非双方共同发起“支持非洲发展伙伴倡议”，携手推进习近平主席提出的全球发展倡议，在涉及彼此核心利益和重大关切问题上坚定站在一起，共同捍卫发展中国家利益和国际公平正义。中方坚定支持非洲国家联合自强和自主解决非洲问题，坚定支持非方反种族歧视、反干涉内政等正义诉求。

4. 中国与欧亚地区国家关系

2021年，中国同欧亚地区国家关系继续保持健康稳定发展势头。

中国同地区各国高层交往热度不减。国家主席习近平同俄罗斯总统普京一次通话、三次视频会晤或视频连线。两国领导人发表联合声明，正式决定《中俄睦邻友好合作条约》延期。习近平主席与普京总统还分别向中俄科技创新年闭幕式、第三届中俄能源商务论坛致贺信。国务院总理李克强同俄罗斯总理米舒斯京举行中俄总理第26次定期会晤。全国人大常委会委员长栗战书以视频方式出席中俄议会合作委员会第七次会议，在集体安全条约组织议会大会全体会议上发表视频致辞。中俄投资、能源、人文、地方等领域双边机制性会议顺利召开。两国外长全年三次会晤、两次通话，深入落实两国元首各项共识，就共庆《中俄睦邻友好合作条约》签署20周年及延期、双边关系、抗疫合作及共同关心的国

际和地区问题及时对表。习近平主席同哈萨克斯坦、乌兹别克斯坦、土库曼斯坦、塔吉克斯坦、吉尔吉斯斯坦、阿塞拜疆、白俄罗斯、乌克兰等地区国家领导人通话，线上出席上海合作组织成员国元首理事会第21次会议、上海合作组织和集体安全条约组织成员国领导人阿富汗问题联合峰会。李克强总理线上出席上海合作组织成员国政府首脑（总理）理事会第20次会议，同乌兹别克斯坦总理阿里波夫举行视频会晤。栗战书委员长以视频方式同哈萨克斯坦、乌兹别克斯坦、白俄罗斯、摩尔多瓦等国议长举行会晤，并出席土库曼斯坦举办的“议员在巩固国际和平与信任中的作用”议会领导人会议。“中国+中亚五国”外长第二次会晤在西安举行。中哈（萨克斯坦）合作委员会第十次会议、中土（库曼斯坦）合作委员会第五次会议召开，中白政府间合作委员会双方主席举行视频会晤。国务委员兼外交部长王毅访问塔吉克斯坦并出席上海合作组织成员国外长会，国务委员兼国防部长魏凤和上将赴塔出席上海合作组织成员国防长会。

中国同欧亚地区国家务实合作强势复苏。经贸投资方面，中俄贸易额达1468.87亿美元，同比增长35.8%，创历史新高。中俄原油管道及复线、中俄东线天然气管道稳定运营，中方自俄煤炭、天然气进口，对俄机电产品出口均大幅提升。中国继续保持多数欧亚地区国家第一大贸易伙伴国地位。中欧班列开行量和货运量均保持增长势头，中哈（萨克斯坦）连云港国际物流中心、霍尔果斯国际边境合作中心运转顺畅。以乌兹别克斯坦塔什干为终点的首列跨境电商中亚专列开行。青岛—巴库中欧班列上合专线“齐鲁号”1月成功首发，实现共建“一带一路”框架内中欧班列跨里海运输走廊常态化运行。首趟直达中国的“乌克兰—中国”班列发车，中乌间双向铁路运输启动。中国—中亚天然气管道运营良好。中哈原油管道自开通以来累计向中国输油逾1.52亿吨，札纳塔斯风电实现全容量成功并网。

中国同地区各国深入开展抗疫合作。中国同地区邻国共同落实边境联防联控机制，遏制新冠肺炎疫情跨境传播，在确保防疫安全基础上，本着相互理解、相向而行的态度，采取积极措施推动解决口岸货运通关、人员往来等务实合作中的具体问题。中国向地区国家出口或援助新冠肺炎疫苗及抗疫物资，对各国稳定疫情形势，推动全民疫苗接种工作发挥积极作用。中俄稳步推进疫苗与药物研发合作，强化防疫部门对口交流。中国重组蛋白新冠肺炎疫苗在乌兹别克斯坦完成三期临床试验并获批紧急使用，两国企业在乌实现联合生产。

5. 中国与欧洲地区国家关系

2021年，中国与欧洲地区国家关系总体保持稳定，各层级交往密切，各领域合作取得新进展。

高层“云外交”频密。国家主席习近平主持召开中国—中东欧国家领导人视频峰会，两次出席中法德领导人视频峰会，同欧盟、英国、法国、德国、意大利、西班牙、葡萄牙、塞尔维亚、芬兰、希腊、波兰、捷克、匈牙利、塞浦路斯、黑山等欧方领导人多次通话。国务院总理李克强同德国总理默克尔共同主持第六轮中德政府磋商，同意大利总理德拉吉、比利时首相德克罗等欧方领导人通话或视频会晤，出席欧洲企业高级别视频对话会、英国工商界代表视频对话会。全国人大常委会委员长栗战书同匈牙利国会主席、奥地利国民议会议长、芬兰议长、塞浦路斯议长、西班牙众议长等举行视频会谈。全国政协主席汪洋同波兰参议长、西班牙参议长举行视频会晤。第11轮中欧高级别战略对话、第21次中法战略对话、第八次中法高级别经济财金对话等机制性交往以视频方式或通话方式举行。

线下外交灵活多样。中共中央政治局委员、中央外事工作委员会办公室主任杨洁篪访问马耳他、塞浦路斯、克罗地亚、斯洛文尼亚。国务委员兼外交部长王毅访问希腊、塞尔维亚、阿尔巴尼亚、意大利。7月，王毅国务委员兼外长在塔什干会见欧盟外交与安全政策高级代表博雷利。10月，王毅国务委员兼外长在罗马现场出席二十国集团领导人峰会期间会见荷兰首相吕特、法国外长勒德里昂。波兰、塞尔维亚、爱尔兰、匈牙利、马耳他、芬兰、丹麦等欧洲国家外长成功访华。

务实合作成效显著。2021年中国同欧盟贸易额达8281.1亿美元，同比增长27.5%，创历史新高。中欧地理标志协定落实进展顺利。2021年中欧班列累计开行15183列，运送货物146.4万标箱，同比分别增长22%、29%，班次和运输量再创历史新高。第四届中国国际进口博览会吸引900余家欧洲企业参展，占全球参展企业总数的31%。中法高级别经济财金对话取得积极成果。中欧环境与气候高层对话两次举行并发表联合新闻公报，中英举行气候变化会谈，中德签署《中德环境、气候变化及可持续发展领域合作联合意向声明》，携手应对气候变化。抖音海外版TikTok宣布在爱尔兰都柏林建立首个区域融合中心。希腊比雷埃夫斯港第二阶段股权顺利交割、匈塞铁路塞尔维亚贝尔格莱德—旧帕佐瓦段左线全线建成通车、克罗地亚佩列沙茨大桥成功合龙、塞尼风电站成功并网发电，黑山南北高速、北马其顿KO高速公路等重点项目取得新进展。中国在塞尔维亚合作建立疫苗灌装厂，匈牙利成为首个批准并使用中国疫苗的欧盟国家。

人文交流精彩纷呈。2021年是中国同奥地利、比利时、冰岛、塞浦路斯、圣马力诺建交50周年，同波罗的海三国（爱沙尼亚、拉脱维亚、立陶宛）建交30周年，双方领导人通话、互致贺电或贺函，举办纪念封首发仪式、"云端音乐会"、图片展等庆祝活动。英国继续成为中国留学生首选目的地国。北京冬奥会圣火采集仪式在希腊古奥林匹亚竞技场顺利举行，旅法大熊猫双胞胎幼崽"欢黎黎""圆嘟嘟"命名仪式在法国博瓦勒动物园举行。

6. 中国与北美大洋洲地区国家关系

2021年，中华人民共和国与美利坚合众国关系仍然十分困难，同时保持一定交流合作。

美国新政府上台后，将中国视作"最严峻的竞争者"，继续全方位对华遏制打压，在台湾、涉疆、涉港、涉藏、经贸、科技、意识形态、人文交流等问题上不断采取干涉中国内政、损害中方利益的错误言行，并且在国际上打造各种反华遏华"小圈子"。中方对此作出有力回应，坚定维护自身主权安全发展利益。

同时，两国高层及各层级保持交往。双方在经贸、气候变化、能源安全、公共卫生、两军、禁毒、农业等领域开展了一系列交流合作，发表应对气候危机联合声明和格拉斯哥联合宣言，并在朝核、伊朗核、中东、阿富汗等国际地区问题上保持沟通。截至2021年年底，中美两国建立了50对友好省州和233对友好城市。

2021年，受孟晚舟事件影响，中国和加拿大关系继续处于低谷。经过中国政府不懈努力，孟晚舟于2021年9月安全顺利回国。

2021年，中国与澳大利亚关系因澳方采取一系列涉华错误言行继续遭遇困难局面。中国继续保持澳大利亚第一大贸易伙伴、第一大进口来源地、第一大出口市场地位。同时，针对澳方一系列涉华错误言行，中方进行了严正交涉和坚决斗争。

2021年，中国与新西兰关系保持稳定发展势头。11月，国家主席习近平同新西兰总理杰辛达·阿德恩通电话。7月、11月，习近平主席以视频方式出席亚太经合组织领导人非正式会议。4月，阿德恩总理应邀出席博鳌亚洲论坛2021年年会并发表视频致辞。6月，国务委员兼外交部长王毅同新西兰外长纳纳娅·马胡塔举行视频会晤。中国继续保持新西兰第一大贸易伙伴、第一大海外留学生来源国地位。中新在经贸、人文、司法执法、多边等领域合作取得积极进展。

2021年，中国同太平洋岛国关系发展良好。双方高层和各级别交往频繁。国家主席习近平分别同汤加国王图普六世、斐济总理乔萨亚·沃伦盖·姆拜尼马拉马、所罗门群岛总理梅纳西·索加瓦雷、巴布亚新几内亚总理詹姆斯·马拉佩通电话。全国人大常委会委员长栗战书分别同所罗门群岛国民议会议长约翰·帕特森·奥蒂、基里巴斯议长坦加丽基·里特、巴布亚新几内亚国民议会议长乔布·庞马特以视频方式举行会谈。国务委员兼外交部长王毅以视频方式主持首次中国—太平洋岛国外长会，分别同基里巴斯总统兼外长塔内希·马茂，所罗门群岛外交和外贸部长杰里迈亚·马内莱，巴布亚新几内亚代理外长、国家计划部长伦博·帕伊塔通电话。巴布亚新几内亚外交与国际贸易部长索罗伊·埃奥访问贵阳，王毅国务委员兼外长同其举行会谈。10个建交太平洋岛国领导人均就中国共产党成立100周年致函中国领导人表示祝贺。

双方抗疫合作取得积极成效。中方向“中国—太平洋岛国抗疫合作基金”追加注资，通过政府间无偿援助以及政党、地方、民间等渠道向岛国提供多批疫苗、医疗设备、物资等抗疫援助。中方在二十国集团缓债倡议框架下为符合条件的岛国缓债。

双方经贸、人文等各领域交流合作成果丰硕。中国同巴布亚新几内亚共同庆祝建交45周年。中国—太平洋岛国应急物资储备库启用。中方宣布建立中国—太平洋岛国减贫与发展合作中心、中国—太平洋岛国应对气候变化合作中心。首届中国—太平洋岛国渔业合作发展论坛顺利举行。双方共建“一带一路”和复工复产合作取得积极进展，巴布亚新几内亚菌草和旱稻技术援助、所罗门群岛2023年太平洋运动会体育场馆、瓦努阿图塔纳岛和马拉库拉岛公路二期等项目顺利实施。巴布亚新几内亚国家电网一期、密克罗尼西亚联邦波纳佩州二级公路等项目竣工。巴布亚新几内亚首家孔子学院和孔子课堂启动。中国同萨摩亚开展首次法医援助合作。广东、福建、山东等省市同岛国地方交往合作不断深入，岛国驻华使节赴福建、贵州等地考察交流。

7. 中国与拉丁美洲和加勒比地区国家关系

2021年，中方继续从战略高度和长远角度维护和推进中拉关系，以元首外交为引领，统筹推进抗疫和务实合作，推动中拉关系进入平等、互利、创新、开放、惠民的新时代。

高层交往频繁，“朋友圈”增添新成员。国家主席习近平分别同多米尼克、玻利维亚、哥伦比亚、圭亚那、特立尼达和多巴哥、古巴、多米尼加、巴巴多斯、厄瓜多尔9国元首或政府首脑通电话，应哥伦比亚总统杜克邀请向哥民众发表视频讲话，作为唯一受邀的域外国家领导人向拉美和加勒比国家共同体第六届峰会作视频致辞，并向中国—

拉共体论坛第三届部长会议开幕式发表视频致辞。包括古巴、阿根廷、委内瑞拉、厄瓜多尔、特立尼达和多巴哥、多米尼克、安提瓜和巴布达等国元首或政府首脑在内的地区多国国家和政党领导人发来贺电（函）200余封，祝贺中国共产党百年华诞。全国人大常委会委员长栗战书同巴西、墨西哥、委内瑞拉等7国议会领导人视频会晤。国务委员兼外交部长王毅同巴西、苏里南、墨西哥、智利、巴拿马外长通电话，出席二十国集团峰会期间分别会见墨西哥、阿根廷外长，应邀向太平洋联盟成立十周年线上纪念仪式作视频致辞，并主持中拉论坛第三届部长会议。中国和尼加拉瓜时隔31年恢复外交关系，我国在拉美和加勒比建交国数量增加至25个。

抗疫外交卓有成效，帮助拯救生命。在确保国内需求前提下，中方保障对巴西、墨西哥、阿根廷、哥伦比亚、秘鲁、智利、苏里南、多米尼加、委内瑞拉、厄瓜多尔、玻利维亚、萨尔瓦多、乌拉圭、特立尼达和多巴哥、巴巴多斯、牙买加、圭亚那、安提瓜和巴布达、多米尼克、尼加拉瓜、巴拉圭等21国疫苗供应。中方通过在拉美进行疫苗临床试验、推动疫苗产业本地化等方式，帮助拉美国家打造疫苗生产链供应链。泛美卫生组织数据显示，中国疫苗占智利、厄瓜多尔、玻利维亚、乌拉圭4国接种疫苗总量的比例分别达58.3%、58%、45%和47%。

务实合作稳步推进，助力复苏经济。智利、乌拉圭、阿根廷、厄瓜多尔、秘鲁总统分别在博鳌亚洲论坛2021年年会开幕式、中国国际服务贸易交易会全球服务贸易峰会、第四届中国国际进口博览会开幕式、第14届中国—拉美企业家高峰会和第130届中国进出口商品交易会（广交会）发表视频致辞。中国海关数据显示，2021年中拉贸易额达4515.9亿美元，其中中方出口2290.1亿美元，进口2225.8亿美元，同比分别增长41.1%、52%和31.4%，外贸结构持续优化，进出口总体平衡。电子商务、数字经济、绿色经济等新型经贸业态合作得到长足发展。中国对拉投资稳步提升，一批共建“一带一路”项目加速落地。中国古巴签署共建“一带一路”合作规划。中国与智利海关“经认证的经营者”互认安排正式实施。

整体合作蓬勃发展。2021年12月，中国—拉共体论坛第三届部长会议成功举行，习近平主席向会议开幕式发表视频致辞，王毅国务委员兼外长主持会议并发表主旨讲话，会议通过《中国—拉共体论坛第三届部长会议宣言》和《中国—拉共体成员国重点领域合作共同行动计划（2022—2024）》。2021年，中拉论坛框架下还举行了国家协调员会议，以及政党、农业、智库、企业家、基础设施、科技创新、数字技术、青年体育、减贫发展、新能源、传统医学等12个领域13场分论坛活动。

国际事务沟通合作顺畅。中拉在涉及各自核心利益和重大关切问题上继续相互理解、相互支持。中国积极支持拉美国家维护国家主权和领土完整，探索符合本国国情的发展道路。拉美建交国普遍尊重中国在台湾、涉藏、涉疆等涉及核心利益和重大关切问题上的立场。古巴、委内瑞拉、玻利维亚、苏里南、安提瓜和巴布达、多米尼克、格林纳达、尼加拉瓜等国在联合国人权理事会会议联署挺华共同发言，多国以单独发言等方式声援中方。拉美友好国家在疫情溯源、北京冬奥会等给予中方宝贵支持。哥斯达黎加、巴拿马总统分别在我国主办的《生物多样性公约》第15次缔约方大会领导人峰会、第二届联合国全球可持续交通大会开幕式上发表视频讲话。

人文交流亮点纷呈。中方同有关国家以线上线下多种方式庆祝中国同秘鲁建交50周年、中国同苏里南建交45周年。第二届中拉高级别学术论坛暨第六届中拉智库论坛、第四届中拉文明对话论坛、第14届中拉企业家高峰会智库合作论坛等成功举行。中央广播电视总台与拉美地区30余家主流媒体共同发布《中拉媒体行动》倡议，致力于共同打造更全面、更紧密的中拉媒体关系。巴拿马政府宣布将春节定为全国性节日并将春节庆祝活动融入国际旅游推介计划。2021年“欢乐春节”系列活动之《中拉与共大使说》、中拉太极拳网络大赛、“中拉友谊手拉手，共建命运共同体”2021拉美和加勒比地区日、第六届“智利周”等活动成功举行。《极盗行动》成为阿根廷首部在中国内地上映的商业电影。

（三）专题评述

1. 习近平主席出席世界经济论坛“达沃斯议程”对话会

2021年1月25日，国家主席习近平在北京以视频方式出席世界经济论坛“达沃斯议程”对话会，并发表题为《让多边主义的火炬照亮人类前行之路》的特别致辞。

习近平主席强调，我们要解决好这个时代面临的四大课题：第一，加强宏观经济政策协调，共同推动世界经济强劲、可持续、平衡、包容增长。第二，摒弃意识形态偏见，共同走和平共处、互利共赢之路。第三，克服发达国家和发展中国家发展鸿沟，共同推动各国发展繁荣。第四，携手应对全球性挑战，共同缔造人类美好未来。

习近平主席指出，世界上的问题错综复杂，解决问题的出路是维护和践行多边主义，推动构建人类命运共同体。

要坚持开放包容，不搞封闭排他。多边主义的要义是国际上的事由大家共同商量着办，世界前途命运由各国共同掌握。在国际上搞“小圈子”“新冷战”，排斥、威胁、恐吓他人，动不动就搞脱钩、断供、制裁，人为造成相互隔离甚至隔绝，只能把世界推向分裂甚至对抗。一个分裂的世界无法应对人类面临的共同挑战，对抗将把人类引入死胡同。要坚守和平、发展、公平、正义、民主、自由的全人类共同价值，共同维护世界和平稳定，建设开放型世界经济。

要坚持以国际法则为基础，不搞唯我独尊。国际社会应该按照各国共同达成的规则和共识来治理，而不能由一个或几个国家发号施令。《联合国宪章》是公认的国与国关系基本准则，要维护以联合国为核心的国际体系、以国际法为基础的国际秩序，维护多边机构的权威性和有效性。要坚持通过制度和规则来协调规范各国关系，反对恃强凌弱，不能以多边主义之名行单边主义之实。规则一旦确定，大家都要有效遵循。“有选择的多边主义”不应成为我们的选择。

要坚持协商合作，不搞冲突对抗。无论是搞冷战、热战，还是贸易战、科技战，最终将损害各国利益、牺牲人民福祉。尊重和包容差异，不干涉别国内政，通过协商对话解决分歧。要摒弃冷战思维、零和博弈的旧理念，坚持互尊互谅，恪守互利共赢的合作观。拒绝自私自利的狭隘政策，要提倡公平公正竞争，开展你追我赶、共同提高的田径赛，而不是搞相互攻击、你死我活的角斗赛。

要坚持与时俱进，不搞故步自封。21世纪的多边主义要守正出新、面向未来，既要坚持多边主义的核心价值和基本原则，也要立足世界格局变化，着眼应对全球性挑战需要，在广泛协商、凝聚共识基础上改革和完善全球治理体系。发挥世界卫生组织作用，构建人类卫生健康共同体。要推进世界贸易组织和国际金融货币体系改革，探讨制定全球数字治理规则，落实应对气候变化《巴黎协定》，落实联合国2030年可持续发展议程。

习近平主席强调，中国将继续积极参与国际抗疫合作、实施互利共赢的开放战略、促进可持续发展、推进科技创新、推动构建新型国际关系，向着构建人类命运共同体不断迈进！

2. 习近平主席主持召开中国—中东欧国家领导人峰会

2021年2月9日，国家主席习近平在北京以视频方式主持召开中国—中东欧国家领导人峰会。波斯尼亚和黑塞哥维那、捷克、黑山、波兰、塞尔维亚五国国家元首，阿尔巴尼亚、克罗地亚、希腊、匈牙利、北马其顿、斯洛伐克六国政府首脑，保加利亚、斯洛文尼亚两国政府副总理及爱沙尼亚、拉脱维亚、罗马尼亚、立陶宛四国政府高级代表出席会议。奥地利、白俄罗斯、欧盟、瑞士、欧洲复兴开发银行作为观察员派代表与会。

会上习近平主席发表了题为《凝心聚力，继往开来 携手共谱合作新篇章》的主旨讲话。习近平主席在讲话中指出，中国—中东欧国家合作（下称“合作”）已经走过九年历程，经历了时间和国际形势复杂变化的考验，形成了符合自身特点并为各方所接受的合作原则：一是有事大家商量着办。坚持相互尊重，合作不附带政治条件，坚持大小国家一律平等，共商共建共享，照顾彼此关切。二是让合作方都有收获。聚焦务实合作，推动合作均衡发展，坚持经济和人文结合、贸易和投资并重。三是在开放包容中共同发展。互学互鉴、取长补短。坚持以协商合作弥合差异、解决分歧。四是通过创新不断成长。率先探索跨区域合作同共建“一带一路”倡议对接，率先实现“一带一路”合作协议在地区全覆盖。

习近平主席还在讲话中就新形势下中国—中东欧国家合作发展提出四点建议：第一，直面疫情挑战，坚定共克时艰的合作信心。第二，聚焦互联互通，畅通联动发展的合作动脉。第三，坚持务实导向，扩大互惠互利的合作成果。第四，着眼绿色发展，打造面向未来的合作动能。

与会各方围绕中国—中东欧国家合作所取得的成果、合作原则及未来发展深入交换了意见，达成广泛共识。各方认为，九年来合作取得丰硕成果，促进了中东欧国家基础设施建设和经济社会发展，符合各方共同利益，也拓展了欧中合作，实现了互利共赢。各方表示，在当前新冠肺炎疫情蔓延、世界经济深陷衰退背景下，习近平主席倡议并主持此次峰会意义重大，将成为合作新的重要里程碑。各方愿继续参与这一合作，同舟共济，携手抗疫，共促经济复苏，践行多边主义，共同应对各种全球性挑战。各方还对中方对国际抗疫合作作出的重要贡献表示赞赏，希望同中方加强疫苗及公共卫生领域合作。各方赞同习近平主席提出的各项务实合作主张，表示愿积极共建“一带一路”，深化各领域合作，推动合作取得更多成果，更多造福各国人民。

峰会发表了《2021年中国—中东欧国家合作北京活动计划》和《中国—

中东欧国家领导人峰会成果清单》。

3. 习近平主席两次出席中法德领导人视频峰会

2021年4月16日、7月5日，国家主席习近平同法国总统马克龙、时任德国总理默克尔两次共同举行中法德领导人视频峰会。

4月16日，中法德三国领导人就合作应对气候变化、中欧关系、抗疫合作及重大国际和地区问题深入交换意见。习近平主席强调，中方言必信，行必果，将碳达峰、碳中和纳入生态文明建设整体布局，全面推行绿色低碳循环经济发展。应对气候变化是全人类的共同事业，不应该成为地缘政治的筹码、攻击他国的靶子、贸易壁垒的借口。当前世界经济复苏任务十分艰巨。中欧关系面临新的发展机遇，也面临各种挑战。要从战略高度牢牢把握中欧关系发展大方向和主基调。

三国领导人一致认为，要坚持多边主义，全面落实《巴黎协定》，共同构建公平合理、合作共赢的全球气候治理体系；加强气候政策对话和绿色发展领域合作，将应对气候变化打造成中欧合作的重要支柱；统筹办好重要多边议程，打造全球环境治理新格局；支持"新冠肺炎疫苗实施计划"，支持发展中国家能源供给向高效、清洁、多元化方向发展。

7月5日，三国领导人就中欧关系、对非合作交换意见，并就其他共同关心的国际和地区问题进行沟通协调。习近平主席强调，全球疫情形势反反复复，经济复苏前景不明。世界比以往任何时候都更需要相互尊重、精诚合作，而不是猜忌对立、零和博弈。中欧要坚持正确相互认知，扩大互利共赢合作，维护真正的多边主义，坚持构建总体稳定、均衡发展的大国关系，共同维护世界和平稳定和发展繁荣。

三国领导人还就非洲议题交换意见。习近平主席指出，非洲是发展中国家最集中、抗击新冠肺炎疫情和实现经济复苏任务最艰巨的地区，更是发展潜力最大的大陆。希望欧方加大对非洲的支持和帮助，欢迎法、德加入中非共同发起的"支持非洲发展伙伴倡议"，开展三方、四方或多方合作。

4. 习近平主席出席博鳌亚洲论坛2021年年会开幕式

2021年4月20日，国家主席习近平以视频方式出席博鳌亚洲论坛2021年年会开幕式并发表题为《同舟共济克时艰，命运与共创未来》的主旨演讲。

习近平主席指出，博鳌亚洲论坛成立20年来，见证了中国、亚洲、世界走过的不平凡历程，为促进亚洲和世界发展发挥了重要影响力、推动力。当前，百年变局和世纪疫情交织叠加，世界进入动荡变革期。人类社会应该向何处去？我们应该为子孙后代创造一个什么样的未来？对这一重大命题，我们要从人类共同利益出发，以负责任态度作出明智选择。中方倡议，亚洲和世界各国要回应时代呼唤，携手共克疫情，加强全球治理，朝着构建人类命运共同体方向不断迈进。习近平主席就共创未来提出四点主张：

第一，要平等协商，开创共赢共享的未来。应该坚持真正的多边主义，推动全球治理体系朝着更加公正合理的方向发展。国际上的事应该由大家共同商量着办，世界前途命运应该由各国共同掌握。世界要公道，不要霸道。大国要有大国的样子，要展现更多责任担当。

第二，要开放创新，开创发展繁荣的未来。要推动贸易和投资自由化便利化，深化区域经济一体化，巩固供应链、产业链、数据链、人才链，构建开放型世界经济。人为“筑墙”“脱钩”违背经济规律和市场规则，损人不利己。

第三，要同舟共济，开创健康安全的未来。加强信息共享和联防联控，加强新冠肺炎疫苗国际合作，全面加强全球公共卫生安全治理，共同构建人类卫生健康共同体。推进应对气候变化国际合作。

第四，要坚守正义，开创互尊互鉴的未来。要摒弃冷战思维和零和博弈，反对任何形式的“新冷战”和意识形态对抗。国与国相处，要把平等相待、互尊互信挺在前面。要弘扬和平、发展、公平、正义、民主、自由的全人类共同价值，倡导不同文明交流互鉴。

习近平主席宣布，中方将在疫情得到控制后即举办第二届亚洲文明对话大会。

习近平主席指出，“一带一路”是大家携手前进的阳光大道，不是某一方的私家小路，追求的是发展，崇尚的是共赢，传递的是希望。中方将同各方继续高质量共建“一带一路”，践行共商共建共享原则，弘扬开放、绿色、廉洁理念，努力实现高标准、惠民生、可持续目标。中方将建设更紧密的卫生合作伙伴关系，更紧密的互联互通伙伴关系，更紧密的绿色发展伙伴关系，更紧密的开放包容伙伴关系，为人类走向共同繁荣作出积极贡献。

习近平主席强调，2021年是中国共产党成立100周年。中国共产党为中国人民谋幸福，为中华民族谋复兴，为世界谋大同。中国将继续做世界和平的建设者、全球发展的贡献者、国际秩序的维护者。中国将始终高举和平、发展、合作、共赢旗帜，积极推动构建新型国际关系。中国无论发展到什么程度，永远不称霸、不扩张、不谋求势力范围，不搞军备竞赛。中国将积极参与贸易和投资领域多边合作，推进海南自由贸易港建设，推动

建设更高水平开放型经济新体制。欢迎各方分享中国市场的巨大机遇。

习近平主席最后说，同舟共济扬帆起，乘风破浪万里航。尽管有时会遭遇惊涛骇浪和逆流险滩，但只要我们齐心协力、把准航向，人类社会发展的巨轮必将行稳致远，驶向更加美好的未来！

与会嘉宾高度评价习近平主席主旨演讲，多国各界人士表示，主旨演讲为亚洲和世界各国携手共克疫情，加强全球治理提供了新的指引和动力，推动亚洲和世界朝着构建人类命运共同体方向不断迈进。

5. 习近平主席出席领导人气候峰会

2021年4月22～23日，美方举办领导人气候峰会，41位领导人及非政府组织、企业和青年代表应邀出席。习近平主席应邀以在线方式出席并致辞，联合国秘书长古特雷斯、欧盟委员会主席冯德莱恩、法国总统马克龙、德国总理默克尔、俄罗斯总统普京等26位领导人视频出席。美国总统拜登、副总统哈里斯致开幕词。

习近平主席在会上发表题为《共同构建人与自然生命共同体》的重要讲话。习近平主席指出，气候变化给人类生存和发展带来严峻挑战。面对全球环境治理前所未有的困难，国际社会要以前所未有的雄心和行动，共商应对气候变化挑战之策，共谋人与自然和谐共生之道，勇于担当，勠力同心，共同构建人与自然生命共同体。

一是坚持人与自然和谐共生。人类应该以自然为根，尊重自然、顺应自然、保护自然。要像保护眼睛一样保护自然和生态环境，推动形成人与自然和谐共生新格局。

二是坚持绿色发展。保护生态环境就是保护生产力，改善生态环境就是发展生产力。要摒弃损害甚至破坏生态环境的发展模式，摒弃以牺牲环境换取一时发展的短视做法。大力推进经济、能源、产业结构转型升级，让良好生态环境成为全球经济社会可持续发展的支撑。

三是坚持系统治理。山水林田湖草沙是不可分割的生态系统。要按照生态系统的内在规律，统筹考虑自然生态各要素，从而达到增强生态系统循环能力、维护生态平衡的目标。

四是坚持以人为本。要探索保护环境和发展经济、创造就业、消除贫困的协同增效，在绿色转型过程中努力实现社会公平正义，增加各国人民获得感、幸福感、安全感。

五是坚持多边主义。要坚持以国际法为基础、以公平正义为要旨、以有效行动为导向，维护以联合国为核心的国际体系，遵循《联合国气候变化框架公约》及其《巴黎协定》的目标和原则。中方欢迎美方重返多边气候治理进程，期待同包括美方在内的国际社会一道，共同为推进全球环境治理而努力。

六是坚持共同但有区别的责任原则。要充分肯定发展中国家应对气候变化所作贡献，照顾其特殊困难和关切。发达国家应该展现更大雄心和行动，同时切实为发展中国家提供资金、技术、能力建设等方面支持。

习近平主席强调，中国将生态文明理念和生态文明建设纳入中国特色社会主义总体布局，坚持走生态优先、绿色低碳的发展道路。中方宣布力争2030年前实现碳达峰、2060年前实现碳中和，是基于推动构建人类命运共同体和实现可持续发展作出的重大战略决策，需要中方付出艰苦努力。中国正在制定碳达峰行动计划，广泛深入开展碳达峰行动，支持有条件的地方和重点行业、重点企业率先达峰。中国将严控煤电项目，"十四五"时期严控煤炭消费增长、"十五五"时期逐步减少。

习近平主席指出，作为全球生态文明建设的参与者、贡献者、引领者，中国坚定践行多边主义，努力推动构建公平合理、合作共赢的全球环境治理体系。中方将在2021年10月承办《生物多样性公约》第15次缔约方大会，同各方一道推动全球生物多样性治理迈上新台阶。中方通过多种形式的南南务实合作，帮助发展中国家提高应对气候变化能力。中方还将生态文明领域合作作为共建"一带一路"重点内容，持续造福参与共建"一带一路"的各国人民。

习近平主席最后表示，"众力并，则万钧不足举也。"气候变化带给人类的挑战是现实的、严峻的、长远的。但是，我坚信，只要心往一处想、劲往一处使，同舟共济、守望相助，人类必将能够应对好全球气候环境挑战，把一个清洁美丽的世界留给子孙后代。

习近平主席讲话得到与会领导人高度赞赏和国际舆论高度关注，国际社会赞同习近平主席所提"人与自然和谐共生"理念，赞赏中方决定接受《〈蒙特利尔议定书〉基加利修正案》，高度评价中国为全球应对气候变化所作贡献，期待中方未来发挥更大领导力。

6. 习近平主席出席全球健康峰会

2021年5月21日，国家主席习近平在北京以视频方式出席全球健康峰会，并发表题为《携手共建人类卫生健康共同体》的重要讲话，为全球尽早战胜疫情、实现经济复苏指明前进方向，对提振多边主义、推动国际抗疫合作、引领全球卫生治理体系变革具有重大意义。

习近平主席指出，一年多来，新冠肺炎疫情起伏反复，百年来最严重

的传染病大流行仍在肆虐。早日战胜疫情、恢复经济增长，是国际社会首要任务。二十国集团成员应该在全球抗疫合作中扛起责任，着力提高应对重大突发公共卫生事件能力和水平。

习近平主席提出五点意见：一是坚持人民至上、生命至上。抗击疫情是为了人民，也必须依靠人民，必须以极大的政治担当和勇气，以非常之举应对非常之事，切实尊重每个人的生命价值和尊严，保证人民群众生活少受影响、社会秩序总体正常。二是坚持科学施策，统筹系统应对。要统筹药物和非药物干预措施，统筹常态化精准防控和应急处置，统筹疫情防控和经济社会发展。二十国集团成员要采取负责任的宏观经济政策，维护全球产业链供应链安全顺畅运转，继续支持发展中国家尤其是困难特别大的脆弱国家。三是坚持同舟共济，倡导团结合作。要秉持人类卫生健康共同体理念，坚决反对各种政治化、标签化、污名化的企图。搞政治操弄丝毫无助于本国抗疫，只会扰乱国际抗疫合作，给世界各国人民带来更大伤害。四是坚持公平合理，弥合"免疫鸿沟"。要摒弃"疫苗民族主义"，解决好疫苗产能和分配问题，增强发展中国家的可及性和可负担性。疫苗研发和生产大国要负起责任，多提供一些疫苗给有急需的发展中国家。多边金融机构应该为发展中国家采购疫苗提供融资支持。世界卫生组织要加速推进"新冠肺炎疫苗实施计划"。五是坚持标本兼治，完善治理体系。要加强和发挥联合国和世界卫生组织作用，坚持共商共建共享，更好反映发展中国家合理诉求。要提高监测预警和应急反应能力、重大疫情救治能力、应急物资储备和保障能力、打击虚假信息能力、向发展中国家提供支持能力。

习近平主席宣布中国支持全球团结抗疫的五大举措：第一，中国将在未来3年内再提供30亿美元国际援助，用于支持发展中国家抗疫和恢复经济社会发展。第二，中国已向全球供应3亿剂疫苗，将尽己所能对外提供更多疫苗。第三，中国支持本国疫苗企业向发展中国家进行技术转让，开展合作生产。第四，中国已宣布支持新冠肺炎疫苗知识产权豁免，也支持世界贸易组织等国际机构早日就此作出决定。第五，中国倡议设立疫苗合作国际论坛，由疫苗生产研发国家、企业、利益攸关方一道探讨如何推进全球疫苗公平合理分配。

全球健康峰会由二十国集团主席国意大利和欧盟委员会联合倡议举办。峰会发表《罗马宣言》，确立了应对当前和未来大流行的原则，包括加强团结合作，坚持以人民为中心，秉持科学精神抗疫，维护世界卫生组织领导协调作用，完善全球卫生治理体系，支持发展中国家能力建设等。

7. 习近平主席同俄罗斯总统普京举行视频会晤，宣布《中俄睦邻友好合作条约》延期

2021年6月28日，国家主席习近平在北京同俄罗斯总统普京举行视频会晤并宣布发表联合声明，正式决定《中俄睦邻友好合作条约》延期。

习近平主席在会谈中指出，双方即将迎来《中俄睦邻友好合作条约》签署20周年。《中俄睦邻友好合作条约》确立的世代友好理念符合两国根本利益，契合和平与发展的时代主题，是构建新型国际关系和人类命运共同体的生动实践。今天的中俄关系成熟、稳定、坚固，经得起任何国际风云变幻考验。双方在涉及彼此核心利益问题上相互坚定支持，战略协作富有成效，有力维护了两国共同利益。务实合作成果丰硕，质量和体量同步提升。在国际事务中密切协调配合，共同捍卫真正的多边主义和国际公平正义。在世界进入动荡变革期、人类发展遭遇多重危机背景下，中俄密切合作，为国际社会注入了正能量，树立了新型国际关系的典范。双方应全面总结中俄关系始终航向不偏、动力不减的成功经验，对各领域合作新目标、新任务作出顶层设计，为《中俄睦邻友好合作条约》注入新的时代内涵。相信双方在《条约》精神指引下，无论前进道路上还需要爬多少坡、过多少坎，中俄两国都将继续凝心聚力、笃定前行。中方坚定支持俄方为维护国家长治久安采取的有力举措，坚定支持俄方办好自己的事。

普京总统热烈祝贺中国共产党成立100周年，表示俄方珍视历史上同中国共产党的交往历程，愿同中国共产党加强党际交往，祝愿在中国共产党领导下，中国经济社会发展不断取得新成就，并在国际事务中发挥更重要作用。

普京总统表示，《俄中睦邻友好合作条约》体现了两国人民世代友好的意愿，《条约》确立的有关原则和精神为俄中关系长期顺利发展发挥了重要、独特作用。俄方对当前俄中关系达到前所未有的高水平和两国合作全面稳步发展感到满意。今天我们宣布发表联合声明，正式决定《俄中睦邻友好合作条约》延期，将为俄中关系长远发展奠定更加牢固的基础。俄方愿同中方继续深化战略互信，密切战略协作，继续相互坚定支持各自维护国家主权和领土完整的努力，相互尊重各自选择的制度和发展道路，深化务实合作和人文交流，加强在国际事务中的协调协作，将俄中新时代全面战略协作伙伴关系提升到更高水平。

两国元首还就双边关系和共同关心的国际及地区问题深入交换意见。双方同意，继续保持密切高层交往，加强疫苗合作，继续扩大双边贸易规

模，拓展低碳能源、数字经济、农业等领域合作，推进“一带一路”倡议同欧亚经济联盟对接。共同反对将体育政治化，俄方支持中方成功举办北京冬奥会。强调要共同坚定维护以联合国为核心的国际体系和以国际法为基础的国际秩序，维护全球战略安全稳定，支持和践行真正的多边主义，反对打着“民主”和“人权”幌子干涉别国内政，反对搞单边强制性制裁。双方一致同意共同弘扬和平、发展、公平、正义、民主、自由的全人类共同价值，加强团结协作，合力应对共同挑战，推动构建人类命运共同体。共同反对利用疫情和病毒溯源搞污名化、政治化。双方认为，当前形势下，上海合作组织面临新的机遇和挑战，应全面谋划和推进该组织发展。双方对美国、北约加速从阿富汗撤军，阿富汗安全形势更加复杂严峻表示关注，强调共同维护地区和平、安全和稳定。

两国元首在《中俄睦邻友好合作条约》签署20周年之际进行视频会晤并宣布《条约》延期，赋予《条约》新的时代内涵，擘画中俄关系下一步发展蓝图，对两国继续遵循世代友好、合作共赢理念发展彼此关系，加强“背靠背”战略协作，相互坚定支持彼此维护核心利益，共同促进两国发展振兴意义重大，为国际社会树立了大国关系典范。

8. 习近平主席出席第六届东方经济论坛全会开幕式

2021年9月2～4日，第六届东方经济论坛在俄罗斯符拉迪沃斯托克举行，论坛主题为“世界变局背景下的远东新机遇”。9月3日，国家主席习近平应邀以视频方式出席第六届东方经济论坛全会开幕式并致辞。

习近平主席在致辞中指出，9月3日是中国人民抗日战争暨世界反法西斯战争胜利76周年纪念日。国际社会应该坚定捍卫第二次世界大战胜利成果，维护历史真相，坚持以史为鉴、开创未来。2021年6月，习近平主席同普京总统成功举行视频会晤，共同宣布《中俄睦邻友好合作条约》延期，就加强中俄战略协作和全方位务实合作等重大问题达成新的共识，新时代中俄全面战略协作伙伴关系动力十足、前景广阔。

习近平主席强调，当前，世界格局深刻变革，新冠肺炎疫情起伏不定，世界经济艰难复苏。东北亚区域合作既面临严峻挑战，也面临重要机遇。各方应该立足地区，放眼世界，共克时艰，同谋发展。各方要在应对疫情挑战方面相互助力，加强疫苗研发、生产合作，为国际社会提供更多公共产品，坚决反对将疫苗和病毒溯源问题政治化，致力于推动构建人类卫生健康共同体。要在推进互利合作方面持续发力，深化共建“一带一路”同欧亚经济联盟对接合作，支持数字经济创新发展，共同应对全球气候变化，推动地区经济社会发展。要在维护地区和平稳定方面形成合力，通过对话沟通弥合分歧，凝聚共识，树立共同、综合、合作、可持续的安全观，携手建设和谐安宁的共同家园。

习近平主席指出，2021年是中国共产党百年华诞，中国已经开启全面建设社会主义现代化国家新征程。中方愿同各方一道努力，秉持真正的多边主义，讲信修睦，合作共赢，向着推动构建人类命运共同体的目标稳步迈进。

在疫情背景下，习近平主席以视频方式出席第六届东方经济论坛，展现中俄双方一贯积极支持和参与彼此举办的重要主场外交活动的良好传统，为深化中俄远东合作、推动国际社会共同抗疫和疫后复苏、促进人类社会实现共同发展注入新动力。

9. 习近平主席出席金砖国家领导人第13次会晤

2021年9月9日晚，金砖国家领导人第13次会晤以视频方式举行。国家主席习近平在北京出席会晤并发表重要讲话。南非总统拉马福萨、巴西总统博索纳罗、俄罗斯总统普京出席，印度总理莫迪主持会晤。

习近平主席发表题为《携手金砖合作 应对共同挑战》的重要讲话。

习近平主席指出，当前，新冠肺炎疫情仍在全球肆虐，世界经济复苏艰难曲折，国际秩序演变深刻复杂。面对挑战，金砖国家要展现担当，为世界和平与发展作出积极贡献，推动构建人类命运共同体。

——我们要推动践行真正的多边主义，恪守《联合国宪章》宗旨和原则，维护以联合国为核心的国际体系和以国际法为基础的国际秩序。

——我们要推动全球团结抗疫，携手应对疫情，坚持科学溯源，反对政治化、污名化，加强联防联控，促进疫苗作为全球公共产品的研发、生产、公平分配。

——我们要推动开放创新增长，助力世界经济平稳复苏，维护以世界贸易组织为基石的多边贸易体制，让科技发展的最新成果惠及所有国家，推动经济全球化朝着更加开放、包容、普惠、平衡、共赢的方向发展。

——我们要推动共同发展，坚持以人民为中心的发展思想，全面落实2030年可持续发展议程。要根据共同但有区别的责任原则，积极应对气候变化，促进绿色低碳转型，共建清洁美丽世界。

习近平主席强调，当前形势下，我们要坚定信念、加强团结，推动金砖务实合作朝着更高质量方向前进。习近平主席提出五点倡议。

第一，坚持同舟共济，加强公共卫生合作。要拿出应有的政治担当，

支持彼此抗疫努力，分享疫情信息，交流抗疫经验。要在疫苗联合研发、合作生产、标准互认等领域开展务实合作，推动金砖国家疫苗研发中心在线上尽快启动。要加强传统医药合作，为抗击疫情提供更多手段。

第二，坚持公平可及，加强疫苗国际合作。中方向有需要的国家提供疫苗和相应技术支持，为促进疫苗公平分配、加强全球抗疫合作作出积极贡献。截至目前，中方已向100多个国家和国际组织提供超过10亿剂疫苗和原液，将努力全年对外提供20亿剂疫苗。我愿宣布，在向“新冠疫苗实施计划”捐赠1亿美元基础上，年内中国将再向发展中国家无偿捐赠1亿剂疫苗。

第三，坚持互利共赢，加强经济合作。要落实好《金砖国家经济伙伴战略2025》，拓展贸易和投资、科技创新、绿色低碳等领域合作。中方倡议举办金砖国家应对气候变化高级别会议、金砖国家可持续发展大数据论坛。欢迎新开发银行扩员取得实质进展，期待银行在支持成员发展和全球经济金融事务方面发挥更大作用。金砖国家新工业革命伙伴关系厦门创新基地已经正式启用，欢迎金砖国家政府有关部门和工商界积极参与。

第四，坚持公平正义，加强政治安全合作。要巩固金砖战略伙伴关系，在涉及彼此核心利益问题上相互支持，共同维护主权、安全、发展利益。要用好外长会晤、安全事务高级代表会议等机制，就重大国际和地区问题加强立场协调，发出更多金砖声音。

第五，坚持互学互鉴，加强人文交流合作。中方倡议建立金砖国家职业教育联盟，举办职业技能大赛。中方还将举行金砖国家治国理政研讨会和人文交流论坛，开设五国媒体线上培训班。2022年年初，中国将主办北京冬奥会、冬残奥会，期待金砖国家等世界各国运动健儿同台竞技、取得佳绩。

习近平主席强调，明者因时而变，知者随事而制。我们在推进金砖合作的道路上，要顺应时代变化，做到与时俱进。相信在我们共同努力下，金砖机制一定能焕发出新的生机和活力。

习近平主席指出，2022年，中国将接任金砖国家主席国，主办金砖国家领导人第14次会晤。中方期待同金砖伙伴一道，全面深化各领域合作，构建更紧密、更务实的伙伴关系，应对共同挑战，开创美好未来。

10. 习近平主席出席上海合作组织成员国元首理事会第21次会议、上海合作组织和集体安全条约组织成员国领导人阿富汗问题联合峰会

2021年9月17日，国家主席习近平在北京以视频方式出席上海合作组织成员国元首理事会第21次会议、上海合作组织和集体安全条约组织成员国领导人阿富汗问题联合峰会。上海合作组织成员国、观察员国元首或代表，联合国秘书长，以及主席国客人土库曼斯坦总统等出席。

与会领导人全面回顾并积极评价上海合作组织成立20年来在政治、经济、安全、人文等领域取得的巨大成就，表示将继续基于“上海精神”，相互尊重、相互支持，构建平等互利伙伴关系，维护共同利益，合作应对新形势新挑战，促进上海合作组织持续健康稳定发展，促进地区普遍安全与共同繁荣，推动构建新型国际关系和人类命运共同体。各方表示，反对将体育运动政治化，支持中国成功主办北京冬奥会、冬残奥会。成员国领导人签署并发表《上海合作组织二十周年杜尚别宣言》，发表《上海合作组织成员国元首理事会关于加强科技创新领域合作的声明》和《上海合作组织成员国元首理事会关于粮食安全的声明》，批准涉及安全、环保、文化、对外交往等领域多个合作文件。会议启动接收伊朗为成员国的程序，吸收沙特阿拉伯、埃及、卡塔尔为新的对话伙伴。

习近平主席着眼当前形势和上海合作组织长远发展，发表了题为《不忘初心 砥砺前行 开启上海合作组织发展新征程》的重要讲话，指出上海合作组织成立20年来，始终遵循“互信、互利、平等、协商、尊重多样文明、谋求共同发展”的“上海精神”，致力于世界和平与发展和人类进步事业，为构建新型国际关系和人类命运共同体作出重要理论和实践探索。各方共促政治互信，开创“结伴不结盟、对话不对抗”全新模式；共护安全稳定，坚决遏制毒品走私、网络犯罪、跨国有组织犯罪蔓延势头；共谋繁荣发展，推动区域务实合作向纵深发展；共担国际道义，就弘扬多边主义和全人类共同价值发出响亮声音，就反对霸权主义和强权政治表明公正立场。习近平主席强调，上海合作组织已经站在新的历史起点上。应当高举“上海精神”旗帜，在国际关系民主化历史潮流中把握前进方向，在人类共同发展宏大格局中推进自身发展，构建更加紧密的上海合作组织命运共同体，为世界持久和平和共同繁荣作出更大贡献。建议各方走团结合作之路、安危共担之路、开放融通之路、互学互鉴之路、公平正义之路，倡导同世界上一切进步力量携手前进，共同做世界和平的建设者、全球发展的贡献

者、国际秩序的维护者。

同日，习近平主席在北京以视频方式出席上海合作组织和集体安全条约组织成员国领导人阿富汗问题联合峰会。塔吉克斯坦总统、哈萨克斯坦总统、吉尔吉斯斯坦总统、巴基斯坦总理、乌兹别克斯坦总统、亚美尼亚总理、白俄罗斯总统、伊朗总统与会，俄罗斯总统、印度总理以视频方式出席。

会议上各方对阿富汗局势进行了广泛讨论。习近平主席就阿富汗局势发表重要讲话，指出一国的事情由本国人民做主，国际上的事情由大家商量着办。要在尊重阿富汗主权、独立、领土完整前提下，协助贯彻“阿人主导、阿人所有”的基本原则，让阿富汗各族人民自主掌握国家前途命运。上海合作组织和集体安全条约组织要发挥好两组织成员国独特优势和各自影响，坚持政治解决阿富汗问题的大方向，推动阿富汗止乱回稳，走上和平重建道路，最终实现本地区普遍安全、共同安全、合作安全、持久安全。中国愿同各方加强沟通协调、携手努力，支持阿富汗人民走向光明未来，维护本地区持久和平和安宁。

11. 习近平主席出席第76届联合国大会一般性辩论并提出全球发展倡议

2021年9月21日，国家主席习近平以视频方式出席第76届联合国大会一般性辩论，并发表题为《坚定信心 共克时艰 共建更加美好的世界》的重要讲话。

2021年是中国共产党成立100周年，也是中华人民共和国恢复联合国合法席位50周年。继2020年出席联合国成立75周年系列高级别会议后，习近平主席再度出席联大一般性辩论并发表重要讲话，高举构建人类命运共同体旗帜，为国际团结抗疫注入信心，为全球共同发展指引方向，为因应世界变局擘画蓝图，充分彰显了大国领袖的深邃卓见和天下情怀。

习近平主席强调，这次疫情虽然来势凶猛，我们终将战而胜之。要坚持人民至上、生命至上，弘扬科学精神、秉持科学态度、遵循科学规律，统筹常态化精准防控和应急处置，统筹疫情防控和经济社会发展。要加强国际联防联控，最大限度降低疫情跨境传播风险。要把疫苗作为全球公共产品，确保发展中国家的可及性和可负担性，当务之急是要在全球范围内公平合理分配疫苗。习近平主席重申，中国将努力全年对外提供20亿剂疫苗，在向“新冠疫苗实施计划”捐赠1亿美元基础上，年内再向发展中国家无偿捐赠1亿剂疫苗。中国将继续支持和参与全球科学溯源，坚决反对任何形式的政治操弄。

习近平主席指出，发展是实现人民幸福的关键。面对疫情带来的严重冲击，要共同推动全球发展迈向平衡协调包容新阶段。习近平主席提出全球发展倡议，为重振全球发展事业提供了中国方案。

一是坚持发展优先。将发展置于全球宏观政策框架的突出位置，加强主要经济体政策协调，保持连续性、稳定性、可持续性，构建更加平等均衡的全球发展伙伴关系，推动多边发展合作进程协同增效，加快落实联合国2030年可持续发展议程。

二是坚持以人民为中心。在发展中保障和改善民生，保护和促进人权，做到发展为了人民、发展依靠人民、发展成果由人民共享，不断增强民众的幸福感、获得感、安全感，实现人的全面发展。

三是坚持普惠包容。关注发展中国家特殊需求，通过缓债、发展援助等方式支持发展中国家尤其是困难特别大的脆弱国家，着力解决国家间和各国内部发展不平衡、不充分问题。

四是坚持创新驱动。抓住新一轮科技革命和产业变革的历史性机遇，加速科技成果向现实生产力转化，打造开放、公平、公正、非歧视的科技发展环境，挖掘疫后经济增长新动能，携手实现跨越发展。

五是坚持人与自然和谐共生。完善全球环境治理，积极应对气候变化，构建人与自然生命共同体。加快绿色低碳转型，实现绿色复苏发展。中国将力争2030年前实现碳达峰、2060年前实现碳中和，这需要付出艰苦努力，但我们会全力以赴。中国将大力支持发展中国家能源绿色低碳发展，不再新建境外煤电项目。

六是坚持行动导向。加大发展资源投入，重点推进减贫、粮食安全、抗疫和疫苗、发展筹资、气候变化和绿色发展、工业化、数字经济、数字时代互联互通等领域合作，加快落实联合国2030年可持续发展议程，构建全球发展共同体。中国已宣布未来3年内再提供30亿美元国际援助，用于支持发展中国家抗疫和恢复经济社会发展。

习近平主席强调，一个和平发展的世界应该承载不同形态的文明，必须兼容走向现代化的多样道路。民主不是哪个国家的专利，而是各国人民的权利。要大力弘扬和平、发展、公平、正义、民主、自由的全人类共同价值，摒弃小圈子和零和博弈。要坚持对话而不对抗、包容而不排他，扩大利益汇合点，画出最大同心圆。中华民族传承和追求的是和平和睦和谐理念，我们过去没有，今后也不会侵略、欺负他人，不会称王称霸。

习近平主席鲜明指出，世界只有一个体系，就是以联合国为核心的国际体系。只有一个秩序，就是以国际法为基础的国际秩序。只有一套规则，就是以《联合国宪章》宗旨和原则为基础的国际关系基本准则。联合国应

该高举真正的多边主义旗帜，致力于稳定国际秩序，在推动国际关系民主化和法治化方面走在前列，平衡推进安全、发展、人权三大领域工作，把各方对多边主义的承诺落到实处。

习近平主席提出的全球发展倡议，顺应了和平与发展的时代主题，蕴含了中国全面建成小康社会的宝贵经验，呼应了各国人民追求更美好生活的强烈愿望，把发展议程放在国际合作的更重要位置，为各国聚焦发展、团结发展、共同发展提供了行动指南，注入了思想动力。这一倡议是中国助力重振全球发展伙伴关系的重要宣示，有助于国际社会形成合力，加快落实2030年可持续发展议程。我们欢迎世界各国共同加入全球发展倡议，深化彼此发展战略对接，共同推动重点领域合作，开创全球发展事业更加光明的前景。

12. 习近平主席出席《生物多样性公约》第15次缔约方大会领导人峰会

2021年10月12日，《生物多样性公约》第15次缔约方大会（下称“昆明大会”）领导人峰会在云南昆明以线上线下相结合的方式举行，国家主席习近平发表题为《共同构建地球生命共同体》的主旨讲话。俄罗斯总统普京、埃及总统塞西、土耳其总统埃尔多安、法国总统马克龙、哥斯达黎加总统阿尔瓦拉多、吉尔吉斯斯坦总统扎帕罗夫、巴布亚新几内亚总理马拉佩、英国王储查尔斯、联合国秘书长古特雷斯等应邀以预录视频方式出席峰会并致辞。

习近平主席在讲话中指出，生物多样性使地球充满生机，也是人类生存和发展的基础。保护生物多样性有助于维护地球家园，促进人类可持续发展。昆明大会为未来全球生物多样性保护设定目标、明确路径，具有重要意义。国际社会要加强合作，心往一处想、劲往一处使，共建地球生命共同体。

习近平主席强调，人与自然应和谐共生。我们要尊重自然、顺应自然、保护自然，构建人与自然和谐共生的地球家园。绿水青山就是金山银山。良好生态环境既是自然财富，也是经济财富，关系经济社会发展潜力和后劲。我们要加快形成绿色发展方式，促进经济发展和环境保护双赢，构建经济与环境协同共进的地球家园。新冠肺炎疫情给全球发展蒙上阴影。面对恢复经济和保护环境的双重任务，我们要加强团结、共克时艰，让发展成果、良好生态更多更公平惠及各国人民，构建世界各国共同发展的地球家园。

习近平主席强调，我们处在一个充满挑战也充满希望的时代。为了我们共同的未来，我们要携手同行，开启人类高质量发展新征程。习近平主席就此提出四点倡议：

第一，以生态文明建设为引领，协调人与自然关系。要解决好工业文明带来的矛盾，把人类活动限制在生态环境能够承受的限度内，对山水林田湖草沙进行一体化保护和系统治理。

第二，以绿色转型为驱动，助力全球可持续发展。要建立绿色低碳循环经济体系，把生态优势转化为发展优势，使绿水青山产生巨大效益。加强绿色国际合作，共享绿色发展成果。

第三，以人民福祉为中心，促进社会公平正义。要心系民众对美好生活的向往，实现保护环境、发展经济、创造就业、消除贫困等多面共赢，增强各国人民的获得感、幸福感、安全感。

第四，以国际法为基础，维护公平合理的国际治理体系。要践行真正的多边主义，有效遵守和实施国际规则。设立新的环境保护目标应该兼顾雄心和务实平衡，使全球环境治理体系更加公平合理。

习近平主席指出，中国生态文明建设取得了显著成效。中国将持续推进生态文明建设，坚定不移贯彻创新、协调、绿色、开放、共享的新发展理念，建设美丽中国。习近平主席宣布，中国将率先出资15亿元人民币，成立昆明生物多样性基金，支持发展中国家生物多样性保护事业。中方呼吁并欢迎各方为基金出资。中国正加快构建以国家公园为主体的自然保护地体系，逐步把自然生态系统最重要、自然景观最独特、自然遗产最精华、生物多样性最富集的区域纳入国家公园体系。为推动实现碳达峰、碳中和目标，中国将陆续发布重点领域和行业碳达峰实施方案以及一系列支撑保障措施，构建起碳达峰、碳中和“1+N”政策体系。中国将持续推进产业结构和能源结构调整，大力发展可再生能源，在沙漠、戈壁、荒漠地区加快规划建设大型风电光伏基地项目。

习近平主席最后强调，人不负青山，青山定不负人。生态文明是人类文明发展的历史趋势。让我们携起手来，秉持生态文明理念，站在为子孙后代负责的高度，共同构建地球生命共同体，共同建设清洁美丽的世界！

与会领导人高度赞赏“共建地球生命共同体”理念，强调“人与自然和谐共生”的重要性。国际社会高度关注习近平主席讲话，积极报道习近平主席提出的重要理念和举措。舆论普遍认为，习近平主席出席峰会展现了中方与国际社会共促全球生物多样性保护的积极姿态，为全球生物多样性治理注入了动力；盛赞中方提出的生态文明理念及成立昆明生物多样性基金等倡议，为国际社会应对当前挑战提供了“中国方案”。

13. 习近平主席出席第二届联合国全球可持续交通大会开幕式

2021年10月14日，国家主席习近平以视频连线方式出席第二届联合国全球可持续交通大会开幕式并发表题为《与世界相交 与时代相通 在可持续发展道路上阔步前行》的重要讲话。俄罗斯总统普京、土库曼斯坦总统别尔德穆哈梅多夫、埃塞俄比亚总统萨赫勒-沃克、巴拿马总统科尔蒂索、荷兰首相吕特、联合国秘书长古特雷斯与会并发言。

习近平主席说，交通是经济的脉络和文明的纽带。纵观世界历史，从古丝绸之路的驼铃帆影，到航海时代的劈波斩浪，再到现代交通网络的四通八达，交通推动经济融通、人文交流，使世界成了紧密相连的“地球村”。

当前，百年变局和世纪疫情叠加，给世界经济发展和民生改善带来严重挑战。我们要顺应世界发展大势，推进全球交通合作，书写基础设施联通、贸易投资畅通、文明交融沟通的新篇章。

第一，坚持开放联动，推进互联互通。小河有水大河满，大河无水小河干。各国只有开放包容、互联互通，才能相互助力、互利共赢。我们要推动建设开放型世界经济，不搞歧视性、排他性规则和体系，推动经济全球化朝着更加开放、包容、普惠、平衡、共赢的方向发展。要加强基础设施“硬联通”、制度规则“软联通”，促进陆、海、天、网“四位一体”互联互通。

第二，坚持共同发展，促进公平普惠。各国一起发展才是真发展，大家共同富裕才是真富裕。在新冠肺炎疫情冲击下，贫富差距恶化，南北鸿沟扩大。只有解决好发展不平衡问题，才能够为人类共同发展开辟更加广阔的前景。要发挥交通先行作用，加大对贫困地区交通投入，让贫困地区经济民生因路而兴。要加强南北合作、南南合作，为最不发达国家、内陆发展中国家交通基础设施建设提供更多支持，促进共同繁荣。

第三，坚持创新驱动，增强发展动能。当今世界正在经历新一轮科技革命和产业变革，数字经济、人工智能等新技术、新业态已成为实现经济社会发展的强大技术支撑。要大力发展智慧交通和智慧物流，推动大数据、互联网、人工智能、区块链等新技术与交通行业深度融合，使人享其行、物畅其流。

第四，坚持生态优先，实现绿色低碳。建立绿色低碳发展的经济体系，促进经济社会发展全面绿色转型，才是实现可持续发展的长久之策。要加快形成绿色低碳交通运输方式，加强绿色基础设施建设，推广新能源、智能化、数字化、轻量化交通装备，鼓励引导绿色出行，让交通更加环保、出行更加低碳。

第五，坚持多边主义，完善全球治理。当今世界，各国前途命运紧密相连，利益交融前所未有。要践行共商共建共享的全球治理观，集众智、汇众力，动员全球资源，应对全球挑战，促进全球发展。要维护联合国权威和地位，围绕落实联合国2030年可持续发展议程，全面推进减贫、卫生、交通物流、基础设施建设等合作。

不久前，习近平主席提出了全球发展倡议，旨在加快落实联合国2030年可持续发展议程，推动实现更加强劲、绿色、健康的全球发展，构建全球发展命运共同体，希望各方积极参与。

习近平主席指出，新中国成立以来，几代人逢山开路、遇水架桥，建成了交通大国，正在加快建设交通强国。中国坚持交通先行，建成了全球最大的高速铁路网、高速公路网、世界级港口群，航空航海通达全球，综合交通网突破600万公里。中国坚持创新引领，高铁、大飞机等装备制造实现重大突破，新能源汽车占全球总量一半以上，港珠澳大桥、北京大兴国际机场等超大型交通工程建成投运，交通成为中国现代化的开路先锋。中国坚持交通天下，已经成为全球海运连接度最高、货物贸易额最大的经济体。新冠肺炎疫情期间，中欧班列、远洋货轮昼夜穿梭，全力保障全球产业链供应链稳定，体现了中国担当。

习近平主席表示，中国将继续高举真正的多边主义旗帜，坚持与世界相交，与时代相通，在实现自身发展的同时，为全球发展作出更大贡献。中国构建更高水平开放型经济新体制的方向不会变，促进贸易和投资自由化便利化的决心不会变。中国开放的大门只会越开越大，永远不会关上。

中国将继续推进高质量共建“一带一路”，加强同各国基础设施互联互通，加快建设绿色丝绸之路和数字丝绸之路。中方将建立中国国际可持续交通创新和知识中心，为全球交通发展贡献力量。

习近平主席最后表示，让我们携手走互联互通、互利共赢的人间正道，共同建设一个持久和平、普遍安全、共同繁荣、开放包容、清洁美丽的世界，推动构建人类命运共同体。

14. 习近平主席出席中华人民共和国恢复联合国合法席位50周年纪念会议

2021年是中华人民共和国恢复联合国合法席位50周年。10月25日，国家主席习近平出席中华人民共和国恢复联合国合法席位50周年纪念会议并发表重要讲话。会前，习近平主席以视频方式会见联合国秘书长古特雷斯。

这是在新冠肺炎疫情同百年变局叠加震荡的时代背景下，以习近平同志为核心的党中央统筹国内国际两个大局，为引领疫后国际秩序发展方向开展的一次重大外交行动，也是中国最高领导人首次出席中国恢复联合国合法席位纪念活动，具有重大和深远意义。

习近平主席在讲话中全面总结了中国50年来在国家发展建设、参与全球治理、支持联合国事业等方面作出的贡献、发挥的作用、取得的成就，深刻揭示了构建人类命运共同体这一宏伟目标的路径和方向。

一是深刻诠释了新中国恢复联合国合法席位的重大历史意义。习近平主席指出，新中国恢复在联合国合法席位是中国人民的胜利，也是世界各国人民的胜利，是世界上一切爱好和平和主持正义的国家共同努力的结果，标志着占世界人口四分之一的中国人民从此重新走上联合国舞台。

二是全面回顾了新中国恢复联合国合法席位50年来为人类社会作出的伟大贡献。新中国恢复在联合国合法席位以来的50年，是中国和平发展、造福人类的50年。习近平主席阐述了50年来中国共产党团结带领中国人民披荆斩棘，在国家建设发展方面取得的伟大成就，在维护公平正义、推动世界和平发展方面作出的重大贡献，在维护联合国权威、践行多边主义方面付出的巨大努力。

三是深刻总结了从过去50年波澜壮阔历程中得出的重大启迪。习近平主席强调应该顺应历史大势，坚持合作、不搞对抗，坚持开放、不搞封闭，坚持互利共赢、不搞零和博弈，坚决反对一切形式的霸权主义和强权政治，坚决反对一切形式的单边主义和保护主义。习近平主席提出“五个共同”的重大主张：大力弘扬和平、发展、公平、正义、民主、自由的全人类共同价值，共同为建设一个更加美好的世界提供正确理念指引；携手推动构建人类命运共同体，共同建设持久和平、普遍安全、共同繁荣、开放包容、清洁美丽的世界；坚持互利共赢，共同推动经济社会发展更好造福人民；加强合作，共同应对人类面临的各种挑战和全球性问题；坚决维护联合国权威和地位，共同践行真正的多边主义。习近平主席洞察历史大势，把握时代潮流，清晰揭示历史演进规律和原则要义，为后疫情时代建设更加美好的世界贡献了中国思路。

四是全面擘画了新时代中国特色大国外交的发展蓝图。习近平主席统筹中国发展与世界发展，统筹中国人民的利益和世界人民的共同利益，就新形势下中国发展方向和中国特色大国外交前进方向作出战略指引：中国将坚持走和平发展之路，始终做世界和平的建设者；中国将坚持走改革开放之路，始终做全球发展的贡献者；中国将坚持走多边主义之路，始终做国际秩序的维护者。

五是进一步丰富了中国特色大国外交理论体系。“五个共同”重大主张既同习近平主席近年来面向世界的多次讲话精神一脉相承，也针对新形势、新问题、新要求，对人类命运共同体重要理念进行了新的发展完善，实现了历史使命与时代潮流、民族精神与国际主义、中国气派与世界情怀的高度统一，为中国特色大国外交在国际变局中育新机、开新局提供了与时俱进的理论指引和行动指南，成为习近平外交思想的重要内容。

在视频会见联合国秘书长古特雷斯时，习近平主席强调，中国同联合国合作50年，很重要的一条经验，就是要始终如一坚守联合国理想，坚定不移走多边主义道路，诚心诚意为世界和平与发展作出贡献。中国愿继续同世界各国一道，团结在联合国旗帜下，推动构建人类命运共同体。

15. 习近平主席出席二十国集团领导人第16次峰会

2021年10月30～31日，国家主席习近平在北京以视频方式出席二十国集团领导人第16次峰会。

习近平主席在峰会上发表题为《团结行动 共创未来》的重要讲话，指出当前新冠肺炎疫情持续反复，世界经济复苏脆弱，气候变化挑战突出，地区热点问题频发。面对世界百年未有之大变局和世纪疫情，二十国集团作为国际经济合作主要论坛，要负起应有责任，为了人类未来、人民福祉，坚持开放包容、合作共赢，践行真正的多边主义，推动构建人类命运共同体。

习近平主席提出五点建议：一是团结合作，携手抗疫。国际社会应该齐心协力，以科学态度应对并战胜新冠肺炎疫情，加强防控、诊疗手段合作，提高应对重大突发公共卫生事件能力。习近平主席提出全球疫苗合作行动倡议，呼吁各方在疫苗科研合作、向发展中国家提供疫苗力度、支持世界贸易组织就疫苗知识产权豁免早日作出决定等方面加强合作。二是加强协调，促进复苏。应加强宏观经济政策协调，保持政策的连续性、稳定性、可持续性。主要经济体应该采取负责任的宏观经济政策，避免对发展中国家的负面外溢影响。完善全球经济治理体系和规则，切实反映国际经

济格局变化，提升发展中国家话语权。中国欢迎国际货币基金组织增发特别提款权，愿转借给受疫情影响严重的低收入国家。应维护以世界贸易组织为核心的多边贸易体制，建设开放型世界经济，维护产业链供应链安全稳定，倡议举办产业链供应链韧性与稳定国际论坛。三是普惠包容，共同发展。应坚持以人民为中心，提升全球发展的公平性、有效性、包容性。应将发展置于宏观政策协调的突出位置，落实支持非洲和最不发达国家实现工业化倡议。欢迎各国积极参与全球发展倡议。四是创新驱动，挖掘动力。应合力挖掘创新增长潜力，在充分参与、广泛共识基础上制定规则，为创新驱动发展营造良好生态。要加快新型数字基础设施建设，促进数字技术同实体经济深度融合，帮助发展中国家消除“数字鸿沟”，积极营造开放、公平、公正、非歧视的数字发展环境。中国已经决定申请加入《数字经济伙伴关系协定》，愿同各方合力推动数字经济健康有序发展。五是和谐共生，绿色永续。应秉持共同但有区别的责任原则，推动全面落实应对气候变化《巴黎协定》，支持《联合国气候变化框架公约》第26次缔约方大会和《生物多样性公约》第15次缔约方大会取得成功。发达国家应该在减排问题上作出表率，充分照顾发展中国家的特殊困难和关切，落实气候融资承诺，并在技术、能力建设等方面为发展中国家提供支持。

习近平主席还重点阐述了中方对气候变化、能源、可持续发展等问题的看法。一是采取全面均衡的政策举措。必须统筹环境保护和经济发展，兼顾应对气候变化和保障民生。主要经济体应该就此加强合作。二是全面有效落实《联合国气候变化框架公约》及其《巴黎协定》。要坚持联合国主渠道地位，以共同但有区别的责任原则为基石，以国际法为基础，以有效行动为导向，强化自身行动，提升合作水平。三是加大对发展中国家支持力度。二十国集团成员应该率先促进先进技术推广运用，发达国家也要切实履行承诺，为发展中国家提供资金支持。习近平主席强调，中方近期发起全球发展倡议，呼吁国际社会加快落实联合国2030年可持续发展议程，推动实现更加强劲、绿色、健康的全球发展。二十国集团在这方面要凝聚共识，加强行动。

峰会通过了《二十国集团领导人罗马峰会宣言》，涵盖卫生和应对疫情、世界经济、气候变化、能源等诸多领域，写入了习近平主席有关坚持多边主义、以人民为中心、疫苗作为全球公共产品、维护产业链供应链稳定等理念主张，表达了对北京冬奥会的期待，并在支持发展中国家抗疫和可持续发展、支持绿色和包容能源发展、维护能源市场稳定、在应对气候变化合作中坚持共同但有区别的责任原则、支持《生物多样性公约》第15次缔约方大会等问题上表明了共同立场。

国务委员兼外交部长王毅作为习近平主席特别代表在意大利现场与会。

16. 习近平主席出席亚太经合组织领导人非正式会议

2021年，亚太经合组织（APEC）东道主新西兰主办两次领导人非正式会议，国家主席习近平均应邀出席并发表重要讲话。

7月16日，为应对新冠肺炎疫情和促进经济复苏，新西兰特别增开了一次APEC领导人非正式会议。这是在隆重庆祝中国共产党成立100周年之际，习近平主席出席的一次重要多边领导人会议，对于加强全球抗疫合作，促进世界经济复苏，推动构建亚太命运共同体，具有特殊重大意义。习近平主席发表重要讲话，推动各方凝聚共识、开展合作，为全球应对疫情开出新药方，为世界经济复苏提供新思路，为深化亚太合作注入新动力。

一是阐释中国发展道路，扩大国际认知认同。习近平主席立足亚太、面向世界，指出中国已经开启全面建设社会主义现代化国家新征程，同世界和亚太各国实现更高水平的互利共赢，为日趋复杂的国际和地区形势注入来自中国的正能量。

二是倡导命运共同体理念，指引亚太区域发展方向。习近平主席秉持亚太共同体理念，积极倡导加强抗疫团结合作，共同应对挑战，凸显中国作为亚太区域合作建设者和贡献者的大国担当。

三是高举团结合作大旗，引领促进亚太抗疫合作。习近平主席强调，中方将秉持人类命运共同体理念，不断深化疫苗国际合作，让疫苗成为全球公共产品，采取有效措施推动亚太地区经贸合作早日恢复正常。

四是放眼全球，提出经济复苏的中国方案。习近平主席准确把握亚太和世界经济的症结，提出推动经济复苏的一揽子中国方案，包括深化区域经济一体化，全面落实APEC互联互通蓝图；坚持包容可持续发展，促进包容性投资；把握科技创新机遇，全面平衡落实APEC互联网和数字经济路线图。

五是聚焦务实合作，积极贡献中国力量。习近平主席在会上提出中方进一步支持亚太抗疫和经济复苏的重要倡议，包括宣布向APEC捐资成立“应对疫情和经济复苏”子基金，举办数字能力建设研讨会，推进数字技术助力旅游复苏等合作倡议，不断加强务实合作，为亚太各方抗疫和经济复苏提供助力。

11月11～12日，APEC第28次领导人非正式会议以视频方式举行，习近平主席出席会议发表重要讲话，并在会前举行的APEC工商领导人峰会上发表主旨演讲。习近平主席高举共建亚太命运共同体旗帜，提出深化区域

合作的一系列政策主张，广泛凝聚各界共识，推动采取务实行动，为亚太地区战胜疫情、推动经济重振指明了方向，得到了亚太各国和国际社会的积极响应。

一是倡导团结合作，共同应对疫情挑战。习近平主席宣布中方将继续向APEC“应对疫情和经济复苏”子基金提供支持，助力各成员恢复和发展经济，为深化亚太地区抗疫合作、早日战胜疫情注入了新的动力。

二是坚持标本兼治，促进亚太经济复苏。习近平主席进一步阐释全球发展倡议的深刻内涵，契合亚太地区现实，兼顾各方需求，将对亚太经济复苏和长远发展起到重要作用。

三是推动绿色转型，引领亚太可持续发展。习近平主席在会上强调坚持以人民为中心，彰显中国应对气候变化的决心，凝聚了亚太地区可持续发展合作的最大共识。

四是弘扬大家庭精神，推动构建亚太命运共同体。习近平主席围绕《布特拉加亚愿景》进一步提出构建亚太命运共同体的四项重点工作，包括推动抗疫合作和经济复苏、构建开放型亚太经济、促进创新增长和数字经济发展、实现包容可持续发展。

五是坚持开放合作，为亚太提供中国机遇。习近平主席指出，中国已批准《区域全面经济伙伴关系协定》，并申请加入《全面与进步跨太平洋伙伴关系协定》和《数字经济伙伴关系协定》。中国将坚定不移推进改革开放，为亚太经济增长提供助力。

17. 习近平主席同美国总统拜登举行视频会晤

2021年11月16日，国家主席习近平同美国总统拜登举行视频会晤。这是中美关系史上两国元首首次视频会晤，是中美关系和国际关系中的一件大事。两国元首就事关中美关系发展的战略性、全局性、根本性问题以及共同关心的重要问题进行了充分、深入的沟通和交流，为今后一个时期中美关系发展指明了方向、注入了动力。

习近平主席在会晤中阐明了新时期中美正确的相处之道，即坚持三点原则：一是相互尊重。尊重彼此社会制度和发展道路，尊重对方核心利益和重大关切，尊重各自发展权利，平等相待，管控分歧，求同存异。二是和平共处。不冲突不对抗是双方必须坚守的底线。三是合作共赢。中美利益深度交融。地球足够大，容得下中美各自和共同发展。要坚持互利互惠，不玩零和博弈，不搞你输我赢。

习近平主席在会晤中表示，中美当前要着力推动四个方面的优先事项：

一是展现大国担当，引领国际社会合作应对突出挑战。二是本着平等互利精神，推进各层级各领域交往，为中美关系注入更多正能量。三是以建设性方式管控分歧和敏感问题，防止中美关系脱轨失控。四是加强在重大国际和地区热点问题上的协调与合作，为世界提供更多公共产品。

习近平主席就台湾问题深入做了美方工作。习近平主席明确指出，一个中国原则和中美三个联合公报是中美关系的政治基础。历届美国政府对此都有明确承诺。无论是联合国大会第2758号决议，还是中美三个联合公报，都清楚说明了台湾问题的真正现状和一个中国的核心内容，那就是：世界上只有一个中国，台湾是中国的一部分，中华人民共和国政府是代表中国的唯一合法政府。中国实现完全统一，是全体中华儿女的共同愿望。我们愿以最大诚意、尽最大努力争取和平统一的前景，但是，如果“台独”分裂势力挑衅逼迫，甚至突破红线，我们将不得不采取断然措施。在这个关系中国主权和领土完整的问题上，中国没有妥协的空间。

拜登总统表示，美中作为两个世界大国，对美中两国和世界人民都负有责任。双方应通过开诚布公和坦率对话，增进对彼此意图的了解，确保两国竞争是公平、健康的，而不会演变成为冲突。我赞同习近平主席所讲，历史是公正的，美中关系只能搞好，不能搞砸。拜登总统重申，美方不寻求改变中国的体制，不寻求强化同盟关系反对中国，不支持“台独”，无意同中国发生冲突对抗。

18. 习近平主席出席并主持中国—东盟建立对话关系30周年纪念峰会

2021年11月22日，国家主席习近平在北京以视频形式出席并主持中国—东盟建立对话关系30周年纪念峰会。习近平主席在会上发表题为《命运与共 共建家园》的重要讲话，同东盟国家领导人共同宣布建立中国东盟全面战略伙伴关系。习近平主席表示，这是双方关系史上新的里程碑，将为地区和世界和平稳定、繁荣发展注入新的动力。习近平主席全面总结30年来中国东盟合作的成就和经验。一是相互尊重，坚守国际关系基本准则；二是合作共赢，走和平发展道路；三是守望相助，践行亲诚惠容理念；四是包容互鉴，共建开放的区域主义。

习近平主席指出，中国过去是、现在是、将来也永远是东盟的好邻居、好朋友、好伙伴。中方将坚定不移以东盟为周边外交优先方向，坚定不移支持东盟团结和东盟共同体建设，坚定不移支持东盟在区域架构中的中心地位，坚定不移支持东盟在地区和国际事务中发挥更大作用。习近平主席就未来中国东盟关系提出五点建议。

第一，共建和平家园。我们要做地区和平的建设者和守护者，坚持对话不对抗、结伴不结盟，携手应对威胁破坏和平的各种负面因素。我们要践行真正的多边主义，坚持国际和地区的事大家商量着办。中方坚决反对霸权主义和强权政治，愿同周边邻国长期友好相处，共同维护地区持久和平。中方支持东盟建设无核武器区的努力，愿尽早签署《东南亚无核武器区条约》议定书。

第二，共建安宁家园。中方愿启动"中国东盟健康之盾"合作倡议：包括再向东盟国家提供1.5亿剂新冠疫苗无偿援助；再向东盟抗疫基金追加500万美元，加大疫苗联合生产和技术转让，开展关键药物研发合作，提升东盟自主保障水平；帮助东盟加强基层公共卫生体系建设和人才培养。要坚持共同、综合、合作、可持续的安全观，深化防务、反恐、海上联合搜救和演练、打击跨国犯罪、灾害管理等领域合作。要共同维护南海稳定，把南海建成和平之海、友谊之海、合作之海。

第三，共建繁荣家园。中方提出全球发展倡议契合东盟各国发展需要，可以与《东盟共同体愿景2025》协同增效。中方愿在未来3年再向东盟提供15亿美元发展援助，用于东盟国家抗疫和恢复经济。中方愿同东盟开展国际发展合作，支持建立中国—东盟发展知识网络，加强减贫领域交流合作，促进均衡包容发展。尽早启动中国东盟自由贸易区3.0版建设，提升贸易和投资自由化便利化水平，拓展数字经济、绿色经济等新领域合作，共建经贸创新发展示范园区。中国愿进口更多东盟国家优质产品，包括在未来5年力争从东盟进口1500亿美元农产品。要高质量共建"一带一路"，进一步打造"一带一路"国际产能合作高质量发展示范区，欢迎东盟国家参与共建国际陆海贸易新通道。中方将启动科技创新提升计划，向东盟提供1000项先进适用技术，未来5年支持300名东盟青年科学家来华交流。倡议开展数字治理对话，深化数字技术创新应用。

第四，共建美丽家园。中方愿同东盟开展应对气候变化对话，加强政策沟通和经验分享，对接可持续发展规划。要共同推动区域能源转型，探讨建立清洁能源合作中心，加强可再生能源技术分享。要加强绿色金融和绿色投资合作，为地区低碳可持续发展提供支撑。中方愿发起中国东盟农业绿色发展行动计划。增强中国—东盟国家海洋科技联合研发中心活力，构建蓝色经济伙伴关系，促进海洋可持续发展。

第五，共建友好家园。要倡导和平、发展、公平、正义、民主、自由的全人类共同价值，积极考虑疫后有序恢复人员往来，继续推进文化、旅游、智库、媒体、妇女等领域交流。中方愿同东盟加强职业教育、学历互认等合作，增加中国—东盟菁英奖学金名额。2022年将相继迎来北京冬奥会和杭州亚运会，中方愿以此为契机，深化同东盟各国的体育交流合作。

习近平主席最后强调，让我们把人民对美好生活的向往放在心头，把维护和平、促进发展的时代使命扛在肩上，携手前行，接续奋斗，构建更为紧密的中国—东盟命运共同体，共创更加繁荣美好的地区和世界！

东盟国家领导人感谢中方主持召开东盟—中国建立对话关系30周年纪念峰会，祝贺中国共产党百年华诞并取得全面建成小康社会等非凡成就。东盟中国建立对话关系30年来，双方已经发展成为最全面、最具实质内涵、最为互利共赢的战略伙伴，有力促进了东盟共同体建设，为双方人民带来实实在在的好处。东盟赞赏并感谢中方率先为东盟抗击新冠肺炎疫情、促进疫后经济复苏提供有力支持。东盟欢迎中方提出的全球发展倡议，愿同中方加快对接“一带一路”倡议和《东盟互联互通总体规划2025》，进一步释放合作潜能，深化各领域务实合作，加强人文交流。东盟国家愿同中方共同维护多边主义、多边贸易体制以及公认的国际法原则，携手促进区域经济一体化，共同应对气候变化等全球性挑战，实现绿色可持续发展。东盟各国领导人表示，东盟和中国正式建立全面战略伙伴关系是双方关系中具有重要历史意义的里程碑，东盟愿同中方共同努力，加强推进全方位合作，迎接东盟和中国关系更加美好的30年，为地区和平、稳定和繁荣作出更大贡献。预祝北京冬奥会取得圆满成功。

峰会通过《中国—东盟建立对话关系30周年纪念峰会联合声明》。

19. 习近平主席出席中非合作论坛第八届部长级会议开幕式

2021年11月29～30日，中非合作论坛第八届部长级会议在论坛共同主席国塞内加尔首都达喀尔举行，包括中国、非洲53国和非盟委员会在内的论坛全体成员出席会议。

国家主席习近平以视频方式出席开幕式并发表主题为《同舟共济，继往开来，携手构建新时代中非命运共同体》的主旨演讲，塞内加尔总统萨勒主持开幕式并发表讲话，刚果（金）、埃及、科摩罗、南非总统及非盟委员会主席法基线上出席并发言，联合国秘书长古特雷斯以预录视频方式致辞。习近平主席在演讲中提出“中非友好合作精神”，就构建新时代中非命运共同体阐述四点主张，宣布未来三年中非合作“九项工程”，得到非方热烈欢迎。

本次会议是新冠肺炎疫情发生以来中国在境外举办的最大规模实体外交，也是与会规模和范围最广的国际对非合作盛会，会议主题是“深化中非伙伴合作，促进可持续发展，构建新时代中非命运共同体”，中非领导人共商中非关系发展大计，对深化中非全面战略合作伙伴关系、促进发展中

国家团结合作和全球抗疫合作、推动国际秩序和全球治理体系朝更加公正合理的方向发展具有重要意义。会议通过了《达喀尔宣言》《达喀尔行动计划（2022—2024）》《中非应对气候变化合作宣言》和《中非合作2035年愿景》四份成果文件，是历届论坛会议中通过成果文件最多的一次。

20. 李克强总理出席第二届全球绿色目标伙伴2030峰会

2021年5月30～31日，第二届全球绿色目标伙伴2030峰会在韩国首尔举行。峰会旨在提高国际社会气候行动力度，主题为“通过包容性绿色复苏实现碳中和愿景”。国务院总理李克强应邀以视频方式出席峰会并发表致辞，67位国家和国际组织领导人出席峰会。

李克强总理表示，当前，新冠肺炎疫情仍在全球范围肆虐，世界经济不稳定性、不确定性增加，全球绿色和可持续发展面临严峻挑战。面对困难和冲击，国际社会应当守望相助、同舟共济，努力实现谋发展与绿色转型并行不悖、相互促进，推动提质升级。

李克强总理指出，作为世界上最大的发展中国家，中国要在本世纪中叶实现现代化、让中国人民过上幸福生活的过程中实现低碳绿色发展，这在人类历史上没有先例，需要付出艰苦卓绝的努力才能实现。国家主席习近平宣布中国力争2030年前实现碳达峰、2060年前实现碳中和。中国将建立健全绿色低碳循环发展经济体系，促进经济社会发展全面绿色转型；以降碳为重点战略方向，推动减污降碳协同增效。中国将在2021年10月主办《生物多样性公约》第15次缔约方大会，愿同国际社会一道推动全球生物多样性治理迈上新台阶。

李克强总理提出三点建议：

一是团结协作，共同打赢全球抗疫阻击战。疫情一日不结束，各国都难以安心发展。面对病毒这一共同的敌人，没有哪个国家可以独善其身。团结协作是战胜疫情的“正道坦途”。我们要加强抗疫国际合作，进一步完善全球卫生治理体系。同时，加强政策协调，以“快捷通道”“绿色通道”等灵活形式，保障全球产业链供应链安全稳定。

二是转变思路，推动绿色低碳转型。各国疫后复苏绝不能重回高污染、高排放发展的老路，要坚定追求经济发展与生态环境保护的共赢，坚决抑制粗放型增长冲动。紧抓疫情催生的新业态、加速数字化转型、激发发展新动能等新机遇，推动实现高质量发展。

三是照顾发展中国家特殊困难。国际社会要坚持共同但有区别的责任原则，高度重视发展中国家的关切与诉求，加大技术、资金、能力支持，帮助他们实现绿色低碳转型。要维护以世界贸易组织为核心的多边贸易规则体系，警惕新的绿色贸易壁垒，反对单边主义和贸易保护主义。

李克强总理强调，绿色决定了未来发展的成色。中方愿同各方一道，携手推动绿色复苏，共创人类更加美好的未来。

会上，各方围绕“疫后包容性绿色复苏”“2050碳中和”“促进公私伙伴关系”三大议题交换意见，强调应对气候变化的紧迫性，呼吁各国团结一致，切实提高气候行动力度，加强政府与私营部门合作，共同推动疫后绿色复苏，实现全球绿色低碳转型和可持续发展。峰会还通过成果文件《首尔宣言》，与会各国均支持该宣言，表示将为克服新冠疫情和应对气候变化共同努力。

国际社会高度赞誉并广泛报道李克强总理致辞，积极评价中国在全球抗疫合作、应对气候变化、推动绿色低碳发展等领域所作贡献，并高度赞赏李克强总理所提三点建议。

21. 李克强总理出席第七届世界自然保护大会开幕式

2021年9月3日，国务院总理李克强以视频形式出席在法国马赛举行的第七届世界自然保护大会开幕式并发表讲话。

李克强总理表示，近年来，中国政府高度重视自然保护和可持续发展。2021年4月，习近平主席在“领导人气候峰会”上提出，共同构建人与自然生命共同体。面对全球自然环境治理前所未有的挑战，国际社会要以前所未有的决心和行动，推动构建人与自然和谐共生的美丽世界。

李克强总理指出，地球是一个生态系统，要加强海洋、森林、草原、湿地等保护，构筑生物多样性保护网络。疫情后经济复苏要走绿色低碳发展之路，推进产业转型升级，培育绿色生活方式。应对气候变化要坚持当前与长远相互兼顾、减缓与适应全面推进，坚持多边主义和共同但有区别的责任原则，实现共同发展和生态保护的双赢。完善全球生态治理，坚持联合国在生态治理规则制定中的主渠道作用，寻求各方“最大公约数”。

世界自然保护大会是世界自然保护联盟四年一度的机制性会议，在全球环境与发展领域有重要影响。本届大会由法国政府和世界自然保护联盟共同主办，主题为“同一个自然，同一个未来”。法国总统马克龙以及多国政要、工商界代表等与会。

22. 李克强总理出席大湄公河次区域经济合作第七次领导人会议

2021年9月9日，国务院总理李克强在北京出席大湄公河次区域经济合作第七次领导人视频会议，柬埔寨首相洪森、老挝总理潘坎、缅甸国家管理委员会主席敏昂莱、泰国总理巴育、越南总理范明政、亚洲开发银行行长浅川雅嗣等共同出席。

李克强总理表示，中国和湄公河国家是近邻中的近邻，亲如一家人。习近平主席提出，要打造周边命运共同体。大湄公河次区域经济合作机制成立以来，惠及各自国家的经济社会发展和民生改善，为地区稳定和繁荣提供助力。当前新冠肺炎疫情仍在全球起伏反复，世界经济不稳定性、不确定性增加，次区域各国经济复苏和可持续增长面临新的挑战。我们应凝聚共识，增强政治互信，拓宽合作领域，提高合作水平，共同推动次区域的可持续和包容发展。李克强总理就此提出六点倡议：

一是深化水资源合作，造福沿岸各国。充分尊重各国合理开发利用水资源的正当权益，有事大家商量着办。中方从2020年起在澜沧江—湄公河合作框架下向湄公河五国提供澜沧江全年水文信息，率先开通澜湄水资源合作信息共享平台网站，愿共同办好第二届澜湄水资源合作部长级会议和合作论坛，加强上下游团结合作，提升流域综合治理和水资源管理能力。

二是坚持生命至上，携手做好疫情防控。弘扬科学精神，遵循科学规律，共同开展疫情防控和疫苗合作。中方将继续在力所能及范围内优先向湄公河国家提供疫苗等医疗物资援助，愿利用已设立的公共卫生专项资金，开展疫情监测、传染病防控合作。

三是加强贸易投资，共促经济复苏。加速核准并尽快实施《区域全面经济伙伴关系协定》，落实好中国—东盟自由贸易区升级《议定书》，为包括次区域国家在内的各国发展注入强劲动力。

四是推进互联互通，实现协同发展。落实《2030交通战略》，充分发挥中老铁路即将通车的示范带动作用，加快建设中泰铁路、金边—西哈努克港高速公路等重大项目，积极推进区域电力协调中心建设。

五是促进可持续发展，持续改善民生。加强应对气候变化和环境保护合作，实施好大湄公河次区域核心环境第三期项目。积极探讨疫情防控常态化背景下的旅游合作新模式。

六是巩固政治互信，维护次区域国家共同利益。始终坚持睦邻友好，相互尊重、平等相待，照顾彼此重大关切。始终秉持多边主义，弘扬和平共处五项原则。始终倡导开放包容理念，发挥各自优势，凝聚发展合力，推动大湄公河次区域经济合作与澜沧江—湄公河合作等机制协调发展。

李克强总理介绍了中国经济形势，强调中国的发展将给包括湄公河国家在内的各国带来新的发展机遇，创造新的发展红利。中方愿同湄公河国家一道，推进区域经济一体化，维护地区和平与稳定，为次区域融合发展和共同繁荣作出新的贡献。

与会各国领导人和有关机构负责人赞赏李克强总理提出的建议，感谢中方为各国抗疫提供的帮助，表示面对疫情冲击和国际地区形势变化带来的新挑战，大湄公河次区域国家应坚持多边主义，化挑战为机遇，推动地区国家经济社会强劲复苏，实现可持续、包容发展，维护和平稳定，促进共同繁荣，造福地区各国人民。

会议发表了《大湄公河次区域经济合作第七次领导人会议宣言》，通过了《大湄公河次区域经济合作2030战略框架》和《大湄公河次区域经济合作应对新冠肺炎疫情和经济复苏计划（2021—2023）》等成果文件。

23. 李克强总理出席东亚合作领导人系列会议

2021年10月26～27日，国务院总理李克强出席以视频形式举行的东亚合作领导人系列会议，包括第24次中国—东盟（10+1）领导人会议、第24次东盟与中日韩（10+3）领导人会议、第16届东亚峰会（EAS）。

在第24次中国—东盟领导人会议上，李克强总理表示，当前中国—东盟关系健康稳定发展，各领域务实合作持续推进。2021年是中国东盟建立对话关系30周年。30年来，双方讲信修睦、互利共赢，支持多边主义，维护了地区总体稳定和经济持续增长。面对新冠肺炎疫情冲击，中国东盟守望相助，相互支持，双方关系得到进一步巩固。李克强总理就中国东盟合作提出六点建议：

一是共筑健康防线。加强抗疫政策沟通协调，中方愿进一步增加对东盟国家的疫苗和抗疫物资援助，共同提升预警和应急反应能力。倡议成立中国—东盟公共卫生科技合作中心，推动科技赋能公共卫生合作。

二是深化经济融合。推动《区域全面经济伙伴关系协定》（RCEP）尽早生效，早日惠及地区各国人民。愿正式启动中国—东盟自贸区升级后续谈判联合可行性研究，倡议探讨开展中国东盟“多国多园”合作。中方已正式申请加入《全面与进步跨太平洋伙伴关系协定》（CPTPP），希望得到东盟国家支持。

三是推动包容发展。加快推进构建蓝色经济伙伴关系。加强国际发展合作，在东盟国家设立专门机构，打造发展合作示范点。

四是坚持创新驱动。落实好《中国—东盟建设面向未来更加紧密的科技创新伙伴关系行动计划（2021—2025）》，探讨开展中国—东盟工业产业设计合作，尽快完成制定《关于落实中国—东盟数字经济合作伙伴关系的行动计划（2021—2025）》。

五是拓展绿色合作。落实好《中国—东盟环境合作战略及行动计划（2021—2025）》，共同应对气候变化，维护全球和区域生物多样性，合力推动能源产业和经济结构转换升级。

六是夯实民意基础。在确保防疫安全前提下，分阶段处理好东盟国家留学生返华复学等问题。倡议建立中国—东盟教育高官会晤机制。用好中国—东盟菁英奖学金等平台，继续向中国—东盟合作基金增资。

李克强总理强调，中国坚定不移走和平发展道路，维护世界和地区和平稳定，促进共同发展。南海和平符合中国和东盟国家的共同利益。2022年是《南海各方行为宣言》（DOC）签署20周年，中方愿同东盟国家以此为契机，拓展海上务实合作，加快磋商进程并力争早日达成“南海行为准则”（COC），把南海建设成为和平之海、友谊之海、合作之海。

李克强总理指出，中方始终视东盟为周边外交优先方向，一如既往坚定支持东盟共同体建设，坚定支持东盟在区域架构中的中心地位，坚定支持东盟在地区和国际事务中发挥更大作用。中方愿同东盟方共同举办建立对话关系30周年纪念峰会。相信中国东盟友好合作巨轮将行稳致远，共同为亚洲和平稳定和发展繁荣作出更大贡献。

东盟国家领导人表示，中国是东盟国家的紧密对话与合作伙伴，东盟中国关系是东盟与对话伙伴中最全面、最具战略性的关系，支持双方关系进一步提质升级。东盟国家赞赏中方为东盟国家抗击疫情提供疫苗和物资援助，愿同中方继续拓展贸易投资、互联互通、数字经济、公共卫生、可持续发展等领域合作，深化人文交流，实现互利共赢，为维护地区和平、稳定与繁荣作出贡献。东盟国家愿同中方全面有效落实《南海各方行为宣言》，尽早达成有效、富有实质内容的“南海行为准则”。希望《区域全面经济伙伴关系协定》早日生效，期待同中方举行双方建立对话关系30周年纪念峰会。

会议发表了《中国—东盟关于合作支持〈东盟全面经济复苏框架〉的联合声明》和《关于加强中国—东盟绿色和可持续发展合作的联合声明》。

在第24次东盟与中日韩（10+3）领导人会议上，李克强总理表示，10+3国家山水相连，命运与共。我们坚持合作主基调，持续推进区域经济一体化，共同应对公共卫生、能源、粮食、金融等多方面挑战，有力促进各国发展。我们要用好开展合作的成熟机制和应对危机的丰富经验，促进东亚全面均衡复苏，维护地区长期繁荣稳定，共同打造更加开放、包容和可持续发展的东亚。中方提出以下倡议：

一是完善公共卫生治理。中方正在加快10+3应急医疗物资储备中心建设，打造全球新冠肺炎数据整合与风险分析信息系统平台，开发10+3公共卫生应急桌面演练系统，提升地区疫情应对能力。

二是深化区域经济一体化。《区域全面经济伙伴关系协定》（RCEP）是东亚合作的标志性成果，即将达到生效门槛，要推动协定尽早生效，打造更高水平的一体化。中方愿开展与RCEP实施相关的人员培训、经验交流等能力建设项目。

三是加强东亚产业合作。中方支持将东盟旅行走廊扩展到10+3范围，畅通地区经济循环。中方将举办10+3产业链供应链合作论坛，就上下游企业协作、增强产业链供应链抗风险能力开展交流合作。

四是推动东亚数字经济发展。中方愿依托10+3中小企业服务联盟，帮助企业加强数字能力建设，举办10+3青年科学家论坛等活动，帮助地区国家缩小“数字鸿沟”，并与各方就网络空间治理、数字治理、网络安全等议题加强交流。

五是激发财金合作活力。欢迎清迈倡议多边化协定特别修订文件生效，支持拓展10+3宏观经济研究办公室（AMRO）功能。推动开展绿色金融、供应链金融、基础设施融资等合作，不断拓展合作领域。

六是促进绿色可持续增长。在保证能源安全的基础上推动能源消费和生产生活方式向绿色低碳转变。中方愿推动“东亚减贫合作倡议”二期项目落地，继续举办10+3清洁能源圆桌对话，加大对10+3大米紧急储备机制（APTERR）支持与投入。

李克强总理指出，中方愿同各方一道，促进地区经济复苏，打造世界经济的强大增长极，共同维护地区和世界的和平与稳定。

各方表示，10+3合作机制成立以来，为应对危机、推动东亚发展发挥了重要作用。得益于10+3多年紧密合作，地区国家快速行动共同抗击疫情，携手促进地区经济复苏和包容性增长。展望未来，东盟和中日韩应推动《区域全面经济伙伴关系协定》早日生效，支持加快10+3应急医疗物资储备中心建设，进一步加强公共卫生、数字经济、互联互通、财金金融、应对气候变化等领域合作，保持地区产业链供应链稳定。以2022年10+3合作启动25周年为契机，推动东盟和中日韩合作实现更大发展，为构建东亚共同体、促进东亚和世界共同增长和繁荣、建设可持续的未来作出积极贡献。

会议通过了《10+3领导人关于青少年和儿童精神健康合作的声明》。

在第16届东亚峰会上，李克强总理表示，东亚峰会作为“领导人引领

的战略论坛”，涵盖亚太主要国家，具有广泛代表性和影响力。习近平主席前不久提出全球发展倡议。东亚作为世界经济增长的重要引擎，要推动抗击疫情和复苏经济两个轮子一起转，不断为全球发展注入动力。

李克强总理指出，东亚峰会应始终坚持自身定位，把握区域合作正确方向，平衡推进政治安全合作与经济社会发展。相互尊重主权和领土完整是国际关系的基本准则，也是东亚峰会的重要指导原则。各方要坚持相互尊重，团结协作，加大抗疫复苏投入，维护地区和平稳定，促进发展繁荣。中方为此提出以下建议：

一是携手抗击疫情。中方将根据有关国家需求，力所能及加大疫苗及其他抗疫物资援助。加快推进“中国—东盟公共卫生合作倡议”，提升地区公共卫生能力。

二是促进经济全面复苏。坚持自由贸易、公平贸易，维护国际物流畅通。加紧推动《区域全面经济伙伴关系协定》尽早生效实施。中方已正式申请加入《全面与进步跨太平洋伙伴关系协定》，将进一步提高开放承诺水平。支持地区国家促进旅游业复苏的努力。

三是推动绿色发展。遵循共同但有区别的责任原则应对气候变化挑战，全面有效实施《巴黎协定》。均衡有序推进低碳转型，在保障能源稳定安全供给的同时，实现与经济发展、民生保障协同增效。

四是支持东盟中心地位。以东盟为中心、开放包容的区域合作架构是本地区长期和平繁荣的重要基石。支持东盟共同体建设和维护多边主义的努力，维护以联合国为核心的国际体系。

李克强总理表示，缅甸是东亚合作的重要参与方。中方支持以“东盟方式”妥善处理有关问题，促进东盟团结，促进地区稳定，促进缅甸和平和解进程。

李克强总理强调，南海是我们的共同家园。维护南海和平稳定、维护南海航行和飞越自由符合各方共同利益。在中国和东盟国家共同努力下，南海局势整体保持了稳定。中国同东盟国家已就尽早达成有效、富有实质内容的地区规则达成共识，正在全面有效落实《南海各方行为宣言》。中国与东盟国家克服疫情影响，实质性恢复并积极推进“南海行为准则”磋商。地区国家为维护南海和平稳定所作努力应得到尊重。中方愿与各方一道，加强团结，拓展合作，促进共同发展，实现繁荣稳定，书写东亚合作新的篇章。

与会领导人表示，自2020年以来，东亚峰会成员国不断推进卫生健康、经贸、能源、海洋、教育、绿色发展等领域合作，取得积极成果。面对疫情、气候变化等全球性挑战，各方不能独自应对。要本着共同关注、共同应对、共同繁荣的精神，维护多边主义，促进疫苗和药品公平分配，加强数字经济、自由贸易、公共卫生、气候变化等领域合作，保持产业链供应链稳定畅通，深化地区经济一体化。尊重东盟中心地位和东盟主导的地区合作框架，携手促进地区和世界的和平与繁荣。

会议发表中方倡议的《东亚峰会领导人关于可持续复苏的声明》等成果文件。

24. 李克强总理出席世界经济论坛全球企业家视频特别对话会

2021年11月16日，国务院总理李克强在人民大会堂出席世界经济论坛全球企业家特别对话会，发表致辞并同企业家代表互动交流。对话会以视频方式举行，世界经济论坛主席施瓦布主持，来自40多个国家的近400位企业家参加。

李克强总理在致辞中强调，当前全球疫情仍在起伏反复，世界经济复苏动力较弱，不稳定不确定因素增多。中方愿与各方携手合作抗击疫情，推动经济恢复，保持产业链供应链稳定畅通。坚定维护以《联合国宪章》为基础的国际关系基本准则，维护以世界贸易组织为核心的多边贸易体制，提高贸易投资自由化便利化水平。加强宏观政策协调，维护全球金融稳定运行，促进世界经济稳定复苏。

李克强总理介绍了当前中国经济形势，指出我们统筹推进疫情防控和经济社会发展，经济总体延续恢复发展态势，同时也面临新的下行压力，但经济长期向好的基本面没有改变。我们将按照立足新发展阶段、贯彻新发展理念、构建新发展格局、推动高质量发展的要求，加强跨周期调节，确保经济运行在合理区间，行稳致远。我们将坚定不移扩大对外开放，推动多领域多层次国际合作，打造市场化法治化国际化营商环境，对各类市场主体一视同仁，依法保护知识产权。

李克强总理赞赏外国企业对中国改革开放和现代化建设给予的支持，强调既要坚定信心，也要正视困难，坚持开放包容、团结协作，就一定能够共创世界经济发展的光明未来。

致辞后，李克强总理还就能源供应、绿色发展、医疗卫生、城镇化建设等问题回答了各国企业家代表的提问。

25. 李克强总理出席第13届亚欧首脑会议

2021年11月25～26日，国务院总理李克强以视频方式出席第13届亚欧首脑会议。会议以“强化多边主义，促进共同增长”为主题，来自亚欧会议53个成员的国家元首、政府首脑和代表以及欧盟理事会主席、欧盟委员会主席、东盟秘书长等与会。

在第一次全会上，李克强总理发表引导性讲话，表示2021年是亚欧会议成立25周年。25年来，亚欧会议成员政治互信不断提升，交流合作持续深化。国家主席习近平提出，各国应携手推动构建人类命运共同体。当前，国际局势深刻演变，新冠肺炎疫情影响深远，世界经济曲折复苏，热点问题此起彼伏，本次会议深具现实意义。

李克强总理就坚持多边主义、国际抗疫合作、疫后经济复苏等问题阐述中方立场：

——坚持多边主义是维护世界和平稳定的正确选择。谋和平、促发展是我们的共同时代使命。各国应维护以联合国为核心的国际体系、以国际法为基础的国际秩序、以《联合国宪章》宗旨和原则为基础的国际关系基本准则。中方愿同各方一道，坚持国家不分大小、强弱、贫富一律平等，坚持世界前途命运由各国共同掌握，国际上的事情由大家商量着办。

——保护人民健康安全是各国政府的优先要务。当前疫情远未过去，病毒仍在肆虐，挑战依旧严峻，团结合作是国际社会抗击疫情的大道正途，疫苗和药物则是战胜疫情的有力武器。各国要弘扬科学精神，遵循科学规律，加强疫苗和药物研发、生产和技术转移等合作。共同完善全球公共卫生治理体系，推动国际公共卫生合作。

——坚持绿色发展是推动经济行稳致远的前进方向。各国疫后复苏要坚定追求经济发展与生态环境保护的共赢，努力实现谋发展与绿色低碳转型相互促进。亚欧各国应加强宏观经济政策协调，完善以世界贸易组织为核心的多边贸易体制，促进贸易投资自由化便利化。加快经济结构调整，推动绿色低碳转型。

——坚持互利共赢是促进亚欧互联互通的重要保证。中方呼吁各方保持当前良好势头，秉持开放包容、合作共赢的精神，实现发展倡议更好对接，坚持基础设施“硬联通”和制度规则“软联通”相互促进、相得益彰。结合疫情防控常态化要求，加速构建人员往来“快捷通道”和货物流通“绿色通道”网络，维护全球产业链供应链稳定畅通，助力各国复工复产。

——坚持交流互鉴是促进亚欧民心相知相通的重要途径。我们要继续增进了解信任，共同进步。加强各领域交流，形成全方位、深层次、多渠道合作架构。中方正全力筹备2022年北京冬奥会，欢迎各方积极参与。中方将自2022年起的10年内，向亚欧基金捐款1000万美元，支持各领域合作。中方将举办“智慧海关、智能边境、智享联通”交流合作活动，促进地区贸易便利和互联互通。今后5年，中方还将在华举办亚欧青年领导人交流营，邀请亚欧各方积极参加。

李克强总理表示，历史大潮奔涌向前，越是面对困难和挑战，越要加强团结、勇往直前。只要亚欧国家继续秉持相互尊重、平等相待、合作共赢的精神，携手打造共同发展、共同繁荣的强劲引擎，就一定能够共创亚欧合作新局面、共迎亚欧各国新未来。

本届亚欧首脑会议通过了《第十三届亚欧首脑会议主席声明》《新冠疫情后社会经济复苏金边声明》和《亚欧互联互通合作前景文件》三份成果文件。

在非正式会议上，李克强总理在维护多边主义、处理国际和地区热点问题及疫后经济复苏等方面阐述了中方立场与主张，强调亚欧各国历史文化不同，发展道路各异，在一些问题上有不同看法是正常的，关键是坚持相互尊重、平等相待、求同存异。相信经过亚欧各国共同努力，我们不仅能够有效推进疫情防控，而且能够更好实现经济复苏，维护亚欧以及世界和平稳定与发展繁荣，造福亚欧和世界各国人民。

26. 李克强总理出席上海合作组织成员国政府首脑（总理）理事会第20次会议

2021年11月25日，国务院总理李克强在北京出席以视频方式举行的上海合作组织成员国政府首脑（总理）理事会第20次会议。上海合作组织成员国、观察员国政府首脑或代表等出席。

与会各方积极评价上海合作组织成立20年来取得的合作成果，就新冠肺炎疫情下继续加强在安全、经贸、人文等领域合作等问题交换意见，达成广泛共识。成员国总理或代表签署并发表《上海合作组织成员国政府首脑（总理）理事会第二十次会议联合公报》，批准上海合作组织经贸等领域多项合作文件和决议。

李克强总理在会议上发表重要讲话，积极评价上海合作组织成立20年来对地区安全稳定和成员国共同发展作出的重要贡献，并提出以下建议：一是维护地区长治久安，二是加强公共卫生治理，三是助力各国经济复苏，四是畅通区域经济循环，五是促进绿色可持续发展。

27. 李克强总理出席亚洲—非洲法律协商组织第59届会议

2021年11月29日，国务院总理李克强以视频方式出席在香港特别行政区举办的亚洲—非洲法律协商组织（简称“亚非法协”）第59届会议并致辞。

李克强总理表示，亚非法协作为万隆会议的硕果，是唯一横跨亚非的国际法合作平台。60多年来，亚非国家充分协商、凝聚共识，促进确立了“和平共处五项原则”“共同但有区别的责任”等重大国际法理念，丰富了以《联合国宪章》为核心的国际法基本原则，为国际法发展作出不可磨灭的亚非贡献。当前，新冠肺炎疫情起伏反复，世界经济复苏乏力，多边主义和多边机制经受冲击。占世界人口总量四分之三的亚非国家，是坚守国际法治、践行多边主义的重要力量，应共同创造更加美好的未来。

李克强总理在讲话中提出五点建议：

第一，坚持主权平等，共同践行多边主义。坚持国家无论大小一律平等，充分尊重各国自主选择发展道路和模式的权利，充分尊重文明和社会制度的多样性。一国的事情应该由本国人民决定，国际上的事情应该大家共同商量着办。坚定不移践行多边主义，始终做维护主权平等、维护和平稳定的正义力量。

第二，推进互联互通，共同实现开放共赢。深化互利互惠、开放包容的伙伴关系，不断提升区域经济一体化水平。维护以世界贸易组织为核心的多边贸易体制，提升发展中国家对国际经贸规则制定的话语权。中国将全面实施《区域全面经济伙伴关系协定》，推进“支持非洲发展伙伴倡议”，同各方加强发展战略对接，推动世界经济复苏增长。

第三，筑牢疫情防线，共同强化卫生全球治理。秉持科学精神，遵循科学规律，携手抗击疫情。推动构建公平合理的疫苗分配体系，支持建设区域疫苗生产和分配中心，加强疫苗、药物研发和生产合作，确保疫苗在发展中国家的可及性和可负担性。不断完善全球防控机制和法律框架，提高人类社会预防和应对传染病流行的能力。

第四，加快绿色转型，共同推动可持续发展。以《联合国气候变化框架公约》及其《巴黎协定》为重要遵循，发达国家率先减少排放、停止污染，切实为发展中国家提供资金、技术、能力建设等支持；发展中国家根据自身国情实际，均衡有序推动绿色低碳转型。

第五，秉持公平正义，共同加强国际法治。坚定维护以联合国为核心的国际体系、以国际法为基础的国际秩序、以《联合国宪章》宗旨和原则为基础的国际关系基本准则。以良法促善治，在多边机构改革中增加发展中国家代表性和发言权。积极参与深海、极地、外空、网络、数字等新兴领域的新机制新规则建设，保障亚非人民共享发展成果的权利。

李克强总理宣布，中国将同亚非法协在香港特别行政区设立区域仲裁中心，为亚非国家提供更加便捷高效的争端解决服务。

李克强总理指出，面对人类面临的挑战，亚非国家共同肩负着坚守国际法治、践行多边主义的重要责任。相信亚非法协将进一步凝聚发展中国家力量，为共同建设更加美好的世界作出新的重要贡献。

亚非法协第59届会议在香港以线上线下方式举办，来自成员国、常任观察员国以及有关国家和国际组织的约200名代表与会，时任香港特别行政区行政长官林郑月娥发表视频致辞。

28. 杨洁篪主任、王毅国务委员兼外长同布林肯、沙利文举行中美高层战略对话

2021年3月18～19日，中共中央政治局委员、中央外事工作委员会办公室主任杨洁篪，国务委员兼外交部长王毅应邀赴美国阿拉斯加州安克雷奇市，同美国国务卿布林肯、总统国家安全事务助理沙利文举行中美高层战略对话。这是美国新政府就职后，中美外交高层第一次面对面沟通，是落实两国元首除夕通话共识的重要举措，也是两国元首亲自决策举行的。对话期间，中美双方围绕各自内外政策、中美关系以及共同关心的重大国际地区问题进行了坦诚、深入、长时间、建设性的沟通。对话是及时的、有益的，加深了相互理解。

中方在涉及自身主权、安全、发展利益的问题上阐明了坚定立场。中方表示，过去几年，由于中国的正当权益受到无理打压，中美关系遭遇前所未有的严重困难。这种局面损害了两国人民利益，损害了世界稳定与发展，不应再继续下去了。中方向美方明确指出，主权和领土完整是重大原则问题，美方不要低估中方捍卫国家主权、安全和发展利益的决心，不要低估中国人民维护民族尊严和正当权益的意志。希望美方同中方相向而行，特别是要尊重和照顾彼此核心利益与重大关切。美方重申在台湾问题上坚持一个中国政策。

双方同意按照两国元首通话精神，保持对话沟通，开展互利合作，防止误解误判，避免冲突对抗，推动中美关系健康稳定发展。双方都希望继续这种高层战略沟通。双方还就一些具体领域合作及问题进行了讨论，并达成了一些共识，如双方均致力于加强在气候变化领域对话合作，双方将建立中美气候变化联合工作组，探讨了为各自外交领事人员接种新冠疫苗作出对等安排，同意将本着对等互惠的精神就便利彼此外交领事机构和人

员活动以及媒体记者相关问题进行商谈，并同意就经贸、两军、执法、人文、卫生、网络安全以及气候变化、伊朗核、阿富汗、朝鲜半岛、缅甸等一系列问题保持和加强沟通协调。

29. 杨洁篪主任出席第11次金砖国家安全事务高级代表视频会议

2021年8月24日，中共中央政治局委员、中央外事工作委员会办公室主任杨洁篪在北京出席第11次金砖国家安全事务高级代表视频会议。此次会议是为9月举行的金砖国家第13次领导人会晤进行政治准备。

杨洁篪主任在会上表示，金砖国家要遵照五国领导人共同指引，秉持开放包容合作共赢的金砖精神，加强战略沟通，增进政治互信，深化安全事务协调，为金砖国家第13次领导人会晤做好各项准备工作。五国要凝聚合力，共同应对安全挑战和威胁。要团结抗疫，尊重科学，反对疫情污名化和病毒溯源政治化。要坚定维护以联合国为核心的国际体系和以国际法为基础的国际秩序，确保广大发展中国家公平参与国际事务。要坚持对话协商和政治解决地区矛盾和热点问题，尊重地区国家合理关切。要综合施策，标本兼治，践行共同、综合、合作、可持续的全球安全观，牢固树立人类命运共同体意识，推动加强全球合作应对非传统安全挑战。

各方就国际和地区热点问题、执法机构合作、卫生安全、反恐及网络安全等议题深入交换了意见，核可《金砖国家反恐行动计划》。各方一致同意加强沟通协调和团结合作，确保金砖国家领导人会晤取得丰硕成果。

30. 王毅国务委员兼外长出席金砖国家外长会晤

2021年6月1日，国务委员兼外交部长王毅在贵阳出席金砖国家外长视频会晤，并发表题为《凝聚金砖团结力量 共建疫后美好世界》的讲话。本次会议由2021年金砖国家轮值主席国印度外长苏杰生主持，南非外长潘多尔、巴西外长弗兰萨、俄罗斯外长拉夫罗夫等出席。

王毅国务委员兼外长表示，2021年是金砖国家概念提出20周年，也是金砖国家外长会晤机制建立15周年。我们的合作机制不断完善，合作领域持续拓展，国际影响日益增强，形成了经贸财金、政治安全、人文交流“三轮驱动”架构，打造了新兴市场和发展中国家合作的样板。面对百年未有之大变局，面临百年未遇的疫情大流行，金砖国家要在危机中育先机，于变局中开新局，共同擦亮金砖这块“金字招牌”，为促进全球团结扛起金砖责任，为破解治理赤字提供金砖智慧，为应对共同挑战贡献金砖力量。

王毅国务委员兼外长提出四点建议：第一，推进全球团结抗疫，做人类健康的守护者。第二，践行真正多边主义，做国际秩序的维护者。第三，助力世界经济复苏，做全球发展的贡献者。第四，化解地区冲突对抗，做世界和平的建设者。并强调，再过一个月，中国共产党将迎来成立100周年，这对中国和世界都具有重要意义。中国共产党的初心和使命一以贯之，那就是为中国人民谋幸福，为中华民族谋复兴，并愿与各国人民一道，构建人类命运共同体。希望金砖五国更加紧密团结，坚守和平、发展、公平、正义、民主、自由的全人类共同价值，践行真正的多边主义，为维护国际和地区的和平与发展，作出金砖国家新的贡献。

与会各国外长就当前国际和地区热点问题、国际抗疫以及金砖国家合作等深入交换了意见。各方高度评价金砖国家外长会晤机制建立15年来取得的丰硕成果，支持金砖国家在政治安全、经贸财金、人文交流“三轮驱动”合作框架下，加强在共同关心领域的合作。

会晤发表了《金砖国家关于加强和改革多边体系的联合声明》和《金砖国家外长会晤新闻公报》。

31. 王毅国务委员兼外长主持“中国+中亚五国”外长会晤

2021年5月12日，国务委员兼外交部长王毅在陕西西安主持“中国+中亚五国”外长第二次会晤，哈萨克斯坦副总理兼外长特列乌别尔季、吉尔吉斯斯坦外长卡扎克巴耶夫、塔吉克斯坦外长穆赫里丁、土库曼斯坦副总理兼外长梅列多夫、乌兹别克斯坦外长卡米洛夫出席。

王毅国务委员兼外长表示，中国和中亚五国外长在疫情形势下举行实体会晤，体现了六国共同战胜疫情的信心和加强团结协作的决心。自2020年7月“中国+中亚五国”外长首次会晤以来，我们克服疫情冲击，以元首外交为引领，以抗疫合作为主线，全力守护人民安全，多措并举复工复产，深度推进互联互通，为区域协同发展和经济复苏注入了源源不断的动力，为地区和平与发展作出了实实在在的贡献。事实证明，中国与中亚国家集体合作恰逢其时，前景广阔，大有可为。

王毅国务委员兼外长指出，2021年是中亚五国独立30周年。“三十而立”。30年来，中亚国家走过了不平凡的奋斗历程，成为促进地区发展、维护世界和平的重要力量。过去的30年，也是中国同中亚国家传承友好、开拓合作的30年。我们成功实现战略伙伴关系全覆盖，在构建人类命运共同体方面走在国际社会第一方阵。我们通过和平谈判，彻底解决了历史遗留

的边界问题，将3300多公里的共同边界打造成连接友好的纽带和合作的桥梁。我们倡导共同、综合、合作、可持续的新安全观，锻造了维护地区各国人民安全的坚实盾牌。我们积极参与共建“一带一路”，让古老的丝绸之路焕发出新的生机活力。我们发挥民心相通、人缘相亲优势，传承世代友好传统，并为之不断注入新的时代内涵。

王毅国务委员兼外长强调，站在新的历史起点上，我们要着眼未来30年，坚定探索符合时代潮流、具有自身特色的新型区域合作之路，合力打造互利共赢的合作发展带，致力于构建中国中亚命运共同体。王毅国务委员兼外长就此提出五点建议：

一是坚持团结抗疫，共筑卫生健康共同体。中方愿与各方尽快建立重大流行病信息通报制度，持续完善疫情联防联控机制，积极开展远程医疗合作，实现传统医学中心在中亚地区全覆盖，努力提升公共卫生能力建设。中方愿意积极考虑向中亚国家提供新一批疫苗援助，也愿与中亚五国开展疫苗研发和联合生产合作，支持双方为彼此公民在本国接种疫苗提供便利。

二是坚持开拓创新，共建丝绸之路经济带先行区。中方愿与五国加强市场、产品、规则、资金对接，发挥互补优势，提升贸易质量和规模。加强现代农业合作，建立中国—中亚农业合作中心，推广建立综合农业科技示范园区。分享先进技术和设备，实施更多高标准、惠民生的精品项目，帮助各国推进工业现代化进程。拓展5G、人工智能等高科技领域合作，打造区域数字伙伴关系。加强毗邻地区合作，推动建立“中国+中亚五国”地方合作机制。中方愿在未来3年再向中亚国家增加450个奖学金名额，帮助五国建设5所鲁班工坊，为五国培养高素质人才。

三是坚持开放合作，共创亚欧大陆互联互通大通道。我们要充分发挥中亚地缘优势，保障中欧班列、中吉乌公路畅通运行，加快探讨跨国铁路建设，挖掘多式联运潜力，开拓连接亚欧的战略性交通走廊。要推进通关便利化，建立货物跨境流动的“绿色通道”，确保地区产业链、供应链安全、稳定。中方愿同各方建立健康码信息互认机制和人员入出境“快捷通道”，积极促进健康安全的人员往来。

四是坚持和衷共济，共铸地区形势稳定锚。我们要依托双边和上海合作组织、亚信等多边平台，坚决打击“东伊运”等“三股势力”，开展防范跨国有组织犯罪、禁毒、网络安全、非政府组织管理、大型活动项目安保等方面的合作，打造“平安丝路”。要坚定支持彼此维护国家主权和外来安全，旗帜鲜明地反对外来干涉，维护地区安全与稳定。中方支持通过体现“阿人主导、阿人所有”的和谈，就阿富汗未来国家架构等作出广泛包容的政治安排。外国驻军应以有序、负责任方式撤离，切实保障阿局势平稳过渡。中国和中亚国家应立足各自优势，为此发挥建设性作用。

五是坚持交流互鉴，共绘高质量发展新蓝图。中方愿同中亚国家践行绿色发展理念，加强气候变化、生物多样性保护等领域合作，共同研究拯救咸海与荒漠化防治，推动人与自然和谐共生。中方计划在中国西北大学建立“中亚丝绸之路考古合作研究中心”，欢迎各方积极参与。中方愿同中亚国家分享减贫经验，根据中亚国家需求制定未来三年减贫惠农培训计划，共同推进乡村发展振兴。

王毅国务委员兼外长指出，2021年是中国共产党成立100周年，也是“十四五”规划的开局之年。欢迎中亚国家搭乘中国发展快车，实现共同发展、共同繁荣。让我们携手努力，开创中国和中亚国家合作更加光明的未来，为构建人类命运共同体贡献更多智慧和力量。

五国外长祝贺中国共产党成立100周年，积极评价中方克服疫情不利因素首次在线下举办外长会晤。五国外长表示，中国是中亚国家的好邻居、好伙伴，为五国应对疫情提供了宝贵支持。五国愿同中方一道，继续推动“一带一路”倡议同中亚国家发展战略对接，加强抗疫和农业、互联互通、电子商务、数字经济、环境保护、人文交流等领域合作，共同打击“三股势力”和跨国犯罪。五国支持中国维护国家主权和领土完整，希同中方增进在联合国、上海合作组织、亚信等多边机制内的协调配合，坚定捍卫多边主义，共同维护本地区安全与稳定。五国支持进一步加强“中国+中亚五国”外长会晤机制建设，希与中方共同办好中国同中亚国家建交30周年庆祝活动。

会议发表“中国+中亚五国”外长《关于共同应对新冠肺炎疫情的联合声明》《关于深化地方合作的联合声明》《关于阿富汗问题的联合声明》，通过《关于“中国+中亚五国”外长会晤机制建设的备忘录》。

32. 王毅国务委员兼外长出席纪念中国—东盟建立对话关系30周年特别外长会和澜湄合作外长会

2021年6月7日，国务委员兼外交部长王毅出席在重庆举行的纪念中国—东盟建立对话关系30周年特别外长会。

王毅国务委员兼外长高度评价中国和东盟建立对话关系30年来双方关系实现跨越式发展，双方战略伙伴关系内涵不断丰富，政治安全、经济贸易、社会人文三大领域合作硕果累累，双方已成为最大规模的贸易伙伴，最富内涵的合作伙伴，最具活力的战略伙伴。双方关系的成功发展主要得益于：一是始终把对方放在对外关系的首要位置。二是始终以民为本，聚焦务实合作。三是始

终秉持伙伴精神，携手应对重大挑战。四是始终坚持开放发展，实现互利共赢。五是始终以大局为重，把分歧放在适当位置。

2021年是中国共产党百年华诞。中国将在以习近平同志为核心的党中央领导下，开启全面建设社会主义现代化国家新征程。进入新的历史时期，中国东盟要着眼未来30年，共同实现好、维护好、发展好东亚特色的区域合作之路，打造更高水平的中国东盟战略伙伴关系，构建更为紧密的命运共同体。下阶段中国东盟关系发展应着眼以下六点：

一要深化抗疫合作。中方将尽己所能向东盟国家提供疫苗，并与各国加强疫苗研发、生产、采购、接种、监管合作，落实好“中国—东盟公共卫生合作倡议”，支持东盟应急医疗物资储备库，协同推进10+3储备中心建设。

二要推动经济复苏。以支持《东盟全面复苏框架》为主线，打造中国东盟疫后复苏合作新高地和新格局。加快制定数字经济合作行动计划，大力推进中国东盟科技创新合作。共同办好中国东盟可持续发展合作年，推动低碳经济转型，开展蓝色经济合作。

三要提升关系水平。要增进领导人之间的战略沟通，强化对双方关系政治引领。将中国东盟关系提升为全面战略伙伴。

四要尽早达成“南海行为准则”。中方愿同南海当事方加强对话协商，妥善管控分歧，不断增进互信。共同维护南海局势稳定，避免采取可能激化矛盾的单方面行动。

五要坚持维护多边主义。恪守《联合国宪章》宗旨原则，维护以联合国为核心的国际体系，维护以国际法为基础的国际秩序，维护发展中国家的正当权益，推动国际关系实现民主化。珍惜巩固以东盟为中心的区域合作架构。

六要共同弘扬亚洲价值。加强文明互鉴和人文交流，弘扬亚洲价值理念。坚持协商一致、照顾彼此舒适度的“亚洲方式”，建设包容共生的大家庭，形成共同发展的合作圈。

东盟各国外长祝贺中国共产党成立100周年，高度评价中国抗疫和经济社会发展取得的巨大成就，充分肯定东盟—中国建立对话关系30年来取得的丰硕成果，表示东盟—中国关系是东盟同各对话伙伴关系中最重要、最富成果的一对关系，已成为地区和平、稳定与发展繁荣的重要支柱。东盟国家愿同中方更好对接发展战略，推动东盟—中国关系更上一层楼。

2021年6月8日，澜沧江—湄公河合作第六次外长会在重庆举行。国务委员兼外交部长王毅和缅甸外交部长温纳貌伦共同主持会议，柬埔寨副首相兼外交大臣布拉索昆、老挝外交部长沙伦赛、泰国副总理兼外交部长敦和越南外交部长裴青山出席。

王毅国务委员兼外长表示，澜湄合作已成为次区域最具活力的新兴合作机制之一。2020年以来，在疫情蔓延背景下，澜湄六国认真落实第三次领导人会议和第五次外长会共识，实施《澜湄合作五年行动计划》，大力开展抗疫合作，携手推动经济复苏，不断深化人文交流，保持了澜湄合作高水平发展。澜湄合作是流域六国共商共建共享的新型次区域合作机制，短短五年时间发展迅速、成果显著，主要得益于四点经验：一是贯彻了睦邻友好的合作原则。二是坚持了发展为先的合作宗旨。三是践行了互利共赢的合作理念。四是秉承了民生为本的合作初心。

王毅国务委员兼外长强调，站在新的历史起点上，中方将坚决贯彻习近平主席提出的亲诚惠容周边外交理念，与湄公河国家一道，共享发展机遇，共同应对挑战，朝着建设澜湄国家命运共同体方向作努力。

一是深化抗疫合作。中方将继续向湄公河国家提供疫苗和医疗物资帮助。用好澜湄公共卫生专项资金，支持建设生物安全防护实验室、疫情监测、跨境传染病防控项目，加强传统医药合作。

二是共促疫后复苏。探索澜湄合作与“陆海新通道”加快对接，加强贸易通关便利化、产能与互联互通、数字经济和科技创新合作。用好澜湄农业合作中心，办好澜湄旅游城市合作联盟大会和澜湄市长文化旅游论坛。

三是拓展水资源合作。办好第二届澜湄水资源合作部长级会议和合作论坛，实施防洪抗旱减灾、水利信息监测、水文条件变化联合研究，充实信息共享平台。开展环境政策对话、保护生物多样性合作，有效打击非法采伐和野生动植物非法贸易。

四是推进地方务实合作。举办澜湄地方政府合作论坛，加强边境贸易、跨境电商、边境经济园区合作。

五是促进民心相亲。中方愿继续与各国分享脱贫攻坚经验，支持农村妇女帮扶、农村经济多元化和边境地区发展。加强人力资源、文化旅游、媒体、体育、妇女儿童等领域合作。

六是完善合作机制。制订《澜湄合作五年行动计划（2023—2027）》。中方将继续通过澜湄合作专项基金支持湄公河国家实施更多合作项目。

各国外长充分肯定澜湄合作五年来在各领域取得的积极成果，赞赏机制为促进各国经济发展、改善民生、保护环境、密切人文交流、推进水资源合作及区域一体化发挥了重要作用，对既定框架内项目合作进展感到满意，认为深化澜湄合作有助于更好共同应对挑战。外长们表示，澜湄合作的诞生与发展顺应了本区域各国发展需求，感谢中方对澜湄合作的重视和投入，特别是为各国抗击疫情和经济复苏提供的真诚帮助，期待中方在合

作进程中继续发挥关键作用。外长们表示，愿共同保持澜湄合作强劲势头，积极对接发展战略，加强基础设施建设和互联互通，充分发挥各自比较优势，探讨多种形式的产能合作，推动在教育、青年、地方等领域进行更多合作，加强同其他区域、次区域机制相互补充、相互促进，实现互惠互利和共同繁荣。

会议通过了《关于加强澜湄国家可持续发展合作的联合声明》《关于深化澜湄国家地方合作的倡议》和《关于在澜湄合作框架下深化传统医药合作的联合声明》等共识文件，散发了《〈澜湄合作五年行动计划〉2020年度进展报告》《澜湄流域经济发展带与“国际贸易陆海新通道”对接合作联合研究报告》《2021年度澜湄合作专项基金支持项目清单》和《澜湄合作热线信息平台》等研究报告和资料。中方还散发了《中国相关省区市与湄公河国家地方政府合作意向清单》和《中方推进澜湄流域经济发展带与“陆海新通道”对接初步举措》等清单。

会前，六国外长共同参观了澜湄合作成果展，并出席澜湄合作中国秘书处新版网站发布仪式。

33. 王毅国务委员兼外长主持“一带一路”亚太区域国际合作高级别视频会议

2021年6月23日，“一带一路”亚太区域国际合作高级别会议以视频连线方式在北京举行，会议主题为“加强抗疫合作、促进经济复苏”。国家主席习近平向会议发表书面致辞。国务委员兼外交部长王毅主持会议并作主旨发言。包括哥伦比亚共和国总统、斐济共和国总理在内，共有29个国家的副总理、外长等政要以及联合国副秘书长兼联合国亚太经社会执秘、联合国开发计划署署长、联合国拉美经委会执秘等国际组织代表与会。

习近平主席在致辞中强调，我提出共建“一带一路”倡议，旨在传承丝绸之路精神，携手打造开放合作平台，为各国合作发展提供新动力。八年来，140个国家同中方签署了共建“一带一路”合作协议，合作伙伴越来越多。各方积极推进政策沟通、设施联通、贸易畅通、资金融通、民心相通，启动了大批务实合作、造福民众的项目，构建起全方位、复合型的互联互通伙伴关系，开创了共同发展的新前景。面对突如其来的新冠肺炎疫情，中方同各方守望相助，共克时艰，推动共建“一带一路”继续前行，向国际社会传递了信心和力量，为全球抗疫合作和经济复苏作出了重要贡献。习近平主席强调，共建“一带一路”秉持共商共建共享合作原则，坚持开放、绿色、廉洁、合作理念，致力于高标准、惠民生、可持续的合作目标。中国进入新发展阶段、贯彻新发展理念、构建新发展格局，为“一带一路”合作伙伴提供了更多市场机遇、投资机遇、增长机遇。中方愿同各方一道，建设更加紧密的“一带一路”伙伴关系，坚持走团结合作、互联互通、共同发展之路，共同推动构建人类命运共同体。

王毅国务委员兼外长在发言中表示，八年来，“一带一路”从理念变为实践，从蓝图变为现实，为世界各国带来巨大机遇和红利。中方与“一带一路”合作伙伴贸易额累计超过9.2万亿美元，中国企业在沿线国家直接投资累计超过1300亿美元。“一带一路”真正成为当今世界范围最广，规模最大的国际合作平台。2020年以来，面对突如其来的新冠肺炎疫情，“一带一路”合作不但没有按下“暂停键”，反而逆风前行，展现出强大韧性和活力。中方同各方携手构筑国际抗疫“防火墙”，合力打造全球经济稳定器，齐心搭建世界联通新桥梁。共建“一带一路”之所以取得如此丰硕成果，得益于各合作伙伴的团结合作，得益于坚持共商共建共享原则，践行开放绿色廉洁理念，致力于高标准、惠民生、可持续目标。

王毅国务委员兼外长表示，中方愿同各方携手努力，继续高质量共建“一带一路”，打造更紧密的卫生合作伙伴关系、互联互通伙伴关系、绿色发展伙伴关系和开放包容伙伴关系，为各方提供更多机遇分享更多红利，为此中方建议：一是要继续深化疫苗国际合作。共同发起“一带一路”疫苗合作伙伴关系倡议，促进疫苗在全球范围内公平分配，构筑全球防疫屏障。二是要继续加强互联互通合作，进一步对接各方基础设施发展规划，合作建设交通基础设施、经济走廊、经贸产业合作区。三是要继续推动绿色发展合作。共同发起“一带一路”绿色发展伙伴关系倡议，为建设绿色丝绸之路提供新动力。四是要继续推进区域及全球自由贸易，推动区域全面经济伙伴关系协定早日生效，加快区域经济一体化进程，共同维护全球产业链和供应链的开放、安全和稳定。

与会代表高度评价习近平主席发表的书面致辞，赞赏中方推动召开此次高级别会议，认为会议有助于各方在应对抗疫、经济复苏、应对气候变化等全球性挑战中深化合作，共同推动“一带一路”国际合作取得新的进展。各方表示，新冠肺炎疫情大流行是各国面临的共同挑战，团结合作是战胜疫情的关键，只有各国普遍安全，本国才能安全。疫苗应作为全球公共产品公平分配，提高在发展中国家的可及性和可负担性。各方呼吁深化“一带一路”合作以实现绿色和可持续经济复苏，加快落实联合国2030年可持续发展目标，促进疫后的低碳、有韧性和包容性增长。

会议发布了中国同28国共同发起的“一带一路”疫苗合作伙伴关系倡议和绿色发展伙伴关系倡议。

34. 王毅国务委员兼外长在联合国就中国落实2030年可持续发展议程作国别自愿陈述

2021年7月13～15日，联合国经社理事会可持续发展高级别政治论坛举行国别自愿陈述。14日，国务委员兼外交部长王毅以视频方式出席会议并就中国落实2030年可持续发展议程作陈述。

王毅国务委员兼外长在国别自愿陈述中系统阐述了中方落实2030年可持续发展议程特别是全面建成小康社会、打赢脱贫攻坚战所取得的成就和经验，就国际发展合作提出中国理念主张，强调要坚持发展优先，做可持续发展目标的实践者，要尊重彼此发展道路，做公正合理国际秩序的维护者，要营造包容联动的发展环境，做开放型世界经济的建设者，要强化创新增长意识，做高质量发展的先行者，要共同应对全球性挑战，做人类光明未来的缔造者。

中方并发布了《中国落实2030年可持续发展议程国别自愿陈述报告》。

35. 王毅国务委员兼外长出席东亚合作系列外长会

2021年8月3～6日，国务委员兼外交部长王毅以视频方式出席东亚合作系列外长会，包括中国—东盟（10+1）外长会、东盟与中日韩（10+3）外长会、东亚峰会（EAS）和东盟地区论坛（ARF）外长会。

在中国—东盟外长会上，王毅国务委员兼外长表示，东盟在中国外交全局中占有重要位置，是中国周边外交的优先方向。2020年外长会以来，双方领导人保持战略沟通，为中国东盟关系提供政治引领。双方友好合作取得新的进展。2021是中国共产党百年华诞。中国共产党正团结带领中国人民，继续向全面建成社会主义现代化强国的目标迈进。在新的征程上，中国将坚定不移扩大对外开放，积极构建新发展格局，以自身的新发展为世界提供新机遇，为中国东盟合作带来新契机，注入新动能。2021年也是中国—东盟建立对话关系30周年，双方应携手开创新的合作时代。

一是持续深化抗疫合作。中方愿全力满足东盟国家的疫苗及其他抗疫物资需求，全力支持东盟国家打造区域疫苗生产和分配中心，全力推进落实“中国—东盟公共卫生合作倡议”，共同提升地区公共卫生危机应对水平。同时，中方愿同东盟国家一道，坚决反对将科学问题政治化，坚决抵制“政治病毒”的肆虐，确保国际抗疫合作顺利健康开展下去。

二是大力推进经济复苏。中方愿同东盟以对接落实《东盟全面复苏框架》为主线，以贸易投资合作为基础，以数字经济和绿色发展为新增长点，全方位打造双方复苏合作新格局。要落实好中国—东盟自贸区升级《议定书》，推动《区域全面经济伙伴关系协定》早日生效实施。深化“一带一路”倡议同《东盟互联互通总体规划2025》（MPAC 2025）对接，推进高质量基础设施合作。尽早完成制订数字经济合作伙伴关系行动计划，合力推动数字基础设施公平可及。要大力推进科技创新合作，加快技术转移，建设创新创业合作平台，期待中国—东盟科技部长会早日机制化。建议将可持续发展合作年延至2022年，在绿色发展、低碳转型等领域重点加强合作。中方愿同东盟商签国际发展合作谅解备忘录，积极考虑在东盟国家设立发展合作机构。中方还将向中国—东盟合作基金继续增资，支持做大做强菁英奖学金等人文交流旗舰项目，进一步夯实双方社会人文合作。

三是巩固现有区域合作框架。中方坚定支持东盟中心地位，坚定支持东盟在国际地区事务中发挥更大作用，愿同东盟探讨在共识领域推进具体合作。同时，任何新的合作设想都应有利于维护开放包容的现有架构，确保地区合作的正确方向。中方不赞同、不参与任何有损东盟中心地位的合作机制。

四是维护南海地区和平稳定。中方将继续履行《南海各方行为宣言》承诺，坚持由直接当事国通过磋商谈判和平解决争议，不采取激化矛盾、扩大分歧的单方面行动，同时深化海洋领域合作。“南海行为准则”二读正积极推进，并就“前言”部分达成初步一致。中方在南海的主权权益符合包括《联合国海洋法公约》在内的国际法。中方从未提出新的声索，但必将坚持迄今一以贯之的立场。在中国和东盟国家的共同努力下，南海形势保持着总体稳定，航行和飞越自由得到依法保护。但要警惕个别域外国家已经成为南海和平稳定的最大搅局者。南海不是也不应成为大国博弈的角斗场。

东盟国家外长们祝贺中国共产党成立100周年，高度评价中国抗击疫情和经济社会发展取得的巨大成就，充分肯定东盟中国关系取得的积极进展，赞赏中方为东盟一体化发展、地区互联互通提供的大力支持，同意打造更高水平的战略伙伴关系。外长们表示，东盟国家愿同中方共同办好东盟—中国建立对话关系30周年纪念活动，继续走团结合作之路，解决好抗疫和发展两大课题，深化互联互通、防灾减灾、可持续发展、数字转型等领域合作和能力建设，推进区域经济一体化进程，保持“南海行为准则”磋商势头，共同维护南海和平稳定安全，促进地区发展繁荣。

在东盟与中日韩外长会上，王毅国务委员兼外长表示，10+3国家是东亚合作的中坚力量。我们要以2022年10+3合作启动25周年为契机，制定《10+3合作工作计划（2023—2027）》，规划未来合作路线图，服务东亚共

同体目标。

一是共筑东亚抗疫屏障。中方支持用好10+3合作基金和东盟抗疫基金，采购疫苗等抗疫急需物资。加快推进10+3应急医疗物资储备中心和东盟储备库建设。

二是共推东亚经济融合。要争取《区域全面经济伙伴关系协定》早日生效实施，加快区域经济一体化进程。提升产业链供应链抗风险能力，落实好10+3互联互通再联通倡议。要提高清迈倡议多边化的可用性，推进绿色金融合作，发挥好10+3银联体作用，服务区域经济金融治理。

三是共谋东亚转型发展。要加快区域数字转型，大力开展人工智能、数字经济等务实合作。中方愿举办10+3青年科学家论坛，开展网络安全演练，共同打造开放、公平、公正的数字经济发展环境。要加快区域能源转型，积极开展能源安全合作，促进绿色增长。中方将继续举办10+3清洁能源圆桌对话。要落实推动联合国2030年可持续发展议程，加快区域乡村发展转型。中方愿同各方分享减贫经验，通过东亚减贫合作倡议项目，推动地区国家实现更好发展。

四是共铸东亚价值基础。要共同追求和平、发展、公平、正义、民主、自由的全人类共同价值，积极开展教育、文化、媒体等领域交流。要立足东亚，放眼世界，以东亚和平稳定助力全球安定和谐，以东亚经济发展助力全球经济复苏，以东亚科学治理助力全球有序发展。

日、韩和东盟国家外长表示，面对疫情冲击和经济复苏双重挑战，10+3国家更应坚持团结合作和开放包容，深化互联互通，确保产业链供应链畅通。外长们高度评价10+3合作取得的显著成果，一致同意加强疫苗研发合作，积极推进10+3应急医疗物资储备中心和东盟储备库建设，支持领导人会议发表“青少年精神健康合作声明”，发挥大米紧急储备机制作用，共同推动本地区早日战胜疫情；坚持多边主义和自由贸易，争取《区域全面经济伙伴关系协定》早日生效，拓展数字经济、气候变化等领域合作，促进地区绿色可持续发展。与会各方还祝福东京奥运会成功，并期待2022年北京冬奥会为世界带来新的精彩。

在东亚峰会外长会上，王毅国务委员兼外长表示，当前疫情形势更加复杂，经济复苏进程仍不平衡，全球和区域治理面临多重挑战。东亚峰会成员汇聚全球疫苗主要生产国、亚太重要经济体和应对气候变化中坚力量，应团结合作，积极作为，在抗击疫情、恢复经济方面作出应有贡献。

一是秉持科学精神，共促抗疫合作新举措。要持续扩大疫苗供应，加快接种进度，同时加强疫苗更新迭代研发合作，共建区域疫苗生产和分配中心。

二是推动绿色发展，打好疫后复苏新底色。要携手应对气候变化，推动人与自然和谐共生，加强环境保护和新能源领域合作。赞同尽早更新制定新一期《〈金边发展宣言〉马尼拉行动计划》，优先对接《东盟全面复苏框架》，加强疫后复苏政策协调。

三是加强东盟中心地位，维护国际公平正义。支持东盟发表倡导多边主义的声明，愿同各方共同维护以联合国为核心的国际体系和以国际法为基础的国际秩序。同时，应警惕各种伪多边主义，尤其要抵制假借多边主义在本地区挑动集团对抗。东盟在地区合作中的中心地位不应被架空，现有的成熟区域合作机制不能再另起炉灶。中国作为负责任国家，愿同各方一道，为推动峰会聚焦抗疫和经济复苏合作，为有效应对各种全球挑战作出自己新的贡献。

在东盟地区论坛外长会上，王毅国务委员兼外长指出，论坛成员要践行真正的多边主义，通过加强团结合作，共同应对好本地区面临的五大安全挑战：

一是筑牢抗疫防线，共同应对新冠肺炎疫情挑战。打击新冠病毒的同时也要抵制政治病毒。

二是加强多边合作，共同应对非传统安全挑战。要合力应对本地区极端气候、恐怖主义、跨国犯罪、网络安全等问题。

三是维护东盟中心地位，共同应对地缘对抗挑战。珍惜和弘扬以东盟为中心的区域合作架构，警惕和制止个别域外大国试图推行新的地区战略另起炉灶，通过军事威慑搞集团对抗。

四是捍卫不干涉内政原则，共同应对强权政治挑战。各国之间相互平等，不能打着民主人权幌子，肆意干涉别国内政，甚至谋求地缘私利。

五是坚持和平对话方向，共同应对地区热点挑战。中方愿同东盟国家在《南海各方行为宣言》基础上，尽早达成有效、富有实质内容并符合包括《联合国海洋法公约》在内国际法的“南海行为准则”，共同把南海建成和平之海、合作之海。

东盟国家外长们纷纷表示，应坚持不干涉内政原则，呼吁保持南海和平稳定，充分肯定中国和东盟国家克服疫情影响推进“南海行为准则”磋商，认为地区国家完全有能力、有智慧通过谈判妥善处理分歧，实现和谐相处和共同发展。外长们强调，不能搞地缘对抗和分裂对立，不希望地区国家被迫选边站队，期待各国团结合作，聚焦抗击疫情和经济复苏，共同克服发展中面临的困难和挑战。

36. 王毅国务委员兼外长出席阿富汗邻国外长会

2021年9月8日、10月27日，国务委员兼外交部长王毅分别以视频方式出席首次和第二次阿富汗邻国外长会。会议分别由巴基斯坦外交部长库雷希和伊朗外交部长阿卜杜拉希扬主持，塔吉克斯坦、乌兹别克斯坦、土库曼斯坦、俄罗斯等国外交部长或代表分别出席。

在首次外长会上，王毅国务委员兼外长强调，今天的阿富汗站在历史的十字路口。作为邻国，没有国家比我们更不愿看到阿富汗重陷战乱、再起祸端，没有国家比我们更期盼阿富汗恢复和平、实现发展。我们应该抓住阿局势由乱及治的关键窗口期，在尊重阿主权独立和领土完整的基础上，对形势发展变化施加正面、积极影响。我们要对阿富汗问题历史经纬作出客观评判，要求美国及其盟友深刻汲取教训，承担应尽责任。我们要引导敦促阿富汗塔利班团结各民族、各派别，搭建广泛包容的政治架构，奉行温和稳健的内外政策，同恐怖势力划清界限，同各国特别是邻国建立和发展友好关系。阿富汗邻国应发挥独特作用，既解决自身正当关切，又为阿富汗稳局重建提供良好外部环境。当前阶段可重点开展六方面协调合作：一是帮助阿加强疫情防控。二是保持口岸开放。三是加强难移民管控。四是尽快提供人道主义援助。五是深化反恐安全合作。六是开展禁毒合作。

在第二次外长会上，王毅国务委员兼外长表示，面对新形势，我们应当进一步加强涉阿问题协调合作，推动阿富汗形势止乱回稳，防范阿富汗安全问题外溢，支持阿富汗走上良政善治之路。中方建议重点加强以下合作：

一要积极接触引导。要重视阿富汗临时政府的适应性和可塑性，以理性务实态度同其对话交流，增进相互信任，施加正面影响。

二要扩大多边协调。要推动各类涉阿机制相辅相成、形成合力。美国等西方国家应对阿富汗脱困重生承担起首要责任。

三要加强反恐合作。不仅要鼓励阿富汗新政权同恐怖势力划清界限，还要支持其自主、坚决、有效地打击包括“伊斯兰国”“东伊运”在内的各类极端恐怖组织。

四要推进和平重建。逐步扩大同阿富汗的经贸往来，帮助阿富汗参与到共建“一带一路”的合作进程中来。

与会各方强调，面对阿富汗当前变局，阿邻国及时协调看法立场十分必要。国际社会应尊重阿主权独立和领土完整，助阿实现安全稳定和经济重建，向阿提供紧急人道主义援助，美国及其盟友就此须承担应尽责任。

呼吁未来的阿富汗政府开放、包容，体现各民族各派别代表性，同各类国际恐怖组织彻底切割。

37. 王毅国务委员兼外长出席2021年可持续发展论坛

2021年9月26日，国务委员兼外交部长王毅以视频方式出席2021年可持续发展论坛开幕式并发表主旨演讲，阐述国家主席习近平提出的全球发展倡议深刻内涵，并就落实2030年可持续发展议程、推进国际发展合作提出立场主张。

王毅国务委员兼外长表示，习近平主席出席第76届联大一般性辩论时郑重提出全球发展倡议，为各国发展和国际发展合作擘画了蓝图，为推进全球发展事业和国际发展合作指明了方向。

王毅国务委员兼外长强调，中方呼吁以落实全球发展倡议为契机，坚定政治承诺，采取务实行动，推动国际发展事业向前迈进。一是深化抗疫合作，共同战胜疫情挑战；二是加强宏观政策协调，推动实现经济复苏；三是坚持绿色低碳，积极应对气候变化；四是坚持公平正义，创造良好发展环境；五是坚持真正多边主义，深化全球发展伙伴关系。

38. 王毅国务委员兼外长主持首次中国—太平洋岛国外长会

2021年10月21日，首次中国—太平洋岛国外长会以视频方式举行。国务委员兼外交部长王毅主持会议。基里巴斯总统兼外长马茂、斐济总理兼外长姆拜尼马拉马、汤加首相图伊奥内托阿、纽埃总理兼外长塔格拉吉、巴布亚新几内亚外长埃奥、瓦努阿图外长阿蒂、密克罗尼西亚联邦外长埃利伊萨、所罗门群岛外长马内莱、萨摩亚总理兼外长代表斯特里克兰、太平洋岛国论坛秘书长普那等与会。

王毅国务委员兼外长表示，中国和太平洋岛国相互尊重、平等相待，风雨同舟、共迎挑战，互利共赢、共同发展，相知相亲、互学互鉴，双方关系不断走向深入，已成为不同地域、不同大小、不同制度国家间友好交往、团结合作的范例。王毅国务委员兼外长就双方合作提出六点倡议：一是深化政策沟通，维护国家主权和民族尊严，捍卫正当发展权益，携手实现民族振兴。二是深化抗疫合作，中方将继续向岛国提供疫苗和各类抗疫物资，共同抵制疫情政治化、溯源工具化、病毒标签化。三是推动经济复苏，汇集全球发展倡议合力，加快实现联合国2030年可持续发展目标。中方将秉持正确义利观，同岛国高质量共建“一带一路”，继续向岛国提供不附加任何政治条件的经济技术援助。四是携手应对挑战，中方致力于全面

有效实施《巴黎协定》，推动就发展中国家关心的适应、资金等议题取得新进展。五是扩大人文交流，加强教育、文化、卫生、体育等领域交流合作。六是践行多边主义，弘扬和平、发展、公平、正义、民主、自由的全人类共同价值。

与会岛国代表纷纷感谢中方长期以来为岛国发展提供的无私帮助和支持，表示支持习近平主席提出的"全球发展倡议"，希望同中方加强治国理政经验交流，深化共建"一带一路"合作，加强团结抗疫，就坚持多边主义、应对气候变化等全球议题加强沟通协作，维护发展中国家共同利益。

会议达成六点重要共识：一是加强相互信任，在涉及彼此核心利益问题上继续相互理解，相互支持；二是继续加强抗疫合作，维护人民健康安全，共同彻底战胜疫情；三是支持"全球发展倡议"，高质量共建"一带一路"，促进共同发展振兴；四是携手应对全球性挑战，在气候变化、海洋环境保护等问题上拓展和深化合作；五是坚持并践行多边主义，捍卫以联合国为核心的国际体系和以国际法为基础的国际秩序；六是建立中国—太平洋岛国外长定期会晤机制，持续推动新机制行稳致远。会议形成了设立中国—太平洋岛国应急物资储备库、减贫与发展合作中心、应对气候变化合作中心，召开中国—太平洋岛国渔业合作发展论坛等具体合作成果。会议还提出并关注核污染水排海问题，重申致力于维护国际核不扩散体系和南太平洋无核区。

会后，各方共同发表了《中国—太平洋岛国外长会联合声明》。

39. 王毅国务委员兼外长主持中国—拉共体论坛第三届部长会议

2021年12月3日，中国—拉共体论坛第三届部长会议以视频方式举行。国家主席习近平、拉共体轮值主席国墨西哥总统安德烈斯·曼努埃尔·洛佩斯·奥夫拉多尔分别向会议开幕式发表视频致辞。国务委员兼外交部长王毅与墨西哥外长马塞洛·埃布拉德共同主持会议并发表主旨讲话。拉共体其他27个成员国外长或代表，以及联合国拉美经委会、拉美开发银行负责人等出席会议。会议通过了《中拉论坛第三届部长会议宣言》《中国—拉共体成员国重点领域合作共同行动计划（2022—2024）》两个成果文件。

习近平主席在视频致辞中指出，中拉论坛成立7年来，双方本着加强团结协作、推进南南合作的初心，将论坛打造成双方互利的主要平台，推动中拉关系进入平等、互利、创新、开放、惠民的新时代。中方欢迎拉方积极参与全球发展倡议，共同构建全球发展命运共同体。习近平主席并呼吁双方共同谋划中拉关系蓝图，增添中拉合作动力，为增进中拉人民福祉和人类进步事业作出新贡献。

王毅国务委员兼外长在主旨讲话中表示，中拉论坛第二届部长级会议以来，论坛合作迈出新步伐，取得新成果，为中拉关系在更高水平运行打下坚实基础。习近平主席提出全球发展倡议，旨在形成国际合力，抵御新冠肺炎疫情挑战，加快落实联合国2030年可持续发展议程，这符合包括拉美和加勒比国家在内的广大发展中国家共同利益，得到国际社会积极响应。欢迎地区国家积极支持和加入。王毅国务委员兼外长深入阐释新形势下中拉共创自主、联动、绿色、包容、普惠发展机遇的实施路径和具体举措，并强调无论国际风云如何变幻，中拉团结合作永不止步，中拉论坛建设永不停歇。面向未来，中拉双方要共同捍卫和平、发展、公平、正义、民主、自由的全人类共同价值，携手推动构建中拉命运共同体。

与会拉共体成员国外长或代表们表示，中国是地区国家不可或缺的重要发展伙伴，感谢中方为地区国家抗击新冠肺炎疫情提供的大力支持，欢迎中方提出的重大合作倡议，一致认为应进一步发挥中拉论坛平台作用，扩大深化中拉各领域合作，坚持多边主义，共同维护主权平等原则，维护公平正义，促进可持续发展。

40. 王毅国务委员兼外长三访中东，就促进中东和平、稳定和发展提出多个重要倡议和主张

2021年3月24日，国务委员兼外交部长王毅访问中东六国期间在沙特接受阿拉比亚电视台专访，提出实现中东安全稳定五点倡议，一是倡导相互尊重，主张尊重中东特色、中东模式和中东道路，把中东国家视为合作伙伴、发展伙伴、和平伙伴，支持地区国家探索自主发展道路、自主解决地区热点问题，促进文明对话交流，实现中东各民族和平共处。二是坚持公平正义，最突出的标志就是解决好巴勒斯坦问题，落实好“两国方案”。三是实现核不扩散，美方应采取实质举措缓解对伊朗单边制裁以及对第三方的“长臂管辖”，伊方应对等恢复履行核领域承诺，实现“早期收获”，国际社会应支持地区国家有关建立中东无核及其他大规模杀伤性武器区的努力。四是共建集体安全，推动海湾国家平等对话协商，改善彼此关系。要坚决打击恐怖主义，推进去极端化进程。中国倡议在华举办海湾地区安全多边对话会议，探讨构建中东信任机制，逐步打造共同、综合、合作、可持续的中东安全架构。五是加快发展合作，团结战胜疫情，尽快实现经济社会复苏。要结合中东国家不同资源禀赋，帮助冲突后国家开展重建，支持产油国经济多元增长，助力

其他国家发展振兴。中国愿继续举办中国—阿拉伯国家改革发展论坛、中东安全论坛，与中东国家加强治国理政经验交流。

2021年7月17日，王毅国务委员兼外长访问叙利亚期间阐述中方关于解决叙利亚问题四点主张，强调应落实联合国安理会确立的“叙人主导、叙人所有”原则，各方形成合力，切实推进叙利亚问题的全面解决。一是坚持尊重叙国家主权和领土完整。尊重叙人民的选择，放弃政权更迭的幻想，让叙人民自主决定国家前途命运。中方坚定支持叙自主探索发展道路，维护国家统一和民族尊严。二是坚持民生为先和加快重建。解决叙人道危机的根本出路在于立即解除所有对叙的单边制裁和经济封锁。国际人道主义援助应尊重叙主权，同叙政府协商推进。要拓展跨线人道援助，提升跨境救援行动的透明度，不能影响叙主权和领土完整。三是坚持有效打击恐怖主义。打击所有被联合国安理会列名的恐怖组织，不能搞双重标准。要尊重叙政府打恐主导权，反对借反恐操弄民族分裂。要承认叙为反恐作出的牺牲和贡献。四是坚持包容和解的政治解决方向。要推动叙人民主导的政治解决，通过对话协商弥合各派分歧，为叙长治久安和发展振兴奠定坚定政治基础。国际社会应为此提供建设性帮助，支持联合国发挥斡旋主渠道作用。

2021年7月18日，王毅国务委员兼外长访问埃及期间，提出落实巴以“两国方案”三点思路，强调“两国方案”是解决巴勒斯坦问题的唯一现实路径。巴勒斯坦问题有关各方及国际社会应以联合国决议为基础，为推动“两国方案”作出切实努力。一是应增强巴勒斯坦民族权力机构的权威，赋予其在安全、财政等领域行使国家主权职能的权力，实现对自治及被占领土的有效管控。二是应支持巴勒斯坦各派加强团结，通过协商对话实现内部和解，就解决巴勒斯坦问题形成统一谈判立场。三是应鼓励巴以双方以“两国方案”为基础重启和谈。欢迎巴以双方谈判代表来华直接谈判。中方呼吁举行由联合国主导、安理会常任理事国和中东和平进程各攸关方参与的国际和会，以寻求巴勒斯坦问题的全面、持久、公正解决，实现巴以两国和平共处。

地区国家高度评价中方提出的有关倡议主张，认为有关倡议主张契合中东形势演变，切中地区国家需要，高度赞赏并欢迎中方为维护中东地区和平、稳定、安全发挥的负责任大国作用，愿同中方在地区问题上加强沟通协调，期待中方在地区事务中发挥更大作用。阿盟外长会通过专门决议赞赏中方促进地区和平稳定努力。巴勒斯坦外交部发表声明，感谢中方提出倡议，期待同中方加强合作，推动重启巴以和谈。

41.《习近平外交思想学习纲要》出版发行

2021年8月16日，中共中央宣传部、外交部组织编写的《习近平外交思想学习纲要》(以下简称《纲要》)一书，由人民出版社、学习出版社联合出版发行。

党的十八大以来，以习近平同志为核心的党中央深刻把握新时代中国和世界发展大势，在对外工作上进行一系列重大理论和实践创新，形成了习近平外交思想。习近平外交思想是习近平新时代中国特色社会主义思想的重要组成部分，是马克思主义基本原理同中国特色大国外交实践相结合的重大理论成果，是以习近平同志为核心的党中央治国理政思想在外交领域的集中体现，是新时代我国对外工作的根本遵循和行动指南。

编写和出版《纲要》，是党中央着眼党和国家工作全局，把学习贯彻习近平新时代中国特色社会主义思想特别是习近平外交思想不断引向深入的重要决策，也是深入推进中国特色大国外交的重大举措，既是党的思想理论建设的一件大事，也是外交战线的一件大事。《纲要》共14章、46目、128条，近10万字，内容丰富、结构严整，忠实原文原著、文风生动朴实。《纲要》系统阐释习近平外交思想的时代背景、深刻内涵、理论品格和光辉实践，全面反映习近平新时代中国特色社会主义思想在外交领域的原创性贡献，为广大干部群众学习贯彻习近平外交思想提供了权威辅助读物。

9月6日，中宣部、外交部在京联合举办《纲要》出版座谈会，国务委员兼外交部长王毅出席会议并讲话，强调要以《纲要》出版发行为契机，掀起学习贯彻习近平外交思想新高潮，外交战线尤其要学在前面、用在前面，真正学深悟透，狠抓贯彻落实，切实把学习成果转化为工作效能，不断开创新时代中国特色大国外交新局面。

《纲要》出版后，在广大干部群众中引起热烈反响。大家认为,《纲要》全面反映习近平总书记亲自擘画、领导和推动中国特色大国外交的新理念、新思想、新倡议，全面反映新时代中国外交在应对挑战、披荆斩棘、奋勇前进中开新局创新业谱新篇，充分展现了习近平外交思想的真理力量、思想伟力，充分展现了习近平总书记大党大国领袖的风采风范、人格魅力，是学习领会习近平外交思想的必读精品。

42. 中国同立陶宛双边外交关系降为代办级

2021年，立陶宛政府在台湾问题上采取错误政策，同台湾当局频繁进行官方往来。7月，立陶宛不顾中方反复交涉、晓以利害，宣布允许台湾当局以“台湾”名义设立“代表处”。为表明严正立场，中方于8月10日宣布召回驻立陶宛大使，并要求立方召回驻华大使。11月18日，立方批准台湾当局设立“驻立陶宛台湾代表处”。中方提出强烈抗议，于11月21日宣布将中立双边外交关系降为代办级。11月26日，中国外交部正式照会立陶宛外交部，决定将中国驻立陶宛外交机构更名为中华人民共和国驻立陶宛共和国代办处，并要求立方相应更改驻华外交机构称谓。

台湾问题涉及中方核心利益。一个中国原则是公认的国际关系准则和国际社会普遍共识，是中国同其他国家发展双边关系的政治基础。立陶宛政府允许台湾当局以“台湾”名义设立“代表处”，明显违背一个中国原则，公然在国际上制造“一中一台”，严重损害中国主权和领土完整，粗暴干涉中国内政，违背了立方在中立两国建交公报中所作政治承诺，破坏了两国建立大使级外交关系的政治基础。中方不得不将双边外交关系降为代办级。

中国政府愿意在相互尊重、平等相待和互利共赢基础上发展同包括立陶宛在内的世界各国的友好合作关系，其中最重要的前提是，建交国必须恪守一个中国原则，不能同台湾地区发展任何形式的官方关系、进行官方往来、签署具有官方性质的协议、设立具有官方性质的机构。中方维护国家主权和领土完整、反对“台独”分裂的决心坚定不移。中方敦促立陶宛方面纠正错误、重回坚持一个中国原则的正确轨道，为中立关系恢复健康稳定发展创造条件。

43. 中国同尼加拉瓜恢复外交关系

2021年12月10日，外交部副部长马朝旭同尼加拉瓜共和国政府代表劳雷亚诺·奥尔特加在天津举行会谈并代表两国政府签署《中华人民共和国与尼加拉瓜共和国关于恢复外交关系的联合公报》。两国政府决定自公报签署之日起相互承认恢复大使级外交关系。

尼方承认世界上只有一个中国，中华人民共和国政府是代表全中国的唯一合法政府，台湾是中国领土不可分割的一部分。尼加拉瓜共和国政府即日断绝同台湾的“外交关系”，并承诺不再同台湾发生任何官方关系，不进行任何官方往来。中方对尼方的上述立场表示赞赏。

中尼复交得到两国社会各界的热烈欢迎和拥护，以及国际社会的高度关注和积极评价，再次表明一个中国原则是国际社会普遍共识，是人心所向、大势所趋。中尼复交将开辟两国各领域友好合作的广阔前景，增进两国人民福祉，携手推进中国与拉美的整体合作。

44. 积极开展对外人权工作，捍卫国家利益和形象

2021年，美国等西方国家出于政治目的、基于虚假信息和谎言谣言，多次在联合国人权理事会、联合国大会第三委员会等多边场合借涉疆、涉港、涉藏等问题对中国攻击抹黑，以人权为借口干涉中国内政。中国坚决驳斥西方国家无端指责，并得到广大友好和发展中国家支持，有力捍卫国家主权、安全和发展利益。

3月，在联合国人权理事会第46届会议期间，白俄罗斯、古巴分别代表71国和64国发表共同发言，支持中国在涉港、涉疆等问题上的正当立场，敦促有关方面恪守《联合国宪章》宗旨和原则，切实尊重中国主权，停止干涉中国内政，停止任何借口人权问题遏制发展中国家发展的行径。不少国家还以单独发言等形式表达对中国的支持。

6月，在联合国人权理事会第47届会议期间，90多个国家以不同方式表达对中方正当立场的理解和支持，其中白俄罗斯代表69国发表共同发言，强调香港、新疆、西藏事务是中国内政，外界不应干涉，支持中国在香港特别行政区实行“一国两制”，反对将人权问题政治化和双重标准，反对出于政治动机、基于虚假信息对中国进行无端指责，反对以人权为借口干涉中国内政。

9月，在联合国人权理事会第48届会议上，巴基斯坦代表65国发表共同发言，支持中方在涉疆、涉港、涉藏等问题上的正当立场，30多国以单独发言、联名致函等方式表达对中国的支持。近百个国家在人权理事会发出正义声音，充分体现了国际社会的人心向背。

10月，在第76届联大三委会议上，古巴代表62国发表共同发言，30多国以单独发言、联名致函等方式表达对中国支持，会场上形成支持中国的强大声势，少数国家抹黑中国人权状况的图谋再遭惨败。

中国维护国家主权、安全和发展利益的决心坚定不移。中国的正义立场得到了国际社会广泛支持，广大发展中国家连续在联合国人权理事会、联大三委等多边场合发出压倒性的正义呼声，充分说明公道自在人心，少数国家企图以人权为借口干涉中国内政、遏制中国发展的图谋注定不会得逞。

45. 中国向国际社会积极提供抗疫人道主义援助

新冠肺炎疫情发生以来，中国开展了新中国成立以来规模最大的全球紧急人道主义行动。2020年中国打响了以紧急物资援助为重点的抗疫合作上半场，2021年又开启了以疫苗合作为重点的抗疫合作下半场。面对全球抗疫的复杂形势，中国始终站在守护全人类生命健康的高度，推动构建人类卫生健康共同体。

2021年4月20日，国家主席习近平在博鳌亚洲论坛2021年年会开幕式上的视频主旨演讲中提出，要加强疫苗研发、生产、分配国际合作，提高疫苗在发展中国家的可及性和可负担性，让各国人民真正用得上，用得起。

2021年5月21日，习近平主席在全球健康峰会上的讲话中提出，中国将在未来3年内再提供30亿美元国际援助用于发展中国家抗疫和恢复发展，将尽己所能对外提供更多疫苗。

2021年8月5日，习近平主席向新冠疫苗合作国际论坛发表书面致辞表示，2021年全年，中国将努力向全球提供20亿剂疫苗。中国决定向“新冠疫苗实施计划”（COVAX）捐赠1亿美元，用于向发展中国家分配疫苗。

2021年9月9日，习近平主席以视频方式出席金砖国家领导人第13次会晤时提出，在向《新冠疫苗实施计划》捐赠1亿美元基础上，年内中国将再向发展中国家无偿捐赠1亿剂疫苗。

2021年9月21日，习近平在第76届联合国大会一般性辩论上的讲话中提出，要把疫苗作为全球公共产品，确保发展中国家的可及性和可负担性，当务之急是要在全球范围内公平合理分配疫苗。

2021年11月22日，习近平主席出席并主持中国—东盟建立对话关系30周年纪念峰会时宣布，中国愿启动“中国东盟健康之盾”合作倡议：包括再向东盟提供1.5亿剂新冠疫苗无偿援助，助力地区国家提高接种率；再向东盟抗疫基金会追加500万美元，加入疫苗联合生产和技术转让。

2021年11月29日，习近平主席在北京以视频方式出席中非合作论坛第八届部长级会议开幕式并发表主旨演讲时宣布，为实现非盟确定的2022年60%非洲人口接种新冠疫苗的目标，中国将再向非洲提供10亿剂疫苗，其中6亿剂为无偿援助，4亿剂以中方企业与有关非洲国家联合生产等方式提供。

2021年6月23日，在“一带一路”亚太区域国际合作高级别视频会议期间，中国同28国发起“一带一路”疫苗合作伙伴关系倡议。

中国始终站在国际抗疫合作“第一方阵”，秉持疫苗公共产品“第一属性”，担当疫苗公平分配“第一梯队”，以实际行动为人类健康构筑“免疫长城”，为发展中国家撑起“健康之盾”，为维护全球公共卫生安全作出中国贡献，有力推进人类卫生健康共同体的建设。

截至2021年年底，中国已向国际社会提供约3720亿只口罩、超过42亿件防护服、84亿人份检测试剂。已有112个国家批准了5家中国企业生产的6款新冠疫苗紧急使用授权或注册上市；已有32个国家加入“一带一路”疫苗合作伙伴关系倡议；中国向120多个国家和国际组织提供疫苗超过20亿剂，成为对外提供疫苗最多的国家。与中国合作的新冠疫苗生产项目在12个国家进入正式投产或试生产阶段，8个国家与中国企业签署新冠疫苗合作协议，还有多个国家正在与中国企业接洽合作。一个“中国疫苗、多国制造、服务全球”的生产网络已初步形成。

46. 推进五核国合作进程

中、俄、美、英、法是《不扩散核武器条约》（NPT）法定的五个核武器国家，2009年建立五核国合作机制。五国轮流担任该机制协调员，定期举行正式会议，就全球战略安全、核裁军、核不扩散、和平利用核能等重大问题进行协调，共同引领NPT审议进程，深化五国战略互信与合作。2019年五核国北京会议后，中方积极推动五核国合作进程走深走实。

2021年，法国担任五核国机制协调员，协调各方就NPT十审会筹备、核政策交流、防止核战争风险、减少战略风险等进行了深入对话。2021年12月2～3日，五核国在巴黎举行第十次正式会议，发表联合公报，重申五国对NPT的支持，强调平衡推进核裁军、核不扩散与和平利用核能三大支柱。五核国同意将减少战略风险共同文件、中方牵头完成的《五核国核术语》等作为工作文件向NPT十审会提交。

2022年1月3日，五核国领导人发表《关于防止核战争和避免军备竞赛的联合声明》，强调“核战争打不赢也打不得”，重申不将核武器瞄准彼此或其他任何国家。这是五国领导人首次就核武器问题发表声明，体现了五国防止核战争的政治意愿，发出了维护全球战略稳定、减少核冲突风险的共同声音。

47. 推进《全球数据安全倡议》

数字经济发展带来数据爆发增长、海量聚集，数据已成为数字经济时代的“石油”，成为各国经济发展和产业革新的动力源泉。与此同时，侵害个人信息隐私、对他国大规模网络监控等数据安全风险与日俱增，这成为数字经济发展中的突出挑战，亟须制定数据安全全球规则。

2020年9月8日，国务委员兼外交部长王毅出席“抓住数字机遇，共谋合作发展”国际研讨会并发表视频致辞，提出《全球数据安全倡议》(以下简称《倡议》)，就重大数据安全问题提出了建设性解决思路，为制定相关全球规则提供了蓝本。《倡议》主要内容包括：倡导各国维护全球供应链的开放、安全和稳定，反对利用信息技术破坏或窃取他国关键基础设施重要数据、侵害个人信息或从事针对他国的大规模监控，不得强制要求本国企业将境外数据存储在境内，未经他国允许不得直接向企业或个人调取境外数据，企业不得在产品和服务中设置后门或利用用户对产品依赖性谋取不正当利益。

中国倡议得到国际社会高度重视和普遍赞赏。2021年，中国同阿拉伯国家联盟发表《中阿数据安全合作倡议》，共同推进数据安全规则制定。2021年，联合国信息安全开放式工作组和政府专家组成功达成报告，认为各国应制定全面、透明、客观、公正的信息技术产品供应链安全风险评估机制，推动建立供应链安全的全球规则和标准，确保各国平等参与竞争与创新。这与中方《倡议》理念高度契合，体现了国际社会在此问题上的共识。2021年，联合国启动新一轮信息安全开放式工作组，将根据第75/240号联大决议进程讨论数据安全问题。中方愿与各方共同推动工作组进程，最终达成反映各国意愿、尊重各方利益的全球数据安全规则。

48. 气候变化国际合作

气候变化是人类面临的共同挑战，各国应携手努力合作应对。中国秉持构建人类命运共同体理念，积极推动构建公平合理、合作共赢的全球气候治理体系，促进全球向绿色低碳转型。

一是以元首和高层外交引领全球环境气候治理。国家主席习近平出席《生物多样性公约》第15次缔约方大会领导人峰会、美国举办的领导人气候峰会，并向《联合国气候变化框架公约》第26次缔约方大会世界领导人峰会发表书面致辞，国务院总理李克强出席全球绿色目标伙伴2030峰会，国务院副总理韩正出席“一个星球”峰会，就全球环境气候治理提出中国方案、宣介中国举措和贡献。习近平主席与法国总统马克龙、时任德国总理默克尔两次举行中法德领导人视频峰会，韩正副总理，中共中央政治局委员、中央外事工作委员会办公室主任杨洁篪，国务委员兼外交部长王毅分别与欧盟、美国等相关领域负责人会晤，专门就气候变化问题进行交流。

二是以理念和行动贡献全球生态文明建设。习近平主席全面系统阐释共同构建人与自然生命共同体理念的丰富内涵和核心要义，包括“坚持人与自然和谐共生”“坚持绿色发展”“坚持系统治理”“坚持以人为本”“坚持多边主义”“坚持共同但有区别的责任原则”。针对全球生物多样性保护，习近平主席强调秉持生态文明理念，共同构建地球生命共同体，开启人类高质量发展新征程。中国正加快构建碳达峰碳中和“1+N”政策体系，就煤炭问题作出重大宣示，正式提交《中国落实国家自主贡献成效和新目标新举措》和《中国本世纪中叶长期温室气体低排放发展战略》。

三是建设性参加气候变化国际谈判。中国坚持《联合国气候变化框架公约》及其《巴黎协定》主渠道地位，推动国际社会全面有效落实《巴黎协定》，特别是其目标和原则，推动《联合国气候变化框架公约》第26次缔约方会议完成《巴黎协定》实施细则遗留问题谈判，旗帜鲜明地反对单边主义、保护主义和绿色贸易壁垒。

四是积极深化气候变化国际交流与合作。中国与美国共同发表《中美应对气候危机联合声明》《中美关于在21世纪20年代强化气候行动的格拉斯哥联合宣言》，推动全球积极应对气候变化。中国积极推进中欧气候合作，习近平主席两次与法德领导人举行视频峰会，就合作应对气候变化等达成一系列重要共识，韩正副总理视频出席荷兰主办的气候适应峰会，两次同欧盟委员会执行副主席蒂默曼斯举行中欧环境与气候高层对话，并发表《第二次中欧环境与气候高层对话联合新闻公报》。中国持续加强在二十国集团、金砖、中非合作论坛、东盟等平台下的气候交流合作；广泛与世界银行、亚洲开发银行、亚洲基础设施投资银行、联合国开发计划署、全球环境基金、绿色气候基金等国际金融机构和国际组织开展气候务实合作；深度参与政府间气候变化专门委员会第六次评估报告撰写工作，积极参加国际海事组织和国际民航组织温室气体减排工作。

五是大力推动应对气候变化南南合作。中国积极开展应对气候变化南南合作，为发展中国家应对气候变化提供力所能及的支持和帮助。2011年以来，中国累计安排资金约12亿元人民币，与36个发展中国家签署41份气候变化合作文件，采取了多种多样的合作方式，包括共建低碳示范区，援助气象卫星、光伏发电系统和照明设备、新能源汽车、环境监测设备、清洁炉灶等应对气候变化相关物资，开展能力建设培训等，取得良好合作效果。

49. 积极开展公共外交，唱响百年辉煌主旋律

2021年是中国共产党成立100周年，是中国全面建成小康社会、昂首踏上第二个百年新征程的重要一年。外交部以习近平新时代中国特色社会主义思想特别是习近平外交思想为指引，认真贯彻落实习近平总书记关于加强和改进国际传播工作重要讲话精神，紧紧围绕庆祝建党百年这一主线，迎难而上，守正创新，积极主动开展公共外交，讲好中国共产党的故事和中国故事，推动构建人类命运共同体理念更加深入人心。

外交部和中国驻外外交机构线上架桥梁，云端搞外交，紧密结合国家主席习近平出席国内外重大外交活动等契机，全面宣介中共十九届六中全会精神，充分展现中国共产党的光辉历程、伟大成就和宝贵经验，展现习近平主席作为大国领袖、世界领袖和人民领袖的理论高度、语言力度、人格温度，展现中国开放自信、积极有为。外交部开展“100天讲述中国共产党对外交往100个故事”主题宣介活动，从外交视角昭示百年大党的初心使命，第一次系统性实现党史故事多语种跨境传播，充分展现中国共产党的人民性、民主性、先进性和世界性。中国公共外交协会继续以线上线下相结合方式，举办“对话合作、管控分歧——推动中美关系重回正轨”和“纪念新中国恢复联合国合法席位50周年”蓝厅论坛、“Z世代”中美青少年交流对话会、“2021亚洲青年领袖论坛”、第九届中韩公共外交论坛、第三届“一带一路”百国印记短视频大赛、“临甲7号沙龙”等公共外交活动，传递中国声音，促进民心相通。

国际社会热烈祝贺中国共产党百年华诞，170多个国家的600多个政党和政治组织发来贺电。国际舆论更加关注中国共产党、聚焦中国共产党、认同中国共产党，高度评价中国共产党百年奋斗辉煌成就，点赞中国在参与全球治理、应对全球挑战、推动全球经济复苏、坚持多边主义、维护国际和平及公平正义等领域作出的重要贡献。

外交部致力于融媒体建设，应势而动，顺势而为，在“外交小灵通”微信、微博账号，“外交部发言人办公室”微信、微博、抖音、快手账号的基础上，新开设“外交部发言人办公室”哔哩哔哩、微信视频号账号，向世界宣介真实、立体、全面的中国。继续通过电视、广播等渠道发布重要外交信息和领事提醒，打造民心工程，践行“外交为民”宗旨。

50. 坚决筑牢外防输入防线，扎实推进抗疫领事工作，实现领事保护和服务高质量发展

2021年，外交部和驻外使领馆以习近平新时代中国特色社会主义思想特别是习近平外交思想为指引，深入贯彻落实习近平总书记重要指示批示精神和党中央决策部署，坚决筑牢外防输入防线，扎实推进抗疫领事工作，推动疫情常态化下领事保护和服务高质量发展。

筑牢外防输入防线。密切跟踪国际疫情动态形势，持续优化完善各项防控举措，妥善应对变异毒株传播风险。实施远端精准防控，不断提升科学防控水平。落实中方提出的健康码国际互认倡议，推出“国际旅行健康证明”。积极开展抗疫国际合作，加强与毗邻国家沟通协调，协同采取联防联控措施。

落实党和国家关怀。扎实开展疫情下领事保护与服务，创新开展“春苗行动”，协助海外中国公民接种新冠病毒疫苗。向海外留学生、华侨和滞留人员发送“春节包”，持续发放“健康包”等紧急防疫物资，为染疫中国公民提供救治帮扶服务。在作好疫情防控前提下，安排包机或临时航班，接返滞留境外的确有困难人员。

守护海外同胞安全。加强领事保护制度、机制和能力建设，持续构建海外中国平安体系，切实维护海外中国公民和机构安全及正当权益。在全球范围开展风险评估预警，协助赴海外企业人员提升安防能力，及时撤离高危地区侨民。妥善处理重大安全事件，全力营救被绑架人员。开展打击电诈网赌等专项行动。

提升领事服务水平。克服境外疫情因素等不利条件，对标国家治理体系和治理能力现代化要求，开拓创新，多措并举，深入推进疫情常态化下领事服务改革。不断推进“互联网+领事服务”，全面推广“中国领事”APP，推进云端办照、视频公证、移动支付等便民措施，持续增加民众的获得感、幸福感和安全感。

服务经济社会发展。统筹推进疫情防控和人员往来工作，在抓好常态化疫情防控的同时，科学合理调控国际航班，多措并举畅通物流渠道，全力保障国内复工复产，积极维护产业链供应链稳定，为构建新发展格局贡献力量。全力开展涉北京冬奥会人员来华保障工作，为冬奥会的顺利举办提供有力支持。

51. 继续巩固国际社会坚持一个中国原则的大格局

2021年，中共中央总书记、国家主席习近平在庆祝中国共产党成立100周年大会、纪念辛亥革命110周年大会上发表重要讲话，从中华民族伟大复兴的战略高度和历史视野出发，指出台湾问题因民族弱乱而产生，必将随着民族复兴而解决，深刻揭示了祖国必然统一的历史大势。庄严重申党中央推进祖国和平统一的大政方针，郑重宣示坚持一个中国原则和“九二共识”、坚决遏制“台独”分裂活动、反对任何外来干涉、捍卫国家主权和领土完整的坚强决心、坚定意志和强大能力，号召两岸同胞站在历史正确的一边，共同创造祖国完全统一、民族伟大复兴的光荣伟业。

2021年，台海形势复杂严峻。民进党当局不断进行谋“独”挑衅，煽动两岸对立对抗，阻挠两岸交流合作，加大勾连美西方等外部势力，千方百计拓展“国际空间”，妄图谋取所谓“外交突破”。

中国政府始终按照一个中国原则处理台湾地区的对外交往问题。面对复杂形势，中国政府向国际社会表明坚持一个中国原则、反对“台独”的坚定立场，明确反对台湾当局任何在国际上制造“台湾独立”“两个中国”“一中一台”的图谋，坚决反对与中国建交的国家同台湾地区发展任何形式的官方关系、进行官方往来、签署具有主权意涵和官方性质的协议、设立具有官方性质的机构，坚决反对并严正要求有关国家停止售台武器及与台保持军事安全联系，坚决反对台加入仅限主权国家参加的国际组织，妥善处理了第74届世界卫生大会（WHA）、《联合国气候变化框架公约》缔约方会议等涉台问题。对有关国家违反一个中国原则、损害中国核心利益的行径坚决斗争，依法惩治。2021年，中国与尼加拉瓜复交，与台湾当局维持所谓“外交关系”的国家只剩14个，再次表明坚持一个中国原则是国际社会大势所趋、人心所向。

中国政府高度重视台湾同胞在海外的安全和合法权益，采取切实措施，积极做好对台胞的领事保护与服务工作。面对肆虐全球的疫情，中国驻外使领馆始终心系海外台胞的安危，通过各种渠道提供安全提醒、科学防疫、心理咨询等信息，主动发放“春节包”“健康包”等防疫物资，积极协助海外台胞接种新冠疫苗，充分展现祖国的关心关爱。

2022年，中国政府将继续全面贯彻新时代党解决台湾问题的总体方略和涉台对外工作决策部署，坚持“和平统一、一国两制”方针，坚持一个中国原则，推进两岸关系和平发展和祖国统一。同时，坚决维护国家主权和领土完整，坚决反对“台独”分裂和外部势力干涉。中国政府将继续坚定维护国际社会一个中国格局，推动国际社会继续恪守一个中国原则，理解和支持中国政府和中国人民反对“台独”分裂活动、实现国家统一的正义事业。

52. 发挥外交外事协同优势，服务构建新发展格局

2021年，外交外事工作始终心怀“国之大者”，坚持以人民为中心的发展思想，担当使命、奋发有为，充分发挥外交外事协同优势，全力服务构建新发展格局，取得新的进展。

一是推介活动创新升级，为国内高水平开放搭建更高平台。2021年，在疫情防控常态化条件下，外交部恢复举办全球推介活动，创新活动形式，线下云端同发力，基层代表、外国友人共参与，出席人数创新高，传播热度破纪录。在武汉“解封”一周年之际，以“英雄的湖北：浴火重生再创辉煌”为主题，为湖北举办全球特别推介活动，全面介绍湖北取得疫情防控和经济社会发展双胜利的生动故事，充分展现湖北服务和融入新发展格局蕴含的巨大机遇，助力湖北搭建对外合作新桥梁。在西藏和平解放70周年之际，以“新征程的中国：幸福新西藏发展新画卷”为主题，为西藏自治区举办全球推介活动，向国际社会全方位展现新时代繁荣发展、和谐幸福、文化昌盛、民族交融、富饶美丽的西藏，为促进西藏经济社会发展、扩大对外开放提供有力支持。

二是对外交往提质增效，服务构建新发展格局精准有力。针对疫情防控常态化条件下对外交往的新形势新变化，指导各单位做好“云签约”“云参访”“云对接”等工作，在地方召开专题会议，就“云外事”加强政策宣讲，为中外地方交流开辟新渠道、搭建新平台。围绕国家重大发展战略和地方开放发展实际需求，为8个省市量身定制外事工作意见，加强精准政策指导，协助其找准对外交往重点方向和领域，并据此科学配置资源、出台支持举措，搭建合作平台、拓展合作领域，支持有关地方不断提升外事工作水平。主动对接国家发展战略，结合外交战略布局，加强外交外事统筹，发挥各地互补优势，支持国内协调发展区域与国外相关地区加强交往、深化合作，为中外地方合作探索新路径、拓展新空间，为构建新发展格局注入外事动力。持续推进外事信息平台建设，加强国内外互动连通，围绕重大发展战略及乡村振兴、科技创新、绿色发展、冰雪运动等领域实际需求，为国内提供前沿动态、先进经验与参考借鉴，以高质量信息服务为国内各地方高水平开放、高质量发展赋能。

三是法规建设成效显著，为各领域对外交往提供制度保障。根据新时代对外工作的新形势新要求，加强谋划设计，扎实调研论证，广泛征求意

见，围绕中外高层交往、对外线上交流、加强外交外事协同配合等，修订完善相关外事法规，加强政策宣介解读，为疫情期间对外交往有序开展和疫情结束后对外交往稳步恢复提供坚实制度保障。聚焦外事管理效能提升，加强业务培训，加大监督检查力度，持续提高外事管理工作规范化水平。

四是红色教育鼓舞士气，激励外交外事干部担当作为。以庆祝中国共产党百年华诞为主线，组织开展“外事红色教育年”各项活动，挖掘地方外事红色资源，先后在江西瑞金、陕西延安和重庆红岩举办三期“外事红色教育课堂”，开展革命传统教育，在全国地方外事系统掀起党史学习教育热潮。向866名长期奋斗在地方外事一线的公务员颁发“资深地方外事工作者”荣誉证书，激励外交外事干部传承红色基因，发扬伟大建党精神，为服务构建新发展格局，推进中国特色大国外交作出新的更大贡献。

53. 全力做好涉外安全工作，坚决维护国家主权、安全和海外利益

2021年，涉外安全形势总体保持稳定，但也面临民族分裂活动、宗教极端活动、暴力恐怖活动威胁。中国政府坚持总体国家安全观，全力做好涉外安全工作，有效维护国家主权、安全和海外利益。

积极开展涉疆外交。邀请外国驻华使节、国际组织驻华机构负责人、媒体记者、专家学者等参访新疆，新疆维吾尔自治区人民政府同中国驻有关国家使馆共同举办“新疆是个好地方”视频交流会，国际社会对新疆的了解认识不断加深。坚决反对西方一些国家的反华势力借涉疆问题干涉中国内政，反制个别国家无理制裁。联合国人权理事会第46、47届会议和第76届联合国大会第三委员会一般性辩论上，均有超过60国联署共同发言，反对以人权为借口干涉中国内政。

积极做好涉藏外交。揭批达赖集团反华分裂本质，维护西藏是中国领土不可分割的一部分国际共识。积极开展涉藏宣介，国际社会对西藏的了解认识不断加深。举办以“新征程的中国：幸福新西藏 发展新画卷”为主题的外交部西藏全球推介活动，参会外国驻华使节和国际组织驻华代表等纷纷盛赞西藏经济社会发展成就。

积极开展国际反恐合作。中国一贯主张，恐怖主义是人类公敌，反恐是各国政府的共同责任和应尽义务，国际反恐合作只能加强不能削弱。国际社会应树立人类命运共同体意识，坚持综合施策，标本兼治，旗帜鲜明反对“双重标准”，共同打击一切形式的恐怖主义，推动热点问题政治解决，倡导不同文明和宗教相互尊重、和谐共处，消除恐怖主义滋生的土壤。

国际恐怖活动进入新一轮回潮期，叠加疫情下一些国家经济民生困顿、

社会矛盾激化，为恐怖势力作乱提供了可乘之机。个别国家将反恐政治化、工具化，使国际反恐合作遭遇掣肘。阿富汗局势发生根本性变化，地区安全形势不稳定性不确定性增加。恐怖势力滥用新兴技术，增加了防范和打击难度。同时，以“东伊运”为代表的“东突”暴恐势力同其他国际恐怖势力加大勾连，煽动、策划、实施针对中国境内外目标的暴恐活动，中国的反恐斗争面临多重挑战。

极端主义是恐怖主义滋生蔓延的重要源头。去极端化是世界性问题，也是国际性难题。多年来，中国政府借鉴其他国家有益做法，依法推进预防性反恐和去极端化工作，有效遏制了恐怖活动多发频发的势头，为国际反恐事业作出了重要贡献。

中国本着相互尊重、平等互利的原则同各国开展反恐合作，共同维护国际地区和平稳定。2021年，中国积极推动反恐国际合作和政策沟通交流，推进同周边国家跨部门跨地区安全合作。举办“反恐新形势、新威胁、新挑战和共同应对新举措”第二届反恐国际研讨会，凝聚国际反恐共识。积极参与并推动联合国、金砖国家、上海合作组织及“全球反恐论坛”等多边机制反恐合作。

中国同有关国家的反恐合作成效显著。国际社会在打击“东伊运”问题上形成更多共识，有效挤压了其生存和活动空间。中国同各方一道，为促进国际反恐合作，维护地区和全球的和平与稳定作出了积极贡献。

深入践行外交为民宗旨，全力维护海外利益安全。2021年，中国政府坚持统筹发展和安全，秉持共同、综合、合作、可持续的全球安全观，积极防范应对新冠肺炎疫情常态化对我海外利益安全影响，灵活推进同南亚、东南亚、中亚、非洲等地区国家安保交流，加强安保能力建设合作，推动外方切实保障我海外利益安全；高效处置我国在巴基斯坦、缅甸等国项目遇袭事件，加强安全风险预警防范，提供安全风险信息服务，有效维护我境外项目人员安全；扎实开展“我为群众办实事”实践活动，线上线下结合开展安保培训巡查，协助走出去企业人员提升安保能力，保障高质量共建“一带一路”行稳致远。

第三章

中国与各建交国家的关系

阿富汗
(Afghanistan)

2021年8月，阿富汗局势发生重大变化，塔利班建立临时政府，中华人民共和国与阿富汗友好关系总体保持稳定。

阿富汗变局前，中国与阿富汗伊斯兰共和国保持友好交往。7月，国家主席习近平同阿富汗时任总统穆罕默德·阿什拉夫·加尼通电话。同月，加尼总统就中国共产党成立100周年向中共中央总书记习近平致贺电。5月，国务委员兼外交部长王毅分别同阿富汗时任外交部长哈尼夫·阿特马尔、总统国家安全顾问哈姆杜拉·莫希卜通电话。6月，王毅国务委员兼外长同阿特马尔外长共同线上出席第四次中国—阿富汗—巴基斯坦三方外长对话。7月，王毅国务委员兼外长在杜尚别会见阿特马尔外长。中方向阿援助了新冠疫苗、呼吸机、制氧机等大量抗疫物资，顺利交付援建的喀布尔大学教学楼和礼堂项目。

阿富汗变局后，中方保持同阿富汗当局的接触，持续向阿富汗人民提供紧急人道主义援助。10月，王毅国务委员兼外长在多哈会见阿富汗临时政府代理副总理阿卜杜勒·加尼·巴拉达尔、代理外长阿米尔·汗·穆塔基。中方第一时间向阿富汗人民伸出援手，累计向阿富汗人民提供包括粮食、越冬物资、药品和新冠疫苗等在内的约3亿元人民币紧急人道主义物资。中方重新打通“松子空中走廊”，帮助阿富汗松子顺利输华。12月，双方以视频方式举行人道援助和经济重建两个工作层联络机制首次会议，探讨推进两国经贸和民生等领域合作。

阿尔巴尼亚
(Albania)

2021年，中华人民共和国与阿尔巴尼亚共和国友好合作关系积极深入发展。

两国保持高层交往。2月，国家主席习近平以视频方式主持召开中国—中东欧国家领导人峰会，阿尔巴尼亚总理埃迪·拉马出席。6月，阿民主党主席卢尔齐姆·巴沙、社会党总书记陶兰特·巴拉分别就中国共产党成立100周年向中共中央总书记习近平致贺函。7月，巴拉总书记视频出席中国共产党与世界政党领导人峰会。9月，国务院总理李克强致电拉马，祝贺其连任阿总理。同月，全国人大常委会委员长栗战书向阿议长琳迪塔·尼科拉致就职贺电，国务委员兼外交部长王毅向阿欧洲和外交事务部部长奥尔塔·扎奇卡致就职贺电。10月，王毅国务委员兼外长访阿，分别会见阿总统伊利尔·梅塔和总理拉马，同阿外长扎奇卡会谈。

两国务实合作富有成果。双方签署《中华人民共和国商务部与阿尔巴尼亚共和国财政经济部关于建立投资合作工作组的谅解备忘录》《中华人民共和国海关总署和阿尔巴尼亚共和国农业和农村部关于输华蜂蜜的检验检疫和卫生要求议定书》《中华人民共和国海关总署与阿尔巴尼亚共和国农业和农村部关于阿尔巴尼亚共和国输华乳品检验检疫要求议定书》等合作文件，举行农产品贸易线上洽谈会等交流活动。中方继续为阿方抗击新冠肺炎疫情提供力所能及帮助。

阿尔及利亚
(Algeria)

2021年，中华人民共和国与阿尔及利亚民主人民共和国关系继续向前发展。

两国高层交往密切。6月，阿尔及利亚总统阿卜杜勒马吉德·特本就中国共产党成立100周年向中共中央总书记习近平致贺函。7月，特本总统就中国中部地区遭遇强降雨并发生特大洪涝灾害向国家主席习近平致慰问函。8月，习近平主席就阿尔及利亚发生森林大火向特本总统致慰问电。9月，习近平主席就阿尔及利亚前总统阿卜杜勒阿齐兹·布特弗利卡逝世向特本总统致慰问电。9月，特本总统视频出席第二届中非经贸博览会并致辞。2月，时任阿总理阿卜杜勒阿齐兹·杰拉德就中方向阿方提供新冠肺炎疫苗援助向国务院总理李克强致感谢函。7月，李克强总理就阿尔及利亚总理艾伊曼·本·阿卜杜拉赫曼感染新冠肺炎病毒致慰问电。7月，国务委员兼外交部长王毅访问阿尔及利亚。11月，阿外交和海外侨民部长拉姆丹·拉马拉出席中非合作论坛第八届部长级会议并同王毅国务委员兼外长举行会见。11月，拉马拉外长就新中国恢复联合国合法席位50周年向王毅国务委员兼外长致贺函。

两国各领域合作取得积极成效。双方在共建“一带一路”以及中非、中阿（拉伯）合作论坛框架内的交流合作继续推进。中阿抗击新冠肺炎疫情合作卓有成效。2月，中国政府向阿方提供新冠肺炎疫苗援助。9月，中国科兴公司在阿尔及利亚当地开展疫苗灌装生产合作项目首批正式投产，阿尔及利亚成为最早实现中国疫苗本土化生产的非洲国家之一。

安道尔
(Andorra)

2021年，中华人民共和国与安道尔公国双边关系健康稳定发展。

两国经贸合作进展顺利，双边贸易额同比增长31.6%。

安哥拉
(Angola)

2021年，中华人民共和国与安哥拉共和国战略伙伴关系稳步发展。

两国政治互信进一步深化。两国领导人多次互通信函。6月，安哥拉人民解放运动主席、总统若昂·曼努埃尔·贡萨尔维斯·洛伦索就中国共产党成立100周年向中共中央总书记习近平致贺信。7月，安哥拉人民解放运动副主席路易莎·达米昂率团在线出席中国共产党与世界政党领导人峰会。12月，国务委员兼外交部长王毅在出席中非合作论坛第八届部长级会议期间会见安外交部长泰特·安东尼奥，实现两国疫情以来首次线下高层交往。

两国共同抗击新冠肺炎疫情，各领域务实合作继续推进。3月，中国向安哥拉捐赠新冠病毒疫苗，成为首个向安方提供疫苗援助的国家。安哥拉并通过商业渠道从中国采购超1000万剂疫苗。中国保持安哥拉最大贸易伙伴地位，安哥拉继续成为中国在非洲第一大原油进口来源国、主要贸易伙伴、投资目的地国和工程承包市场。中国企业和金融机构克服疫情等因素带来的不利影响，推动安哥拉罗安达新国际机场、卢阿希姆水电站等中安融资合作重点项目继续实施。中安农渔业投资合作论坛、安哥拉私有化计划线上路演等活动成功举办。

安提瓜和巴布达
(Antigua and Barbuda)

2021年，中华人民共和国与安提瓜和巴布达友好合作关系保持良好发展势头。

两国政治互信持续深化。7月，中国共产党庆祝建党百年之际，安巴总督罗德尼·威廉斯，执政党工党领袖、总理贾斯顿·布朗，工党主席、外交部长保罗·格林和反对党联合进步党主席吉赛尔·艾萨克等分别致函中共中央总书记习近平表示祝贺。7月，格林外长和艾萨克主席应邀在线出席中方举办的中国共产党与世界政党领导人峰会。12月，国务委员兼外交部长王毅主持中国—拉共体论坛第三届部长会议，格林外长在线出席。

两国务实合作与人文交流稳步推进。6月，中国捐赠的新冠疫苗运抵安巴，安巴总理布朗、外长格林、卫生部长约瑟夫等赴机场迎接并致辞，对中方的捐赠表示感激。中方继续向安巴提供政府奖学金和人力资源培训名额。两国就国际和地区问题保持密切沟通协调。

12月，中国新任驻安提瓜和巴布达大使张艳玲向威廉斯总督递交国书。

阿根廷
(Argentina)

2021年，中华人民共和国与阿根廷共和国全面战略伙伴关系持续深入发展。

两国高层交往密切。国家主席习近平同阿根廷总统阿尔韦托·费尔南德斯多次互致函电，就深化双边关系和加强各领域合作交换意见。5月，费尔南德斯总统以视频方式出席第五届全球跨境电子商务大会开幕式并致辞。7月，费尔南德斯总统以视频方式出席中国共产党与世界政党领导人峰会并致辞。11月，费尔南德斯总统以视频方式出席第四届中国国际进口博览会开幕式并致辞。10月，国务委员兼外交部长王毅同阿外长圣地亚哥·卡菲耶罗在二十国集团领导人罗马峰会期间举行双边会见。10月，国务委员兼国防部长魏凤和上将同阿国防部长豪尔赫·恩里克·塔亚纳视频通话。

两国积极开展务实合作。2021年中阿贸易额178.30亿美元，同比增长28.3%。两国央行签署建立战略磋商机制谅解备忘录。中国国药集团、康希诺新冠疫苗为阿抗疫发挥重要作用。10月，阿方在拉美国家中率先批准为3～11岁儿童接种国药新冠疫苗。

两国在联合国、二十国集团、世界贸易组织等国际组织和多边机制中保持良好协调配合。两国通过视频等方式，开展政党、青年、教育等领域交流。阿外交部发表声明，坚定支持中方举办2022年北京冬奥会。

亚美尼亚
(Armenia)

2021年，中华人民共和国与亚美尼亚共和国友好合作关系稳步发展，共建“一带一路”合作顺利推进。

两国高层交往保持热度，政治互信持续巩固。亚美尼亚总统阿尔缅·萨尔基相致信中共中央总书记习近平热烈祝贺中国共产党成立100周年。两国元首就中国国庆、亚独立日等互致贺电（函）。亚提前举行议会选举后，国务院总理李克强和全国人大常委会委员长栗战书分别向亚总理尼科尔·帕什尼扬和议长阿连·西蒙尼扬致贺。双方在涉及彼此核心利益问题上相互支持，在国际事务中保持密切协调。

两国抗疫合作富有成效。2021年全年，中方共向亚援助10万剂科兴疫苗、出口120万剂国药疫苗，帮助亚抗击新冠肺炎疫情。亚社会各界高度认可中国疫苗，中国疫苗使用率占亚总接种剂次超50%。中方协调亚方积极配合实施“春苗行动”，有效保障在亚中国公民健康安全。

两国务实合作稳步发展。中亚双边贸易额在疫情背景下逆势上涨，中方保持亚第二大贸易伙伴地位。双方积极开展贸易、投资、金融、能源、交通等领域合作。

澳大利亚
(Australia)

2021年，澳大利亚继续采取一系列涉华错误言行，导致中华人民共和国与澳大利亚关系遭遇困难局面。两国各领域交流与合作亦受到一定影响。

中国继续保持澳大利亚第一大贸易伙伴、第一大进口来源地、第一大出口市场地位。

与此同时，针对澳大利亚在涉港、涉疆、台湾、南海、人权，以及“一带一路”、北京2022年冬奥会等问题上采取的错误言行，中方进行了坚决斗争。

奥地利
(Austria)

2021年是中华人民共和国与奥地利共和国建交50周年，两国友好战略伙伴关系稳步向前发展。

新冠肺炎疫情背景下两国高层仍保持密切沟通。10月，国家主席习近平向奥地利联邦总统亚历山大·范德贝伦致国庆贺电。10月，范德贝伦总统向习近平主席致国庆贺电。12月，全国人大常委会委员长栗战书同奥地利国民议会议长沃尔夫冈·索博特卡举行视频会晤。3月，国务委员兼外交部长王毅同奥地利外长亚历山大·沙伦贝格通电话。11月，全国政协副主席万钢率团访问奥地利。

中奥举行建交50周年庆祝活动。5月，习近平主席、李克强总理、王毅国务委员兼外长分别同范德贝伦总统、时任联邦总理塞巴斯蒂安·库尔茨、外长沙伦贝格就中奥建交50周年互致贺电，两国举行庆祝中奥建交50周年政党视频对话会。7月，奥主要政党代表参加中国共产党与世界政党领导人峰会。9月15日，中国人民对外友好协会在京举办庆祝中奥建交50周年招待会。全国人大常委会副委员长沈跃跃出席并在招待会前会见奥驻华大使安德烈斯·利肯。中国人民对外友好协会和奥地利中国友好协会线上共同举办第四届中奥地方合作论坛。两国高水平音乐团组举办多场庆祝建交50周年音乐会。

截至2021年年底，两国已建立19对友好省州（市）关系。

阿塞拜疆
(Azerbaijan)

2021年，中华人民共和国与阿塞拜疆共和国友好合作关系健康稳定发展，共建“一带一路”合作扎实推进。

两国高层交往密切，政治互信不断加深。6月，国家主席习近平同阿塞拜疆总统伊利哈姆·阿利耶夫通电话，就深化两国关系、抗疫合作和共建“一带一路”合作等达成重要共识，为中阿关系下一步发展指明方向。新阿塞拜疆党主席、阿总统阿利耶夫致信中共中央总书记习近平祝贺中国共产党成立100周年。双方在涉及彼此核心利益问题上相互支持，在国际事务中保持密切协作。阿代表“不结盟运动”在第46届人权理事会发起“确保所有国家公平、及时获得可负担疫苗以应对新冠肺炎疫情”决议并获通过，有效呼应中方在全球疫苗合作问题上有关立场。

双方积极开展抗疫合作。年初，阿利耶夫总统致信习近平主席，恳请自华紧急采购新冠疫苗。习近平主席迅速指示有关部门向阿方提供新冠肺炎疫苗，为阿方抗击疫情发挥重要作用。截至2021年年底，中方累计对阿援助15万剂、出口550万剂疫苗，是阿疫苗第一大来源国，为阿疫情防控发挥重要作用。

两国务实合作势头向好。中国保持阿第四大贸易伙伴国地位。青岛—巴库中欧班列上合专线“齐鲁号”1月成功首发，实现共建“一带一路”框架内中欧班列跨里海运输走廊常态化运行。温州万红贸易公司与苏姆盖特化工园签约，投资5000万美元建设瓷砖厂，成为首家入驻该工业园区的中国企业。双方积极开展经贸、能源、交通、金融等领域合作。

两国民间交流活跃。9月，中国人民外交学会同阿塞拜疆尼扎米·甘伽维国际中心合办“中国在联合国的作用”视频会议。包括多国前国家元首和政府首脑在内的20余名中外高级别代表参会，围绕“恪守《联合国宪章》，促进世界和平与发展”和“坚持多边主义，维护以联合国为核心的国际体系”等两个议题深入交换意见。

巴哈马
(The Bahamas)

2021年，中华人民共和国与巴哈马国友好合作关系保持良好发展势头。

两国政治互信不断提升。6月，巴哈马时任总理休伯特·明尼斯、进步自由党领袖戴维斯分别就中国共产党成立100周年向中共中央总书记习近平致贺函。9月，国务院总理李克强、国务委员兼外交部长王毅分别向巴新任总理菲利普·爱德华·戴维斯、新任外交和公共服务部长弗雷德里克·米切尔致贺电。10月，全国人大常委会委员长栗战书分别向巴新任参议长朱莉·拉谢尔·阿德利、新任众议长帕特里西娅·德沃致贺电。两国在国际事务中保持良好沟通与配合。

两国各领域交流合作取得积极进展。中方向巴方提供多批抗疫物资和

医疗设备。中资企业投资建设的“新地标”综合体项目开业。中巴签署《中华人民共和国政府和巴哈马国政府经济技术合作协定》，举办中国—巴哈马贸易投资论坛。中方继续向巴方提供政府奖学金和人力资源培训名额。

3月，中国新任驻巴哈马大使戴庆利向巴哈马总督科尼柳斯·阿尔文·史密斯递交国书。

巴　林
(Bahrain)

2021年，中华人民共和国与巴林王国关系保持良好发展势头，各领域合作持续推进。

两国政治互信不断巩固。9月，全国人大常委会委员长栗战书同巴林国民议会议长兼众议长福吉亚·宾特·阿卜杜拉·泽娜举行视频会晤。3月，国务委员兼外交部长王毅访问巴林，分别会见哈马德国王和萨勒曼首相，并同巴林外交大臣阿卜杜拉提夫·本·拉希德·扎耶尼举行会谈。

两国继续携手抗击新冠肺炎疫情。中方协助巴方在华采购110万剂新冠肺炎疫苗。

两国各领域交流合作稳步推进。中国保持巴林第一大进口来源国地位。中国企业承建的东锡特拉保障性住房、阿杜电站二期等项目顺利开展。中巴两国政府签署互设文化中心协定。

孟加拉国
(Bangladesh)

2021年，中华人民共和国与孟加拉人民共和国战略合作伙伴关系稳步向前迈进。

高层交往互动密切。3月，国家主席习近平以视频方式向孟加拉国纪念“国父”穆吉布·拉赫曼诞辰100周年暨庆祝独立50周年活动致辞。4月，孟总理哈西娜以视频方式出席博鳌亚洲论坛2021年年会并致辞。6月，哈西娜总理以视频方式向中共中央总书记习近平祝贺中国共产党成立100周年。

国务委员兼外交部长王毅于5月同孟加拉国外交部长莫门通电话。7月，王毅国务委员兼外长同莫门外长在塔什干举行会见。

积极开展抗疫外交。4月，王毅国务委员兼外长主持召开中国—阿富汗—巴基斯坦—尼泊尔—斯里兰卡—孟加拉国六国外长合作应对新冠肺炎疫情视频会议，莫门外长出席并致辞。中方克服自身困难，第一时间向孟方援助大量新冠疫苗、呼吸机等抗疫医疗物资，交付大批商采疫苗，实现疫苗联合生产。

务实合作稳步推进。两国克服疫情影响，加快推进落实领导人共识，国父孟中友谊会展中心、帕德玛大桥、卡纳普里河河底隧道等中孟合作大项目取得重要进展。

两国在军事防务、人文教育以及多边事务中继续保持密切交流合作。

巴巴多斯
(Barbados)

2021年，中华人民共和国与巴巴多斯友好合作关系持续深入发展。

两国保持高层交往。7月，国家主席习近平应约同巴巴多斯总理米娅·莫特利通电话，就深化双边关系和抗疫合作交换意见。11月，习近平主席向巴首任总统桑德拉·普鲁内拉·梅森致就任贺电。6月，巴巴多斯工党领袖莫特利、民主工党领袖维尔拉·德佩萨分别就中国共产党成立100周年向中共中央总书记习近平致贺函。12月，国务委员兼外交部长王毅主持中国—拉共体论坛第三届部长会议，巴外交和外贸部长杰罗姆·沃尔科特在线出席。

抗疫合作富有成效，中方向巴方提供多批抗疫物资。6月，中国援巴新冠疫苗运抵。两国在国际和地区事务中保持密切协调配合。

各领域务实合作和友好交流顺利开展。山姆罗德城堡酒店项目顺利推进。中巴联合在巴举办第七届“鱼龙节”暨中国春节系列文化活动。中方继续向巴方提供政府奖学金和人力资源培训名额。

白俄罗斯
(Belarus)

2021年，中华人民共和国与白俄罗斯共和国相互信任、合作共赢的全面战略伙伴关系持续健康发展，共建“一带一路”合作全面推进。

两国高层交往频繁，政治互信不断深化。1月，国家主席习近平同白总统亚历山大·卢卡申科通电话，就双边关系、国际协作、各领域合作等达成重要共识。6月，全国人大常委会委员长栗战书同白国民会议共和国院主席科恰诺娃、代表院主席安德烈琴科举行视频会晤，就双边关系、务实合作、两国立法机构交往等问题交换意见。12月，中共中央政治局委员、中央书记处书记、中央政法委书记、中白政府间合作委员会中方主席郭声琨同白政府第一副总理、委员会白方主席斯诺普科夫举行视频会晤。双方回顾中白关系及双方各领域合作取得的成果，对两国政府间合作委员会工作进行阶段性总结、规划和部署，并就白方关切的有关重点领域合作交换意见。12月，时任外交部副部长乐玉成同白俄罗斯副外长鲍里谢维奇以视频方式举行中白外交部磋商。

两国务实合作深入推进。我国稳居白俄罗斯第三大贸易伙伴国地位。2021年，中白经贸合作保持增长势头。据统计，2021年双边贸易额为38.2亿美元，同比增长27.3%。两国积极开展共建“一带一路”合作，稳步推进经贸、基础设施建设、金融等领域合作。白俄罗斯钾肥、农产品对华出口大幅增加，中白工业园入园企业增加到85家，中方援建的足球场、游泳馆、社会保障房等项目顺利推进，中白“地方合作年”各项合作有序开展。

两国抗疫合作亮点突出。双方在抗疫物资和疫苗采购、援助方面开展密切合作。中方多次向白方提供医疗物资援助，截至2021年年底，累计向白方提供4批共计140万剂疫苗援助，援助数量在欧亚地区国家中位居前列。中方还分3批对白俄罗斯出口累计310万剂新冠肺炎疫苗。

比利时
(Belgium)

2021年是中华人民共和国与比利时王国建交50周年。双边关系稳步发展。

两国高层开展多形式交流。10月，国家主席习近平同比利时国王菲利普、国务院总理李克强同比首相亚历山大·德克罗、国务委员兼外交部长王毅同时任比副首相兼外交大臣索菲·维尔梅斯就中比建交50周年互致贺电。12月，李克强总理应邀同德克罗首相举行视频会晤。5月，王毅国务委员兼外长同维尔梅斯副首相兼外交大臣通电话。

务实合作持续推进。双边贸易继续逆势增长。菜鸟列日eWTP数字物流枢纽正式开仓，临港海外泽布吕赫现代产业园开工建设，宏远集团比利时布鲁塞尔机场一级货站开仓投入运营。

人文交流丰富多彩。双方以庆祝中比建交50周年为契机，举办丰富多彩活动。《比邻：遇见50年》系列微纪录片登陆两国荧幕。布鲁塞尔中国文化中心举办“诗意情怀”中欧音乐人新春音乐会、“天涯共此时”国庆中秋文化周系列文旅活动等“云端”活动。重庆市与安特卫普省、河北省与东弗兰德省分别举行结好10周年和30周年纪念活动。

贝　宁
(Benin)

2021年，中华人民共和国与贝宁共和国友好合作关系保持良好发展势头。

两国政治互信持续增强。4月，国家主席习近平向贝宁当选连任总统帕特里斯·塔隆致贺电，国家副主席王岐山向贝宁当选副总统玛丽亚姆·沙比·塔拉塔致贺电。6月，贝塔隆总统、进步联盟主席布鲁诺·阿穆苏、共和阵营总书记阿卜杜拉耶·比奥·查内分别就中国共产党成立100周年向中共中央总书记习近平致贺函。7月，贝进步联盟、共和阵营领导人参加中国共产党与世界政党领导人峰会。5月，国务委员兼外交部长王毅向贝外交合

作部长奥雷利安·阿贝农西致贺电，祝贺其连任。11月，王毅国务委员兼外长在出席中非合作论坛第八届部长级会议期间会见贝外长阿贝农西。3月，十三届全国人大中国—贝宁友好小组成立。6月，中共中央对外联络部同贝宁两大执政党进步联盟、共和阵营举行两国执政党视频对话。

两国抗疫合作富有成效。中方继续向贝方援助呼吸机等抗疫物资，并提供两批次新冠疫苗援助，助力贝疫苗接种计划。“春苗行动”在贝顺利实施，近900名在贝中国公民接种中国疫苗。援贝医疗队积极协助贝方抗疫，获得一致好评。

两国经贸合作扎实推进。援贝宁友谊体育场维修项目顺利交接。贝外交部办公楼第五期技术援助项目以及中方提供优惠贷款实施的三城市供水项目进展顺利。中国政府使用南南合作援助基金与世界粮食计划署合作，支持贝应对新冠肺炎疫情和自然灾害引发的粮食安全危机。中国石油天然气勘探开发公司投资的尼日尔—贝宁原油外输管道项目开工。

两国人文交流丰富多彩。贝宁帕拉库大学孔子课堂揭牌，中国驻贝宁大使馆举行“一带一路”奖学金第三届颁发仪式，2021年华为公司“未来种子”项目在贝实施，两国文化、教育、培训等领域合作方兴未艾。中国驻贝宁大使馆举办“中国发展秘诀”座谈会，同贝方共庆中国共产党成立100周年，在当地引起热烈反响。在中非互联网发展与合作论坛期间，中贝双方签署《中国国家计算机网络应急技术处理协调中心与贝宁计算机安全事件应急响应中心合作备忘录》。

玻利维亚
(Bolivia)

2021年，中华人民共和国与多民族玻利维亚国关系平稳发展。

政治互信不断加深。1月，国家主席习近平同玻利维亚总统路易斯·阿尔韦托·阿尔塞·卡塔科拉通话。8月，全国人大常委会副委员长武维华与玻参议院第一副议长琳道拉·拉斯基多·梅西亚视频会晤。4月，时任中共中央对外联络部部长宋涛同玻利维亚争取社会主义运动主席埃沃·莫拉莱斯·艾玛通电话。

务实合作有序推进。中国保持玻主要贸易伙伴和投资来源国地位。8月，中国—玻利维亚政府间经贸混委会第14次会议召开。玻农业部长雷米·鲁文·冈萨雷斯等线上出席第四届中国国际进口博览会开幕式。中国向玻提供大量新冠肺炎疫苗、新冠病毒检测设备和试剂、呼吸机等抗疫物资，玻方深表感谢。

人文交流持续拓展。中国对玻体育技术援助第三期项目顺利推进，资助玻冬季项目运动员来华集训。中国驻玻利维亚大使馆举办线上春节招待会和线上新春图片展，并同玻《人民报》联合出版《中国共产党的100年》特刊。

波斯尼亚和黑塞哥维那
(Bosnia and Herzegovina)

2021年，中华人民共和国与波斯尼亚和黑塞哥维那友好合作关系稳步发展。

两国高层保持接触。2月，国家主席习近平以视频方式主持召开中国—中东欧国家领导人峰会，波黑主席团轮值主席米洛拉德·多迪克出席。4月，中国全国人大同波黑议会举行视频会议。6月，波黑民主行动党主席巴基尔·伊泽特贝戈维奇、独立社会民主人士联盟主席多迪克、克罗地亚族民主共同体主席德拉甘·乔维奇分别就中国共产党成立100周年向中共中央总书记习近平致贺函。7月，多迪克视频出席中国共产党与世界政党领导人峰会。

两国务实合作进展顺利。波黑泛欧5C高速公路查普利纳段稳步推进。巴尼亚卢卡—普里耶多尔高速公路开工。中国同波黑抗击新冠肺炎疫情合作富有成效。中方积极向波黑出口并援助新冠疫苗。“魅力北京”周播节目连续第三年在波黑国家电视台播出。波黑方积极参与中国—中东欧国家合作。11月，萨拉热窝主办第五届中国—中东欧国家首都市长论坛。

博茨瓦纳
(Botswana)

2021年，中华人民共和国与博茨瓦纳共和国双边友好关系顺利发展。

两国高层交往密切。博茨瓦纳总统莫克维齐·马西西，博民主党全国主席斯伦伯·措格瓦内、总书记姆波·巴洛皮分别就中国共产党成立100周

年向中共中央总书记习近平致贺电。1月，国务委员兼外交部长王毅访问博茨瓦纳。7月，民主党总书记巴洛皮视频出席中国共产党与世界政党领导人峰会。

两国务实合作持续推进。1月，两国签署《中华人民共和国政府与博茨瓦纳共和国政府关于共同推进丝绸之路经济带和21世纪海上丝绸之路建设的谅解备忘录》《〈中华人民共和国外交部和博茨瓦纳共和国国际事务与合作部关于建立政治磋商机制的协议〉补充协议》。9月，两国签署《中华人民共和国和博茨瓦纳共和国引渡条约》。4月，中国政府援建的莫帕尼小学项目移交博方。9月，中国政府援建的卡尊古拉小学开工。11月，博参加第四届中国国际进口博览会国家展。

两国抗疫合作有声有色。中方积极向博提供疫苗援助，并协助其在华进行疫苗商业采购。中博双方根据互惠原则，分别为在本国的对方公民免费接种疫苗。中博和联合国人口基金首次进行三方合作，向博提供抗疫物资援助。

5月，中国新任驻博茨瓦纳大使王雪峰向博总统莫克维齐·马西西递交国书。

巴　西
(Brazil)

2021年，中华人民共和国与巴西联邦共和国全面战略伙伴关系持续稳定发展。

两国高层交往势头良好。国家主席习近平同巴西总统雅伊尔·梅西亚斯·博索纳罗多次互致信函，就中巴关系等交换意见。3月，全国人大常委会委员长栗战书同巴众议长阿图尔·里拉视频通话。11月，巴副总统安东尼奥·莫朗线上出席中国加入世贸组织20周年高层论坛并致辞。4月、10月，国务委员兼外交部长王毅同巴外长卡洛斯·弗兰萨分别通电话和举行视频会晤。

两国务实合作稳步推进。全年双边贸易额达1641亿美元，同比增长36.2%，中国连续13年保持巴第一大贸易伙伴地位，巴是中国在拉美地区最大贸易伙伴和最大投资目的地。萨尔瓦多—伊塔帕里卡跨海大桥等两国合作重大项目克服疫情影响持续推进，双方在电力、新能源、汽车制造、港口物流等领域合作取得积极进展。

双方携手抗疫成果显著，就新冠疫苗与新冠特效药等开展联合研发合作。8月，王毅国务委员兼外长主持召开新冠疫苗合作国际论坛首次会议，弗兰萨外长在线出席。

两国在联合国、二十国集团、金砖国家等国际组织和多边机制中保持良好沟通与协调。巴方支持中方举办北京冬奥会。

两国政党、科技、人文等领域交流合作不断推进。巴西主要政党就中国共产党成立100周年向中共中央致贺函（电），参加中国共产党与世界政党领导人峰会、第三届中拉政党论坛等活动。“欢乐春节”、“线上中国展”、中国电影展播等活动顺利举行。

文　莱
(Brunei Darussalam)

2021年，中华人民共和国与文莱达鲁萨兰国迎来建交30周年，两国关系持续发展，务实合作进一步深化。

灵活开展高层交往。9月，国家主席习近平同文莱苏丹哈桑纳尔就中文建交30周年互致贺电。11月，习近平主席同东盟轮值主席国文莱哈桑纳尔苏丹共同主持中国—东盟建立对话关系30周年纪念峰会。7月，哈桑纳尔苏丹就中国共产党成立100周年向中共中央总书记习近平致贺电。3月，哈桑纳尔苏丹以视频方式出席博鳌亚洲论坛2021年年会。9月，哈桑纳尔苏丹以视频方式出席中国—东盟博览会。7月，国务院总理李克强同哈桑纳尔苏丹互致贺电，纪念中国—东盟建立对话关系30周年。9月，全国人大常委会委员长栗战书同文莱立法会议长拉赫曼举行视频会晤。1月，国务委员兼外交部长王毅访问文莱，会见哈桑纳尔苏丹，同文莱外交主管部长艾瑞万、首相府部长兼财经事务部长刘光明共同主持中文政府间联合指导委员会第二次会议，并启动两国建交30周年系列庆祝活动。6月，艾瑞万外交主管部长来华出席纪念中国—东盟建立对话关系30周年特别外长会，王毅国务委员兼外长同其会见。王毅国务委员兼外长年内同艾瑞万部长五次通电话。

两国积极开展抗疫合作，驰援抗疫物资。1月、9月，中国向文莱援助新冠疫苗。中方企业帮助文搭建东南亚第一个气膜火眼实验室，解决文核酸检测能力不足问题，与文共同开发电子隔离令等数据防控手段。

两国稳步推进共建“一带一路”合作。恒逸石化一期项目运营良好。“广西—文莱经济走廊”港口、渔业、香料等项目合作进展顺利。经贸合作逆

势增长。2021年，中文双边贸易额28.5亿美元，同比增长46.6%。中文主管部门签署《关于文莱输华养殖水产品检验检疫和兽医卫生要求议定书》。

保加利亚
(Bulgaria)

2021年，中华人民共和国与保加利亚共和国战略伙伴关系持续发展。

两国高层保持交往。2月，国家主席习近平以视频方式主持召开中国—中东欧国家领导人峰会，保加利亚副总理玛利亚娜·尼科洛娃出席。5月，保加利亚共产党中央委员会第一书记阿莱克桑达尔·帕乌诺夫就中国共产党成立100周年向中共中央致贺函。6月，保加利亚社会党主席科尔内利娅·妮诺娃就中国共产党成立100周年向中共中央总书记习近平致贺函。12月，国务院总理李克强、全国人大常委会委员长栗战书、国务委员兼外交部长王毅分别向保新任总理基里尔·佩特科夫、国民议会议长尼科拉·明切夫、外交部长特奥多拉·根乔夫斯卡致就职贺电。4月和7月，全国人大常委会委员长栗战书向保国民议会议长伊娃·米特娃致就职贺电。

两国经贸、文化等领域合作不断深化。2月，双方签署《中华人民共和国海关总署与保加利亚共和国农业、食品和林业部关于保加利亚烟叶输往中国植物检疫要求议定书》和《中华人民共和国文化和旅游部与保加利亚共和国文化部2021—2024年文化合作计划》。

布基纳法索
(Burkina Faso)

2021年，中华人民共和国与布基纳法索关系稳步向前推进。

两国政治互信不断深化。6月，布基纳法索执政党争取进步人民运动时任党主席西蒙·孔波雷致函中共中央总书记习近平祝贺中国共产党成立100周年。7月，争取进步人民运动时任党主席孔波雷率团线上参加中国共产党与世界政党领导人峰会。1月，国务院总理李克强致电祝贺克里斯托弗·约瑟夫·马里·达比雷成功连任布总理。全国人大常委会委员长栗战书向布国民议会议长阿拉萨内·巴拉·萨康德致电祝贺其连任。国务委员兼外交部长王毅致电祝贺阿尔法·巴里成功连任布外交、合作、非洲一体化与海外侨民部长。6月，王毅国务委员兼外长同巴里外长通电话，就双边关系和国际事务合作等交换意见。8月，巴里外长就河南郑州地区发生特大洪涝灾害向王毅国务委员兼外长致慰问信，王毅国务委员兼外长致复谢电。11月，王毅国务委员兼外长在出席中非合作论坛第八届部长级会议期间会见巴里外长。两国执政党保持友好交往。

两国经贸、卫生等领域合作成果丰硕。7月，优贷项目“智慧布基纳法索”开工。11月，中华人民共和国政府与布基纳法索政府签署《关于共同推进丝绸之路经济带和21世纪海上丝绸之路建设的谅解备忘录》。12月，援布博博–迪乌拉索医院项目开工。

2021年，中国政府共向布基纳法索政府捐赠2万份检测试剂和50万只医用口罩。在双边和“新冠病毒疫苗实施计划”（COVAX）框架下，中方分别向布方提供了两批次新冠疫苗。

布隆迪
(Burundi)

2021年，中华人民共和国与布隆迪共和国友好合作关系不断深化。

两国克服疫情影响，保持友好交往。3月，国家主席习近平同布隆迪总统埃瓦里斯特·恩达伊施米耶通电话。6月，恩达伊施米耶总统、布执政党“保卫民主全国委员会–保卫民主力量”总书记雷韦里安·恩迪库里约分别就中国共产党成立100周年向中共中央总书记习近平致贺信。8月，恩达伊施米耶总统就河南省发生特大洪涝灾害向习近平主席致慰问信。11月，国务委员兼外交部长王毅在出席中非合作论坛第八届部长级会议期间会见布外交与发展合作部部长阿尔贝·欣吉罗。10月，两国外交部以视频通话形式举行第五轮政治磋商。

各领域合作稳步推进。10月，中国向布提供新冠疫苗援助，是第一个向布提供疫苗援助的国家。胡济巴济水电站、一号国道改道项目取得重要进展，援布农业示范中心顺利运营。

5月，中国新任驻布隆迪大使赵江平向布总统恩达伊施米耶递交国书。

佛得角
(Cabo Verde)

2021年是中华人民共和国与佛得角共和国建交45周年，双边关系继续保持良好发展势头。

高层保持交往，政治互信不断加深。7月，国家主席习近平就佛得角独立46周年向佛得角总统若热·丰塞卡致贺电。11月，习近平主席致电若泽·马里亚·内韦斯，祝贺其当选佛得角总统。6月，丰塞卡总统、总理若泽·席尔瓦就中国共产党成立100周年向中共中央总书记习近平致贺函。9月，丰塞卡总统、外交与侨民部长鲁伊·苏亚雷斯分别就中华人民共和国成立72周年向习近平主席和国务委员兼外交部长王毅致贺函。12月，全国人大常委会副委员长吉炳轩和佛得角副议长阿尔明多·若昂·达卢斯举行视频通话。

两国携手抗击疫情，务实合作稳步推进。中方积极向佛得角援助新冠疫苗。中国援佛医疗队积极参与佛疫情防控，为当地医护人员开展培训。2月，中国援佛国民议会大厦大修工程竣工移交。7月，中国最大援佛项目佛得角大学新校区项目竣工移交。

柬埔寨
(Cambodia)

2021年，中华人民共和国与柬埔寨王国全面战略合作伙伴关系持续深入发展，中柬命运共同体建设取得积极进展。

两国高层交往密切。6月，中共中央总书记习近平就柬埔寨人民党成立70周年向柬埔寨人民党主席洪森致贺信。7月，柬埔寨国王诺罗敦·西哈莫尼、太后诺罗敦·莫尼列·西哈努克联名致函习近平总书记、人民党主席洪森致函习近平总书记，祝贺中国共产党建党百年。洪森以视频方式出席中国共产党与世界政党领导人峰会。11月，国务院总理李克强同柬埔寨首相洪森举行视频会晤。1月，全国人民代表大会和柬埔寨国会开展视频交流活动，全国人大常委会委员长栗战书同柬埔寨国会主席韩桑林出席开幕式，全国人大常委会副委员长张春贤和柬埔寨国会第二副主席昆索达莉共同主持后续交流活动。10月，全国政协主席汪洋以视频方式会见柬埔寨参议院主席赛冲。9月，国务委员兼外交部长王毅访问柬埔寨，分别同首相洪森、副首相贺南洪、副首相兼外交与国际合作部大臣布拉索昆会见会谈。12月，王毅国务委员兼外长在浙江安吉同布拉索昆副首相兼外交大臣举行会谈。3月和8月，西哈莫尼国王和莫尼列太后两次来华查体休养。3月，西哈莫尼国王访问上海，并赴浙江嘉兴参观南湖红船。6月，布拉索昆副首相兼外交大臣来华出席纪念中国—东盟建立对话关系30周年特别外长会和澜沧江—湄公河合作第六次外长会，王毅国务委员兼外长同其会见。

两国抗疫和各领域务实合作成果丰硕。2月，中方向柬埔寨捐赠的首批中国国产新冠疫苗运抵金边，年内通过无偿援助和商业采购等方式共向柬方提供新冠疫苗近3700万剂，助力柬完成新冠疫苗第一阶段接种计划。中方分批多次向柬方提供抗疫物资援助，并援建新冠病毒核酸检测实验室。双方顺利完成中柬自贸协定内部核准程序，推动协定于2022年1月1日生效。柬埔寨芒果实现输华。中国援柬国家体育场正式启用。两国执法部门在打击网络赌博、电信诈骗、追逃追赃等方面保持密切配合。

喀麦隆
(Cameroon)

2021年，中华人民共和国与喀麦隆共和国友好合作关系继续深化。

两国保持友好交往。3月，国家主席习近平同喀麦隆总统保罗·比亚就中喀建交50周年互致贺电。6月，比亚总统致函中共中央总书记习近平，就中国共产党成立100周年表示祝贺。6月，全国人大常委会副委员长武维华同喀国民议会副议长迪奥多尔·达图奥举行视频会晤。11月，国务委员兼外交部长王毅在出席中非合作论坛第八届部长级会议期间会见喀对外关系部长勒热纳·姆贝拉·姆贝拉，就双边关系和国际地区问题等进行友好交流。

两国各领域合作稳步推进。4月和12月，中国共向喀提供三批新冠疫苗援助，是第一个向喀提供疫苗援助的国家。中国援喀国民议会大楼、克里比深水港二期项目、克里比深水港疏港高速公路等项目顺利推进。

加拿大
(Canada)

2021年，受孟晚舟事件影响，中华人民共和国与加拿大关系继续处于低谷。

3月，中国、加拿大、欧盟通过视频形式共同举办第五届气候行动部长级会议。10月，中国人民外交学会和加拿大阿尔伯塔大学中国学院共同举办中加二轨对话第六次会议。10月，加中贸易理事会（CCBC）在北京举办第43届年会，商务部副部长兼国际贸易谈判副代表王受文应邀发表视频致辞。加拿大有超过40家各类教育机构和相关服务机构参加2021中国国际教育展，成为最大参展国。70多家加拿大企业和机构参加第四届中国国际进口博览会，同中方企业签署多项合作协议。

经过中国政府不懈努力，孟晚舟于2021年9月安全顺利回国。

中　非
(Central African Republic)

2021年，中华人民共和国与中非共和国友好合作关系稳步发展。

两国保持友好交往。1月，国家主席习近平就中非总统福斯坦·阿尔尚热·图瓦德拉胜选连任致贺电。6月，图瓦德拉总统就中国共产党成立100周年向中共中央总书记习近平致贺函。7月，图瓦德拉总统就河南省发生特大洪涝灾害向习近平主席致慰问函。11月，国务委员兼外交部长王毅在出席中非合作论坛第八届部长级会议期间会见中非外交、法语国家事务和海外侨民部长茜尔维·拜波·泰蒙。

两国各领域合作取得新进展。11月，两国签署《中华人民共和国政府与中非共和国政府关于共同推进丝绸之路经济带和21世纪海上丝绸之路建设的谅解备忘录》。中方援助的班吉光伏电站建设项目、菌草技术合作项目正式启动。中资企业承建的博阿利2号水电站扩建项目、中部非洲央行大楼建设项目竣工。中方继续支持中非抗击新冠肺炎疫情并提供新冠疫苗、新冠病毒检测试剂等物资，完成援中非抗击疟疾五年计划。6月，班吉大学孔子学院正式开课。

乍　得
(Chad)

2021年，中华人民共和国与乍得共和国友好关系发展顺利。

两国保持友好交往。4月，国家主席习近平就乍得总统伊德里斯·代比·伊特诺去世致唁电。6月，乍得军事过渡委员会主席、总统穆罕默德·伊德里斯·代比·伊特诺就中国共产党成立100周年向中共中央总书记习近平致贺信。7月，国民议会议长、乍得执政党“爱国拯救运动”总书记阿鲁纳·卡巴迪出席中国共产党与世界政党领导人峰会。11月，乍得外交、非洲一体化和海外侨民事务部长谢里夫·穆罕默德·泽内出席中非合作论坛第八届部长级会议。

两国各领域合作稳步推进。6月，中国向乍得提供新冠疫苗援助，是第一个向乍提供疫苗援助的国家。恩贾梅纳孔子学院举行揭牌仪式。10月，重庆—恩贾梅纳举行线上友城协议签署仪式。援乍得恩贾梅纳体育场、恩贾梅纳职业技术培训学校项目、供水项目取得积极进展。中石油乍得项目克服疫情影响实现原油生产“不断档”。

智　利
(Chile)

2021年，中华人民共和国与智利共和国全面战略伙伴关系健康稳定发展。

两国保持友好交往，政治互信持续巩固。4月，智利总统塞瓦斯蒂安·皮涅拉在博鳌亚洲论坛2021年年会开幕式发表视频致辞。9月，皮涅拉总统在第18届中国西部博览会发表视频致辞。10月，国务委员兼外交部长王毅同智外长安德烈斯·阿拉芒通电话。8月，中智议会政治对话委员会举行第13次会议。

两国抗疫合作成果丰硕，双方在疫苗研发和使用领域合作密切。8月，王毅国务委员兼外长主持新冠疫苗合作国际论坛首次会议，阿拉芒外长

出席。

两国务实合作稳步推进。在共建“一带一路”框架内，中智经贸、海关检验检疫、投融资、基础设施建设、地方等领域合作成果丰硕。中国保持智利第一大贸易伙伴、第一大出口目的地国和第一大进口来源国地位，全年双边贸易额达658亿美元，同比增长45.4%。6月，阿拉芒外长出席“一带一路”亚太区域国际合作高级别会议。10月，中国与智利海关“经认证的经营者”互认安排开始实施。11月，两国签署《中华人民共和国海关总署与智利共和国农业部关于智利冷冻水果输华检验检疫要求的议定书》。7月，智利驻成都总领事馆举行开馆仪式。

两国人文交流活跃。“欢乐春节”“中国彩灯节”等文化品牌活动在智利成功举办。

中智在联合国、亚太经济合作组织、中国—拉共体论坛等国际组织和多边机制框架内保持良好沟通。12月，王毅国务委员兼外长主持中国—拉共体论坛第三届部长会议，阿拉芒外长出席。

6月，新任驻智利大使牛清报向皮涅拉总统递交国书。

哥伦比亚
(Colombia)

2021年，中华人民共和国与哥伦比亚共和国友好合作关系取得显著发展。

两国高层交往亮点纷呈。2月，国家主席习近平同哥伦比亚总统伊万·杜克·马克斯通话。3月，习近平主席结合新冠疫苗运抵向哥民众发表视频讲话。6月，杜克总统以视频方式出席“一带一路”亚太区域国际合作高级别会议。在中国共产党成立100周年之际，杜克总统专门录制祝贺视频。

务实合作稳步推进。中国保持哥全球第二大贸易伙伴、第二大出口目的国地位。哥企业积极参加中国第四届进博会，哥鳄梨、咖啡等非能矿产品对华出口增势明显。积极开展抗疫合作，中方持续向哥方出口新冠疫苗，探讨在当地建厂生产，助力哥方加快疫苗接种进程。

人文、地方等领域交流持续拓展。中方以创新方式在哥举办“汉语桥”大赛、“中国文化周”、“对话中国”等经典品牌活动，开拓“哥伦比亚人看中国”短视频大赛等新项目。

科摩罗
(Comoros)

2021年，中华人民共和国与科摩罗联盟友好关系稳步发展。

高层交往密切，政治互信不断深化。两国领导人就两国国庆、抗疫合作、中华人民共和国恢复联合国合法席位50周年等多次互致函电。11月，国家主席习近平同科摩罗总统阿扎利·阿苏马尼共同线上出席中非合作论坛第八届部长级会议开幕式。7月，科摩罗总统阿扎利致函中共中央总书记习近平，祝贺中国共产党成立100周年。9月，科国民议会议长穆斯塔纳·阿卜杜致函全国人大常委会委员长栗战书，祝贺中华人民共和国成立72周年。

各领域务实合作顺利推进。团结抗疫卓有成效，中国政府向科方提供40万剂新冠疫苗和抗疫物资援助，派遣短期抗疫医疗队协助科方抗疫。科人民宫修缮、固定移动融合网络现代化等合作项目顺利完成。莫埃利岛公路修复项目、广电中心第十期技术援助项目进展顺利。

刚果共和国
(Congo)

2021年，中华人民共和国与刚果共和国［简称“刚果（布）”］全面战略合作伙伴关系持续稳步发展。

两国保持友好交往。6月，国家主席习近平同刚果（布）总统德尼·萨苏–恩格索通电话。7月，萨苏总统以刚果劳动党主席身份在线出席中国共产党与世界政党领导人峰会。11月，全国政协主席汪洋同刚参议长皮埃尔·恩戈洛举行视频会晤。12月，中共中央政治局委员、中央外事工作委员会办公室主任杨洁篪访问刚果（布），分别同萨苏总统和刚外交、法语国家和海外侨民部长让–克洛德·加科索举行会见。11月，国务委员兼外交部长王毅在出席中非合作论坛第八届部长级会议期间会见刚国际合作和促进公私伙伴关系部长德尼·克里斯戴尔·萨苏–恩格索。

两国各领域交流与合作稳步推进。新议会大厦项目落成交接，布拉柴

维尔商业中心项目进入收尾阶段。中方继续同刚方开展卫生领域合作，向刚方分批捐助新冠疫苗及抗疫物资。冈波·奥利卢–革命中学孔子课堂揭牌。苏州市和黑角市连线庆祝缔结友城五周年。

库克群岛
(Cook Islands)

2021年，中华人民共和国与库克群岛友好合作关系稳步发展。

4月，中国驻新西兰兼驻库克群岛、纽埃大使吴玺在新西兰会见库克群岛总理马克·布朗。

哥斯达黎加
(Costa Rica)

2021年，中华人民共和国与哥斯达黎加共和国战略伙伴关系保持积极发展势头。

两国高层交往密切。10月，哥斯达黎加总统卡洛斯·阿尔瓦拉多·克萨达以预录视频方式出席《生物多样性公约》第15次缔约方大会领导人峰会。6月、10月，国务委员兼外交部长王毅分别就两国建交14周年和我国国庆72周年复函哥外交和宗教部长鲁道夫·索拉诺·基罗斯。10月，哥公共工程部长鲁道夫·门德斯·马塔以视频方式出席第二届联合国全球可持续交通大会。12月，王毅国务委员兼外长主持中国—拉共体论坛第三届部长会议，索拉诺外长以视频方式出席。

两国经贸、文化等领域合作持续发展。2021年是两国自贸协定生效10周年，双方举办自贸委员会第六次会议，全面评估协定实施情况。哥国家铁路局向中车青岛四方公司采购的列车正式投入运营。哥采购的海尔超低温冷柜助力哥新冠疫苗接种。中国已成为哥牛肉第一大出口市场国。为庆祝中国共产党成立100周年和哥独立200周年，上海外国语大学和哥国立大学合作出版并面向拉美地区发行《习近平用典》西班牙语版。哥多家电视台播出“中国芭蕾盛宴”。福州市为哥独立200周年纪念日举办灯光秀活动。

科特迪瓦
(Côte d'Ivoire)

2021年，中华人民共和国与科特迪瓦共和国关系继续稳定发展。

两国“云交往”密切。7月，科特迪瓦总统阿拉萨内·瓦塔拉就中国共产党成立100周年向中共中央总书记习近平致贺电。3月，国务院总理李克强向科特迪瓦新任总理帕特里克·阿希就职致贺电。10月，阿希总理以视频方式出席第130届中国进出口商品交易会开幕式并致辞。3月，全国人大常委会委员长栗战书向科特迪瓦国民议会议长阿马杜·苏马霍罗连任致贺电。4月，国务委员兼外交部长王毅向科特迪瓦国务部长兼外长坎迪娅·卡马拉就职致贺电，11月，王毅国务委员兼外长出席中非合作论坛第八届部长级会议期间会见卡马拉外长。

两国积极开展抗疫合作，中方通过多种渠道向科方提供新冠疫苗。科特迪瓦加入《“一带一路”疫苗合作伙伴关系倡议》，中科务实合作保持良好势头。中方融资支持的国家电网改扩建项目通过验收，铁比苏—布瓦凯高速公路、内陆十二城市供水、PK24工业园等项目顺利推进，格里波-波波里水电站等项目启动实施。

克罗地亚
(Croatia)

2021年，中华人民共和国与克罗地亚共和国全面合作伙伴关系积极深入发展。

两国保持高层交往。2月，国家主席习近平以视频方式主持召开中国—中东欧国家领导人峰会，克罗地亚总理安德烈·普连科维奇出席。6月，克前总统斯捷潘·梅西奇、伊沃·约西波维奇分别就中国共产党成立100周年向中共中央总书记习近平致贺函。5月，中共中央政治局委员、中央外事工作委员会办公室主任杨洁篪访问克罗地亚，分别同克总统佐兰·米拉诺维奇、议长戈尔丹·扬德罗科维奇、普连科维奇总理会见。

两国务实合作积极推进。双方签署《中华人民共和国教育部与克罗地

亚共和国科学与教育部关于相互承认高等教育学历学位的谅解备忘录》。双方合作建设的克罗地亚佩列沙茨大桥于7月合龙，塞尼风电项目于12月并网发电。

12月，新任驻克罗地亚大使齐前进向米拉诺维奇总统递交国书。

古　巴
(Cuba)

2021年，中华人民共和国与古巴共和国友好合作关系稳定发展。

中国古巴特殊友好关系得到进一步深化。1月，在古巴革命胜利62周年和新年之际，中共中央总书记、国家主席习近平分别向时任古共中央第一书记劳尔·卡斯特罗、古巴国家主席米格尔·迪亚斯–卡内尔·贝穆德斯致贺电；国务院总理李克强向古巴总理曼努埃尔·马雷罗·克鲁斯致贺电。3月，劳尔·卡斯特罗第一书记、迪亚斯–卡内尔主席就中国脱贫攻坚战取得全面胜利向习近平总书记致函祝贺。4月，中共中央致电祝贺古共八大召开，习近平总书记、国家主席向迪亚斯–卡内尔致贺电，祝贺其当选古共中央第一书记。5月，习近平总书记同古共中央第一书记迪亚斯–卡内尔通电话，就进一步深化两党特殊友好关系达成重要共识。全国人大常委会委员长栗战书同古巴全国人大主席埃斯特万·拉索举行视频会晤。7月，古共中央第一书记、古巴国家主席迪亚斯–卡内尔向习近平总书记致亲署函，祝贺中国共产党成立100周年。古共中央向中共中央致贺电。古巴共产党在哈瓦那举行庆祝活动，古革命领导人劳尔·卡斯特罗和古共中央第一书记、古国家主席迪亚斯–卡内尔出席。8月，习近平总书记、国家主席同古共中央第一书记、古巴国家主席迪亚斯–卡内尔通电话，就下阶段中古关系发展达成重要共识。

7月古发生“7·11反政府游行”后，中方多次发声支持古方维护稳定、反对干涉，向古方提供呼吸机、制氧机、防护服、药品及大米等紧急人道主义援助。

两国在国际事务中相互支持。在联合国人权理事会第46届会议上，古巴代表64个国家作挺华发言；在第47届、48届人权理事会上，古巴继续联署挺华共同发言。在第74届世卫大会上，古巴参加“2+2”模式发言，支持一个中国立场，反对某些国家提出“邀请台湾以观察员身份参加世卫大会”。在第75届联大期间，中国投票支持古巴提出的《必须终止美利坚合众国对古巴的经济、商业和金融封锁》议案。

两国务实合作与人文交流稳步推进。中古双方签署共建“一带一路”合作规划，古方加入“一带一路”能源伙伴。古巴总理马雷罗出席“中关村论坛”开幕式并发表视频致辞，中古政府间科技混委会第12次会议、生物技术联合工作组第11次会议成功举办。古巴参加在广州举行的21世纪海上丝绸之路国际博览会。双方签署新修订的《中古关于互免持外交、公务、公务普通护照人员签证的协定》，为疫情后双方人员往来打下良好基础。

塞浦路斯
(Cyprus)

2021年是中华人民共和国与塞浦路斯共和国建交50周年。11月，双方发表《中华人民共和国和塞浦路斯共和国关于建立战略伙伴关系的联合声明》。

两国高层互动频繁。11月，国家主席习近平同塞浦路斯总统尼科斯·阿纳斯塔夏季斯通电话，双方高度评价中塞建交50年来关系发展，一致决定将中塞关系提升为战略伙伴关系。11月，全国人大常委会委员长栗战书以视频方式同塞议长阿妮塔·迪米特里乌举行会谈。12月，中共中央政治局委员、中央外事工作委员会办公室主任杨洁篪访问塞浦路斯，会见阿纳斯塔夏季斯总统、外交部长尼科斯·赫里斯托都里迪斯。1月，国务委员兼外交部长王毅经停塞浦路斯并会见塞外长赫里斯托都里迪斯。4月，王毅国务委员兼外长同塞外长赫里斯托都里迪斯通电话。6月，塞民主大会党主席阿维罗夫·奈奥菲多、劳动人民进步党总书记安德罗斯·基普里亚努致函祝贺中国共产党成立100周年。

各领域合作进展顺利。全年双边贸易额同比下降2.5%。华为同塞两大电信运营商Cyta和Epic共建的5G网络分别于2月、6月启动商用。3月，塞浦路斯阿依纳帕市剧院加入“丝绸之路国际剧院联盟”。5月，塞浦路斯欧洲大学与福建闽江学院正式合作设立闽江学院国际数字经济学院。10月，中国—塞浦路斯青年论坛成功举办。11月，塞浦路斯参加第四届中国国际进口博览会并首次设立数字国家展厅。

捷　克
(Czechia)

2021年，中华人民共和国与捷克共和国战略伙伴关系总体保持向前发展势头。

两国高层保持交往。2月，国家主席习近平以视频方式主持召开中国—中东欧国家领导人峰会，捷克总统米洛什·泽曼出席。7月，习近平主席同泽曼总统通电话。

两国各领域交流合作取得新成果。中国继续成为捷克在欧盟外最大贸易伙伴，捷克保持中国在中东欧地区第二大贸易伙伴地位。据中方统计，2021年双边贸易额增长12.1%，达211.6亿美元。捷克积极参与共建“一带一路”和中国—中东欧国家合作相关活动。6月，捷克担任第二届中国—中东欧国家博览会主宾国，泽曼总统在博览会开幕式上发表视频致辞。共38家捷克企业参展，意向成交额11.49亿元。11月，捷克参加第四届中国国际进口博览会。年内，义乌至捷克的“义新欧”中欧班列维持运营。

截至2021年年底，中捷两国共有结好省（州）、市11对。

丹　麦
(Denmark)

2021年，中华人民共和国与丹麦王国全面战略伙伴关系总体保持稳定，各领域合作持续向前推进。

两国保持高层交往。6月，国家主席习近平向丹麦女王玛格丽特二世致国庆贺电。9月，丹麦首相梅特·弗雷泽里克森、外交大臣耶珀·科弗德分别向习近平主席、国务院总理李克强、国务委员兼外交部长王毅致国庆贺函。1月，王毅国务委员兼外长同外交大臣科弗德通电话。8月，王毅国务委员兼外长同科弗德外交大臣就双边关系互致信函。11月，王毅国务委员兼外长在浙江湖州安吉同科弗德外交大臣举行会谈。双方宣布启动新版《中丹联合工作方案》商谈，两国主管部门签署了气候变化、环境保护、水资源管理、知识产权、食品安全等合作文件。6月，丹麦社会民主党、自由党、丹麦共产党分别就中国共产党成立100周年致贺函。

两国务实合作持续拓展。11月，商务部部长王文涛同来访的丹外交大臣科弗德举行视频会谈。同期，生态环境部部长黄润秋以视频形式会见科以及丹气候、能源与能效大臣达恩·约根森、环境大臣莱娅·韦尔梅林。中国保持丹麦在亚洲最大贸易伙伴地位，两国全年贸易额逆势上涨32.4%。11月，丹40家企业参加第四届中国国际进口博览会，丹食品、农业和渔业大臣拉斯穆斯·普雷恩在线出席丹国家馆开幕式。3月，首列直达丹麦的中欧班列“长安号”通车。5月，中丹科技合作联委会第20次会议以视频会形式举行。

两国人文交流保持活跃。中国驻丹麦使馆与丹各界人士举办庆祝中国共产党成立100周年座谈会，组织欢乐春节、辛德贝格诞辰110周年纪念活动等线上人文交流活动。中国羽毛球国家队赴丹参加汤尤杯和丹麦公开赛。两位丹麦籍专家获中国政府友谊奖。

截至2021年年底，两国共有18对省、市结好。

吉布提
(Djibouti)

2021年，中华人民共和国与吉布提共和国战略伙伴关系全面发展。

高层交往保持热度，政治互信不断深化。4月，国家主席习近平致电吉布提总统伊斯梅尔·奥马尔·盖莱，祝贺其第五次胜选连任总统。6月，习近平主席致电盖莱总统，祝贺吉独立44周年。6月，盖莱总统致函中共中央总书记习近平，祝贺中国共产党成立100周年。9月，盖莱总统致函习近平主席，祝贺中华人民共和国成立72周年。中国人民解放军驻吉布提保障基地运行顺利。中吉两国在国际多边场合保持密切协调配合。

各领域合作取得积极进展。塔朱拉医院、社会保障房、吉布提老港改造等合作项目稳步推进。多哈雷多功能港口、国际自贸区等项目运营良好。吉外交学院开设吉首个汉语水平考试考点。中方向吉布提提供新冠疫苗140万剂。

多米尼克
(Dominica)

2021年，中华人民共和国与多米尼克国双边关系平稳健康发展。

两国政治互信不断深化。1月，国家主席习近平与多米尼克总理罗斯福·斯凯里特通电话，就双边关系和抗疫合作等问题达成重要共识，为两国关系发展擘画了蓝图。斯凯里特总理以多米尼克工党领袖身份就中国共产党建党百年向中共中央总书记习近平致贺信。11月，斯凯里特总理在线出席第三届中拉政党论坛并致辞。12月，国务委员兼外交部长王毅主持中国—拉共体论坛第三届部长会议，多外长肯尼思·达鲁在线出席。中国向多捐赠多批抗疫物资。3月，中国援多新冠疫苗运抵。两国在重大国际和地区问题上保持良好沟通配合。

两国务实合作富有成果。双方克服疫情影响，推动中多农业技术合作续签三年，中多友谊医院项目进入收尾阶段，飓风灾后学校重建项目完成补充协议换文，农业科技综合楼项目续有进展。

两国人文交流稳步推进。中方继续向多方提供政府奖学金和人力资源培训名额，孔子课堂、乒乓球运动等文体交流取得新进展。

11月，中国新任驻多米尼克大使林先江向查尔斯·萨瓦林总统递交国书。

多米尼加
(Dominican Republic)

2021年，中华人民共和国与多米尼加共和国关系平稳发展，各领域交流与合作稳步推进。

两国政治互信不断深化。6月，国家主席习近平应约同多米尼加总统路易斯·阿比纳德尔通电话，就双边关系、抗疫合作等交换意见并达成重要共识。全国人大常委会委员长栗战书就多参议长爱德华多·埃斯特雷利亚和众议长阿尔弗雷多·帕切科连任致贺电。两国立法机构领导人举行视频会晤。多方高规格出席中国共产党与世界政党领导人峰会，多主要政党均就中国共产党建党百年致贺。

新冠肺炎疫情暴发以来，中多积极开展抗疫、疫苗合作。国务委员兼外交部长王毅就多外长罗伯托·阿尔瓦雷斯新冠病毒核酸检测阳性致慰问电。中方向多方援助并出口多批新冠疫苗，占多已获取疫苗75%以上。多方对中国疫苗安全性予以高度评价，多总统等高层及其家人带头接种中国疫苗。多副总统拉克尔·培尼亚多次携内阁要员赴机场迎接中国疫苗运抵。

两国务实合作和人文交流有序推进。1月，《中华人民共和国政府和多米尼加共和国政府关于互免持外交、官员、公务、公务普通护照人员签证的协定》正式生效。4月，中多线上举办中国—多米尼加贸易投资论坛。11月，多方积极参加第四届中国国际进口博览会。两国在基础设施、旅游、教育、卫生等领域合作稳步开展。

朝　鲜
(DPRK)

2021年，中华人民共和国与朝鲜民主主义人民共和国保持友好交往，双边关系平稳发展。

两党两国最高领导人积极互动。1月，中共中央总书记习近平致电金正恩，祝贺他在朝鲜劳动党第八次代表大会上被推举为朝鲜劳动党总书记。3月，习近平总书记同金正恩总书记互致口信。7月，金正恩总书记致电习近平总书记，祝贺中国共产党成立100周年。9月，习近平总书记、国家主席就朝鲜国庆73周年向金正恩总书记、国务委员长致贺电。10月，金正恩总书记、国务委员长致电习近平总书记、国家主席，祝贺中国国庆72周年。

7月，双方共同纪念《中朝友好互助合作条约》签订60周年。中共中央总书记、国家主席、中央军委主席习近平和朝鲜劳动党总书记、国务委员长、朝鲜武装力量最高司令官金正恩互致贺电。国务委员兼外交部长王毅和朝鲜外务相李善权互致贺电。两国主流媒体发表纪念文章。

双方保持政治外交沟通。9月，国务院总理李克强会见包括朝鲜驻华大使李龙男在内的28国新任驻华使节。10月，中共中央政治局委员、中央外事工作委员会办公室主任杨洁篪会见李龙男。1月，王毅国务委员兼外长和李善权外相互致新年贺电。5月，王毅国务委员兼外长会见李龙男。8月，国务委员、公安部部长赵克志会见李龙男。12月，中国驻朝鲜大使李进军

辞行拜会朝鲜最高人民会议常任委员会委员长崔龙海、内阁总理金德勋等。

受疫情等因素影响，2021年中朝贸易总额3.2亿美元，同比下降41.0%。其中中方出口2.6亿美元，同比下降47.0%，进口0.6亿美元，同比增长20.7%。

刚果民主共和国
(D.R. Congo)

2021年，中华人民共和国与刚果民主共和国［简称“刚果（金）”］合作共赢的战略伙伴关系稳步推进。

两国保持友好交往。5月，国家主席习近平同刚果（金）总统费利克斯–安托万·齐塞克迪·奇隆博通电话。6月，齐塞克迪总统就中国共产党成立100周年向中共中央总书记习近平致贺信。11月，齐塞克迪总统以视频连线方式在中非合作论坛第八届部长级会议开幕式上致辞。1月，国务委员兼外交部长王毅访问刚果（金），会见齐塞克迪总统，并同时任刚国务部长兼外交部长玛丽·通巴·恩泽扎举行会谈。11月，王毅国务委员兼外长在出席中非合作论坛第八届部长级会议期间会见刚果（金）副总理兼外交部长克里斯托夫·卢通杜拉·阿帕拉·潘·阿帕拉。

两国经贸领域合作持续推进。金沙萨中部非洲文化艺术中心、科卢韦齐职业技术培训中心等项目进展顺利。金苏卡变电站顺利开工，中刚“资源换项目”一揽子合作框架下布桑加水电站建成运营，华刚矿业二期、中色刚波夫等项目相继投产。中国政府向刚方提供新冠疫苗援助。

厄瓜多尔
(Ecuador)

2021年，中华人民共和国与厄瓜多尔共和国全面战略伙伴关系持续深入发展。

两国高层互动频繁。4月，国家主席习近平向厄瓜多尔当选总统吉列尔莫·拉索致贺电。5月，中国驻厄瓜多尔大使作为习近平主席特使出席厄总统权力交接仪式。6月，拉索总统就中国共产党成立100周年向中共中央总书记习近平致贺函。8月，习近平主席同拉索总统通话，就双边关系和各领域合作达成重要共识。两国在重大国际和地区问题上保持良好沟通与配合。

务实合作稳步推进。中厄双边贸易额逆势增长，中国成为厄非石油产品第二大出口目的地。稳步推进援厄震后重建项目，中国企业承建的索普拉多拉等水电站项目实现最终移交。中方继续向厄方出口和援助新冠疫苗，厄方多次公开感谢中方抗疫支持。

民间友好不断深化。中方宣布2021～2025年向厄提供300个政府奖学金名额。厄儿童文学家博尼利亚获第15届中华图书特殊贡献奖。贵州省、眉山市分别与厄皮钦查省、拉塔昆加市签署友城交流合作谅解备忘录。

埃　及
(Egypt)

2021年，中华人民共和国与阿拉伯埃及共和国全面战略伙伴关系取得较快发展。

两国保持密切高层交往。2月，国家主席习近平同埃及总统阿卜杜勒法塔赫·塞西通电话。5月，中埃共同庆祝两国建交65周年，习近平主席和塞西总统互致贺电。6月，塞西总统录制视频向中共中央总书记习近平祝贺中国共产党成立100周年。10月和11月，塞西总统先后以视频方式出席《生物多样性公约》第15次缔约方大会领导人峰会和中非合作论坛第八届部长级会议开幕式。4月，全国人大常委会委员长栗战书同埃众议长哈纳菲·贾巴利举行视频会晤。5月，全国政协主席汪洋同埃参议长阿卜杜瓦哈卜·阿卜杜拉齐格举行视频会晤。6月，国务委员兼外交部长王毅同埃外交部长萨米哈·舒克里通电话。7月，王毅国务委员兼外长访问埃及，会见塞西总统，同舒克里外长会谈。

中埃抗疫合作再结硕果。2021年，中方向埃方援助多批新冠疫苗，积极协助埃方自华采购新冠疫苗。4月，中国科兴生物公司同埃及VACSERA公司签署关于中国新冠疫苗在埃及本地化生产合作协议，并启动疫苗联合生产，埃及成为非洲首个生产新冠疫苗的国家。

两国各领域务实合作稳步开展。中埃经贸联委会第八次会议成功召开。新行政首都中央商务区一期项目稳步推进，“斋月十日城”市郊铁路、苏伊士经贸合作区等中埃产能合作框架下的优先项目持续推进。埃及亚历山大大学新建孔子学院，艾因夏姆斯大学孔子课堂升格为孔子学院。汉语教学

进入埃及国民教育体系取得积极进展，埃及鲁班工坊正式建成并投入运营。

萨尔瓦多
(El Salvador)

2021年，中华人民共和国与萨尔瓦多共和国关系持续平稳发展，各领域交流合作不断拓展。

政治互信不断深化。两国元首就新冠疫苗合作互致信函，萨尔瓦多总统纳伊布·布克尔就中方对萨抗疫斗争给予的宝贵支持向国家主席习近平致函感谢。习近平主席、国务委员兼外交部长王毅就萨独立200周年分别向萨总统布克尔、外长亚历杭德拉·希尔·蒂诺科致贺电。两国外长就中萨建交3周年互致函电。全国人大常委会委员长栗战书向萨新任议长埃内斯托·卡斯特罗当选致贺电。萨新任驻华大使阿尔多诺夫·阿尔瓦雷斯抵华履新。包括萨执政党新思想党等在内的多个政党致函祝贺中国共产党成立100周年。

务实合作积极推进。中萨贸易逆势上扬，2021年中萨贸易额达17.3亿美元，同比增长55.9%。2021年以来，中国政府向萨方提供多批新冠疫苗等抗疫援助，布克尔总统多次公开向习近平主席、中国政府和人民致谢，萨副总统菲利克斯·乌略亚、卫生部长弗朗西斯科·阿拉比等出席疫苗等抗疫物资交付仪式，在萨掀起友华热潮。

人文交流不断深化。中方在萨第二所孔子学院挂牌成立，萨45名学生获得中国政府奖学金。庆祝中萨建交3周年暨萨尔瓦多独立200周年云端音乐会圆满举办。地方合作蓬勃开展，北京市、杭州市市长分别致函萨首都圣萨尔瓦尔多新任市长祝贺其当选，杭州市为萨尔瓦多独立200周年举办灯光秀活动。

赤道几内亚
(Equatorial Guinea)

2021年，中华人民共和国与赤道几内亚共和国全面合作伙伴关系稳步推进。

两国政治互信不断深化。10月，国家主席习近平同赤道几内亚总统特奥多罗·奥比昂·恩圭马·姆巴索戈就中赤几建交50周年互致贺电。10月，习近平主席同奥比昂总统通电话，就两国关系发展交换意见。6月，奥比昂总统、执政党民主党总书记赫罗尼莫·奥萨·奥萨·埃科罗分别向中共中央总书记习近平致函，祝贺中国共产党建党百年。8月，奥比昂总统就河南省发生特大洪涝灾害向习近平主席致慰问信。7月，民主党总书记奥萨出席中国共产党与世界政党领导人峰会。11月，国务委员兼外交部长王毅在出席中非合作论坛第八届部长级会议期间会见赤道几内亚外交与合作部长西蒙·奥约诺·埃索诺·安格，赤道几内亚财政、经济与规划部长巴伦廷·埃拉·马耶·姆巴。

各领域务实合作扎实推进。中方援建的赤几新涅方医院项目实施顺利，并更名为“中赤几友好医院”。涅方示范农场、毕科莫水电站等技术援助项目顺利开展，创造了良好品牌效益，获政府高层、社会各界好评。

两国人文、卫生等领域交流合作继续开展。中方向赤几派出第31批医疗队，奥比昂总统发表视频致辞，感谢中国向赤几派遣医疗队50周年。中方向赤几援助了两批新冠疫苗。

厄立特里亚
(Eritrea)

2021年，中华人民共和国与厄立特里亚国友好关系深入发展。

高层互动密切。5月，国家主席习近平致电厄立特里亚总统伊萨亚斯·阿费沃基，祝贺厄独立30周年。6月，厄执政党人民民主和正义阵线主席、总统伊萨亚斯致函中共中央总书记习近平，祝贺中国共产党成立100周年。9月，伊萨亚斯总统致函习近平主席，祝贺中华人民共和国成立72周年。11月，国务委员兼外交部长王毅、商务部部长王文涛出席中非合作论坛第八届部长级会议期间，分别同厄外交部长奥斯曼·萨利赫和总统经济顾问哈格斯·格布雷希韦特举行双边会见。厄执政党派团以视频连线方式出席中国共产党与世界政党领导人峰会。

务实合作不断深化。双方正式签署“一带一路”合作谅解备忘录。重大经贸合作项目取得进展，阿斯马拉多金属矿完成开工前准备，扎拉金矿、碧沙多金属矿运营顺利。

爱沙尼亚
(Estonia)

2021年，中华人民共和国与爱沙尼亚共和国关系总体保持平稳。

两国高层交往稳定。2月，国家主席习近平以视频方式主持召开中国—中东欧国家领导人峰会，爱沙尼亚外交部长伊娃–玛丽亚·利梅茨出席。9月，习近平主席、国务院总理李克强、国务委员兼外交部长王毅分别同爱方相应领导人就中爱建交30周年互致贺电。

经贸合作、人文交流续有进展。10月，湖北省荆门市同爱沙尼亚图纳集团签署合作协议，图纳集团增加投资1.4亿欧元，在荆门国际内陆港建设中国—爱沙尼亚产业园项目。2月，第十二届“欢乐春节”庙会在塔林成功举办。

埃塞俄比亚
(Ethiopia)

2021年，中华人民共和国与埃塞俄比亚联邦民主共和国全面战略合作伙伴关系健康、稳定发展。

高层交往密切，政治互信不断深化。埃塞俄比亚执政党繁荣党主席、总理阿比·艾哈迈德·阿里致函中共中央总书记习近平，祝贺中国共产党成立100周年。9月、10月，埃塞总统萨赫勒–沃克·祖德以视频连线方式分别出席2021年太原能源低碳发展论坛、第二届联合国全球可持续交通大会开幕式并致辞。2月、6月和8月，国务委员兼外交部长王毅三次同埃塞副总理兼外交部长德梅克·梅孔嫩就双边关系和共同关心的问题通电话。12月，王毅国务委员兼外长对埃塞进行工作访问。

各领域合作取得积极进展。中埃塞务实合作克服埃塞国内军事冲突、新冠肺炎疫情等严峻挑战，保持良好发展势头。“一带一路”合作旗舰项目亚吉铁路、亚的斯亚贝巴轻轨安全平稳运营。亚吉铁路客货运收入同比增长37.5%。援埃塞非洲领导力学院项目顺利交付。亚的斯亚贝巴河岸绿色发展项目二期等项目进展顺利。中方向埃塞方提供180万剂新冠病毒疫苗。

斐　济
(Fiji)

2021年，中华人民共和国与斐济共和国全面战略伙伴关系积极向前发展。

两国高层和各层级交往密切。9月，国家主席习近平同斐济总理乔萨亚·沃伦盖·姆拜尼马拉马通电话。5月，斐济总统乔治·科努西·孔罗特、姆拜尼马拉马总理就中国共产党成立100周年分别向中共中央总书记习近平致贺函。11月，习近平主席向斐济新任总统维利亚姆·卡托尼韦雷致贺电。6月和10月，斐济总理兼外长姆拜尼马拉马分别出席王毅国务委员兼外长主持的“一带一路”亚太区域国际合作高级别视频会议、首次中国—太平洋岛国外长会。11月，斐济代总理伊尼亚·塞鲁伊拉图在第四届中国国际进口博览会开幕式上发表视频致辞。5月，斐济国防、国家安全和警务部长塞鲁伊拉图出席中国—太平洋岛国政党对话会。

双方抗疫和各领域合作成果显著。中国政府、广东省等地方省市及民间组织、企业等向斐济捐赠多批抗疫物资。中方援助实施的菌草技术合作二期、码头等项目稳步推进。公安部向斐济警方捐赠警用物资。斐济中国文化中心、南太平洋大学孔子学院运营良好。

芬　兰
(Finland)

2021年，中华人民共和国与芬兰共和国推进中芬面向未来的新型合作伙伴关系全面发展。

两国高层交往密切。6月，国家主席习近平同芬兰总统绍利·尼尼斯托通电话，就中芬关系及各领域合作达成重要共识。12月，全国人大常委会委员长栗战书同芬兰议长阿努·韦赫维莱宁以视频形式举行会谈。同月，最高人民法院院长周强同芬兰最高法院院长塔图·乐佩宁以视频方式举行工作会谈。7月，芬兰外交部长佩卡·哈维斯托访华，国务委员兼外交部长王毅同其举行会谈并共同会见记者。访华期间，哈维斯托外长同四川省省

长黄强举行视频会见。12月，外交部副部长邓励同芬兰外交部国务秘书马蒂·安托宁以视频形式举行中芬副外长级政治磋商。

两国经贸合作取得新成果。中国继续保持芬兰亚洲第一大贸易伙伴地位。5月，商务部部长王文涛同芬兰经济部长米卡·林蒂莱举行视频会谈。8月，中芬签署芬鱼饲料输华议定书。9月，迈瑞医疗以5.45亿欧元全资收购芬全球知名免疫原料供应商海泰斯特公司。中欧班列新增赫尔辛基—重庆、赫尔辛基—济南线，每月两班运行平稳。中远海运积极拓展海铁联运业务。吉祥航空和芬兰航空直飞航线保障必要人员流动。华为在芬5G业务发展顺利，诺基亚中标国内5G项目。

双方在科技、体育等领域合作亮点纷呈。10月，科技部部长王志刚同芬经济部长林蒂莱以视频形式举行中芬科技创新部长会谈。11月，科技部副部长张广军同芬兰经济事务与就业部国务秘书佩特里·佩尔托宁以视频和线下相结合的方式举行中芬科技冬奥对接会。

人文交流克服疫情影响稳步推进。2月，北京市与赫尔辛基市首次以线上形式举行第15届“欢乐春节”中国春节庙会活动。同月，两国成立中芬应用科学大学联合会。5月，中芬教育政策对话会首次会议以视频形式举办。

截至2021年年底，两国共有28对省、市结好。

法　国
(France)

2021年，中华人民共和国与法兰西共和国全面战略伙伴关系持续稳定发展，各领域合作稳步推进，在全球治理和国际事务上进一步保持沟通协调。

高层交往密切频繁。2月、10月，国家主席习近平应约同法国总统埃马纽埃尔·马克龙两次通电话，就发展中法、中欧关系、加强各领域合作、维护多边主义等达成一系列共识，并就气候变化等全球性议题以及共同关心的热点问题交换看法。4月、7月，习近平主席两次同马克龙总统、时任德国总理默克尔举行中法德领导人视频峰会，三国领导人就合作应对气候变化、中欧关系、抗疫合作以及重大国际和地区问题深入交换意见。

10月，国务委员兼外交部长王毅在罗马会见法国外长让-伊夫·勒德里昂。王毅国务委员兼外长同勒德里昂外长　·次通电话，同法国总统外事顾问埃玛纽埃尔·博纳两次通电话，就中法、中欧关系、国际抗疫合作、阿富汗形势等国际问题深入交换意见。

高级别机制对话稳步开展。12月，国务院副总理胡春华同法国经济、财政和振兴部部长布鲁诺·勒梅尔通过视频方式举行第八次中法高级别经济财金对话。1月，王毅国务委员兼外长同博纳外事顾问以通话方式举行第21次中法战略对话。

各领域务实合作取得进展。双边贸易额达到850.74亿美元，再创历史新高。法国积极参加第四届中国国际进口博览会和首届中国国际消费品博览会。农业食品领域，双方相互承认对方非洲猪瘟区域化管理防控体系。航空航天领域，两国在航空工业、月球和火星探测、卫星研发、气候变化监测等领域积极开展合作。金融领域，两国央行和金融监管机构在金融监管和金融市场改革与发展等领域开展了密切合作。第三方市场合作方面，尼日利亚庭堪岛集装箱码头、尼日利亚莱基港、塞内加尔达喀尔污水处理厂等项目进展顺利。产业和创新领域，双方发布了第三批中法工业合作示范项目，召开中欧光电和微波创新合作对接会。中法武汉生态城规划建设取得阶段性进展。

有序开展人文交流合作。旅法大熊猫双胞胎幼崽“欢黎黎”“圆嘟嘟”命名仪式成功在法举行。双方成功举办中法人工智能研讨会，相互支持举办北京2022年冬奥会和巴黎2024年奥运会。截至2021年年底，中法两国结成友好省区和城市109对。

稳步推进议会、政党交流。12月，全国人大常委会副委员长陈竺与法国参议院法中友好小组主席克洛德·雷纳尔通过视频方式共同主持中法议会（参议院）交流机制第十次会议。6月，中共中央对外联络部副部长钱洪山同法国国民议会法中友好小组主席、共和国前进党亚洲事务负责人陈文雄举行视频通话。

在多边事务中保持良好合作。国务院总理李克强以视频形式出席第七届世界自然保护大会开幕式并发表讲话，国务院副总理韩正先后以视频方式出席第四届“一个星球”峰会、非洲经济体融资峰会并致辞。中方出席法方召开的“支持贝鲁特和黎巴嫩人民”国际视频会议、支持苏丹转型国际会议、巴黎和平论坛。马克龙总统以录制视频方式出席联合国《生物多样性公约》第15次缔约方大会领导人峰会并致辞。

加　蓬
(Gabon)

2021年，中华人民共和国与加蓬共和国全面合作伙伴关系不断深化。

两国保持友好交往。6月，加蓬总统阿里·邦戈·翁丁巴就中国共产党成立100周年向中共中央总书记习近平致贺信。7月，加执政党“加蓬民主党”总书记埃里克·多多·布恩冈加出席中国共产党与世界政党领导人峰会。4月，国务委员兼外交部长王毅同时任加蓬外交部长帕科姆·穆贝莱·布贝亚通电话。11月，王毅国务委员兼外长在出席中非合作论坛第八届部长级会议期间会见时任加蓬外交部长穆贝莱。5月，全国政协副主席刘新成同加蓬参议院第一副议长吕克·奥约比举行视频会晤。

两国务实合作稳步推进。3月和5月，中国向加蓬提供两批新冠疫苗援助，是第一个向加提供疫苗援助的国家。4月，恩考克职业教育培训中心揭幕。6月，援加蓬国民议会大厦修缮及大会礼堂重建项目交付启用。

冈比亚
(The Gambia)

2021年，中华人民共和国与冈比亚共和国友好合作关系继续保持良好发展势头。

两国政治互信不断深化。2月，国家主席习近平向冈比亚总统阿达马·巴罗就冈比亚独立56周年致贺电。12月，习近平主席向巴罗总统致贺电，祝贺其胜选连任。6月，巴罗总统就中国共产党成立100周年向中共中央总书记习近平致贺信。9月，巴罗总统就中华人民共和国成立72周年向习近平主席致贺函。4月，中共中央对外联络部部长助理李明祥同冈比亚国家人民党全国主席登博·博江举行视频通话。

两国抗疫及务实合作持续推进。3月，中国驻冈比亚大使马建春与冈比亚外交、国际合作与侨民事务部部长马马杜·坦加拉签署对冈粮食援助项目换文。10月，由中国政府援建冈比亚的上河区道路桥梁项目举行通车仪式。11月，马建春大使与坦加拉外长分别代表两国政府签署《中冈经济技术合作协定》。12月，中国政府援助的新冠疫苗运抵冈。

格鲁吉亚
(Georgia)

2021年，中华人民共和国与格鲁吉亚友好合作关系保持健康稳定发展。

两国高层交往保持热度。2月，国务院总理李克强向格鲁吉亚新任总理加里巴什维利致贺电。4月，全国人大常委会委员长栗战书向格新任议长库恰瓦致贺电。12月，栗战书委员长向格新任议长帕普阿什维利致贺电。1月，国务委员兼外交部长王毅致电祝贺格外长扎尔卡利亚尼升任副总理兼外长。10月，格副总理兼外长扎尔卡利亚尼出席我国驻格使馆举办的国庆线上招待会并致贺词，盛赞中国取得的瞩目成就。

双方抗疫合作成果显著。中方向格方援助20万剂疫苗，加里巴什维利总理专门致信李克强总理表示感谢。中方协助格方在华采购260万剂疫苗。12月，中方向格援助一批呼吸机。格方积极配合中方在当地开展“春苗行动”，实现在格中国公民“应接尽接”和“愿接尽接”。

两国务实合作成果丰硕。双边贸易额连续4年超过10亿美元，中方继续稳居格第三大贸易伙伴地位。中资企业在格承建项目持续推进。

两国人文交流方兴未艾。汉语教学、体育交往、文化交流等合作富有成效。

德　　国
(Germany)

2021年，中华人民共和国与德意志联邦共和国关系发展良好，双方积极应对新冠肺炎疫情对双边交往持续影响，各层级通过视频、电话等方式保持密切沟通，在维护多边主义、推进抗疫合作、应对气候变化等方面密切协调，积极推动双边关系健康发展，促进务实合作惠及两国及两国人民，为推动中欧交往合作、世界和平稳定与发展作出贡献。

两国高层交往密切。4月、9月，国家主席习近平同时任德国总理安格拉·默克尔两次通电话。10月，习近平主席同时任德国总理默克尔举行视

频会晤。双方就中德关系、中欧关系、多边主义、国际抗疫合作等深入交换意见。4月、7月，习近平主席同法国总统马克龙、时任德国总理默克尔两次举行中法德领导人视频峰会，三国领导人就合作应对气候变化、中欧关系、抗疫合作以及重大国际和地区问题深入交换意见。12月，习近平主席致电德国新任联邦总理奥拉夫·朔尔茨，祝贺其当选。12月，习近平主席同德国总理朔尔茨通电话，双方互致新年问候，并表示愿保持经常性沟通，共同努力推动中德、中欧关系迈上新台阶。

4月，国务院总理李克强以视频形式与时任德国总理默克尔共同主持第六轮中德政府磋商，并以视频形式同出席第十届中德经济技术合作论坛的两国经济界代表见面。10月，李克强总理同时任德国总理默克尔举行视频会晤，并以视频方式共同出席中德经济顾问委员会座谈会。12月，李克强总理致电祝贺朔尔茨当选德国联邦总理。

10月，全国人大常委会委员长栗战书向德国新任联邦议院议长贝贝尔·巴斯致就职贺电。

2月、5月，全国人大常委会副委员长王晨与时任德国联邦议院副议长汉斯–彼得·弗里德里希两次共同主持中国全国人大与德国“中国之桥”协会视频会议并致辞。11月，国务院副总理刘鹤应邀以视频方式出席第九届中欧论坛汉堡峰会并发表主旨演讲。7月，中共中央政治局委员、中央外事工作委员会办公室主任杨洁篪会见时任德国驻华大使葛策。5月，国务委员兼外交部长王毅应邀以视频方式出席慕尼黑安全会议“中国专场”活动并发表演讲。11月，全国政协副主席万钢率团访问德国。

两国外交部保持密切交流与合作。4月，王毅国务委员兼外长同时任德国外长海科·马斯在第六轮中德政府磋商框架下举行对口磋商，双方并发表联合声明。12月，王毅国务委员兼外长致电祝贺安娜莱娜·贝尔伯克就任德国外长。11月，外交部副部长邓励同德国外交部时任国务秘书米古埃尔·贝尔格以视频方式举行中德副外长级政治磋商。

两国各领域交流合作密切。2月，国家主席习近平夫人彭丽媛教授亲切致信德国伯乐高级文理中学师生。国防部、国家发展和改革委员会、教育部、科学技术部、财政部、人力资源和社会保障部、生态环境部、农业农村部、商务部、国家卫生健康委员会、国家国际发展合作署等年内均同德国对口部门举行视频磋商。

加　纳
(Ghana)

2021年，中华人民共和国与加纳共和国友好合作关系健康稳定发展。

两国保持高层互动。6月，加纳总统纳纳·阿库福–阿多、加纳执政党新爱国党主席弗雷迪·布莱分别就中国共产党成立100周年向中共中央总书记习近平致贺函。7月，新爱国党领导人参加中国共产党与世界政党领导人峰会。11月，加方出席中非合作论坛第八届部长级会议。

两国各领域务实合作稳步推进。援加纳詹姆斯敦渔港综合设施项目实施顺利。援加纳霍城医科大学二期项目正式开工。中国在“南南合作援助基金”项目下向加纳捐赠100万美元，以帮助改善儿童健康等。援加纳医疗队积极帮助加方抗击新冠肺炎疫情，受到当地民众好评。2021年华为公司“未来种子”项目在加实施，中国驻加纳大使馆向加纳大学孔子学院、海岸角大学孔子学院等院校学习中文的学生发放大使奖学金。中非联合研究交流计划“中非合作论坛：发展合作的新范例”研讨会在加召开。

2月，中国新任驻加纳大使卢坤向阿库福–阿多总统递交国书。

希　腊
(Greece)

2021年，中华人民共和国与希腊共和国全面战略伙伴关系保持良好发展势头，各领域交流合作不断加深。

两国高层保持密切交往。7月，国家主席习近平同希腊总理基里亚科斯·米佐塔基斯通电话，米佐塔基斯祝贺中国共产党成立100周年，双方并就发展中希关系及有关地区问题交换了意见。10月，国务委员兼外交部长王毅访问希腊，会见米佐塔基斯总理，同希外交部长尼科斯·登迪亚斯举行会谈并共同会见记者。6月，社会党国际主席、希腊前总理乔治·帕潘德里欧致函祝贺中国共产党成立100周年。

务实合作稳步推进。全年双边贸易额同比增长55.6%。2月，希腊开发银行加入中国—中东欧银联体。4月，中希合作共建的克里特岛联网项目一

期顺利竣工并投入运营。10月，中国远洋海运集团有限公司收购比雷埃夫斯港务局第二期16%股权顺利交割。

人文交流丰富多彩。7月，中国希腊文明交流互鉴对话会成功举办。9月，中希文化和旅游年在希腊雅典古集市遗址开幕，两国总理以视频形式出席开幕式并致辞。10月，由北京大学希腊研究中心和希腊拜占庭和后拜占庭研究所联合主办的“拜占庭与中国”国际研讨会在希腊米斯特拉斯举行。10月，北京冬奥会圣火采集和交接仪式在希腊古奥林匹亚和雅典成功举行。10月，中国—希腊高等教育交流合作咨询委员会成立。烟台市和希腊希俄斯市结为友好城市。中央财经大学与希腊色萨利大学合作建设的孔子学院正式揭牌。

11月，中国新任驻希腊大使肖军正向希腊总统卡特里娜·萨克拉罗普卢递交国书。

格林纳达
(Grenada)

2021年，中华人民共和国与格林纳达友好合作关系保持稳定发展势头。

两国政治互信不断增强。6月，格林纳达执政党新民族党主席安东尼·博茨维恩、反对党民族民主大会党时任临时政治领袖阿德里安·托马斯分别致函中共中央总书记习近平，祝贺中国共产党建党百年。11月，格总理基思·米切尔在线出席第三届中拉政党论坛并致辞。7月，格外长奥利弗·约瑟夫就河南省发生洪涝灾害向国务委员兼外交部长王毅致慰问电。12月，王毅国务委员兼外长主持中国—拉共体论坛第三届部长会议，约瑟夫外长在线出席。中国向格林纳达提供多批抗疫物资援助。两国在重大国际和地区问题上保持良好沟通与配合。

两国务实合作与人文交流稳步推进。中方继续向格方提供政府奖学金和人力资源培训名额。

1月，中国新任驻格林纳达大使韦宏添向塞茜尔·拉格雷纳德总督递交国书。

几内亚
(Guinea)

2021年，中华人民共和国与几内亚共和国全面战略合作伙伴关系平稳发展。

两国保持高水平政治互信。6月，几内亚人民联盟–彩虹联盟创始主席、几内亚共和国总统阿尔法·孔戴就中国共产党成立100周年向中共中央总书记习近平致贺信。11月，国务委员兼外交部长王毅出席中非合作论坛第八届部长级会议期间会见几内亚外交、国际合作、非洲一体化和海外侨民部长莫里桑达·库亚特。

双边经贸合作取得新成果。在中几"资源换贷款"合作框架内，铝土矿开发、1号国道、科纳克里城市道路等项目继续推进。6月，中国企业投资建设的苏阿皮提水电站竣工发电。

两国携手抗击新冠肺炎疫情。中方通过多种渠道向几方多批次供应新冠疫苗。

几内亚比绍
(Guinea-Bissau)

2021年，中华人民共和国与几内亚比绍共和国关系发展顺利。

两国政治互信不断加深。6月，几内亚比绍总统乌马罗·西索科·恩巴洛就中国共产党成立100周年向中共中央总书记习近平致贺函。11月，国务委员兼外交部长王毅在出席中非合作论坛第八届部长级会议期间会见几内亚比绍外交部长苏齐·巴尔博萨，就发展两国关系交换意见。

两国经贸合作取得新成果。1月，中国援几内亚比绍西非沿海公路比绍—萨芬段项目举行奠基仪式。3月，中几比签署《中华人民共和国政府和几内亚比绍共和国政府经济技术合作协定》。11月，中国通过南南合作援助基金同联合国世界粮食计划署合作向几内亚比绍提供一批紧急粮食援助。

两国合作抗击新冠肺炎疫情。中国积极向几内亚比绍援助新冠病毒疫苗。中国援几内亚比绍医疗队积极参与几比疫情防控，为当地医护人员开

展培训。

11月，两国政府签署《中华人民共和国政府与几内亚比绍共和国政府关于共同推进丝绸之路经济带和21世纪海上丝绸之路建设的谅解备忘录》。

圭亚那
(Guyana)

2021年，中华人民共和国与圭亚那合作共和国友好关系保持稳定发展。

两国政治互信不断巩固。3月，国家主席习近平同圭亚那总统穆罕默德·伊尔凡·阿里通电话，就双边关系和抗疫合作达成重要共识。圭亚那主要政党人民进步党、人民全国大会党及变革联盟领导人均向中国共产党建党百年致贺。5月，时任中共中央对外联络部部长宋涛与圭副总统、人民进步党总书记巴拉特·贾格迪奥视频通话。10月，中国主办第二届联合国全球可持续交通大会，圭公共工程部长胡安·安东尼·埃奇希尔在线出席。12月，国务委员兼外交部长王毅主持中国—拉共体论坛第三届部长会议，圭亚那外交和国际合作部长休·托德在线出席。中圭在国际事务中保持密切沟通与配合。

两国各领域务实合作稳步推进。中方通过多种渠道向圭方援助抗疫物资，圭系加勒比地区首个接收中国疫苗援助的国家。3月，中国援助圭亚那疫苗运抵乔治敦，圭总统阿里致函习近平主席表示感谢。圭契迪·贾根国际机场改扩建项目进展顺利。

两国人民友谊日益加深。中国第16批援圭亚那医疗队成功主办首届中圭中医药文化交流巡展，并与第17批援圭医疗队完成交接。中方继续向圭方提供政府奖学金和线上培训名额。

10月，中国新任驻圭亚那大使郭海燕向阿里总统递交国书。

匈牙利
(Hungary)

2021年，中华人民共和国与匈牙利全面战略伙伴关系继续深入发展。

两国高层交往密切，政治互信不断深化。2月，国家主席习近平以视频方式主持召开中国—中东欧国家领导人峰会，匈牙利总理欧尔班·维克多出席。4月，习近平主席同匈总理欧尔班通电话。2月，全国人大常委会委员长栗战书同匈国会主席格维尔·拉斯洛举行视频会见。1月，中共中央政治局委员、全国人大常委会副委员长王晨视频会见匈国会常务副主席玛特劳伊·玛尔道。3月，国务委员兼国防部长魏凤和上将访匈。5月，国务委员兼外交部长王毅在贵阳接待匈牙利外交与对外经济部长西雅尔多·彼得访华。11月，王毅国务委员兼外长同西雅尔多外长举行视频会晤。

两国共建“一带一路”和中国—中东欧国家合作稳步推进，经贸、投资、互联互通、抗疫等领域合作成果显著。6月，西雅尔多外长在第二届中国—中东欧国家博览会开幕式上视频致辞。10月，欧尔班总理以录制视频方式出席第130届广交会开幕式并致辞。匈塞铁路匈牙利段项目举行奠基仪式。11月，双方签署《中华人民共和国商务部和匈牙利创新与技术部关于推动绿色发展领域投资合作的谅解备忘录》《中华人民共和国商务部和匈牙利创新与技术部关于加强数字经济领域投资合作的谅解备忘录》。郑州、宁波等地至布达佩斯货运直航接连开通。金华、乌鲁木齐等地至布达佩斯的中欧班列首发成功。双方积极开展疫苗合作，匈成为首个批准并使用中国疫苗的欧盟国家。

截至2021年年底，中匈两国共有结好省（州）、市42对。

冰　岛
(Iceland)

2021年，中华人民共和国与冰岛共和国关系平稳发展，各领域交流合作持续推进。

两国高层交往保持良好势头。6月，国家主席习近平向冰岛总统古德尼·索尔拉修斯·约翰内松致国庆贺电和生日贺函。12月，习近平主席、国务院总理李克强、国务委员兼外交部长王毅分别同冰岛总统约翰内松、总理卡特琳·雅各布斯多蒂尔、外长索尔迪丝·科尔布伦·雷克菲约兹·吉尔法多蒂尔互致中冰建交50周年贺电。9月，李克强总理就中冰建交50周年和气候变化合作同冰岛总理雅各布斯多蒂尔互致信函。12月，李克强总理向冰岛总理雅各布斯多蒂尔致连任贺电。同月，全国人大常委会委员长栗战书向冰岛新任议长比吉尔·奥尔曼松致就职贺电和感染新冠病毒慰问电。8月，时任冰岛外长格维兹勒于尔·索尔·索尔达松就河南特大洪涝灾害向王毅国务委员兼外长致慰问函。12月，王毅国务委员兼外长向吉

尔法多蒂尔外长致就职贺电和感染新冠病毒慰问电。同月，王毅国务委员兼外长同吉尔法多蒂尔外长举行视频会晤。吉尔法多蒂尔外长以视频方式出席冰岛驻华使馆庆祝两国建交50周年招待会。

两国在经贸、地热、科技、文化、环保、地方等领域的交流持续发展。中国连续15年成为冰岛在亚洲最大贸易伙伴。9月，两国企业签署了共建15万吨级二氧化碳捕集与综合利用系统的协议。这是全球首个利用二氧化碳转化的绿色甲醇制作新能源材料产业链项目。

截至2021年年底，两国已缔结友好城市3对。

印　度
(India)

2021年，中华人民共和国与印度共和国关系挑战与机遇并存。

高层交往引领两国关系走向。4月30日，国家主席习近平就印度新冠肺炎疫情向印度总理纳伦德拉·莫迪致慰问电。2月、4月，国务委员兼外交部长王毅同印度外交部长苏杰生两次通电话。7月、9月，王毅国务委员兼外长在塔吉克斯坦杜尚别同苏杰生外长两次会见。11月，王毅国务委员兼外长同俄罗斯外交部长拉夫罗夫、印度外交部长苏杰生以视频方式举行中俄印外长第18次会晤。

人文交流助力两国关系发展。4月，第七次中印关系对话会在线上举行。4月，第18届中俄印三边学术会议以视频方式举行。8月，第21届“汉语桥”世界大学生中文比赛印度赛区比赛在线上举行。9月，第四届中印高级别二轨（视频）对话在四川成都举行。

2021年两国共举行三次中印边境事务磋商和协调工作机制会议和六轮军长级会谈，通过外交和军事渠道就边界问题保持沟通，努力推动边境地区局势进一步降温缓和。

两国还在金砖国家、二十国集团、上海合作组织、中俄印等机制中保持沟通与协调。

印度尼西亚
(Indonesia)

2021年，中华人民共和国与印度尼西亚共和国双边关系在疫情形势下逆势提升，全面战略伙伴关系进一步深化。

两国高层交往密切。4月，国家主席习近平同印尼总统佐科·维多多通电话，对两国关系发展作出战略指引。习近平主席就印尼海军“南伽拉”号潜艇失事向佐科总统致慰问电。9月，全国政协主席汪洋同印尼人民协商会议主席班邦·苏萨迪约举行视频会晤。10月，全国人大常委会副委员长王晨同印尼国会副议长穆海敏·伊斯甘达尔举行视频会晤。1月，国务委员兼外交部长王毅访问印尼，拜会佐科总统，分别同印尼对华合作牵头人、海洋与投资统筹部长卢胡特·宾萨尔·潘加伊丹和外交部长蕾特诺·马尔苏迪举行会谈。2月，王毅国务委员兼外长同卢胡特统筹部长通电话。6月，王毅国务委员兼外长在贵州贵阳接待卢胡特统筹部长访华并共同主持中印尼高级别对话合作机制首次会议。10月，王毅国务委员兼外长同卢胡特统筹部长举行视频会晤。12月，王毅国务委员兼外长在浙江安吉接待卢再次访华。2月，王毅国务委员兼外长同蕾特诺外长通电话。4月，王毅国务委员兼外长在福建南平同蕾特诺外长举行会谈。6月，蕾特诺外长来华出席纪念中国—东盟建立对话关系30周年特别外长会，王毅国务委员兼外长同其举行会见。10月，在意大利罗马出席二十国集团领导人峰会期间，王毅国务委员兼外长会见蕾特诺外长。印尼立法机构及主要政党领导人就中国共产党成立100周年向习近平总书记致贺信，前三大政党总主席出席中国共产党与世界政党领导人峰会。

各领域合作成果丰硕。两国成立高级别对话合作机制并举行首次会议，重启海上合作，双方合作从政治、经济、人文“三驾马车”升级为政治、经济、人文、海上合作“四轮驱动”。两国积极开展抗疫合作，疫苗合作走在全球前列。中方迄已向印尼供应超2.7亿剂疫苗，多家不同技术路线疫苗企业同印尼开展合作。双方深入对接“一带一路”倡议和“全球海洋支点”构想，雅万高铁建设取得阶段性进展，“区域综合经济走廊”合作有序推进，“两国双园”启动实施。印尼海军“南伽拉”号潜艇失事后，中国派出三艘舰船赴印尼协助救援打捞。双方在基础设施建设、电力、资源、工业制造、金融、电商等领域合作持续拓展，在防务、执法、航天、科技、人文、旅

游等领域合作不断深入。

伊　朗
(Iran)

2021年是中华人民共和国同伊朗伊斯兰共和国建交50周年，两国全面战略伙伴关系持续深入发展，各领域务实合作成果显著。

两国政治互信不断深化。国家主席习近平于5月同伊朗总统哈桑·鲁哈尼通电话，于8月同伊朗新当选总统赛义德·易卜拉欣·莱希通电话。8月，为庆祝中伊建交50周年，习近平主席、国务委员兼外交部长王毅分别同莱希总统、伊朗时任外交部长穆罕默德·贾瓦德·扎里夫互致贺电。1月，全国人大常委会委员长栗战书同伊朗议长穆罕默德·巴盖尔·卡利巴夫举行视频会晤。3月，王毅国务委员兼外长访问伊朗，分别会见鲁哈尼总统等伊方领导人，并同时任外长扎里夫举行会谈，后于7月同扎里夫通电话。伊朗新政府就职后，王毅国务委员兼外长先后于9月、10月、11月、12月同伊朗外交部长侯赛因·阿米尔·阿卜杜拉希扬通电话四次、举行视频会晤一次，并于9月作为习近平主席特别代表在杜尚别现场出席上海合作组织成员国元首理事会第21次会议期间同阿卜杜拉希扬外长举行会见。

两国务实合作稳步推进。王毅国务委员兼外长访问伊朗期间同时任外长扎里夫签署《中华人民共和国和伊朗伊斯兰共和国全面合作计划》。中国继续保持伊朗最大贸易伙伴国地位。中国向伊朗提供包括新冠肺炎疫苗在内的抗疫物资，有力支持伊朗抗击疫情。

两国传统友谊持续巩固。双方举办了一系列线上、线下庆祝建交50周年纪念活动，包括“庆祝中国—伊朗建交50周年”音乐会、“回顾与展望——中文和汉学在伊朗”研讨会、中伊友好交往历史文献展等，双方还联合发行建交纪念邮票。

伊拉克
(Iraq)

2021年，中华人民共和国与伊拉克共和国战略伙伴关系稳步发展，务实合作取得积极成果。

两国政治互信不断巩固。8月，国家主席习近平同伊拉克总统巴尔哈姆·萨利赫通电话。3月，国务委员兼外交部长王毅同伊拉克外长福阿德·侯赛因通电话。6月，时任外交部部长助理邓励同伊拉克第一副外长纳扎尔·伊萨·阿卜杜勒哈迪·海鲁拉共同主持中伊外交部第三轮政治磋商。

两国继续携手抗击新冠肺炎疫情。中方累计向伊方援助175万剂新冠肺炎疫苗，并协助伊方在华采购200万剂疫苗。

两国务实合作稳步推进。中国保持伊拉克最大贸易伙伴和最大原油买方地位，伊拉克保持中国第三大原油供应国地位。中国企业参与建设的鲁迈拉电站项目一期、萨拉赫丁电站一号机组并网发电。中国企业中标迪亚拉省曼苏里亚天然气田项目、签署2000兆瓦光伏电站项目工程总承包框架协议，上述两个项目是中国企业首次承揽伊拉克天然气和可再生能源领域项目。

爱尔兰
(Ireland)

2021年，中华人民共和国与爱尔兰双边关系总体发展平稳顺利，各领域务实合作成果显著。

高层保持密切交往。国家主席习近平、国务院总理李克强、全国人大常委会委员长栗战书分别同爱尔兰总统迈克尔·希金斯、总理米歇尔·马丁、众议长肖恩·奥法乔尔互致函电。7月，马丁总理就中国共产党成立100周年向中共中央总书记习近平致贺信。10月，栗战书委员长同奥法乔尔众议长举行视频会晤。5月，国务委员兼外交部长王毅在贵阳同爱尔兰外交与国防部长西蒙·科文尼举行会谈。

务实合作持续深化。5月，爱方参加首届中国国际消费品博览会（海南）。7月，副总理利奥·瓦拉德卡在2021年跨国公司领导人峰会（青岛）发表视频致辞。9月，爱尔兰作为主宾国参加2021年中国国际服务贸易交易会，马丁总理出席全球服务贸易峰会并发表视频致辞。中国海关总署同爱尔兰农业、食品和海事部签署《关于中国从爱尔兰输入种猪的检疫和卫生条件议定书》《关于中国从爱尔兰输入绵羊肉的检验检疫和兽医卫生要求议定书》。11月，爱企业参加第四届中国国际进口博览会。

人文交流稳步推进。都柏林市政府举办2021年中国新年庆典活动，希

金斯总统、马丁总理、奥法乔尔众议长等出席活动或致贺词。爱尔兰女作家杰鲁莎·麦科马克获第15届中华图书特殊贡献奖，成为首位获该奖项的爱尔兰人。爱尔兰文学巨著《尤利西斯》百年中文珍藏版赠书仪式在爱尔兰文学博物馆举行。中国国家留学基金委同戈尔韦大学签署联合培养博士研究生协议。

以色列
(Israel)

2021年，中华人民共和国与以色列国创新全面伙伴关系稳步发展。

两国保持高层交往势头。6月，国家主席习近平就伊萨克·赫尔佐格当选以色列总统向其致贺电，国务院总理李克强、全国人大常委会委员长栗战书、国务委员兼外交部长王毅分别向以新任总理纳夫塔利·本内特、新任议长米基·列维、新任候任总理兼外交部长亚伊尔·拉皮德致贺电。11月，习近平主席同以总统赫尔佐格通电话，就中以友好合作交换意见；11月，中以外交部举行多边事务视频磋商。

两国务实合作稳步推进。中国是以色列全球第二大贸易伙伴国，2021年双边贸易额228亿美元。两国正加快推进中以自由贸易协定谈判。《中以创新合作行动计划（2018—2021）》顺利完成，两国正在筹备召开中以创新合作联委会第五次会议。中国企业在以承揽的海法新港、特拉维夫轻轨等项目克服疫情影响顺利完工。中以双方在华开展科技、医疗、教育、农业等领域创新合作项目。

意大利
(Italy)

2021年，中华人民共和国与意大利共和国全面战略伙伴关系保持良好发展势头，各领域交流合作持续深化。

两国高层互动密切。9月，国家主席习近平应约同意大利总理马里奥·德拉吉通电话。5月，国务院总理李克强应约同德拉吉总理通电话。6月、8月，国务委员兼外交部长王毅两次应约同意外交与国际合作部部长路易吉·迪马约通电话。10月，王毅国务委员兼外长作为习近平主席特别代表赴罗马出席二十国集团领导人第16次峰会并访意，其间同德拉吉总理会见，同迪马约外长会谈。6月，意大利共产党全国书记毛罗·阿尔博雷西、意大利重建共产党全国书记毛里齐奥·阿切尔博和意大利民主党国际书记莉亚·夸塔佩莱来函祝贺中国共产党成立100周年。

两国各领域交往和务实合作成果丰硕。全年双边贸易额同比增长34.1%，创历史新高。9月，商务部与意外交与国际合作部以视频方式举行中意经济合作混委会第14次会议。12月，科技部与意大学与科研部以线上线下结合方式举办第11届中意创新合作周。11月，意总理德拉吉以视频方式出席第四届中国国际进口博览会，逾100家意企业参加进博会。两国主管部门达成第二轮中意第三方市场合作重点项目清单，包括石油、化工、金融等领域14个项目。中国和意大利作为2022年和2026年冬奥会主办国，相互支持彼此办奥，密切开展冰雪运动和产业合作，意作为主宾国参加2021年北京国际冬季运动博览会，20家意企业参展。

牙买加
(Jamaica)

2021年，中华人民共和国与牙买加战略伙伴关系取得积极进展。

中牙政治互信不断深化。6月，牙买加总理安德鲁·霍尔尼斯就中国共产党成立100周年向中共中央总书记习近平致贺信。12月，全国政协主席汪洋同牙买加参议长塔瓦雷斯–芬森视频会晤。12月，牙买加工党总书记、副总理兼国家安全部长霍勒斯·张在线出席第三届中拉政党论坛。12月，国务委员兼外交部长王毅主持中国—拉共体论坛第三届部长会议，牙买加外交和外贸部长卡米娜·约翰逊–史密斯在线出席。两国在国际事务中保持密切沟通与配合。

中牙抗击新冠肺炎疫情合作富有成效。中方多渠道向牙方捐赠多批抗疫物资。11月，中国援助牙买加疫苗运抵金斯敦。

两国各领域务实合作稳步推进，人文交流和地方合作不断发展。

日　本
(Japan)

2021年，中华人民共和国与日本国关系发展总体保持稳定，两国经贸、人文等领域务实合作持续深化。

中日政治高层保持沟通交往。10月，岸田文雄当选日本新首相，国家主席习近平、国务院总理李克强分别致电祝贺。10月，习近平主席同岸田文雄首相通电话。4月、11月，国务委员兼外交部长王毅分别同日本时任外相茂木敏充、新任外相林芳正通电话。

两国经贸合作维持较高水平。2021年，中日贸易总额3714亿美元，同比增长17.1%。其中中国出口1658.5亿美元，同比增长16.3%，进口2055.5亿美元，同比增长17.7%。2021年，日在华新设企业998家，同比增长24.9%，实际使用投资金额39.1亿美元，同比增长16%；中国对日直接投资5.5亿美元，主要涉及制造业、金融服务、电气、通信、软件等领域。10月，中国人民银行与日本银行续签中日双边本币互换协议。11月，第15次中日经济伙伴关系磋商以视频方式举行。12月，第七轮中日企业家和前高官对话以视频方式举办。

新冠肺炎疫情背景下，两国在人文、体育、生态环境、知识产权、防务等领域保持交流合作。10月，王毅国务委员兼外长在第17届“北京—东京论坛”开幕式上发表视频致辞。12月，第15届中日节能环保论坛以视频方式举行。12月，国务委员兼国防部长魏凤和上将同日本防卫大臣岸信夫举行视频通话。2021年，中日人员往来约24.69万人次。截至2021年年底，中日两国共缔结友好城市260对。

约　旦
(Jordan)

2021年，中华人民共和国与约旦哈希姆王国战略伙伴关系稳步发展。

两国保持高层交往。4月，国家主席习近平就约旦建国百年向约旦国王阿卜杜拉二世·本·侯赛因致贺电。7月，阿卜杜拉二世国王就中国共产党成立100周年向中共中央总书记习近平致贺电。3月，国务委员兼外交部长王毅同约外交与侨务大臣艾曼·萨法迪通电话。12月，全国政协副主席陈晓光同约参议院副议长拉贾伊·穆阿什尔举行视频会晤。

积极开展抗疫合作。2021年，中方向约方援助两批新冠疫苗并积极协助约方在华采购疫苗，支持约方抗击疫情。

各领域合作稳步推进。援助约旦视频监控系统三期项目稳步推进。安曼中国文化中心落成，并启动线上线下试运营。中约汉语教学合作进展顺利。

哈萨克斯坦
(Kazakhstan)

2021年，中华人民共和国与哈萨克斯坦共和国永久全面战略伙伴关系保持高水平运行。

高层交往热度不减。6月，国家主席习近平同哈萨克斯坦总统卡瑟姆若马尔特·托卡耶夫通电话。两国领导人保持热络交往，就中国共产党建党百年、哈独立30周年等重大节点互致电函。3月，全国人大常委会委员长栗战书以视频方式同哈议会下院议长努尔兰·尼格马图林会谈。10月，国务院副总理、中国和哈萨克斯坦合作委员会中方主席韩正同哈萨克斯坦第一副总理、委员会哈方主席阿里汗·斯迈洛夫通电话；11月，韩正副总理与斯迈洛夫第一副总理以视频方式共同主持召开中哈合作委员会第十次会议。1月，国务委员兼外交部长王毅同哈副总理兼外长穆赫塔尔·特列乌别尔季通电话；5月，王毅国务委员兼外长在陕西西安同来华出席“中国+中亚五国”外长第二次会晤的特列乌别尔季副总理兼外长举行会谈；7月、9月，王毅国务委员兼外长分别在塔什干、杜尚别会见特列乌别尔季副总理兼外长。

抗疫外交可圈可点。6月，首批50万剂对哈出口科兴疫苗运抵哈。8月，两批共计100万剂对哈出口国药疫苗运抵哈。9月，第三批300万剂对哈出口国药疫苗运抵哈。哈方高度评价中方提供疫苗，称对于稳定哈国内疫情形势、推动全民疫苗接种工作发挥积极作用。

共建“一带一路”持续推进。一是经贸合作态势良好，2021年，中哈双边贸易额252.5亿美元，同比增长17.4%。其中中方对哈出口额139.8亿美元，同比增长19.5%；自哈进口额112.7亿美元，同比增长14.9%。二是产能

合作走深走实，9月，两国举行第19轮产能和投资对话会，共确定52个项目，总金额约212亿美元。三是能源合作扎实推进，截至2021年年底，中哈原油管道已累计向中国输油逾1.52亿吨，6月，札纳塔斯风电实现全容量成功并网。四是互联互通持续提升，中欧班列开行量和货运量均保持增长势头，中哈连云港国际物流中心、中哈霍尔果斯国际边境合作中心等基础设施运转顺畅。五是人文交流蓬勃开展，中国成功举办“阿拜日”等系列哈文化活动。中哈共同举办“中国电影月”活动，哈引进《寒战》《云南虫谷》《温暖的抱抱》等七部中国影片。

肯尼亚
(Kenya)

2021年，中华人民共和国与肯尼亚共和国全面战略合作伙伴关系发展顺利。

高层交往频密。肯尼亚总统、执政党朱比利党领导人乌胡鲁·肯雅塔致函中共中央总书记习近平，祝贺中国共产党成立100周年。7月，肯执政党朱比利党总书记拉斐尔·图朱以视频连线方式出席中国共产党与世界政党领导人峰会。8月，全国人大常委会副委员长王晨与肯国民议会副议长摩西·切博伊共同出席中肯立法交流机制第二次会议。10月，国务委员兼外交部长王毅与肯外交部长蕾切尔·奥马莫就双边关系和共同关心的问题通电话。11月，全国政协副主席汪永清同肯参议院副议长玛格丽特·卡玛尔举行视频会晤。

务实合作亮点频出。“一带一路”合作旗舰项目蒙内铁路安全平稳运营，运量和收入实现双增长。蒙内铁路延长线、内马铁路一期和纳瓦沙内陆集装箱港运营良好。内罗毕西环城路、机场快速路、孔扎数据中心和智慧城等项目进展顺利，环球贸易中心举行亮灯仪式。中方向肯方提供20万剂新冠病毒疫苗。

基里巴斯
(Kiribati)

2021年，中华人民共和国与基里巴斯共和国关系保持快速发展势头。

双方高层和各层级交往密切。6月，基里巴斯总统塔内希·马茂就中国共产党成立100周年向中共中央总书记习近平致贺函。7月，国家主席习近平就基里巴斯共和国独立42周年向马茂总统致贺电。9月，马茂总统就中华人民共和国成立72周年向习近平主席致贺函。6月，全国人大常委会委员长栗战书同基里巴斯议长坦加丽基·里特举行视频会晤。6月，国务委员兼外交部长王毅同基里巴斯总统兼外长马茂通电话。10月，王毅国务委员兼外长主持首次中国—太平洋岛国外长会，马茂总统兼外长出席。

双方抗疫和各领域务实合作成果丰硕。中方向基方提供9万剂新冠肺炎疫苗、多批医疗防护物资和现汇等抗疫援助。中方实施首期农渔业技术援助项目，以及太阳能路灯、课桌椅、户外健身器材等一系列小型民生项目。双方签订教育合作谅解备忘录。广东等省市同基方在抗击疫情、医疗卫生、城市建设等领域合作取得新进展。

科威特
(Kuwait)

2021年是中华人民共和国与科威特国建交50周年，两国战略伙伴关系取得新发展，各领域合作稳步推进。

两国政治互信不断巩固。科威特埃米尔纳瓦夫·艾哈迈德·贾比尔·萨巴赫、王储米沙勒·艾哈迈德·贾比尔·萨巴赫就中国共产党成立100周年向中共中央总书记习近平致贺电。2月，中共中央政治局委员、中央外事工作委员会办公室主任杨洁篪访问科威特，分别会见纳瓦夫埃米尔和科威特外交大臣兼内阁事务国务大臣艾哈迈德·纳赛尔·穆罕默德·萨巴赫。7月，国务委员兼外交部长王毅于出席“中亚和南亚：地区互联互通的挑战和机遇”高级别国际会议期间会见艾哈迈德外交大臣。11月，科商业和工业大臣阿卜杜拉·伊萨·萨勒曼视频出席第四届中国国际进口博览

会暨虹桥国际经济论坛开幕式。

值中科建交50周年之际，习近平主席、国务院总理李克强分别同纳瓦夫埃米尔、萨巴赫首相互致贺电。中科双方成功举办一系列庆祝活动。

两国务实合作稳步推进。中国企业积极参与科威特能源、住房、基础设施、通信等项目建设。中方企业为科方建造的31.8万吨超大型油轮顺利交付，这是中国企业首次同科方开展此类合作。

吉尔吉斯斯坦
(Kyrgyzstan)

2021年，中华人民共和国与吉尔吉斯共和国全面战略伙伴关系保持稳健发展势头。

高层交往密切。2月，国家主席习近平同吉尔吉斯斯坦总统扎帕罗夫通电话。5月，“中国+中亚五国”外长第二次会晤在陕西西安举行，其间，国务委员兼外交部长王毅同吉外交部长卡扎克巴耶夫举行会谈。9月，王毅国务委员兼外长作为习近平主席特别代表在杜尚别出席上海合作组织峰会期间，同吉总统扎帕罗夫举行会见。

务实合作成果丰硕。中国是吉尔吉斯斯坦第二大贸易伙伴和第一大投资来源国，两国经贸合作复苏势头明显，2021年，中吉贸易额为75.57亿美元，同比增长160.6%，截至目前，中方对吉累计投资额27.5亿美元。两国交通、能源、矿产资源开发、农业等领域合作进展顺利，比什凯克市沥青路面修复项目正式交付，第二条北南公路二期顺利完工，比什凯克市政路网改造项目二期正式开工，灌溉系统改造项目进展顺利。

抗疫合作可圈可点。疫苗合作成为主要亮点，截至2021年年底，中方共向吉援助180万剂国药新冠疫苗，并协助吉在华采购235万剂新冠疫苗。中方各省区市、中资企业等积极向吉方提供医疗物资等援助。

老　挝
(Laos)

2021年是中华人民共和国与老挝人民民主共和国建交60周年暨中老友

好年，中老命运共同体建设克服疫情影响，取得积极进展。

双方高层以灵活多样方式保持密切联系，政治互信进一步加深。1月，中共中央总书记习近平同老挝人民革命党中央总书记通伦・西苏里通电话。12月，习近平总书记、国家主席同通伦总书记、国家主席举行视频会晤并共同出席中老铁路通车仪式。4月，国务院总理李克强同老挝政府总理潘坎・维帕万通电话。5月，全国人大常委会委员长栗战书同老挝国会主席赛宋蓬・丰威汉以视频方式举行会谈。6月，中共中央政治局常委、全国政协主席汪洋同老挝人民革命党中央政治局委员、建国阵线中央主席辛拉冯・库派吞举行视频会晤。10月，中共中央政治局委员、中央纪委副书记、国家监委主任杨晓渡视频会见老挝人民革命党中央政治局委员、中纪委书记、国家监察总署署长坎潘・蓬马塔。1月、9月和12月，国务委员兼外交部长王毅三次同老挝外长沙伦赛・贡玛西举行视频会晤。6月，沙伦赛外长来华出席纪念中国—东盟建立对话关系30周年特别外长会和澜沧江—湄公河合作第六次外长会，王毅国务委员兼外长同其会见。

双方继续携手抗击新冠肺炎疫情，生动诠释守望相助的命运共同体精神。中国向老挝援助890.2万剂新冠疫苗和多批防疫物资，派出医疗专家组赴老支援，分享诊疗经验。

双方各领域交往合作持续深化，建交60周年暨中老友好年系列庆祝活动圆满收官。双方加强治国理政经验交流，在地区和国际事务中密切配合、相互协调，支持彼此核心关切，为推进国际和地区包容平衡可持续发展作出积极贡献。双方统筹推进疫情防控和复工复产合作，双边经贸合作逆势增长，中国继续为老挝第一大投资国、出口国和第二大贸易伙伴。“一带一路”建设稳步推进，中老铁路项目正式建成通车，运营顺利。中老经济走廊建设续有进展，双方建立走廊合作联合委员会。

拉脱维亚
(Latvia)

2021年是中华人民共和国与拉脱维亚共和国建交30周年，两国友好合作关系健康稳定发展。

两国高层保持往来。2月，国家主席习近平以视频方式主持召开中国—中东欧国家领导人峰会，拉脱维亚外交部长埃德加斯・林克维奇斯出席。9月，国务委员兼外交部长王毅同林克维奇斯外长互致建交30周年贺电。

两国经贸领域合作取得新成果。里加油漆涂料厂在哈尔滨市建立研发中心及工厂。华大基因生命科技中心项目新一代基因测序平台落成。菜鸟全球首条跨境电商包裹专线（杭州—里加线）运营良好，覆盖周边14个国家。中欧班列新开通2列乌兰察布市至拉脱维亚雷泽克内市班列。

两国人文交流丰富多彩。拉脱维亚留华同学会举办“我心目中的中国”征文比赛、中秋主题绘画比赛等活动。中国武术协会与拉脱维亚武术协会共同举办面向“Z世代”的武术明星赛。拉脱维亚大学孔子学院外方院长、汉学家贝德高出版《我的中国故事》一书。

截至2021年年底，中拉两国结好城市4对。

黎巴嫩
(Lebanon)

2021年是中华人民共和国与黎巴嫩共和国建交50周年。

中黎两国保持友好交往。7月，黎巴嫩总统米歇尔·奥恩就中国共产党成立100周年向中共中央总书记习近平致贺电。11月，国家主席习近平与奥恩总统、国务委员兼外交部长王毅与黎外交部长阿卜杜拉·布·哈比卜分别就中黎建交50周年互致贺电。8月，中方派代表出席法国举办的支持黎巴嫩人民国际（视频）会议。

两国互利合作持续推进。中方多次向黎方提供抗疫和灾后物资援助。中方援黎巴嫩高等国家音乐学院项目顺利推进。中国赴黎维和部队积极参与联合国在黎维和行动，参与联黎部队赴贝鲁特执行灾后人道主义援助任务，受到各界积极评价。

莱索托
(Lesotho)

2021年，中华人民共和国与莱索托王国双边关系稳步发展。

两国政治互信不断夯实。国家主席习近平同莱索托国王莱齐耶三世互致国庆贺电。6月，莱索托第二大执政党民主大会党领袖、副首相莫霍图致函中共中央总书记习近平，祝贺中国共产党成立100周年。莱其他主要政党领导人也就中国共产党成立100周年向中方致电祝贺。

两国务实合作稳步推进。中国援莱第四期菌草技术合作项目圆满完成，马塞卢地区医院及眼科诊所开工建设，马费腾光伏电站一期30兆瓦项目等取得积极进展。

两国卫生健康领域合作成果丰硕。中方积极向莱方提供疫苗援助，并协助莱政府在华采购疫苗。中方利用南南合作援助基金推动联合国人口基金卫生健康项目在莱实施。

利比里亚
(Liberia)

2021年，中华人民共和国与利比里亚共和国全面合作伙伴关系平稳发展。

两国保持友好交往。6月，利比里亚总统乔治·维阿就中国共产党成立100周年向中共中央总书记习近平致贺函。3月，中共中央政治局委员、全国人大常委会副委员长王晨同利比里亚众议院副议长乔纳森·方纳提·科法举行视频通话。7月，利比里亚民主变革联盟主席姆巴·莫卢在线出席中国共产党与世界政党领导人峰会。

两国经贸合作取得新成果。2月，中利签署《中华人民共和国政府和利比里亚共和国政府经济技术合作协定》。6月，援利比里亚竹藤编及蔬菜种植第六期技术合作圆满完成。

两国共同抗击新冠肺炎疫情，中国政府向利比里亚提供多批抗疫物资援助，中国援利比里亚医疗队积极参与利疫情防控，为当地医护人员开展培训。

利比亚
(Libya)

2021年，中华人民共和国与利比亚国关系持续发展。

中方积极支持利比亚问题政治解决进程。5月，利比亚总统委员会主席穆罕默德·尤尼斯·曼菲就中国共产党成立100周年向中共中央总书记

习近平致贺函。9月，国务委员兼外交部长王毅出席第76届联合国大会一般性辩论活动期间同利比亚总统委员会主席曼菲通电话。中方派代表参加了第二届利比亚问题柏林会议、利比亚问题巴黎峰会和支持利比亚稳定倡议部长级会议。

列支敦士登
(Liechtenstein)

2021年，中华人民共和国与列支敦士登公国在政治、经贸、教育、人文等领域务实合作继续保持良好发展。

两国高层保持友好往来。8月，国家主席习近平向列支敦士登摄政王储阿洛伊斯致国庆贺电。3月，国务院总理李克强、国务委员兼外交部长王毅分别向列支敦士登新任首相丹尼尔·里施、新任外交部长多米尼克·哈斯勒致就职贺电。

立陶宛
(Lithuania)

2021年，中华人民共和国同立陶宛共和国保持一定往来。下半年，双边关系因台湾问题遭遇严重困难。

2月，国家主席习近平以视频方式主持召开中国—中东欧国家领导人峰会，立陶宛交通与通讯部部长马留斯·斯库奥迪斯出席。

7月，立陶宛宣布将允许台湾当局以“台湾”名义设立“代表处”。为表明严正立场，中方于8月10日召回驻立陶宛大使，并要求立陶宛召回驻华大使。11月18日，立方批准台当局设立“驻立陶宛台湾代表处”。11月21日，中方宣布将两国外交关系降为代办级。11月26日，中国外交部正式照会立陶宛外交部，决定将中国驻立陶宛外交机构更名为中华人民共和国驻立陶宛共和国代办处，并要求立方相应更改驻华外交机构称谓。

卢森堡
(Luxembourg)

2021年，中华人民共和国与卢森堡大公国双边关系保持良好发展势头。

两国高层以各种形式保持沟通。6月，国务院总理李克强就卢森堡首相格扎维埃·贝泰尔确诊新冠肺炎致慰问电。9月，全国人大常委会委员长栗战书与卢国民议会议长费尔南德·埃特让举行视频会晤。3月，国务委员兼外交部长王毅应约同卢森堡外交和欧洲事务大臣让·阿瑟伯恩通电话，就中卢、中欧关系等交换意见。11月，财政部部长刘昆与时任卢财政大臣皮埃尔·格拉梅尼亚举行视频会谈。9月，贝泰尔首相以预录视频方式出席2021年太原能源低碳发展论坛开幕式并致辞。

务实合作成果丰硕。双边贸易快速增长。双方在金融、航空货运等领域稳步推进。多家中资银行在卢证券交易所发行绿色债券。

马达加斯加
(Madagascar)

2021年，中华人民共和国与马达加斯加共和国全面合作伙伴关系稳步发展。

高层互动密切，政治互信不断深化。7月，马达加斯加总统安德鲁·拉乔利纳致函中共中央总书记习近平，祝贺中国共产党成立100周年。两国元首就抗疫合作、两国国庆等多次互致函电。4月，全国人大常委会委员长栗战书同马国民议会议长克里斯蒂娜·拉扎纳马哈苏瓦举行视频会晤。10月，马外交部长帕特里克·拉乔利纳致函国务委员兼外交部长王毅，祝贺中华人民共和国成立72周年。

各领域合作成果丰硕。两国立法机构签署合作谅解备忘录。中国向马方提供30万剂新冠疫苗和抗疫物资援助。5A国道修复改造、首都郊区公路项目、西线路、通信网络现代化等项目取得积极进展。文教、司法、卫生健康、人力资源等领域合作不断深化。

马拉维
(Malawi)

2021年，中华人民共和国与马拉维共和国关系健康发展，务实合作稳步推进。

两国高层交往密切。6月，国家主席习近平致函马拉维总统拉扎勒斯·麦卡锡·查克维拉，祝贺马拉维独立57周年。8月，习近平主席同查克维拉总统通电话，就加强两国战略对接、深化各领域交流合作达成重要共识。6月，马拉维大会党主席、总统查克维拉和马拉维联合变革运动主席、副总统索洛斯·克劳斯·奇利马分别就中国共产党成立100周年向中共中央总书记习近平致贺信。9月，查克维拉总统致函习近平主席祝贺中华人民共和国成立72周年，习近平主席致复谢电。9月，马拉维议会议长凯瑟琳·戈塔尼·哈拉向全国人大常委会委员长栗战书致国庆贺信。

两国务实合作顺利推进。中国向马拉维捐赠多批防疫物资，继续支持马方抗击新冠肺炎疫情。中国援马拉维医疗队持续在马拉维诊治病患，向当地民众提供优质医疗服务并分享抗疫经验。姆祖祖中心医院CT机房项目成功完成，国家光纤骨干网二期项目正式启动，农业示范中心技术援助等项目有序推进。

马来西亚
(Malaysia)

2021年，中华人民共和国与马来西亚关系发展良好，抗疫与发展合作取得积极进展。

两国积极开展高层交往。5月，国务院总理李克强同时任马来西亚总理穆希丁举行视频会晤，就中马关系、抗击新冠肺炎疫情合作等深入交换意见。8月，李克强总理向马来西亚新任总理伊斯迈尔致就职贺电。4月，国务委员兼外交部长王毅在福建南平同时任马来西亚外交部长希沙慕丁举行会谈，签署《中华人民共和国政府和马来西亚政府关于建立中马合作高级别委员会推进后疫情时期合作的谅解备忘录》。9月，国务委员兼国防部长魏凤和上将同马来西亚政府高级部长兼国防部长希沙慕丁视频通话；王毅国务委员兼外长同马来西亚外交部长赛夫丁通电话。12月，王毅国务委员兼外长在浙江安吉同赛夫丁外长共同主持中国—马来西亚合作高级别委员会首次会议。马来西亚马来民族统一机构（巫统）、马来西亚华人公会（马华公会）等主要政党领导人就中国共产党成立100周年向习近平总书记致贺信，并出席中国共产党与世界政党领导人峰会。9月，伊斯迈尔总理以视频方式出席中国—东盟博览会。10月，伊斯迈尔总理以视频方式出席第130届中国进出口商品交易会（广交会）。6月，马来西亚副外长卡玛鲁丁来华出席纪念中国—东盟建立对话关系30周年特别外长会。

两国抗疫合作顺利推进，中国疫苗成为马来西亚首批采购疫苗。截至2021年年底，中国向马提供超过4000万剂新冠疫苗，两款中国疫苗在马实现本地化灌装生产，双方实现疫苗试验、采购、生产全链条合作。经贸投资和共建“一带一路”合作逆势前行，2021年中马贸易额达1768亿美元，同比增长34.5%，再创历史新高，中国连续13年成为马最大贸易伙伴。金融合作稳步推进。7月，中国人民银行与马来西亚国家银行续签中马（来西亚）双边本币互换协议，互换规模1800亿元人民币/900亿马币。“两国双园”、马来西亚东海岸铁路等重要合作项目稳步开展。防务安全合作不断深化。12月，中国向马移交第四艘濒海任务舰，完成双方签署的四艘濒海任务舰建造合同。

马尔代夫
(Maldives)

2021年，中华人民共和国与马尔代夫共和国关系总体平稳，稳中有进。

两国高层保持交往势头。7月，国家主席习近平同马尔代夫总统易卜拉欣·穆罕默德·萨利赫通电话。11月，国务院总理李克强，中共中央政治局委员、中央外事工作委员会办公室主任杨洁篪分别视频会见以第76届联合国大会主席身份访华的马尔代夫外交部长阿卜杜拉·沙希德，国务委员兼外交部长王毅同其会谈。9月，王毅国务委员兼外长视频会见沙希德外长。1月，时任外交部副部长罗照辉同马尔代夫外交国务部长卡利尔以视频方式共同主持中马第七轮外交磋商。

继续开展抗疫合作。中方向马方援助20万剂国药疫苗及价值约200万元人民币的核酸检测试剂。

积极推进经济复苏。两国克服疫情影响，稳步推进维拉纳国际机场改扩建、呼鲁马累二期7000套保障性住房、大马累岛环网连接项目等中马合作大项目取得重大进展。此外，马尔代夫政府继续参与“二十国集团缓债倡议”，缓解了新冠肺炎疫情导致的还债压力。

在国际事务中继续保持良好沟通和配合。沙希德外长当选第76届联合国大会主席后，中方支持其顺利履职、开展工作。

马　里
(Mali)

2021年，中华人民共和国与马里共和国友好合作关系继续发展。

两国互信更加巩固。11月，国务委员兼外交部长王毅出席中非合作论坛第八届部长级会议期间会见马里过渡政府外交和国际合作部长阿布杜拉耶·迪奥普。

两国携手抗击新冠肺炎疫情。10月，中国政府通过新冠疫苗实施计划向马里捐赠的80.52万剂疫苗运抵巴马科。

两国经贸合作取得积极进展。中方援建的巴马科大学卡巴拉校区、太阳能示范村等项目稳步推进。中方融资支持的古伊纳水电站等项目进展顺利。

8月，中国赴马里维和部队完成第八次轮换交接。

12月，中国驻马里大使陈志宏向马里过渡总统阿西米·戈伊塔递交国书。

马耳他
(Malta)

2021年，中华人民共和国与马耳他共和国关系稳步发展，传统友谊进一步深化。

两国高层以灵活方式保持交往。4月，马耳他总理罗伯特·阿贝拉就中国共产党成立100周年向中共中央总书记习近平致贺信。4月，阿贝拉总理以视频方式出席博鳌亚洲论坛2021年年会开幕式并发表主旨演讲。12月，中共中央政治局委员、中央外事工作委员会办公室主任杨洁篪过境经停马耳他，分别会见马总统乔治·维拉、总理阿贝拉。7月，国务委员兼外交部长王毅在成都接待马外交与欧洲事务部长埃瓦里斯特·巴尔托洛访华。7月，马工党副领袖丹尼尔·麦考利夫以视频方式出席中国共产党与世界政党领导人峰会。

两国经贸、人文等领域合作持续推进。10月，马能源和水利部长迈克尔·法鲁贾出席第二届“一带一路”能源部长会议。11月，法鲁贾能源和水利部长参加第四届中国国际进口博览会暨虹桥国际经济论坛开幕式。“欢乐春节”、中国旅游文化周、“天涯共此时”等系列文化活动相继在马耳他举办，广受马耳他民众好评。

1月，中国新任驻马耳他大使于敦海向维拉总统递交国书。

毛里塔尼亚
(Mauritania)

2021年，中华人民共和国与毛里塔尼亚伊斯兰共和国友好合作关系继续稳步发展。

双方继续保持高层交往。6月，毛里塔尼亚总统穆罕默德·乌尔德·谢赫·加兹瓦尼、国民议会议长谢赫·乌尔德·巴亚、执政党争取共和联盟主席西迪·穆罕默德·塔利布·阿玛尔就中国共产党成立100周年向中共中央总书记习近平和中共中央致贺函。7月，执政党争取共和联盟主席阿玛尔以视频方式出席中国共产党与世界政党领导人峰会。11月，国务委员兼外交部长王毅出席中非合作论坛第八届部长会期间同毛外交、合作与海外侨民部长伊斯梅尔·乌尔德·谢赫·艾哈迈德举行双边会见。

两国务实合作持续推进。中方向毛方提供多批抗疫物资和新冠肺炎疫苗援助。中方援建的努瓦克肖特立交桥、首都城市安全与监控系统、国家公共卫生研究院扩建改造等项目稳步推进。

毛里求斯
(Mauritius)

2021年，中华人民共和国与毛里求斯共和国友好合作关系稳定发展。

两国保持高层交往势头，政党交流亮点纷呈。4月，毛里求斯总理、执政党社会主义战斗运动（社战党）领袖普拉温德·库马尔·贾格纳特致函中共中央总书记习近平，祝贺中国共产党成立100周年。毛其他主要政党领导人也分别就中国共产党成立100周年向中共中央致电祝贺。5月，贾格纳特向第十二届中国中部投资博览会发表视频致辞。7月，贾格纳特率团视频出席中国共产党与世界政党领导人峰会。9月，毛社战党代表团在线出席中毛执政党干部网络研讨班和第四届中非政党理论研讨会。

两国抗疫合作有声有色。中方积极向毛方提供疫苗援助，并协助毛政府在华采购疫苗。双方签署《中华人民共和国国家卫生健康委员会与毛里求斯共和国卫生与健康部关于建立对口医院合作机制的合作备忘录》。

两国经贸合作稳步推进。《中华人民共和国政府和毛里求斯共和国政府自由贸易协定》按期于2021年1月1日正式生效实施。11月，毛方参加第四届中国国际进口博览会线上国家展。

两国人文交流开创新模式。“欢乐春节”“中国旅游文化周”“天涯共此时”中秋晚会等多场文化活动在线上成功举办，吸引众多毛民众互动点赞。中方向毛小学捐赠教学设备、向毛贫困家庭捐助食品包等，进一步拉近中毛人民友情。

7月，中国新任驻毛里求斯大使朱立英向毛总统普里特维拉杰辛格·鲁蓬递交国书。

墨西哥
(Mexico)

2021年，中华人民共和国与墨西哥合众国全面战略伙伴关系持续深化。

两国高层交往密切。元首外交对双边关系的战略引领不断加强。9月，国家主席习近平就墨西哥独立战争胜利200周年向墨西哥总统安德烈斯·曼努埃尔·洛佩斯·奥夫拉多尔致贺电，向洛佩斯总统主持的拉共体第六届峰会作视频致辞。12月，洛佩斯总统向中拉论坛第三届部长会议开幕式发表视频致辞。7月，墨西哥主要政党领袖就中国共产党建党百年向中共中央致贺。4月，全国人大常委会委员长栗战书同墨时任参议长奥斯卡·拉米雷斯举行视频会谈。11月，全国人大常委会副委员长武维华与墨参议院副议长何塞·纳罗·塞斯佩德斯共同在线主持中墨议会对话论坛第五次会议，墨议会友华共识进一步深化。9月，国务委员兼外长王毅同墨外长马塞洛·路易斯·埃布拉德·卡绍冯通话。10月，两国外长在二十国集团罗马峰会期间举行双边会谈，实现疫情以来首次线下会晤。中墨双方在反对疫情政治化、联合国及安理会改革、全球经济治理、亚太区域合作、中拉整体合作等重大国际和地区问题上保持密切沟通与配合。

中墨抗疫合作富有成效。中国疫苗企业向墨出口新冠疫苗成品和原液，在墨进行疫苗Ⅲ期临床试验，与当地企业开展联合灌装生产合作。墨成为最早批准科兴、康希诺、国药疫苗紧急使用授权的国家之一，为世界卫生组织将中国疫苗纳入紧急使用清单作出贡献。

中墨经贸合作持续推进。中墨高层工作组第九次会议在线举行。双边贸易额大幅增长41.9%。墨西哥航空公司开通武汉—墨西哥城定期货运航线，填补中国内地至拉美货运直航空白，助力中拉供应链稳定和复工复产。中国企业参与的墨基建、能源、电信、工业园区建设项目稳步推进。

密克罗尼西亚联邦
(Micronesia)

2021年，中华人民共和国与密克罗尼西亚联邦全面战略伙伴关系继续向前发展。

两国保持各级别交往。7月，密克罗尼西亚联邦总统戴维·帕努埃洛就中国共产党成立100周年向中共中央总书记习近平致贺信。习近平总书记致复谢函。10月，国务委员兼外交部长王毅主持首次中国—太平洋岛国外长会，密克罗尼西亚联邦外长坎迪·埃利伊萨视频出席。5月，埃利伊萨外长视频出席中国—太平洋岛国政党对话会。11月，密克罗尼西亚联邦交通、通信与基础设施部长卡尔森·阿皮斯视频出席在中国北京召开的第二届联合国全球可持续交通大会、在中国上海召开的第四届中国国际进口博览会开幕式。

两国各领域合作深入推进。中方通过“中国—太平洋岛国抗疫合作基金”向密方追加抗疫现汇援助。中方援建的波纳佩州二级公路项目竣工交付，中方援助实施的客货两用船、农业技术合作等项目顺利推进。

摩尔多瓦
(Moldova)

2021年，中华人民共和国与摩尔多瓦共和国友好合作关系健康稳定发展。

两国高层交往保持良好势头。7月，摩尔多瓦议会选举及新政府组成后，国务院总理李克强、全国人大常委会委员长栗战书、国务委员兼外交部长王毅分别向摩新任总理加夫里利察、议长格罗苏、副总理兼外长波佩斯库致贺电。12月，栗战书委员长同格罗苏议长举行视频会晤。

双方积极开展抗疫合作。4月，中方向摩方援助15万剂、协助其在华采购10万剂疫苗，为摩实施疫苗接种计划提供助力。

两国务实合作稳步推进。在疫情背景下，中摩双边贸易额持续增长。中方援摩项目进展顺利。

两国人文交流趋于活跃。11月，西安与摩首都基希讷乌签署缔结友城协议。

摩纳哥
(Monaco)

2021年，中华人民共和国与摩纳哥公国友好合作关系持续发展，两国各领域合作有序推进。

中国积极支持摩纳哥抗击新冠肺炎疫情，为摩纳哥在华采购防疫物资提供便利。8月，摩纳哥元首阿尔贝二世亲王就河南省遭受特大洪涝灾害向习近平主席致慰问电。

10月，摩纳哥新任驻华大使马思颂（非常驻）来华递交国书副本，并出席第二届联合国全球可持续交通大会和昆明《生物多样性公约》第十五次缔约方大会。

蒙古国
(Mongolia)

2021年，中华人民共和国与蒙古国关系发展良好，双方政治外交沟通顺畅，各领域交流合作加强。

两国高层交往频繁。6月，国家主席习近平向蒙古当选总统呼日勒苏赫致贺电。7月，习近平主席同呼日勒苏赫总统通电话。4月，国务院总理李克强同蒙古总理奥云额尔登通电话。10月，李克强总理同奥云额尔登总理举行视频会晤。3月，全国人大常委会委员长栗战书以视频方式同蒙古国家大呼拉尔主席赞登沙特尔举行会谈。7月，国务委员兼外交部长王毅在天津同来访的蒙古外长巴特策策格举行会谈。9月，王毅国务委员兼外长作为习近平主席特别代表出席上海合作组织成员国元首理事会第21次会议期间会见蒙古副总理阿玛尔赛汗。

两国持续推进抗疫和务实合作。中国向蒙古援助30万剂新冠疫苗及多批抗疫物资，并以优惠价格出口400万剂新冠疫苗。中国保持蒙古最大贸易伙伴地位。中方统计，2021年中蒙贸易额91.2亿美元、增长35.3%。蒙方统计，中蒙贸易额101.3亿美元、增长36.9%。2021年中蒙人员往来22.5万人次。双方在国际地区事务中相互支持。

黑　山
(Montenegro)

2021年，中华人民共和国与黑山友好合作关系稳步发展。

两国高层保持接触。2月，国家主席习近平以视频方式主持召开中国—中东欧国家领导人峰会，黑山总统米洛·久卡诺维奇出席。5月，习近平主席同久卡诺维奇总统通电话。6月，黑山社会主义者民主党主席、总统久卡诺维奇，名誉总统菲利普·武亚诺维奇分别就中国共产党成立100周年向中共中央总书记习近平致贺函。7月，国务委员兼外交部长王毅同黑山外交部长乔尔杰·拉杜洛维奇就两国建交15周年互致贺电。

两国交流合作积极推进。中国政府向黑山方援助、出口新冠疫苗，支

持黑山抗疫努力。中国企业参与建设的黑山南北高速公路优先段项目主体工程按约完工、普列夫里亚火电站生态修复项目进展顺利。科托尔艺术节首次设立“中国舞台”。

摩洛哥
(Morocco)

2021年，中华人民共和国与摩洛哥王国战略伙伴关系深入发展，政治互信不断增强，务实合作稳步推进。

高层交往频繁。5月，摩洛哥首相、公正与发展党总书记萨杜丁·欧斯曼尼就中国共产党成立100周年向中共中央总书记习近平致贺函。4月，全国人民代表大会常务委员会委员长栗战书同摩众议长哈比卜·埃尔·马尔基举行视频会晤。7月，欧斯曼尼首相出席以视频方式举行的中国共产党与世界政党领导人峰会。8月，欧斯曼尼首相以视频方式出席第五届中国—阿拉伯国家博览会。7月，国务委员兼外交部长王毅主持新冠疫苗合作国际论坛首次会议，摩外交、非洲合作与海外侨民大臣纳赛尔·布里达出席。

两国各领域交流合作继续发展。中国国药集团同摩洛哥深入开展新冠疫苗合作。中国企业克服疫情影响，持续推进在摩洛哥有关合作项目复工复产，取得积极成效。“鲁班工坊”在摩洛哥卡萨布兰卡正式揭牌运行。

莫桑比克
(Mozambique)

2021年，中华人民共和国与莫桑比克共和国全面战略合作伙伴关系持续深入发展。

双边政治互信不断深化。国家主席习近平与莫桑比克总统菲利佩·雅辛托·纽西多次互致信函。6月，莫桑比克解放阵线党主席、总统纽西就中国共产党成立100周年向中共中央总书记习近平致贺信。7月，纽西总统视频出席中国共产党和世界政党领导人峰会并致辞。莫议长埃斯佩兰萨·比亚斯就河南省发生特大洪涝灾害向全国人大常委会委员长栗战书致慰问函，栗战书委员长复电感谢。5月，全国人大常委会副委员长蔡达峰与莫议会第一副议长埃尔德·埃内斯托·因若若举行视频会晤。12月，国务委员兼外交部长王毅在出席中非合作论坛第八届部长级会议期间会见莫外交与合作部长韦罗妮卡·马卡莫。

两国务实合作成果显著。中方援建的赛赛机场项目举行移交仪式并正式启用，中莫文化中心、索法拉职业学校顺利竣工，移动网络现代化项目正式启动，万宝水稻种植项目再迎丰收。

中方积极支持莫方抗击疫情。3月，中国向莫桑比克援助新冠病毒疫苗，成为首个向莫桑比克援助疫苗的国家。全年莫方在华采购疫苗200余万剂。上海市向其友城、莫首都马普托市捐赠抗疫物资。

缅　甸
(Myanmar)

2021年，中华人民共和国与缅甸联邦共和国全面战略合作伙伴关系深入发展，中缅命运共同体建设稳步推进。

两国双、多边保持接触。1月，国务委员兼外交部长王毅访问缅甸。6月，缅甸外交部长温纳貌伦来华出席纪念中国—东盟建立对话关系30周年特别外长会和澜沧江—湄公河合作第六次外长会，王毅国务委员兼外长同其会见。

两国积极开展抗疫合作。中方通过无偿援助和商业采购方式向缅方提供4089万剂中国疫苗和抗疫物资。中缅统筹推进疫情防控和复工复产合作，深化联防联控，完善必要人员往来“快捷通道”和货物运输“绿色通道”。

两国经贸、人文等务实合作持续拓展。1月，皎漂特别经济区深水港项目地勘和环评国际招标启动。两国签署《中缅铁路曼德勒—皎漂段可行性研究谅解备忘录》。中国援缅无息贷款采购铁路车厢移交缅方。中国援缅疾控中心和医护人员培训中心项目正式开工。中国援缅滚弄大桥项目控制性工程建设启动。9月，皎漂深水港项目现场初步勘察合同在北京签署。12月，中国援缅减贫示范合作项目正式移交，援缅国家体育馆维修改造项目竣工交付，援缅曼德勒工业培训中心升级改造项目正式启动。

纳米比亚
(Namibia)

2021年，中华人民共和国与纳米比亚共和国全面战略合作伙伴关系平稳发展。

高层交往密切。7月，纳米比亚西南非洲人民组织主席、总统哈格·根哥布，开国总统萨姆·努乔马等就中国共产党成立100周年向中共中央总书记习近平致贺信，根哥布总统视频出席中国共产党与世界政党领导人峰会并致辞。6月，国民议会议长彼得·卡贾维维出席全国人大与非洲四国举办的“立法机构在减贫发展中的作用”专题线上研讨会开幕式并致辞。

两国各领域合作克服疫情影响稳步推进。中方继续支持纳方抗击疫情的努力，向纳方提供新冠病毒疫苗。中方援助纳方的卫星数据地面接收站、社会住宅、首都机场新公路和四所学校项目等项目取得新进展。中方稳居纳方第一大出口市场、第二大贸易伙伴和主要投资来源国地位。纳米比亚牛肉继续对华出口。中央电视台《魅力纳米比亚》纪录片在纳米比亚首映，“神舟十二号”载人航天飞船携带纳米比亚国旗上天。

尼泊尔
(Nepal)

2021年，中华人民共和国与尼泊尔克服新冠肺炎疫情挑战，增进政治互信，持续开展抗击疫情、保障民生和复苏经济合作，两国关系保持稳定发展。

高层保持密切交往。5月，国家主席习近平同尼泊尔总统班达里通电话，表示中方高度重视中尼关系发展，愿同尼方分享中国发展机遇，加快共建“一带一路”，稳步推进跨喜马拉雅立体互联互通网络建设，推动两国面向发展与繁荣的世代友好的战略合作伙伴关系不断迈上新台阶。7月，国务院总理李克强向尼泊尔新任总理德乌帕致贺电。2月，国务委员兼外交部长王毅同时任尼泊尔外交部长贾瓦利通电话。10月，王毅国务委员兼外长同尼泊尔外交部长卡德加通电话。12月，王毅国务委员兼外长在尼泊尔重建国际会议上发表题为《守望相助 命运与共 共创美好未来》的视频讲话。

持续开展抗疫合作。2021年，中方通过援助、商采等方式累计向尼方提供近1600万剂新冠疫苗，通过政府、政党、军队、地方、企业、非政府组织等渠道，向尼方援助了液氧、氧气瓶、呼吸机、制氧机等急需医疗物资。

稳步推进务实合作。两国大项目建设进展顺利，阿尼哥公路三期保通完成验收，博卡拉国际机场主体工程顺利完工。双方举行中尼铁路合作第七次工作会议。尼泊尔客商来华参加第四届中国国际进口博览会。

两国军事、文化、人文等领域交流密切。尼泊尔在涉藏等问题上坚定支持中方，承诺不允许任何势力利用尼泊尔领土从事反华活动。两国在国际和地区事务中保持密切沟通与配合。

荷　兰
(The Netherlands)

2021年，中华人民共和国与荷兰王国双边关系保持良好发展势头。

两国高层互动频繁。1月，国务院副总理韩正以视频方式出席荷方举办的首届气候适应峰会并致辞。8月，国务委员兼外交部长王毅应约同时任荷兰外交大臣西格丽德·卡格通电话。10月，荷兰首相马克·吕特应邀以视频方式出席第二届联合国全球可持续交通大会并致辞。10月，吕特首相出席二十国集团罗马峰会期间同王毅国务委员兼外长会见。

务实合作成果丰硕。双边贸易首次突破千亿美元大关，保持中国在欧盟内第二大贸易伙伴地位。农业、能源、互联互通等领域合作不断深化。5月，中欧班列开通南京—蒂尔堡新线路。

人文交流亮点纷呈。新版《现代荷汉词典》在中国发行，首部荷兰语全译本《红楼梦》在荷兰出版，促进两国人民相互了解。

新西兰
(New Zealand)

2021年，中华人民共和国与新西兰关系保持稳定发展势头。

两国保持高层和各级别交往。7月，国家主席习近平应邀以视频方式出席新西兰提议增开的亚太经合组织领导人非正式会议。11月，习近平主席同新总理杰辛达·阿德恩通电话。11月，习近平主席以视频方式出席新西兰主办的亚太经合组织第28次领导人非正式会议。4月，阿德恩总理出席博鳌亚洲论坛2021年年会并发表视频致辞。3月，全国人大常委会副委员长沈跃跃与新议会副议长阿德里安·鲁拉斐举行视频会见。6月，国务委员兼外交部长王毅同新外长纳纳娅·马胡塔举行视频会见。9月，生态环境部部长黄润秋与新气候变化部长詹姆斯·肖以视频方式举行第三次中新气候变化部长级对话。1月，商务部部长王文涛与新贸易与出口增长部长达明·奥康纳以视频方式签署《中新自贸协定升级议定书》。6月，外交部副部长谢锋同新外交贸易部秘书长克里斯·锡德举行视频会见。2月，教育部副部长田学军与新教育部秘书长艾奥娜·霍尔斯特德以视频方式举行中新教育联合工作组磋商机制第九次会议。6月，财政部副部长邹加怡与新副财长马凯丽以视频方式举行首次中新财金对话。9月，商务部副部长兼国际贸易谈判副代表王受文与新外交贸易部副秘书长马克·辛克莱以视频方式举行第31届中新经贸联委会。

经贸、地方等领域交流合作稳步发展。2021年，中新贸易额为247.1亿美元，同比增长36.3%。截至2021年年底，两国已建立42对友好省市关系。

尼加拉瓜
(Nicaragua)

2021年12月10日，尼加拉瓜共和国政府代表劳雷亚诺·奥尔特加访华，同外交部副部长马朝旭在天津签署《中华人民共和国与尼加拉瓜共和国关于恢复外交关系的联合公报》，中尼两国正式恢复大使级外交关系。12月，国家主席习近平同尼加拉瓜总统丹尼尔·奥尔特加·萨维德拉、国务委员兼外交部长王毅同尼外长丹尼斯·蒙卡达互致信函。中尼复交当天，王毅国务委员兼外长同蒙卡达外长举行视频会晤。

尼日尔
(Niger)

2021年，中华人民共和国与尼日尔共和国友好合作关系顺利发展。

两国政治互信持续深化。3月，国家主席习近平向尼日尔当选总统穆罕默德·巴祖姆致贺电，全国人大常委会委员长栗战书向尼日尔国民议会新任议长赛义尼·奥马鲁致贺电。4月，国务院总理李克强向尼日尔新任总理乌胡穆杜·穆罕默杜、国务委员兼外交部长王毅向尼日尔新任外交与合作国务部长哈苏米·马苏杜致贺电。6月，尼日尔执政党争取民主和社会主义党代主席富马科耶·加多，全国发展社会运动党主席、议长奥马鲁就中国共产党成立100周年向中共中央总书记习近平致贺函。

4月，时任中国驻尼日尔大使张立军作为中方代表出席巴祖姆总统就职典礼。5月，哈苏米外长出席王毅国务委员兼外长主持召开的主题为“维护国际和平与安全：维护多边主义和以联合国为核心的国际体系”的安理会高级别视频会。7月，执政党争取民主和社会主义党主席加多率团参加中国共产党与世界政党领导人峰会。9月，王毅国务委员兼外长同哈苏米外长通电话。11月，哈苏米外长率团出席中非合作论坛第八届部长级会议。

各领域务实合作顺利推进。10月，商务部副部长钱克明同哈苏米外长以视频方式共同主持召开中尼经贸联委会第六次会议。双边合作项目加紧推进，中方援建的赛义尼·孔切将军大桥项目竣工交付，中国石油天然气集团有限公司投资的尼日尔阿加德姆油田二期开发及尼日尔—贝宁原油外输管道项目正式启动。抗疫合作富有成果，中国是第一个向尼日尔提供新冠疫苗的国家，并向尼援助了检测试剂等抗疫物资。

10月，中国新任驻尼日尔大使蒋烽向巴祖姆总统递交国书。

尼日利亚
(Nigeria)

2021年是中华人民共和国与尼日利亚联邦共和国建交50周年，两国战略伙伴关系持续发展。

高层交往引领两国关系深入发展。年内，两国领导人多次互致信函。2月，国家主席习近平、国务委员兼外交部长王毅分别同尼日利亚总统穆罕马杜·布哈里、外交部长杰弗里·奥尼亚马就两国建交50周年互致贺电。6月，布哈里总统致函中共中央总书记习近平，祝贺中国共产党成立100周年。1月，王毅国务委员兼外长访问尼日利亚，两国签署建立中尼政府间委员会的谅解备忘录。两国政党保持友好交往，执政党全体进步大会党、反对党人民民主党领导人致函祝贺中国共产党成立100周年，并出席中国共产党与世界政党领导人峰会。

两国务实合作成果显著。2021年，尼日利亚继续成为中国在非洲第二大贸易伙伴和第一大出口市场。中国政府提供优惠出口买方信贷修建的铁路现代化项目拉各斯—伊巴丹段投入商业运营。中国政府优惠性质贷款项下的凯非公路等项目稳步实施，政府信息通信骨干网二期项目开工建设。中国港湾工程集团有限责任公司投融资建设的莱基深水港项目进展顺利。两国续签本币互换协议，尼日利亚加入亚洲基础设施投资银行。

两国积极开展人文交流合作。中方发行中尼建交50周年纪念封，"'一带一路'中尼合作成果展""尼日利亚歌手赛红歌"等多场人文交流活动成功举行。

6月，中国新任驻尼日利亚大使崔建春向布哈里总统递交国书。

纽　埃
(Niue)

2021年，中华人民共和国与纽埃友好合作关系稳步发展。

10月，国务委员兼外交部长王毅以视频方式主持首次中国—太平洋岛国外长会，纽埃总理兼外长塔格拉吉与会。

北马其顿
(North Macedonia)

2021年，中华人民共和国与北马其顿共和国友好合作关系持续稳定发展。

两国高层保持交往。2月，国家主席习近平以视频方式主持召开中国—中东欧国家领导人峰会，北马其顿总理佐兰·扎埃夫出席。3月，国务委员兼国防部长魏凤和上将访问北马其顿。6月，马其顿社会民盟党主席扎埃夫就中国共产党成立100周年向中共中央总书记习近平致贺函。7月，马其顿社民盟党国际部书记博扬·马里契奇视频出席中国共产党与世界政党领导人峰会。

两国各领域交流合作积极推进。1月，双方签署《中华人民共和国科学技术部与北马其顿共和国教育与科学部关于联合资助研发合作项目的谅解备忘录》。6月，中国企业承建的格拉德斯科—普利莱普快速路项目开工。10月，第二届中国—中东欧国家图书馆联盟馆长论坛在北马举行。双方抗击新冠肺炎疫情合作富有成效，中国向北马出口并援助新冠疫苗。

挪　威
(Norway)

2021年，中华人民共和国与挪威王国关系保持良好发展势头，各领域交流合作稳步推进。

两国高层交往密切。2月，国家主席习近平向哈拉尔五世国王致生日贺函。5月，习近平主席向哈拉尔五世国王致国庆贺电。6月，挪威工党主席约纳斯·加尔·斯特勒向中共中央致函祝贺中国共产党成立100周年。10月，国务院总理李克强、国务委员兼外交部长王毅分别向挪新任首相约纳斯·加尔·斯特勒、外交大臣安妮肯·维特费尔特致就职贺电。11月，全国人大常委会委员长栗战书向挪新任议长马苏德·加拉哈尼致就职贺电，3月，时任外交部副部长秦刚同挪外交部秘书长托雷·哈特莱姆以通话方式举行副外长级政治磋商。11月，中国政府欧洲事务特别代表吴红波访问挪威，分别同挪外交部国务秘书亨里克·图内和秘书长哈特莱姆会见、会谈。

两国务实合作稳步推进。2021年，中国连续两年成为挪最大进口来源国。疫情期间，中挪双方通过线上线下相结合方式，积极开展经贸、气变、生态、海洋、体育、教育和科技等领域的交流与合作。12月，商务部副部长兼国际贸易谈判副代表王受文同挪威贸工渔业部国务秘书雅尼克·安德里亚森举行视频会议。同月，中挪经济合作联委会第19次会议以视频方式召开，双方梳理双边经贸关系进展并就未来合作重点深入交换意见。10月，挪气候与环境大臣司文努·卢特瓦滕出席《生物多样性公约》第15次缔约

方大会第一阶段会议高级别会议并发表视频讲话。同月，生态环境部副部长赵英民在出席《联合国气候变化框架公约》第26次缔约方大会期间会见挪威新任气候与环境大臣埃斯彭·巴尔特·艾德。12月，中国极地研究中心与挪威驻上海总领馆、挪威极地研究所共同主办主题为“气候变化及其对北极地区的影响”中挪北极科学研讨会。6月，中挪教育联合工作组第四次会议在线举办并签署会议纪要。10月，中挪双方高校合作成立“中挪海洋大学联盟”，加强海洋、渔业等相关专业领域人才培养。2月、3月，挪威奥委会、残奥委会参加了线上举办的北京冬奥会、冬残奥会代表团团长会议和一对一会议。11月，中国驻挪威使馆同挪奥委会举办北京冬奥会主题线上交流活动，北京冬奥组委相关负责同志出席。新冠肺炎疫情暴发后，中挪两国科技部门积极推动国际科技抗疫合作，2021年内组织召开两次科技部—流行病防范创新联盟（CEPI）联合科学委员会会议，就疫苗研发进展和热点问题交流研讨。

截至2021年年底，两国共有6对省、市结好。

阿　曼
(Oman)

2021年，中华人民共和国与阿曼苏丹国战略伙伴关系稳步发展，各领域合作持续推进。

两国政治互信不断巩固。阿曼苏丹海赛姆·本·塔里克和内阁事务副首相法赫德·本·马哈茂德·赛义德分别就中国共产党成立100周年向中共中央总书记习近平致贺电。3月，国务委员兼外交部长王毅访问阿曼，分别会见法赫德副首相和苏丹办公厅大臣苏尔坦·本·穆罕默德·努阿玛尼，同阿曼外交大臣巴德尔·本·哈马德·本·哈穆德·布赛义迪举行会谈。

两国继续携手抗击新冠肺炎疫情。中方向阿方援助10万剂新冠肺炎疫苗。

两国务实合作稳步推进。阿曼杜库姆经济特区中阿产业园首个竣工项目建成投产。中方企业负责实施的阿曼苏哈尔5G智慧港项目投入商业试运行，成为中东地区首个5G智慧港。

两国人文交流持续开展。中阿双方签署《中华人民共和国政府和阿曼苏丹国政府文化、卫生、新闻协定2021年至2025年执行计划》。中方为阿方举办多期人力资源培训班，阿方参训人员达730人。“中阿青年数字文化产业交流周”活动在阿曼成功举办。

巴基斯坦
(Pakistan)

2021年是中华人民共和国与巴基斯坦伊斯兰共和国建交70周年。双方携手应对新冠肺炎疫情等风险挑战，推动中巴关系高水平运行，进一步升华了患难与共、真诚互助的“铁杆”友谊。

高层互动频密。10月，国家主席习近平同巴基斯坦总理伊姆兰·汗通电话。5月、7月，国务院总理李克强同伊姆兰·汗总理两次通电话。1月，全国人大常委会委员长栗战书同巴基斯坦国民议会议长阿萨德·凯瑟举行视频会谈。1月、3月、5月、8月、12月，国务委员兼外交部长王毅同巴基斯坦外交部长沙阿·马哈茂德·库雷希五次通电话。7月，王毅国务委员兼外长同库雷希外长在塔吉克斯坦杜尚别举行双边会见。7月，王毅国务委员兼外长同库雷希外长在四川成都举行第三次中巴外长战略对话。9月，王毅国务委员兼外长作为习近平主席特别代表出席上海合作组织成员国元首理事会第21次会议期间，同伊姆兰·汗总理进行友好交谈。

中巴经济走廊高质量发展再结硕果。瓜达尔港自由区北区和拉沙卡伊特别经济区启动建设和招商。援瓜达尔职业技术学校竣工，默蒂亚里—拉合尔输电线路项目投入商业运营。中巴经济走廊17个社会民生“快轨”项目陆续完成，第二批10个项目启动。10月，中国国家发展和改革委员会同巴基斯坦计划发展部召开中巴经济走廊联合合作委员会第十次会议，宣布成立信息技术产业联合工作组，签署三份合作文件和五份企业间合作协议。“7·14”达苏恐怖袭击事件发生后，巴方在处置、调查、追凶方面同中方积极配合，承诺进一步加强在巴中国人员、项目和机构安全保障。

抗疫合作有声有色。巴基斯坦是首个接收中国政府、中国军队对外援助新冠疫苗的国家，以及首批接收“新冠疫苗实施计划”中国疫苗的国家。康希诺制药在巴完成新冠疫苗III期试验并实现本地灌装生产。

经贸、人文等各领域合作丰富热络。双方签署《巴基斯坦洋葱输华检验检疫要求议定书》，成立两国农业与产业首个信息共享平台——中巴农业与产业合作信息平台。双方共同举办了约140场建交庆祝和纪念活动。王毅国务委员兼外长与库雷希外长以视频方式共同出席中巴建交70周年庆祝活动启动仪式和中巴建交70周年研讨会。2021中国巴基斯坦友好省市合作论

坛举行，沈阳市与卡拉奇市签署结好协议。

巴方在台湾、涉港、涉疆、涉藏、人权等问题上继续给予中方坚定支持，中方在克什米尔问题、金融行动特别工作组涉巴审议问题上支持巴方立场主张。双方在国际和地区事务中保持密切沟通配合，共同应对南亚地区和阿富汗局势演变，共同捍卫国际公平正义。

巴勒斯坦
(Palestine)

中国是最早支持巴勒斯坦解放组织和承认巴勒斯坦国的国家之一。2021年，中巴友好合作关系进一步巩固和发展。

中巴双方保持友好政治交往，中方继续坚定支持巴勒斯坦人民的正义事业。7月，巴勒斯坦总统马哈茂德·阿巴斯就中国共产党成立100周年向中共中央总书记习近平致贺电。11月，国家主席习近平向联合国“声援巴勒斯坦人民国际日”纪念大会致贺电，强调中国坚定支持巴勒斯坦人民恢复民族合法权利正义事业，在巴勒斯坦问题上将始终主持公道正义，积极劝和促谈，继续向巴勒斯坦方面提供人道、发展、抗疫等援助。7月，国务委员兼外交部长王毅访问埃及期间，提出落实“两国方案”三点思路。12月，王毅国务委员兼外长同巴副总理齐亚德·阿姆鲁通电话，强调中方将在国际多边场合继续为巴方主持公道，在巴人民追求独立建国的征程上与巴方坚定站在一起。

5月，巴勒斯坦和以色列爆发严重冲突，中国作为联合国安理会轮值主席国，推动安理会五次审议巴勒斯坦问题，促成安理会发表主席新闻谈话，为冲突双方最终实现停火奠定基础。中方第一时间向巴方提供100万美元紧急人道援助，并向联合国近东巴勒斯坦难民救济和工程处提供100万美元捐款。7月，中方以视频方式举办第四次巴以双方和平人士研讨会。中方继续积极支持巴方抗击新冠肺炎疫情，向巴方提供包括疫苗在内的抗疫援助。

巴拿马
(Panama)

2021年，中华人民共和国与巴拿马共和国关系平稳发展，各领域合作稳步推进。

两国各层级交往密切。10月，中方主办第二届联合国全球可持续交通大会，巴拿马总统劳伦蒂诺·科尔蒂索·科恩作为唯一拉美国家元首以预录视频方式出席开幕式并致辞。7月，全国人大常委会委员长栗战书致电祝贺克里斯皮亚诺·阿达梅斯·纳瓦罗当选巴国民大会主席。10月，全国人大常委会副委员长蔡达峰同巴国民大会副主席米格尔·安赫尔·法诺维奇举行视频会晤。12月，国务委员兼外交部长王毅同巴外长埃里卡·莫伊内斯通电话，就双边关系交换意见。6月，莫伊内斯外长就两国建交四周年向王毅国务委员兼外长致贺函，王毅国务委员兼外长复函积极评价双边关系。

各领域合作稳步推进。疫情暴发以来，中巴双方携手抗疫，同舟共济，书写两国关系新篇章。巴总统科尔蒂索高度重视，亲自出席上海市援巴简易方舱医院捐赠仪式。中国地方省市、企业等积极向巴方捐赠抗疫物资，分享抗疫经验。双边贸易额逆势上扬，中国成为巴最大贸易伙伴。中国作为巴拿马运河第二大用户，货运量约占运河总通行量的24.3%。中资企业承建的阿玛多尔邮轮码头主体工程正式移交，双方协调推进巴拿马运河第四大桥项目。两国在教育、人文、航运、物流等领域合作进展顺利，巴政府宣布将春节作为巴全国性节日。

巴布亚新几内亚
(Papua New Guinea)

2021年，中华人民共和国与巴布亚新几内亚独立国全面战略伙伴关系取得新进展。

两国高层和各级别交往频繁。10月，国家主席习近平同巴布亚新几内亚总理詹姆斯·马拉佩通电话。9月，全国人大常委会委员长栗战书同巴新国民议会议长乔布·庞马特以视频方式举行会谈。2月，国务委员兼外交部

长王毅同巴新代理外长、国家计划部长伦博·帕伊塔通电话。6月，王毅国务委员兼外长在贵阳同巴新外交与国际贸易部长索罗伊·埃奥举行会谈。10月，王毅国务委员兼外长主持首次中国—太平洋岛国外长会，埃奥外长以视频方式出席。9月，巴新总督鲍勃·达达埃以视频方式出席2021年太原能源低碳发展论坛并致辞。10月，马拉佩总理以视频方式出席在中国举办的《生物多样性公约》第15次缔约方大会领导人峰会。

两国在抗疫、农业、基础设施建设、能源资源、人文等领域合作成果丰硕。两国热烈庆祝建交45周年。中方向巴新提供多批疫苗、物资、现汇等抗疫援助。中方对巴新菌草和旱稻技术援助、恩加省医院等项目进展顺利。利用中国优惠贷款建设巴布亚新几内亚国家电网一期项目顺利完工。拉姆镍矿、液化天然气贸易等经贸合作项目继续推进。2月，巴布亚新几内亚科技大学孔子学院揭牌。10月，布图卡学园孔子课堂启动。

6月，中国新任驻巴布亚新几内亚大使曾凡华向达达埃总督递交国书。

秘　鲁
(Peru)

2021年，中华人民共和国与秘鲁共和国全面战略伙伴关系持续深入发展。

两国政治互信持续巩固。7月，国家主席习近平向秘鲁当选总统佩德罗·卡斯蒂略·特罗内斯致贺电，中国驻秘鲁大使作为习近平主席代表出席秘总统权力交接仪式。11月，习近平主席、国务委员兼外交部长王毅分别同秘总统卡斯蒂略、秘外长奥斯卡·毛尔图亚·德罗马尼娅就中秘建交50周年互致贺电，全国人大常委会委员长栗战书同秘国会主席玛丽亚·德尔卡门·阿尔瓦举行视频会晤。12月，王毅国务委员兼外长应约同秘外长毛尔图亚通话。秘多个政党领导人致函祝贺中国共产党建党百年并出席中国共产党与世界政党领导人峰会。抗疫合作成果丰硕，秘方感谢中方向秘出口新冠疫苗并援助抗疫物资。两国在重大国际和地区问题上保持良好沟通与配合。

两国务实合作与人文交流稳步推进。中国保持秘鲁最大贸易伙伴和主要投资来源国地位。双方在基建、能源、矿产、农业等领域合作进展顺利。卡斯蒂略总统以预录视频方式出席第130届中国进出口商品交易会开幕式并致辞。

菲律宾
(The Philippines)

2021年，中华人民共和国与菲律宾共和国全面战略合作关系保持健康稳定发展势头。

两国高层交往密切。8月，国家主席习近平同菲律宾总统杜特尔特通电话，就中菲关系及共同关心的国际地区问题交换意见。7月，杜特尔特总统就中国共产党成立100周年向中共中央总书记习近平致贺信，并出席中国共产党与世界政党领导人峰会。1月，国务委员兼外交部长王毅访问菲律宾。4月，王毅国务委员兼外长在福建南平同来访的菲律宾外长洛钦举行会谈。6月，王毅国务委员兼外长在重庆同洛钦外长共同主持中国—东盟建立对话关系30周年特别外长会并举行双边会见。

双方持续推进抗疫合作。中方率先向菲提供新冠疫苗，累计援助疫苗500万剂、出口疫苗5000余万剂，成为菲律宾最及时、最主要、最稳定的疫苗来源。

两国务实合作持续深化。双方深入推进“一带一路”倡议同菲“大建特建”规划对接，水利灌溉、农业、桥梁、铁路、电信等重大基础设施合作项目克服疫情不利影响稳步推进。2021年双边贸易额达820.5亿美元，同比增长34%。中国连续五年成为菲最大贸易伙伴、第一大进口来源地，连续两年成为菲第二大出口市场。

双方坚持通过对话协商妥善管控涉海分歧，携手维护南海和平稳定，探讨推进油气开发合作。5月，双方以视频方式召开南海问题双边磋商机制第六次会议。

波　兰
(Poland)

2021年，中华人民共和国与波兰共和国全面战略伙伴关系稳定发展。

两国高层交往密切。2月，国家主席习近平以视频方式主持召开中国—中东欧国家领导人峰会，波兰总统安杰伊·杜达出席。3月，习近平主席应

约同杜达总统通电话。4月，全国政协主席汪洋以视频方式会见波兰参议长托马什·格罗兹基。

两国外交部保持良好合作。1月和3月，国务委员兼外交部长王毅两次同波兰外交部长兹比格涅夫·拉乌通电话。5月，王毅国务委员兼外长在贵阳接待来访的拉乌外长。

经贸合作扎实推进。波兰继续保持中国在中东欧地区的最大贸易伙伴地位，双边贸易额首破400亿美元大关。10月，波兰成功在中国银行间债券市场发行价值30亿元人民币三年期熊猫债。11月，波兰32家企业参展第四届中国国际进口博览会。

人文交流、交通合作、地方往来稳中有进。两国续签《2021—2024年文化合作议定书》。中波轮船公司迎来70周年庆典。两国间开行中欧班列保持快速增长，在疫情之下保持稳定直航班次。郑州同波兰城市卡托维兹结为友城，中波两国结好省市增至38对。

10月，中国新任驻波兰大使孙霖江向波兰总统杜达递交国书。

葡萄牙
(Portugal)

2021年，中华人民共和国与葡萄牙共和国全面战略伙伴关系稳步发展，各领域交流合作持续深化。

两国高层保持良好互动。1月，国家主席习近平向葡萄牙共和国总统马塞洛·雷贝洛·德索萨致贺电，祝贺他当选连任。8月，习近平主席同德索萨总统通电话，就发展两国关系、深化务实合作达成重要共识。7月，国务委员兼外交部长王毅同葡萄牙国务部长兼外交部长奥古斯托·桑托斯·席尔瓦以视频方式举行中葡首轮外长级战略对话，就中葡、中欧关系和共同关心的国际和地区事务深入交换意见。6月，葡萄牙共产党总书记热罗尼姆·德索萨、社会民主党主席鲁伊·里奥致函祝贺中国共产党成立100周年。

经贸、人文等领域合作持续推进。2021年中葡双边贸易额同比增长26.7%，中国保持葡亚洲最大贸易伙伴地位，并成为葡冷冻猪肉最大出口目的国。葡方参加第四届中国国际进口博览会并设立虚拟国家馆。中国交通建设集团收购葡莫塔–恩吉尔集团33.07%的股权。中国企业承建的葡北部漂浮式风电高压海底电缆工程和Solara4光伏电站竣工。12月，科技部部长王志刚同葡科学、技术和高等教育部部长曼努埃尔·埃托尔举行视频会晤。会晤前，两国科技部长出席中葡星海"一带一路"联合实验室启动会。中国中央电视台同葡国家电视台联合制作的《你好！中国》《熊猫和卢塔》在葡热映。9月，浙江中医药大学海外教育服务中心在葡萄牙授牌。

3月，中国新任驻葡萄牙大使赵本堂向德索萨总统递交国书。

卡塔尔
(Qatar)

2021年，中华人民共和国与卡塔尔国战略伙伴关系稳步发展，各领域合作取得积极进展。

两国高层交往密切。2月，中共中央政治局委员、中央外事工作委员会办公室主任杨洁篪访问卡塔尔，分别会见埃米尔塔米姆·本·哈马德·阿勒萨尼、副首相兼外交大臣穆罕默德·本·阿卜杜拉赫曼·阿勒萨尼。10月，国务委员兼外交部长王毅访问卡塔尔，会见塔米姆埃米尔，同穆罕默德副首相兼外交大臣举行会谈。

两国务实合作成果显著。中国保持卡塔尔第一大贸易伙伴地位。双方签署液化天然气15年购销协议，两国液化天然气运输船建造合同开始执行，中方承建的2022年多哈世界杯主体育场卢赛尔体育场、卡塔尔战略蓄水池项目顺利完工。卡方首次参加中国国际进口博览会。

韩　国
(ROK)

2021年，中华人民共和国与大韩民国关系发展良好，双方政治外交沟通顺畅，各领域交流合作加强。

两国高层交往频繁。1月，国家主席习近平同韩国总统文在寅通电话。12月，中共中央政治局委员、中央外事工作委员会办公室主任杨洁篪在天津同韩国国家安保室长徐薰举行磋商。2月，国务委员兼外交部长王毅同韩国新任外交部长官郑义溶通电话。4月，王毅国务委员兼外长在福建厦门同郑义溶外长举行会谈。6月，王毅国务委员兼外长同郑义溶外长通电话。

9月，王毅国务委员兼外长对韩国进行正式访问。10月，王毅国务委员兼外长在意大利罗马会见郑义溶外长。

两国经贸合作势头良好。中国继续保持韩国最大贸易伙伴、最大出口市场和最大进口来源国地位。韩国是中国第三大贸易伙伴国、第二大出口市场和第二大进口来源国。2021年，中韩贸易额3623.5亿美元、增长26.9%。11月，中韩经贸联委会第25次会议以视频方式召开。

两国持续推进抗疫合作和各领域交流。中韩“快捷通道”平稳运行。中方积极支持参与韩方提出的“东北亚卫生防疫合作机制”。1月，习近平主席和文在寅总统共同宣布正式启动2021年、2022年“中韩文化交流年”。中韩建交纪念日（8月24日）当天，中韩关系未来发展委员会正式启动并举行首次全体会，王毅国务委员兼外长和郑义溶外长分别视频致辞。9月，“中韩文化交流年”开幕式和中韩人文交流促进委员会会议在首尔举行。2021年，中韩人员往来45.19万人次。截至2021年年底，中韩缔结友城206对。

罗马尼亚
(Romania)

2021年，中华人民共和国与罗马尼亚全面友好合作伙伴关系稳步发展。

两国保持高层交往。6月，罗马尼亚社会民主党主席马切尔·乔拉古、亲罗马尼亚党主席维克多·蓬塔分别就中国共产党成立100周年向中共中央总书记习近平致贺函。12月，国务院总理李克强向罗新任总理尼古拉·丘克致就职贺电。11月，全国人大常委会委员长栗战书向罗新任参议长弗洛林·克楚和新任众议长马切尔·乔拉古致就职贺电。全国政协主席汪洋向克楚参议长致贺电。7月，罗社会主义党主席康斯坦丁·罗塔鲁视频出席中国共产党与世界政党领导人峰会。国务委员兼外交部长王毅向罗外交部长波格丹·奥雷斯库致就职贺电。

两国务实合作富有成果。一年内，双方签署《中国奥林匹克委员会与罗马尼亚奥林匹克与体育委员会合作谅解备忘录》《中华人民共和国海关总署与罗马尼亚农业与农村发展部关于植物检疫合作谅解备忘录》《中国—罗马尼亚“一带一路”新闻交流合作协议》。4月，双方合作建设的扎勒乌绕城公路项目开工。12月，海尔罗马尼亚冰箱厂投产。双方还在罗举办了“喜迎北京冬奥会图片展”。

俄罗斯
(Russia)

2021年，中华人民共和国与俄罗斯联邦关系经受住世界百年变局和世纪疫情考验，展现出新的生机活力。两国以共庆《中俄睦邻友好合作条约》签署20周年和《条约》延期为主线，提高各领域协作水平，强化互为战略依托、互为发展机遇、互为全球伙伴的态势。双方在提升政治互信、支持彼此维护核心利益、深化全方位务实合作、拓展人文交流等方面取得一系列重大成果。两国在国际舞台上积极展现大国担当，团结国际社会抗击疫情，阐述民主和人权的正确内涵，践行真正的多边主义，维护国际公平正义。

两国元首一次通电话、三次视频会晤或视频连线，为中俄关系发展掌舵领航。5月，国家主席习近平同俄罗斯总统普京通过视频连线见证中俄合作建设的田湾核电站7、8号机组和徐大堡核电站3、4号机组开工仪式。6月，习近平主席同普京总统举行视频会晤，宣布发表联合声明，正式决定《中俄睦邻友好合作条约》延期。普京总统热烈祝贺中国共产党成立100周年。8月，习近平主席同普京总统通电话，就两国战略协作、全方位务实合作及阿富汗局势深入交换意见。11月，习近平主席与普京总统分别向中俄科技创新年闭幕式致贺信。11月，习近平主席与普京总统分别向第三届中俄能源商务论坛致贺信。12月，习近平主席同普京总统举行视频会晤，总结2021年双边关系发展新成果，共同对各领域合作作出新规划。

疫情背景下，中俄双方高层通过视频连线方式保持密切交往。10月，国务院总理李克强在广州出席第130届中国进出口商品交易会（广交会）暨珠江国际贸易论坛开幕式并发表主旨演讲，俄罗斯总理米舒斯京以视频方式致辞。11月30日，李克强总理同米舒斯京总理举行中俄总理第26次定期会晤，就双方全方位合作进行深入交流，共同规划后疫情时期两国务实合作发展方向，发表《中俄总理第二十六次定期会晤联合公报》，宣布通过相关合作文件。

两国立法机构拓宽交往领域。11月，全国人大常委会委员长栗战书以视频方式出席中俄议会合作委员会第七次会议。11月，栗战书委员长应集体安全条约组织议会大会主席、俄罗斯国家杜马主席沃洛金邀请，在集体安全条约组织议会大会全体会议上发表视频致辞。

两国各领域保持密切高层交往。10月，国务院副总理韩正以预录视频方式出席“2021俄罗斯能源周”国际论坛。11月，韩正副总理同俄副总理诺瓦克共同主持中俄能源合作委员会第18次会议。11月，韩正副总理同俄第一副总理别洛乌索夫共同主持中俄投资合作委员会第八次会议。11月，韩正副总理与俄罗斯副总理鲍里索夫、副总理诺瓦克和俄总统能源发展战略和生态安全委员会秘书长、俄罗斯石油股份公司总裁谢钦共同出席第三届中俄能源商务论坛，韩正副总理与谢钦分别宣读习近平主席、普京总统贺信。5月，庆祝《中俄睦邻友好合作条约》签署20周年专场音乐会举办，国务院副总理孙春兰与俄罗斯副总理戈利科娃发表视频致辞。11月，孙春兰副总理同戈利科娃副总理共同主持中俄人文合作委员会第22次会议。11月，孙春兰副总理与俄切尔内申科副总理出席中俄科技创新年闭幕式并分别宣读习近平主席、普京总统贺信。11月，国务院副总理胡春华同俄罗斯副总理兼总统驻远东联邦区全权代表特鲁特涅夫举行中国东北地区和俄罗斯远东及贝加尔地区政府间合作委员会双方主席视频会晤。11月，胡春华副总理同俄副总理切尔内申科共同主持中俄总理定期会晤委员会第25次会议。6月，国务委员兼国防部长魏凤和上将应邀在第九届莫斯科国际安全会议上发表视频讲话。7月，国务委员兼国防部长魏凤和上将在塔吉克斯坦杜尚别参加上海合作组织成员国国防部长会议期间，同与会的俄罗斯国防部长绍伊古举行会谈。8月，国务委员兼国防部长魏凤和上将与俄罗斯国防部长绍伊古在陆军青铜峡合同战术训练基地共同观摩“西部·联合–2021”实兵行动演练并举行会谈。11月，国务委员兼国防部长魏凤和上将与俄罗斯国防部长绍伊古举行视频通话。11月，国务委员王勇同俄罗斯总统驻伏尔加河沿岸联邦区全权代表卡马罗夫举行中国长江中上游地区和俄罗斯伏尔加河沿岸联邦区地方合作理事会双方主席视频会晤。

两国外交部长全年三次会晤、两次通话，深入落实两国元首各项共识，就共庆《中俄睦邻友好合作条约》签署20周年及延期、双边关系、抗疫合作及共同关心的国际和地区问题及时对表。双方发表《中华人民共和国和俄罗斯联邦外交部长关于当前全球治理若干问题的联合声明》，彰显两国对维护世界和平与地缘战略稳定，推动构建更加公正、民主、合理的多极化国际秩序的共同立场。

双方继续密切开展抗疫合作，共同落实边境联防联控，遏制新冠肺炎疫情跨境传播，稳步推进疫苗与药物研发合作，强化防疫部门对口交流。在确保防疫安全基础上，本着相互理解、相向而行的态度，采取积极措施推动解决口岸货运通关、人员往来等务实合作中的具体问题。

两国务实合作克服疫情影响保持稳定发展。双边贸易额达1468.87亿美元，同比增长35.8%，创历史新高，中国连续12年成为俄最大贸易伙伴国。中方自俄煤炭、天然气进口，对俄机电产品出口均大幅提升。两国能源、航空航天、基础设施建设等领域战略性大项目稳步推进。中俄科技创新年成功收官，实施了千余项科技创新合作交流项目。

两国不断提升各领域战略协作水平。中俄第一次海上联合巡航、第三次联合空中战略巡航等联合行动成功举行。双方在维护全球战略稳定、人权、民主问题等领域给予彼此有力支持，在联合国、上海合作组织、金砖国家、二十国集团等多边框架内密切沟通协调，积极推动阿富汗、朝鲜半岛局势等国际和地区热点问题政治解决进程。中俄为世界树立了维护国际公平正义、践行多边主义的大国关系典范。

卢旺达
(Rwanda)

2021年，中华人民共和国与卢旺达共和国友好合作关系健康稳定发展。

两国保持友好交往。11月，国家主席习近平同卢旺达总统保罗·卡加梅就中卢建交50周年互致贺电。6月，卡加梅总统就中国共产党成立100周年向中共中央总书记习近平致贺信。9月，卡加梅总统以预录视频方式在第二届中非经贸博览会开幕式上发表讲话。7月，卢旺达爱国阵线总书记弗朗索瓦·恩加兰贝出席中国共产党与世界政党领导人峰会。

两国务实合作成果显著。北方省穆桑泽技术学院、智慧教育项目、那巴龙格河二号水电站等项目取得重要进展。8月，卢旺达第一批干辣椒顺利输华。11月，中卢签订《中华人民共和国海关总署与卢旺达共和国农业与动物资源部关于卢旺达甜叶菊输华植物检疫要求议定书》。12月，双方签署《中华人民共和国政府和卢旺达共和国政府对所得消除双重征税和防止逃避税的协定》。中国政府年内向卢方提供两批新冠疫苗援助。

萨摩亚
(Samoa)

2021年，中华人民共和国与萨摩亚独立国全面战略伙伴关系取得积极

发展。

两国保持高层和各级别交往。6月，萨摩亚国家元首图伊马莱阿利法诺·瓦莱托阿·苏阿劳维二世就中国共产党成立100周年向中共中央总书记习近平致贺函，习近平总书记致复谢电。7月，国务院总理李克强向萨新任总理菲娅梅·内奥米·马塔阿法致贺电。11月，萨工商劳工部长苏奥利亚罗视频出席第四届中国国际进口博览会开幕式。

两国各领域交流与合作取得丰富成果。中方通过“中国—太平洋岛国抗疫合作基金”向萨方追加抗疫现汇援助。中国援助实施的农业技术合作、阿皮亚综合体育场馆技术维护、医疗队等项目顺利推进。4～6月，中国法医专家工作组赴萨开展无偿援助合作。广东省实施的萨摩亚文化艺术中心项目顺利交付。

圣马力诺
(San Marino)

2021年是中华人民共和国与圣马力诺共和国建交50周年，双边关系健康稳定发展。

5月，国家主席习近平、国务委员兼外交部长王毅分别就中圣建交50周年同圣时任执政官吉安·卡洛·文图里尼和马可·尼科利尼、圣外长卢卡·贝卡里互致贺电。两国外交部发表中圣建交50周年联合新闻稿。圣马力诺以线上线下相结合方式举办中圣建交50周年“同一片天空下”庆祝纪念活动，圣外长贝卡里、中国驻意大利兼驻圣马力诺大使李军华、中国人民对外友好协会副会长姜江等出席。

两国经贸合作进展顺利，全年双边贸易额同比增长48.3%。

圣多美和普林西比
(Sao Tome and Principe)

2021年，中华人民共和国与圣多美和普林西比民主共和国全面合作伙伴关系发展势头良好。

两国政治互信日益深化。9月，国家主席习近平向圣普当选总统卡洛斯·诺瓦致贺电。6月，时任圣普总统埃瓦里斯托·卡瓦略就中国共产党成立100周年向中共中央总书记习近平致贺函。10月，中国驻圣普大使徐迎真作为中方代表出席诺瓦总统就职典礼。

各领域交流合作有序推进。12月，徐迎真大使同圣普外交、合作和海外侨民部长埃迪特·滕朱瓦分别代表两国政府签署《中华人民共和国政府与圣多美和普林西比民主共和国政府关于共同推进丝绸之路经济带和21世纪海上丝绸之路建设的谅解备忘录》。2021年，中国政府援建的60套社会住房项目建成交付；援圣普首都国际机场改扩建项目稳步推进。中方继续向圣普派遣抗疟、电力、农业3个专家组以及医疗队。积极开展抗疫合作，中方政府向圣普提供新冠疫苗援助。

沙特阿拉伯
(Saudi Arabia)

2021年，中华人民共和国与沙特阿拉伯王国全面战略伙伴关系深入发展，各领域合作成果显著。

两国高层交往密切。4月，国家主席习近平同沙特王储兼副首相、国防大臣穆罕默德·本·萨勒曼·本·阿卜杜勒阿齐兹·阿勒沙特通电话。国务委员兼外交部长王毅访问沙特，会见沙特王储穆罕默德，同沙特外交大臣费萨尔·本·法尔汉·阿勒沙特举行会谈，还两次同费萨尔外交大臣通电话，并在出席“中亚和南亚：地区互联互通的挑战和机遇”高级别国际会议期间会见费萨尔外交大臣。

两国务实合作取得积极进展。沙特保持中国最大原油供应国和中东地区最大贸易伙伴地位。中沙在能源基础设施建设、投资、高技术等领域合作持续推进，双方签订福建古雷乙烯大型能源合作、红海新城公用基础设施、未来新城铁路隧道导洞项目协议。

塞内加尔
(Senegal)

2021年，中华人民共和国与塞内加尔共和国全面战略合作伙伴关系发

展保持良好势头，各领域合作成果显著。

两国政治交往密切。7月，马基·萨勒总统分别以塞内加尔执政党争取共和联盟主席和国家元首身份，就中国共产党建党百年向中共中央总书记习近平致贺信。1月，中共中央政治局委员、中央外事工作委员会办公室主任杨洁篪在北京会见塞内加尔驻华大使马马杜·恩迪亚耶。5月，国务委员兼外交部长王毅与塞内加尔外交与海外侨民部长艾莎塔·塔勒·萨勒通电话。12月，国务委员、公安部部长赵克志同塞内加尔内政部部长费利克斯·安托万·阿卜杜拉耶·迪奥姆通电话。

两国抗疫和经贸合作取得积极成果。中国通过多种渠道向塞内加尔提供新冠疫苗。由中方融资支持的乡村打井供水项目完成验收，国家数据中心正式启用，迪亚姆尼亚久工业园二期顺利奠基。方久尼大桥、姆布尔—考拉克高速公路以及桑戈尔等四座体育场维修等中方支持的项目继续推进。

塞内加尔作为中非合作论坛非方共同主席国，同中方合作密切。11月，中非合作论坛第八届部长级会议在塞内加尔首都达喀尔举行，萨勒总统现场出席会议开幕式，习近平主席在北京以视频方式出席会议开幕式并发表主旨演讲，王毅国务委员兼外长、商务部部长王文涛同塞内加尔外交与海外侨民部长艾莎塔·塔勒·萨勒，经济、计划和合作部长阿马杜·奥特共同主持会议。

塞尔维亚
(Serbia)

2021年，中华人民共和国与塞尔维亚共和国全面战略伙伴关系持续深入发展。

两国高层交往密切，政治互信不断加深。2月，国家主席习近平以视频方式主持召开中国—中东欧国家领导人峰会，塞尔维亚总统阿莱克桑达尔·武契奇出席。6月，习近平主席同武契奇总统通电话。6月，塞前进党主席武契奇、社会党主席达契奇等分别就中国共产党成立100周年向中共中央总书记习近平致贺函。6月，全国人大常委会委员长栗战书以视频方式同塞国民议会议长伊维察·达契奇举行会谈。3月，国务委员兼国防部长魏凤和上将访问塞尔维亚。7月，武契奇总统视频出席中国共产党与世界政党领导人峰会。塞总理阿娜·布尔纳比奇向2021年生态文明贵阳国际论坛发表视频致辞。9月，武契奇总统向2021中关村论坛发表视频致辞。10月，国务委员兼外交部长王毅访问塞尔维亚。5月，塞尔维亚外交部长尼科拉·塞拉科维奇访华。5月，国务委员、公安部部长赵克志同塞内务部长阿莱克桑达尔·武林视频通话。

两国经贸合作持续深入，交通基础设施建设、能源、产能等领域大项目合作稳步推进。匈塞铁路塞境内贝尔格莱德—旧帕佐瓦路段进入验收阶段，诺维萨德—苏博蒂察段于2021年11月开工。中国企业承建的欧洲E763号高速公路普雷利纳—波热加段建设进展顺利，新贝尔格莱德—苏尔钦段于3月开工。5月，诺维萨德—鲁马快速路开工。11月，波扎雷瓦茨—戈卢巴茨快速路开工。紫金博尔矿业、河钢集团斯梅戴雷沃钢厂成为塞第一、第二大出口企业。中塞两国就抗击新冠肺炎疫情开展卓有成效合作。中方积极向塞尔维亚出口和援助新冠疫苗。9月，中国企业同塞尔维亚、阿联酋联合建设的疫苗工厂在贝尔格莱德举行奠基仪式。

两国教育、人文、警务、地方等领域合作进一步深化。贝尔格莱德中国文化中心完工。贝尔格莱德大学和诺维萨德大学孔子学院运行良好。第三届中国灯展分别在贝尔格莱德、诺维萨德举行。双方签署《中华人民共和国政府和塞尔维亚共和国政府关于互认换领机动车驾驶证的协议》以及文化、教育等领域合作协议。中塞科技合作联委会第五届例会于7月召开。11月，塞文化和信息部同中国文化和旅游部联合举办第三届中国—中东欧国家艺术合作论坛。“魅力北京”系列纪录片在塞尔维亚国家电视台开播。

塞舌尔
(Seychelles)

2021年，中华人民共和国与塞舌尔共和国友好合作关系保持良好发展势头。

两国高层交往密切。国家主席习近平与塞舌尔总统瓦韦尔·拉姆卡拉旺就两国国庆互致贺电。7月，拉姆卡拉旺总统就河南遭受特大暴雨灾害致函习近平主席表示慰问。6月，塞舌尔执政党塞舌尔民主联盟领袖、议长罗杰·曼西安纳向中共中央总书记习近平致贺电，祝贺中国共产党成立100周年。1月，国务委员兼外交部长王毅成功访问塞舌尔。6月，王毅国务委员兼外长与塞舌尔外交和旅游部长西尔维斯特·拉德贡德就中塞建交45周年互致贺电。

两国抗疫合作成果丰硕。中方积极向塞方提供疫苗援助。中国驻塞舌

尔使馆向塞舌尔抗疫救济基金捐款，助力当地疫苗接种。

两国经贸、文化、卫生等领域合作续有发展。中国援塞广电中心项目、应对气候变化南南合作低碳示范区项目稳步推进。第八届塞舌尔“中国日”活动成功在线上举办。中国第18批援塞医疗队克服疫情困难，顺利赴塞开展工作。

塞拉利昂
(Sierra Leone)

2021年是中华人民共和国与塞拉利昂共和国建交50周年，两国全面战略合作伙伴关系稳步推进。

两国政治互信日益深化。5月，国家主席习近平同塞拉利昂总统朱利叶斯·马达·比奥通电话。6月，塞拉利昂人民党领袖比奥总统就中国共产党成立100周年向中共中央总书记习近平致贺函。7月，习近平主席同比奥总统就两国建交50周年互致贺电。塞拉利昂人民党主席普林斯·哈丁、总书记乌马鲁·科罗马在线出席中国共产党与世界政党领导人峰会。12月，中共中央政治局委员、中央外事工作委员会办公室主任杨洁篪访塞。11月，国务委员兼外交部长王毅在出席中非合作论坛第八届部长级会议期间会见塞外交与国际合作部长戴维·弗朗西斯。

两国携手抗击新冠肺炎疫情，经贸等各领域合作取得积极进展。中国积极向塞拉利昂提供新冠疫苗、核酸检测试剂等抗疫物资。中国援塞医疗卫生专家积极支持当地抗疫，帮助塞拉利昂进行样本检测、病患救治和技能培训。年内，中方援建的渔码头项目签署实施换文，光纤骨干网二期、弗里敦环城路项目顺利完工。

新加坡
(Singapore)

2021年，中华人民共和国与新加坡共和国双边关系保持良好发展势头，各领域务实合作不断取得新进展。

两国高层保持密切交往。10月，国家主席习近平同新加坡总理李显龙通电话，为双边关系发展作出战略指引。12月，国务院副总理韩正同新加坡副总理王瑞杰以视频方式共同主持中新双边合作机制会议，双方宣布达成《中新（重庆）战略性互联互通示范项目“国际陆海贸易新通道”合作规划》等14项合作成果。10月，第八届中新领导力论坛以视频方式举行，中共中央政治局委员、中央组织部部长陈希在论坛开幕前视频会见新加坡国务资政张志贤。3月，国务委员兼外交部长王毅同新加坡外交部长维文在福建南平举行会谈。9月，王毅国务委员兼外长访问新加坡，分别会见李显龙总理、王瑞杰副总理和维文外长。4月，新加坡总统哈莉玛以视频方式出席博鳌亚洲论坛年会。7月，李显龙总理以新加坡人民行动党秘书长名义就中国共产党成立100周年向习近平总书记致贺信。9月，王瑞杰副总理以视频方式出席中国—东盟博览会。6月，维文外长来华出席纪念中国—东盟建立对话关系30周年特别外长会，王毅国务委员兼外长同其会见。

两国共建“一带一路”合作不断深化，三个政府间合作项目继续提质升级。2021年，陆海新通道货运总值136亿元人民币，同比增长40%，铁海联运班列已覆盖全球107个国家和地区的315个港口，为疫情期间维护两国以及本地区医疗物资、果蔬等流通、维护区域供应链稳定发挥了重要作用。

两国经贸合作稳中有进。2021年，中新双边贸易额940.5亿美元，同比增长5.4%。中国连续九年成为新加坡最大贸易伙伴，新加坡是中国在东盟国家中第五大贸易伙伴。新加坡连续九年为中国第一大新增投资来源国，连续两年为中国第一大新增投资目的国。

新冠肺炎疫情发生后，两国携手开展抗疫合作，积极推进疫苗无菌灌装、新冠口服药研发等项目。

斯洛伐克
(Slovakia)

2021年，中华人民共和国与斯洛伐克共和国关系总体平稳发展。

两国高层保持互动。2月，国家主席习近平以视频方式主持召开中国—中东欧国家领导人峰会，斯洛伐克总理伊戈尔·马托维奇出席。

双边贸易保持增长。据中方统计，2021年中斯双边贸易额达120.9亿美元，同比增长27.8%。斯洛伐克是中国在中东欧地区第五大贸易伙伴和第一大进口来源国。

各领域合作有序开展。2月，中斯两国签署斯洛伐克羊肉输华检验检疫

和卫生标准议定书。5月，斯洛伐克作为主宾国参加第五届丝绸之路国际博览会。12月，中欧班列"长安号"满载斯产矿泉水完成回程运输。年内，中欧陆海快线在斯业务量持续增长。斯洛伐克米库拉什·科瓦奇中学斯中双语试验班项目成功收尾。

截至2021年年底，中斯两国共有结好省（州）、市5对。

斯洛文尼亚
(Slovenia)

2021年，中华人民共和国与斯洛文尼亚共和国友好合作关系持续发展。

两国高层保持交往。2月，国家主席习近平以视频方式主持召开中国—中东欧国家领导人峰会，斯洛文尼亚副总理兼经济发展和技术部长兹德拉夫科·波契瓦尔舍克出席。5月，中共中央政治局委员、中央外事工作委员会办公室主任杨洁篪访问斯洛文尼亚，分别同斯总统博鲁特·帕霍尔、副总理兼国防部长马特伊·托宁会见。9月，全国政协副主席张庆黎同斯国民委员会主席阿洛伊兹·科弗什察举行视频会晤。

两国外交部合作良好。12月，外交部副部长邓励同斯外交部国务秘书拉什昌通过视频方式举行中斯副外长级政治磋商。

两国经贸、体育等领域合作不断深化。5月，中国农业农村部国际合作司和斯洛文尼亚驻华使馆共同举办"觅茶·Bee & Tea"世界蜜蜂日和国际茶日共庆活动。6月，双方签署《中华人民共和国海关总署和斯洛文尼亚共和国食品安全、兽医和植物保护局关于中国从斯洛文尼亚输入禽肉的检验检疫和兽医卫生要求议定书》。12月，首都体育学院和斯洛文尼亚卢布尔雅那大学共同举办第四届"中国—斯洛文尼亚冰雪论坛"。

所罗门群岛
(Solomon Islands)

2021年，中华人民共和国与所罗门群岛关系保持良好发展势头。

两国高层和各级别互动频繁。9月，国家主席习近平同所罗门群岛总理梅纳西·索加瓦雷通电话。6月，索加瓦雷总理致函中共中央总书记习近平，祝贺中国共产党成立100周年。6月，全国人大常委会委员长栗战书同所罗门群岛国民议会议长约翰·帕特森·奥蒂以视频方式举行会谈。6月，国务委员兼外交部长王毅主持召开“一带一路”亚太区域国际合作高级别视频会议，所罗门群岛外交和外贸部长杰里迈亚·马内莱以视频方式出席。10月，王毅国务委员兼外长主持首次中国—太平洋岛国外长会，马内莱外长以视频方式出席。12月，王毅国务委员兼外长同马内莱外长通电话。

两国在抗疫、经贸、基础设施、政党、执法、地方等领域交流合作取得新进展。中方向所罗门群岛提供多批疫苗、医疗器械、隔离病房、物资、现汇等抗疫援助。5月，马内莱外长、所执政党“我们的党”代表以视频方式出席中国—太平洋岛国政党对话会。双方举行首届中所妇女高级别视频对话会。中方援建的所罗门群岛2023年太平洋运动会体育场馆顺利开工。9月，广东省江门市向所罗门群岛首都霍尼亚拉市捐赠垃圾车。10月，马内莱外长视频出席第130届中国进出口商品交易会（广交会）。11月，双方签署所罗门群岛国立大学宿舍楼援助项目实施协议。12月，中方向所方援助一批警用物资。

索马里
(Somalia)

2021年，中华人民共和国与索马里联邦共和国友好关系持续发展。

高层交往保持热度。7月，国家主席习近平致电索马里总统穆罕默德·阿卜杜拉希·穆罕默德，祝贺索独立61周年。6月，穆罕默德总统致函中共中央总书记习近平，祝贺中国共产党成立100周年。9月，穆罕默德总统致函习近平主席，祝贺中华人民共和国成立72周年。国务委员兼外长王毅多次致函索外交与国际合作部长穆罕默德·阿卜迪里扎克·马哈茂德，就双边问题相互交换意见。

各领域合作取得新进展。中方继续向索方提供人道主义物资援助、奖学金和培训名额，为贝纳迪尔医院购买医疗器械和内部翻修提供支持。中方向索方提供70万剂新冠病毒疫苗。

自2008年年底以来，中国已派出39批护航编队赴亚丁湾和索马里海域开展护航行动。

9月，中国新任驻索马里大使费胜潮向穆罕默德总统递交国书。

南　非
(South Africa)

2021年，中华人民共和国与南非共和国全面战略伙伴关系保持良好发展势头并不断深化。

两国高层交往密切。南非非洲人国民大会主席、总统西里尔·拉马福萨致函中共中央总书记习近平，祝贺中国共产党成立100周年，拉马福萨总统并作为首位致辞嘉宾出席中国共产党与世界政党领导人峰会。国家主席习近平与拉马福萨总统多次互致信函、共同出席多边活动，就双边关系及共同关心的国际和地区问题保持密切交流与沟通，共同向国际社会发出维护多边主义、倡导国际公平正义、维护广大发展中国家共同利益的正义呼声。全国人大常委会委员长栗战书与南非国民议会议长马皮萨–恩卡库拉共同出席中国全国人大与南非国民议会定期交流机制第五次会议开幕式并致辞。国务委员兼外交部长王毅主持新冠疫苗合作国际论坛首次会议，南非国际关系与合作部长潘多尔出席。4月，中南第十一次战略对话成功举行。

两国务实合作稳步向好。南非连续12年成为中国在非洲第一大贸易伙伴，也是接收中国对非直接投资最多的国家之一。2021年中南贸易额突破540亿美元，同比增长50.7%。南非作为主宾国参加第二届中非经贸博览会，积极参与第四届中国国际进口博览会。首届中南贸易投资企业家论坛顺利召开，为两国企业拓展合作搭建平台。

中南就抗击新冠肺炎疫情保持良好交流与合作。科兴疫苗获批在南紧急使用并开展儿童临床试验。

南苏丹
(South Sudan)

2021年，中华人民共和国与南苏丹共和国友好关系持续发展。

双方高层交往密切。6月，南苏丹苏丹人民解放运动主席、总统萨尔瓦·基尔·马亚尔迪特就中国共产党成立100周年向中共中央总书记习近平致贺函。7月，国家主席习近平同基尔总统、国务委员兼外交部长王毅同南苏丹外交与国际合作部长碧翠丝·卡米萨·瓦尼·诺阿分别就中南建交10周年互致贺电。7月，基尔总统出席以视频方式举行的中国共产党与世界政党领导人峰会并致辞。11月，基尔总统以视频方式向第六届中非民间论坛致贺。

两国各领域合作稳步推进。3月，中国援南苏丹朱巴教学医院改扩建二期项目签署立项换文。4月，援南苏丹朱尔河大桥项目开工。12月，援南苏丹教育技术二期项目举行启动仪式，中国向南苏丹提供的紧急粮食援助运抵朱巴。12月，第二届"中国—南苏丹智库论坛"举行，中国政府非洲事务特别代表许镜湖线上出席会议并致辞。

中方坚定支持并积极推动南苏丹和平进程，继续为其提供政治、道义和资金支持。中方继续根据联合国有关决议向南苏丹派遣维和部队，参与南苏丹各项维和工作。

西班牙
(Spain)

2021年，中华人民共和国与西班牙王国全面战略伙伴关系保持良好发展势头，各领域交流合作持续深化。

两国高层互动密切。5月，国家主席习近平应约同西班牙首相佩德罗·桑切斯·佩雷斯–卡斯特洪通电话。12月，全国人大常委会委员长栗战书以视频方式同西班牙众议长梅里特克塞尔·巴泰特·拉马尼亚举行会谈。11月，全国政协主席汪洋以视频方式会见西班牙参议长安德尔·希尔·加西亚。4月，国务委员兼外交部长王毅应约同西班牙时任外交大臣阿兰查·冈萨雷斯·拉亚通电话。11月，王毅国务委员兼外长应约同西班牙外交、欧盟与合作大臣何塞·曼努埃尔·阿尔瓦雷斯举行视频会晤。6月，西班牙共产党主席何塞·路易斯·森特里亚和总书记恩里克·圣地亚哥·罗梅罗来函祝贺中国共产党成立100周年。

两国务实合作进展顺利。全年双边贸易额同比增加27.7%。10月，西班牙工业、贸易和旅游大臣雷耶斯·马罗托·伊列拉在第四届中国国际进口博览会视频致辞。中欧班列义乌—马德里线路发送标箱量同比翻番，新开通西安—巴塞罗那线路。1月，三峡集团通过并购参与西班牙光伏项目建设，顺利完成西Daylight光伏电站项目交割。12月，中国电动汽车百人会氢能中心与西班牙国家氢能中心达成合作共识，并线上签署了合作谅解备忘录。7

月，兰州交通大学获批新建西班牙塞维利亚大学孔子学院。

斯里兰卡
(Sri Lanka)

2021年，中华人民共和国与斯里兰卡民主社会主义共和国关系保持健康稳定发展势头。面对依然严峻的疫情形势，双方各领域务实合作接续取得丰硕成果，两国真诚互助、世代友好的战略合作伙伴关系不断迈上新台阶。

两国高层交往密切。3月，国家主席习近平同斯里兰卡总统戈塔巴雅·拉贾帕克萨通电话。8月，全国人大常委会委员长栗战书同斯里兰卡议长马欣达·亚帕·阿贝瓦德纳举行视频会晤。2月，国务委员兼外交部长王毅同斯里兰卡外交部长迪内希·古纳瓦德纳通电话。4月，国务委员兼国防部长魏凤和上将访问斯里兰卡，会见斯里兰卡总统兼国防部长戈塔巴雅、总理马欣达，同斯里兰卡国防部常秘卡马尔·古纳拉特纳举行会谈。

抗疫合作持续深入。中方向斯方援助300万剂国药疫苗，并支持斯方在华采购国药疫苗。中国疫苗已占斯里兰卡接种疫苗的70%，为斯里兰卡抗击疫情贡献了力量。中方还向斯方援助了呼吸机、氧气瓶、制氧机等重要抗疫物资。

务实合作稳步推进。两国克服疫情困难，稳步推进科伦坡港口城、汉班托塔港等重大项目建设。中方金融机构向斯方提供支持，助力斯方克服新冠肺炎疫情冲击导致的经济困难。

延续多边合作势头。两国在国际和地区事务中继续保持密切沟通与配合，坚定维护对方核心利益与关切。

苏　丹
(Sudan)

2021年，中华人民共和国与苏丹共和国战略伙伴关系稳步发展。

两国各层次友好交往密切。6月，苏丹主权委员会主席阿卜杜勒·法塔赫·阿卜杜勒拉赫曼·布尔汉就中国共产党成立100周年向中共中央总书记习近平致贺函。5月，国务委员兼外交部长王毅同苏丹外长玛利亚姆·萨迪克·马赫迪通电话。10月，时任外交部部长助理邓励同苏丹外交部次长穆罕默德·谢里夫·阿卜杜拉举行两国外交部政治磋商。11月，中国政府中东问题特使翟隽同苏丹外交事务临时负责人阿里·萨迪克·阿里通电话。

两国各领域交流合作稳步推进。中方向苏方提供了多批新冠疫苗和抗疫物资援助。2021年是中国政府派遣援苏丹医疗队50周年。中方援苏丹屠宰厂项目有序推进。

苏里南
(Suriname)

2021年，中华人民共和国与苏里南共和国战略合作伙伴关系取得积极进展。

中苏政治互信不断加强。2021年系中国与苏里南建交45周年，国家主席习近平与苏里南总统昌德利卡佩尔萨德·单多吉，国务委员兼外交部长王毅与苏外交、国际商务和国际合作部长阿尔贝特·拉姆丁互致贺电。苏里南主要政党均就中国共产党成立100周年致贺，苏主要政党领导人在线出席中国共产党与世界政党领导人峰会、第三届中拉政党论坛。4月，王毅国务委员兼外长与苏里南外长拉姆丁视频通话。12月，王毅国务委员兼外长主持中国—拉共体论坛第三届部长会议，拉姆丁外长在线出席。两国在国际事务中保持密切沟通与配合。

中苏抗击新冠肺炎疫情合作富有成效。中方多渠道向苏方援助抗疫物资。7月，中国援助苏里南疫苗顺利运抵苏首都帕拉马里博。

两国务实合作稳步推进。基础设施、农业、民生等领域多个项目取得积极进展。

8月，中国新任驻苏里南大使韩镜向单多吉总统递交国书。

瑞　典
(Sweden)

2021年，中华人民共和国与瑞典关系基本稳定。

两国高层互致信函。6月、10月，国家主席习近平和瑞典国王卡尔十六世·古斯塔夫就两国国庆相互致贺。7月，瑞典时任首相勒文就河南发生特大洪涝灾害向李克强总理致慰问函。12月，国务院总理李克强向瑞典首相玛格达莱娜·安德松致就职贺电。

两国保持务实合作。瑞典商用车制造商斯堪尼亚在华独资建厂，中铁隧道集团以7亿元人民币中标斯德哥尔摩地铁项目。2021年，中瑞双边贸易额209.3亿美元，增长17.1%，中方出口额110.3亿美元，增长31.9%，中方进口额99亿美元，增长4.1%。中方顺差11.3亿美元。截至2021年年底，瑞典对华投资项目1801个，实际使用58.9亿美元。中国对瑞投资112亿美元。

两国在科技、环保、文化、地方等领域交流续有发展。

截至2021年年底，两国已缔结友好省份和友好城市27对。

瑞　士
(Switzerland)

2021年，中华人民共和国与瑞士联邦创新战略伙伴关系内涵不断丰富，继续保持稳步发展的良好势头。

新冠肺炎疫情背景下两国高层仍保持密切交往，各领域务实合作不断深化。8月，国家主席习近平向瑞士联邦主席居伊·帕姆兰致国庆贺电。10月，瑞士联邦主席帕姆兰向习近平主席致国庆贺电。12月，全国人大常委会委员长栗战书分别向瑞士联邦议会新任国民院议长伊莱娜·凯林和联邦院议长托马斯·赫夫提致就职贺电。3月、12月，国务院副总理刘鹤两次同瑞士联邦委员兼财政部长于利·毛雷尔举行视频会谈。3月，国务委员兼外交部长王毅同瑞士联邦副主席兼外长伊尼亚齐奥·卡西斯通电话。11月，王毅国务委员兼外长同瑞士联邦副主席兼外长卡西斯举行电话会谈。11月，全国政协副主席万钢率团访问瑞士。

瑞士是我国在欧洲的第九大贸易伙伴。截至2021年年底，两国已建立20对友好省州（市）关系。

叙利亚
(Syria)

2021年是中华人民共和国与阿拉伯叙利亚共和国建交65周年。

中叙高层友好交往密切。3月，国家主席习近平致电叙利亚总统巴沙尔·阿萨德，就巴沙尔总统夫妇感染新冠病毒致以慰问。5月，习近平主席向巴沙尔总统致连任贺电。7月，巴沙尔总统就中国共产党成立100周年向中共中央总书记习近平致贺电。11月，习近平主席同巴沙尔总统通电话。1月，国务委员兼外交部长王毅同叙外交与侨民事务部长费萨尔·米格达德通电话。7月，王毅国务委员兼外长访叙，会见巴沙尔总统、同米格达德外长举行会谈，提出中方关于解决叙利亚问题的四点主张。

2021年，中方向叙方提供多批新冠肺炎疫苗、制氧机、ICU病床等抗疫物资援助，分批次向叙提供紧急粮食援助，助力叙方抗击疫情、缓解人道主义危机。

塔吉克斯坦
(Tajikistan)

2021年，中华人民共和国与塔吉克斯坦共和国全面战略伙伴关系不断深化，各领域合作成果丰硕。

两国高层交往密切。3月、9月，国家主席习近平同塔吉克斯坦总统拉赫蒙两次通电话。9月，习近平主席线上出席塔方主办的上海合作组织杜尚别峰会。7月，国务委员兼国防部长魏凤和上将赴塔出席上海合作组织防长会，同塔总统拉赫蒙、国防部长谢拉里·米尔佐举行双边会见。5月，“中国+中亚五国”外长第二次会晤在陕西西安举行，其间，国务委员兼外交部长王毅同塔外交部长西罗吉丁·穆赫里丁举行会谈。7月，王毅国务委员兼外长访问塔吉克斯坦并出席上海合作组织外长会，同塔总统拉赫蒙、外长穆赫里丁举行会见。9月，王毅国务委员兼外长作为习近平主席特使赴塔出席上合组织杜尚别峰会，其间，同塔总统拉赫蒙举行双边会见。

两国务实合作强势复苏。中国是塔吉克斯坦第三大贸易伙伴和最大投

资来源国。2021年中塔双边贸易额18.6亿美元，同比增长75.2%，其中出口额16.9亿美元、同比增长65.8%，进口额1.7亿美元、同比增长287.4%。两国共建“一带一路”重点项目复工复产，中国援塔议会大楼等大型重点项目加快建设，中塔公路二期关键路段正式奠基。中塔卡拉苏—阔勒买口岸保持畅通。两国院校签署在塔建设鲁班工坊合作协议。

双方携手开展抗疫合作。中方向塔援助价值2600多万美元的抗疫物资和330万剂新冠疫苗，双方积极商谈在塔建设传统医学中心。两国建立边境地区疫情联防联控机制，已召开四次视频会议。

坦桑尼亚
(Tanzania)

2021年，中华人民共和国与坦桑尼亚联合共和国互利共赢的全面合作伙伴关系稳步发展。

两国高层交往频繁，政治互信牢固。3月，国家主席习近平致电坦桑尼亚新任总统萨米娅·苏卢胡·哈桑，就坦总统约翰·蓬贝·约瑟夫·马古富力逝世表示慰问。哈桑总统宣誓就职后，习近平主席向其致贺电。国家副主席王岐山、国务委员兼外交部长王毅亦分别向坦新任副总统菲利普·伊斯多·姆潘戈和外交与东非合作部部长利贝蕾塔·穆拉穆拉致贺电。6月，习近平主席同哈桑总统就推进中坦关系发展和加强务实合作通电话。1月，王毅国务委员兼外长访坦。11月，王毅国务委员兼外长出席中非合作论坛第八届部长级会议期间，同穆拉穆拉外长举行双边会见。

务实合作势头强劲。中国继续保持坦第一大贸易伙伴、投资来源国和工程承包商地位。中方在坦最大单体投资项目马文尼水泥厂试投产，中央标准轨铁路第五标段、尼雷尔水电站、马古富力大桥、桑给巴尔机场2号航站楼等项目进展顺利。坦大豆首次实现对华出口。党际、卫生、人文交流合作持续开展。坦革命党以视频连线方式出席中国共产党与世界政党领导人峰会，尼雷尔领导力学院完成验收。中方向坦方提供50万剂新冠病毒疫苗。坦国防学院二期工程交付坦方。“汉语桥”世界大学生中文比赛、中国电影展播、“欢乐春节”、“天涯共此时”等多场人文交流活动成功举行。坦桑尼亚航空公司达累斯萨拉姆—广州直航航班成功试飞。

10月，中国新任驻坦桑尼亚大使陈明健向哈桑总统递交国书。

泰　国
(Thailand)

2021年，中华人民共和国与泰王国关系保持良好发展势头，各领域合作持续深入。

两国高层通过多种形式进行战略沟通。7月，全国人大常委会委员长栗战书以视频方式同泰国国会主席兼下议院议长川・立派举行会谈。11月，全国政协主席汪洋以视频方式会见泰国国会副主席兼上议院议长蓬佩・威奇春猜。4月，国务委员兼外交部长王毅同泰国副总理兼外长敦・帕马威奈通电话。6月，敦副总理兼外长来华出席纪念中国—东盟建立对话关系30周年特别外长会和澜沧江—湄公河合作第六次外长会，王毅国务委员兼外长同其会见。5月，两国外交部举行中泰第五轮战略对话。

两国共建"一带一路"合作成果丰硕。面对新冠肺炎疫情冲击，两国经贸合作逆势增长，双边贸易额逾1300亿美元，增长三成。中国连续八年成为泰国第一大贸易伙伴，泰国是中国在东盟国家中第三大贸易伙伴。中泰铁路项目持续推进，一期土建工程开工十个标段，进入全面施工阶段。中国企业积极参与泰国"东部经济走廊"建设，廉查邦港三期、新能源汽车等大型项目相继签约或投产。中企承建的素万纳普机场新航站楼项目顺利竣工并通过验收。两国文教合作成效显著，泰国已开设16所孔子学院和11所孔子课堂。双方在金融、电子商务、数字经济、人工智能、5G通信、防务、执法安全等领域合作不断深化。两国相互支持，积极开展抗疫合作。中方已向泰提供5085万剂新冠疫苗，其中335万剂为无偿援助。双方在抗疫药物研发、疫苗灌装生产、联防联控、临床救治等方面保持密切沟通和良好合作，共筑免疫屏障。

东帝汶
(Timor-Leste)

2021年，中华人民共和国与东帝汶民主共和国双边关系稳步发展。

两国高层以灵活方式保持互动。国家主席习近平同东帝汶总统弗朗西

斯科·古特雷斯·卢奥洛互致国庆贺电。东帝汶全国重建大会党、独立革命阵线、民主党、人民解放党、人民团结繁荣党就中国共产党成立100周年向中共中央总书记习近平致贺信，并出席中国共产党与世界政党领导人峰会。4月，国务委员兼外交部长王毅就东帝汶遭受洪灾向东帝汶外交与合作部长阿达尔吉萨·阿尔贝蒂娜·沙维尔·雷斯·马尼奥致慰问电。

各领域合作稳步推进。中国向东帝汶捐赠10万剂科兴疫苗和13批抗疫物资，就东遭遇洪灾提供10万美元人道主义援助，通过世界粮食计划署向东提供10万美元用于救灾物资和后勤保障。签署《援东妇女婴儿营养餐项目协议》。援东粮食加工和仓储设施项目、数字电视项目顺利移交。东农业渔业部参加第四届全球水产养殖大会，石油矿产资源部线上出席第二届“一带一路”能源部长会议。中国援东医疗队持续开展义诊系列活动。

多　哥
(Togo)

2021年，中华人民共和国与多哥共和国友好合作关系稳步发展。

双方政治互信不断增强。6月，多哥总统福雷·埃索齐姆纳·纳辛贝就中国共产党成立100周年向中共中央总书记习近平致函祝贺。11月，多哥国民议会议长雅瓦·吉格博迪·采冈线上出席第五届中非青年领导人论坛开幕式。4月，全国人大常委会副委员长王晨同多哥国民议会副议长帕科姆·阿朱若维视频会晤。7月，多哥执政党保卫共和联盟副主席、国民议会副议长梅穆娜图·易卜拉希马率团线上出席中国共产党与世界政党领导人峰会。11月，多哥外交、非洲一体化与海外侨民部长罗贝尔·迪塞率团出席中非合作论坛第八届部长级会议。

两国务实合作取得积极进展。8月，中多经贸混委会第二次会议在线上举行。中多双边贸易逆势增长，2021年双边贸易额为34.86亿美元，同比增长32.9%。洛美绕城公路二期项目完成终验。农业第七期技术援助项目顺利推进，旱季水稻种植取得突破性进展。第24批中国援多医疗队抵多开展工作。中国政府向多方援助两批新冠疫苗。

汤　加
(Tonga)

2021年，中华人民共和国与汤加王国全面战略伙伴关系深入发展。

双方保持高层交往。9月，国家主席习近平同汤加国王图普六世通电话。12月，国务院总理李克强向汤加新任首相肖西・索瓦莱尼致贺电。6月，汤加国王图普六世、时任首相波希瓦・图伊奥内托阿就中国共产党成立100周年向中共中央总书记习近平致电。10月，汤加时任首相波希瓦・图伊奥内托阿出席国务委员兼外交部长王毅主持的首次中国—太平洋岛国外长会。

双方各领域交流合作取得积极成果。中国向汤加提供多批防护物资、现汇等抗疫援助。中方援建的汤加皇家军乐厅、汤加中学体育场馆、风力发电站及农业技术合作等项目顺利推进。中方向汤方捐赠教育物资，设立中国大使奖学金。广东省向汤加提供农用拖拉机、储水罐、太阳能路灯等农业、民生物资。

特立尼达和多巴哥
(Trinidad and Tobago)

2021年，中华人民共和国与特立尼达和多巴哥共和国相互尊重、平等互利、共同发展的全面合作伙伴关系取得积极进展。

中特多政治互信不断深化。3月，国家主席习近平与特立尼达和多巴哥总理基思・罗利通电话，就中特多关系、抗疫合作等达成重要共识。特多执政党人民民族运动党领袖、总理罗利就中国共产党成立100周年向中共中央总书记习近平致贺。执政党高层在线出席中国共产党与世界政党领导人峰会。12月，国务委员兼外交部长王毅主持中国—拉共体论坛第三届部长会议，特多外交和加勒比共同体事务部长埃默里・布朗在线出席。两国在国际事务中保持密切沟通与配合。

中特多抗击新冠肺炎疫情合作富有成效。中方向特多援助多批抗疫物资。5月，中国援助特多新冠疫苗顺利运抵。

中特多各领域务实合作成果丰硕，人文交流稳步推进。凤凰工业园项

目顺利推进。首届中国—特多投资合作论坛在特多成功举办。

突尼斯
(Tunisia)

2021年，中华人民共和国与突尼斯共和国关系继续发展，各领域交流与合作稳步推进。

两国各层级保持互动。6月，突尼斯总统凯斯·赛义德、议长拉希德·格努希分别就中国共产党成立100周年向中共中央总书记习近平致贺函。8月，突外交、移民和侨民部长奥斯曼·杰兰迪代表赛义德总统在第五届中国—阿拉伯国家博览会开幕式上作视频致辞。11月，国务委员兼外交部长王毅在出席中非合作论坛第八届部长级会议期间会见杰兰迪外长。7月，突十个主要政党领导人出席以视频方式举行的中国共产党与世界政党领导人峰会。

两国各领域交流合作持续开展。中方向突方提供多批新冠病毒疫苗和抗疫物资援助。中国援突尼斯外交培训学院、本·阿鲁斯青体中心项目稳步推进。突尼斯商务和出口促进部部长拉比赫出席第四届中国国际进口博览会线上开幕式。

土耳其
(Türkiye)

2021年是中华人民共和国与土耳其共和国建交50周年，两国战略合作关系保持发展势头。

高层交往频繁。6月，土耳其总统雷杰普·塔伊普·埃尔多安就中国共产党成立100周年向中共中央总书记习近平致贺信。7月，国家主席习近平同埃尔多安总统通电话。8月，习近平主席、国务委员兼外交部长王毅就中土建交50周年分别同土总统埃尔多安、外长迈乌吕特·查武什奥卢互致贺电。10月，埃尔多安总统以视频方式出席《生物多样性公约》第15次缔约方大会。3月，全国人大常委会委员长栗战书以视频方式出席土耳其主办的第四次六国议长会议。3月，王毅国务委员兼外长访问土耳其，会见埃尔多安总统，同查武什奥卢外长会谈。7月，王毅国务委员兼外长在乌兹别克斯坦塔什干出席“中亚和南亚：地区互联互通的挑战和机遇”高级别国际会议期间会见查武什奥卢外长。8月，王毅国务委员兼外长同查武什奥卢外长通电话。

团结抗疫富有成效。2021年，中方向土方提供多批疫苗。8月，王毅国务委员兼外长主持召开新冠疫苗合作国际论坛，土耳其卫生部长法赫莱汀·科贾出席并发言。

各领域合作扎实推进。5月，土耳其在北京设立的尤努斯·埃姆雷文化中心正式揭牌启用。6月，中土签署协议，将本币互换规模扩大至350亿元人民币。7月，山东、新疆、山西等多地开通开往土耳其的中欧班列。

党际交往密切。5月，土耳其爱国党主席多乌·佩林切克出席中共中央对外联络部以视频方式举行的世界马克思主义政党理论研讨会并发言。6月，中国共产党同土耳其执政党正义与发展党建立中土执政党治国理政交流机制并通过视频方式举行机制首次会议。7月，正义与发展党副主席埃夫坎·阿拉、爱国党主席佩林切克以视频方式出席中国共产党与世界政党领导人峰会。

土库曼斯坦
(Turkmenistan)

2021年，中华人民共和国与土库曼斯坦战略伙伴关系继续保持稳定发展。

两国政治交往密切。5月，国家主席习近平同土库曼斯坦总统别尔德穆哈梅多夫通电话。4月，全国人大常委会委员长栗战书以视频方式出席土举办的“议员在巩固国际和平与信任中的作用”议会领导人会议。5月，国务院副总理韩正同土副总理谢·别尔德穆哈梅多夫举行中土合作委员会双方主席视频会晤。11月，韩正副总理同谢·别尔德穆哈梅多夫副总理以视频方式举行中土合作委员会第五次会议。6月，中共中央政治局委员、全国人大常委会副委员长王晨会见土人民委员会副主席巴巴耶夫。5月，国务委员兼外交部长王毅同土副总理兼外长拉希德·梅列多夫通电话。5月，王毅国务委员兼外长在“中国+中亚五国”外长第二次会晤期间会见土梅列多夫副总理兼外长、谢·别尔德穆哈梅多夫副总理。7月，王毅国务委员兼外长访土期间分别同土别尔德穆哈梅多夫总统、梅列多夫副总理兼外长、谢·别

尔德穆哈梅多夫副总理会见、会谈。

经贸合作有序推进。中国是土库曼斯坦第一大贸易伙伴和最大的天然气出口市场。10月，中土合作委员会经贸合作分委会第七次会议以视频方式召开。11月，两国签署《扩大经济伙伴关系规划》。

人文交流不断加深。7月，两国签署科技合作备忘录，为双方加强科技合作打下坚实基础。11月，中土合作委员会人文合作分委会双方主席举行视频会晤。

乌干达
(Uganda)

2021年，中华人民共和国与乌干达共和国全面合作伙伴关系发展稳中有进。

高层交往保持良好势头。1月，国家主席习近平致函乌干达总统约韦里·卡古塔·穆塞韦尼，祝贺其获得连任。6月，乌执政党“全国抵抗运动”主席、总统穆塞韦尼致函中共中央总书记习近平，祝贺中国共产党成立100周年。8月，穆塞韦尼总统就河南省发生特大洪涝灾害向习近平主席致函表示慰问。9月，穆塞韦尼总统致函习近平主席，祝贺中华人民共和国成立72周年。5月，国务院总理李克强、全国人大常委会委员长栗战书、国家副主席王岐山、国务委员兼外交部长王毅分别向乌新任总理罗比娜·纳班贾、议长雅各布·欧兰亚、副总统杰西卡·阿卢波及外交部长杰杰·奥东戈致贺电。10月，栗战书委员长同欧兰亚议长举行视频会晤。2月，中共中央政治局委员、中央外事工作委员会办公室主任杨洁篪访乌。11月，王毅国务委员兼外长在出席中非合作论坛第八届部长级会议期间会见奥东戈外长。

务实合作逆势而上。在乌中资企业克服疫情不利影响，加快复工复产，推进两国大项目合作，阿尔伯特湖区石油开发和外输管线项目投资谈判取得实质性进展，卡鲁玛水电站建设进入收尾阶段，石油产区公路、工业园输变电、农村电气化等项目进展顺利。中方向乌方提供160万剂新冠病毒疫苗。人文和地方交流持续发展，辽宁省和乌布索加大区举办友好交流会，中文教育在乌继续推进。

7月，中国新任驻乌干达大使张利忠向穆塞韦尼总统递交国书。

乌克兰
(Ukraine)

2021年，中华人民共和国与乌克兰战略伙伴关系保持健康稳定发展势头。

两国高层交往密切，政治互信持续深化。7月，国家主席习近平应约同乌总统泽连斯基通电话，就双边关系、抗疫和务实合作、国际事务协作等问题深入交换意见；泽连斯基总统就中国共产党成立100周年向习近平总书记致贺。1～2月，国务委员兼外交部长王毅两次同乌外长库列巴通电话。9月，乌第一夫人泽连斯卡娅应邀以视频致辞方式出席第11届北京国际电影节。

双方积极开展抗疫合作。3月，科兴公司向乌出口的第一批疫苗共21.5万剂运抵基辅。截至2022年1月中旬，中国已向乌方出口共1540万剂科兴疫苗。

两国务实合作扎实推进。2021年，中乌双边贸易克服新冠肺炎疫情不利影响，逆势增长29.7%，达193亿美元，其中中方对乌方出口94亿美元，同比增长36.8%，进口98.9亿美元，同比增长23.7%。中国是乌第一大贸易伙伴国、第一大进口来源国和第一大出口目的地国。乌是中国在欧亚地区仅次于俄罗斯、哈萨克斯坦的第三大贸易伙伴。6月，中乌政府签署首个《关于深化基础设施建设领域合作的协定》，开辟两国基础设施领域合作新形式。9月，首趟直达中国的“乌克兰—中国”班列发车，中乌间双向铁路运输启动，两国贸易获得新优势。自中国开往乌克兰的班列较2020年增长50%，双方并积极开展集装箱多式联运。

双方人文交流活跃。泽连斯基总统再次签署总统令，对中国赴乌旅游公民实施为期半年临时免签政策。6月，中乌教育合作分委会第四次会议以远程视频形式举办，双方高校成立“大学联盟”，中方92所高校，乌方49所高校入盟。9月，首部乌克兰文创产品进入中国市场，泽连斯基总统创办的“95街区”工作室与中方公司就乌动画电影《格列佛归来》在华放映推广达成协议。

阿拉伯联合酋长国
(United Arab Emirates)

2021年，中华人民共和国与阿拉伯联合酋长国全面战略伙伴关系深入发展，各领域合作成果显著。

两国政治互信不断巩固。阿布扎比王储兼武装部队副总司令穆罕默德·本·扎耶德·阿勒纳哈扬就中国共产党成立100周年向中共中央总书记习近平致贺信。7月，全国人大常委会委员长栗战书同阿联酋国民议会议长萨格尔·古巴什举行视频会晤。3月，国务委员兼外交部长王毅访问阿联酋，会见穆罕默德王储，并同阿联酋外交与国际合作部长阿卜杜拉·本·扎耶德·阿勒纳哈扬会谈，还同阿卜杜拉外长通电话。6月，阿卜杜拉外长出席“一带一路”亚太区域国际合作高级别视频会议。阿联酋国际合作事务国务部长莉姆·宾特·易卜拉欣·哈茜米出席新冠疫苗国际合作论坛首次会议。

两国抗疫合作深入推进。中方全年累计向阿方提供超过1.45亿剂新冠疫苗（含疫苗原液）。3月，王毅国务委员兼外长访问阿联酋期间，同阿卜杜拉外长共同出席两国合作灌装中国疫苗生产线“云启动”仪式。中阿塞（尔维亚）三方签署合作谅解备忘录，在塞尔维亚设厂生产疫苗。阿联酋政府批准紧急使用中国国药集团中国生物二代重组蛋白新冠疫苗，这是全球首个批准紧急使用的二代新冠疫苗。

两国务实合作稳步推进。中阿产能合作示范园建成投入使用，哈斯彦清洁燃煤电站2号机组实现双燃料满负荷发电。联邦铁路二期项目、哈利法港二期集装箱码头等项目进展顺利。香港特别行政区驻迪拜经贸办事处正式挂牌成立。

两国人文交流持续开展。中方积极参与2020迪拜世博会，10月，习近平主席亲自为迪拜世博会中国国家馆录制视频致辞。中方继续在中文教学领域同阿方开展合作，配合阿方在阿联酋142所中小学开设了中文课程。阿方向中方捐赠的1500株椰枣树苗在海南省文昌市顺利移栽，双方将开展后续科研合作。

英　国
(United Kingdom)

2021年，中华人民共和国与大不列颠及北爱尔兰联合王国各领域交流合作总体保持发展，但双边关系因英方在涉港、涉疆等问题上的负面言行受到干扰。

两国高层保持交往。10月，国家主席习近平同时任英国首相鲍里斯·约翰逊通电话。2月，国务院总理李克强在英国48家集团俱乐部“破冰者”新春庆祝活动上发表视频致辞；7月，李克强总理同英国工商界代表举行视频对话会。11月，国务院副总理胡春华、国务院副总理刘鹤分别会见英国怡和控股有限公司执行主席班哲明·凯瑟克。12月，胡春华副总理同英国时任财政大臣里希·苏纳克通电话。5月、8月，国务委员兼外交部长王毅同英国时任首席大臣兼外交发展大臣多米尼克·拉布通电话；10月，王毅国务委员兼外长同英国时任外交发展大臣伊丽莎白·特拉斯通电话。双方领导人还多次互致信函。

务实合作持续推进。英国是中国在欧洲第三大贸易伙伴、第二大直接投资目的地和第二大引资来源地，中国是英国在亚洲最大贸易伙伴。2021年，中英双边贸易额达1126亿美元，同比增长21.9%，首次突破千亿美元大关。截至2021年年底，中英双向投资规模累计近500亿美元，超过800家中资企业落户英国。11月，中国人民银行与英格兰银行续签3500亿元人民币双边本币互换协议。同月，近百家英国企业参加第四届中国国际进口博览会。

绿色合作呈现亮点。中英就各自举办《生物多样性公约》第15次缔约方大会（COP15）和《联合国气候变化框架公约》第26次缔约方大会（COP26）相互支持：11月，习近平主席向COP26世界领导人峰会发表书面致辞，中方代表团赴英国格拉斯哥参会，中方加入英方倡议的《关于森林和土地利用的格拉斯哥领导人宣言》，同美方联合发布《中美关于在21世纪20年代强化气候行动的格拉斯哥联合宣言》。9月，中方在天津接待COP26大会主席阿洛克·夏尔马访华，举行中英气候磋商，国务院副总理韩正同夏尔马视频会见；10月，英国王储查尔斯在昆明举行的COP15大会上发表视频致辞；4月，中国华能集团有限公司控股运营管理的英国门迪电池储能项目在英国投产，该项目系中国电力企业首次在发达国家建设大型电池储

能项目，也是欧洲最大单体电池储能电站。10月，国家能源局同英国商业、能源和产业战略部举行第七次能源对话，签署《中英清洁能源合作伙伴关系实施工作计划2021—2022》。11月，中国银行伦敦分行在伦敦证券交易所挂牌发行22亿美元可持续发展债券。

科技、教育、地方等合作保持积极势头。5月，中英科技创新合作联委会第十次会议以视频方式举行。两国科技部门推动农业、大健康“中英旗舰挑战计划”项目。英国继续成为中国留学生首选目的地国，我国在英各类留学人员约20万。英国现有30所孔子学院和164个孔子课堂，数量居欧洲国家之首。中英已有67对省、市结好。

针对英方损害中方利益的言行，中方进行坚决有力斗争，坚定维护国家主权、安全、发展利益。1月，英方调整英国国民（海外）护照和签证政策，中方宣布不承认英国国民（海外）护照为有效旅行证件。3月，英方援引“全球人权制裁机制”就所谓新疆人权问题对中方人员和实体实行制裁，中方宣布对恶意传播谎言和虚假信息的英方人员和实体实施反制裁。

美　国

(United States of America)

2021年，美利坚合众国在台湾、涉疆、涉港、涉藏、南海、经贸、涉疫、科技、意识形态、人文交流等问题上不断采取干涉中国内政、损害中方利益的错误言行。

台湾问题上，1月，时任美国国务卿蓬佩奥宣布取消美国在与台湾交往方面自我设置的各种限制，美国国务院此前发布的美国行政部门与台湾交往指南立即失效。4月，美国国务院发布新版“美台交往指导方针”，放松美国政府官员与台湾方面交往的限制。8月，美方出台总额7.5亿美元的新一轮售台武器计划。10月，美国国务卿布林肯发表声明，支持台湾积极、有意义地参与联合国体系和国际社会。12月，美方邀请台湾当局代表参加“领导人民主峰会”。年内，美国军舰12次过航台湾海峡，军机5次降落台岛。

涉疆问题上，1月，时任美国国务卿蓬佩奥发表声明，宣称认定中方对新疆维吾尔族等少数群体“实施种族灭绝”及“犯下反人类罪”。3月，美国财政部宣布依据美国“全球马格尼茨基人权问责法”及美国13818号总统行政令，以所谓“严重侵犯少数民族人权”为由对新疆生产建设兵团党委书记王君正、新疆维吾尔自治区公安厅厅长陈明国实施制裁。6月，美国商务部以所谓“涉嫌侵犯新疆穆斯林人权”为由，将合盛硅业股份有限公司等4家中国企业和新疆生产建设兵团列入“实体清单”。7月，美国商务部将23家中国实体列入“实体清单”，指责其中14家实体参与新疆所谓的“镇压、拘留和监视”活动。12月，美国国务院依据美国《国务院和对外行动拨款法》，以“严重侵犯人权”为由，宣布对新疆维吾尔自治区政府代主席艾尔肯·吐尼亚孜，前主席雪克来提·扎克尔，副主席、自治区公安厅厅长陈明国，中共中央统战部八局副局长胡联合等4人实施制裁。12月，美国总统拜登将“维吾尔强迫劳动预防法案”签署成法，该法要求禁止美进口新疆地区产品，并对应为新疆所谓“强迫劳动”负责的外国实体和个人实施制裁。

涉港问题上，1月，时任美国国务卿蓬佩奥发表声明，宣布美方对6名中国中央政府和香港特区官员实施制裁。3月，美方发布“香港自治法”更新报告，将24名中国中央政府官员、香港特区官员、港区全国人大代表列入制裁名单。7月，美方发布“香港商业警告”并制裁7名香港中联办官员。12月，美方发布“香港自治法”更新报告，将5名香港中联办副主任列入制裁名单。

涉藏问题上，4月，美国国际宗教自由委员会发表2021年度报告，妄称中国“非法占领西藏60多年”、打压藏传佛教徒等。7月，美国国务卿布林肯在印度新德里会见所谓“西藏流亡政府”驻新德里办事处代表忠群欧珠。12月，布林肯国务卿发表声明，任命主管民主、人权和劳工事务的副国务卿乌兹拉·泽亚为新任所谓“西藏事务特别协调员”。

南海问题上，美继续单独或纠集盟友伙伴在南海及中国周边海域实施军演，派航母进出南海、侦察机对中国进行抵近侦察。7月，美国国务卿布林肯就所谓南海仲裁案裁决出台五年发表声明。10月，美国海军“康涅狄格”号核潜艇在南海活动并发生水下碰撞事故。美全年共6次派军舰打着“航行自由”旗号擅闯南海中国西沙领海及南沙岛礁附近海域。

经贸领域，美方先后8次将104家中国企业和实体列入出口管制“实体清单”，将“共产主义中国军队企业清单”更名为“中国军工复合体企业清单”并先后3次对68家中国企业和实体列名实施制裁。

涉疫问题上，5月，拜登总统指示美情报机构就新冠肺炎疫情进行所谓“溯源调查”，企图利用病毒溯源问题诬蔑抹黑中国。中方针对美方错误行径进行了坚决斗争。

人权宗教问题上，4月，美国国际宗教自由委员会发表2021年度报告，妄称中国宗教自由状况继续恶化，中国政府强化“宗教中国化”政策，在

新疆实施“种族灭绝”，“大规模拘禁少数民族穆斯林”并开展“强迫劳动”，打压藏传佛教徒，骚扰、拘留、折磨地下教会主教，逮捕“法轮功”练习者等。5月，美国国务院发布2020年度“国际宗教自由报告”，继续将中国列为“特别关注国”，妄称中方持续控制宗教，限制威胁中国政府或中国共产党利益的宗教活动和个人自由，持续骚扰和恐吓中国国内宗教团体。7月，美国举办“2021年国际宗教自由峰会”，妄称中国宗教自由状况继续恶化等。

人文交流领域，美国执法部门频繁盘查、滋扰、遣返中国赴美留学人员、歧视中国共产党党员身份。美方以涉“军民融合战略”为由，拒签数百名中国赴美留学研究生。

美方继续对中国涉朝鲜、伊朗实体和个人滥施“长臂管辖”和单边制裁。

针对美方消极错误行径，中方开展坚决斗争和有力反制，坚定捍卫了自身主权、安全、发展利益。

另一方面，中国与美国高层及各层级保持交往。

2月11日中国农历除夕，国家主席习近平同拜登总统通电话。两国元首就中国牛年春节相互拜年，并就双边关系和重大国际及地区问题深入交换意见。

9月10日，习近平主席应约同拜登总统通电话，就中美关系和双方共同关心的有关问题进行了坦诚、深入、广泛的战略性沟通和交流。

11月16日，习近平主席同拜登总统举行视频会晤。双方就事关中美关系发展的战略性、全局性、根本性问题以及共同关心的重要问题进行了充分、深入的沟通和交流。

3月18～19日，中共中央政治局委员、中央外事工作委员会办公室主任杨洁篪、国务委员兼外交部长王毅在安克雷奇同美国国务卿布林肯、总统国家安全事务助理沙利文举行中美高层战略对话。10月6日，杨洁篪主任在瑞士苏黎世同沙利文助理举行会晤。10月31日，王毅国务委员兼外长在意大利罗马会见布林肯国务卿。杨洁篪主任、王毅国务委员兼外长分别多次同布林肯国务卿通电话。7月25～26日，美国常务副国务卿舍曼访问天津，王毅国务委员兼外长、外交部副部长谢锋分别同舍曼会见、会谈。

习近平主席分别复信星巴克公司董事会名誉主席舒尔茨，斯诺、马海德等国际友人亲属，并向美中关系全国委员会年度颁奖晚宴致贺信。国务院总理李克强同美工商界领袖举行视频对话。国家副主席王岐山出席纪念中美“乒乓外交”50周年活动、基辛格秘密访华50周年纪念活动、2021年创新经济论坛等活动并致辞，会见清华大学经管学院顾委会委员。杨洁篪主任同美中关系全国委员会董事会成员举行视频对话，会见出席第十二届中美政党对话的美国民主、共和两党代表。王毅国务委员兼外长同美对外关系委员会进行视频交流，出席“对话合作，管控分歧——推动中美关系重回正轨”蓝厅论坛并发表主旨讲话。

两国在气候变化、经贸、农业、卫生、两军等领域开展交往合作。

4月22日，国家主席习近平应美国总统拜登邀请以视频方式出席领导人气候峰会并发表重要讲话。4月14～17日、8月31日至9月3日，美国总统气候问题特使克里两次访华。中美双方分别在上海和格拉斯哥达成《中美应对气候变化危机联合声明》《中美关于在21世纪20年代强化气候行动的格拉斯哥联合宣言》。

5月、10月，国务院副总理、中美全面经济对话中方牵头人刘鹤两次与美国贸易代表戴琪通话。6月、10月，刘鹤副总理两次与美国财政部长耶伦通话。2021年中美双边货物贸易额7556.4亿美元，同比增长28.7%。

3月，农业农村部部长唐仁健与美国农业部部长维尔萨克通电话。

5月，国家卫生健康委主任马晓伟应约同美国卫生与公众服务部部长贝塞拉通电话。

9月，中美举行第16次中美国防部工作会晤视频会议。12月，中美海上军事安全磋商机制会议通过视频形式举行。

2021年，中美两国卫生部门和防控专家继续就新冠肺炎疫情防控保持沟通，多次召开视频交流会。双方制药企业和科技界人士也就疫苗及药物研发保持着沟通与合作。2020年3月至2022年2月，中国共向美出口口罩615.3亿只、防护服13.7亿套、呼吸机212109台。

中美还就朝鲜半岛、伊朗核、中东、阿富汗等重大国际地区问题保持沟通。

乌拉圭
(Uruguay)

2021年，中华人民共和国与乌拉圭东岸共和国战略伙伴关系持续深入发展。

两国保持各层级交往，政治互信不断深化。乌拉圭主要政党热烈祝贺中国共产党成立100周年。7月，全国人大常委会委员长栗战书同乌副总统、国会主席兼参议长贝亚特里斯·阿希蒙举行视频会谈。11月，全国政协副

主席巴特尔同乌参议院副议长塞瓦斯蒂安·达席尔瓦举行视频会晤。9月，乌拉圭总统路易斯·阿尔韦托·拉卡列·波乌出席中国国际服务贸易交易会全球服务贸易峰会并发表视频致辞。7月，阿希蒙副总统、国会主席兼参议长出席兰州投资贸易洽谈会开幕式并致辞。

两国抗疫合作稳步推进。4月，中国企业应乌方请求向南美足联提供新冠疫苗，为美洲杯赛事顺利举办提供保障。河南、江西等省份同乌方举办疫情防控经验交流视频会。

两国务实合作成果丰硕。双方在经贸、基础设施建设、金融等领域合作取得积极进展。中乌双边贸易稳步复苏，中国继续保持乌最大贸易伙伴和最大出口目的地国地位。2021年，中乌双边贸易额64.8亿美元，同比增长59.2%。5月，中资企业中标的乌拉圭输变电环网闭合项目正式签约，成为中乌共建“一带一路”框架内首个双边大型成套项目。9月，金砖国家新开发银行正式宣布吸纳乌拉圭为首批新成员国。

两国在联合国、中国—拉共体论坛等国际组织和多边机制中保持良好沟通协调。12月，国务委员兼外交部长王毅主持中国—拉共体论坛第三届部长会议，乌拉圭外长弗兰西斯科·布斯蒂略·博纳索出席。

两国人文交流丰富多彩。中国优秀影视和文艺作品在乌媒体播出，太极拳和汉语比赛、“中国智造”图片展等活动以线上线下相结合方式成功举办，在乌社会各界引发热烈反响。中乌地方交往合作持续热络。

乌兹别克斯坦
(Uzbekistan)

2021年，中华人民共和国与乌兹别克斯坦共和国全面战略伙伴关系保持高水平运行。

政治互信不断巩固。4月，国家主席习近平同乌兹别克斯坦总统米尔济约耶夫通电话。10月，习近平主席致电祝贺米尔济约耶夫当选连任乌总统，习近平主席同乌总统米尔济约耶夫通电话。6月，国务院总理李克强同乌总理阿里波夫举行视频会晤，乌外交部长卡米洛夫出席“一带一路”亚太区域国际合作高级别视频会议。3月，全国人大常委会委员长栗战书同乌最高会议参议院主席纳尔巴耶娃举行视频会晤。2月，中共中央政治局委员、国家监察委员会主任杨晓渡同乌反腐败署署长布尔汉诺夫举行视频会晤。5月，国务委员兼外交部长王毅会见来华出席“中国+中亚五国”外长第二次会晤的乌外长卡米洛夫。7月，王毅国务委员兼外长访乌，同乌总统米尔济约耶夫举行会见。8月，乌副总理别赫佐德·穆萨耶夫出席新冠肺炎疫苗合作国际论坛首次会议。

抗疫合作有声有色。中国重组蛋白新冠疫苗在乌完成三期临床试验并获批紧急使用，两国企业在乌实现联合生产。中科院上海药物研究所等机构研制的抗新冠特效药在乌临床试验并获批在乌临床使用。连花清瘟胶囊、藿香正气片、清肺排毒颗粒在乌注册上市。

务实合作成果丰硕。中方保持乌主要贸易伙伴和投资来源国地位，在乌中资企业突破1900家。中乌投资合作工作组召开首次会议，举办矿产资源、家电制造、制药等领域对接会。跨境电商合作蓬勃开展。能源领域，中国—中亚天然气管道乌境内段运营良好。中小水电站、风电光伏项目顺利推进。两国主管部门就乌铀矿勘探开发达成共识。互联互通领域，中乌商业航班运营正常。以塔什干为终点的首列跨境电商中亚专列开行。农业领域，乌甜瓜在中国首发，双方签署乌李子干、柠檬输华检验检疫议定书。减贫合作领域，中国国际扶贫中心与乌经济发展与减贫部签署减贫合作谅解备忘录。

瓦努阿图
(Vanuatu)

2021年，中华人民共和国与瓦努阿图共和国全面战略伙伴关系持续深入发展。

两国保持各级别密切交往。5月，瓦努阿图总理、瓦努阿库党主席鲍勃·拉夫曼就中国共产党成立100周年向中共中央总书记习近平致贺信。习近平总书记向拉夫曼总理致复谢函。3月，拉夫曼总理出席中医药与抗击新冠肺炎疫情国际合作论坛。5月，拉夫曼总理出席中国—太平洋岛国政党对话会。7月，拉夫曼总理参加中国共产党与世界政党领导人峰会并录制视频发言。10月，国务委员兼外交部长王毅主持首次中国—太平洋岛国外长会，瓦努阿图外交、国际合作与对外贸易部部长马克·阿蒂以视频方式出席。

双方积极开展各领域合作。中方向瓦方提供10万剂新冠肺炎疫苗以及多批次抗疫医疗物资援助，通过“中国—太平洋岛国抗疫合作基金”向瓦方追加抗疫现汇援助。中方援建的瓦努阿图总统府、财政部和外交部办公

楼、塔纳岛公路、维拉港市体育场、彭特考斯特岛公路等项目开工建设。5月，中瓦青年视频对话会成功举办。9月，中瓦签署《关于合作开展瓦努阿图中小学中文教育项目谅解备忘录》。

委内瑞拉
(Venezuela)

2021年，中华人民共和国与委内瑞拉玻利瓦尔共和国全面战略伙伴关系持续深入发展。

两国战略互信不断巩固。6月，委内瑞拉总统尼古拉斯·马杜罗·莫罗斯就中国共产党成立100周年向中共中央总书记习近平致贺函。4月，全国人大常委会委员长栗战书同委内瑞拉全国代表大会主席豪尔赫·罗德里格斯·戈麦斯举行视频会晤。8月，国务委员兼外交部长王毅就委内瑞拉发生洪涝灾害向委内瑞拉外长菲利克斯·普拉森西亚·冈萨雷斯致慰问电。9月，王毅国务委员兼外长同委内瑞拉外长普拉森西亚通电话。8月，全国政协副主席、国家发展改革委主任何立峰同委副总统德尔西·罗德里格斯·戈麦斯举行视频会议。

继续推进抗疫合作。应委方请求，中方向委方提供大量新冠肺炎疫苗，并为委方自华采购防疫和医疗物资提供协助。

创新开展人文交流。庆祝中华人民共和国成立72周年、中委建交47周年等主题活动，通过线上等多种方式在委内瑞拉举办，受到热烈欢迎。

越　南
(Vietnam)

2021年，中华人民共和国与越南社会主义共和国全面战略合作伙伴关系保持良好发展势头。

双方高层以灵活方式保持密切接触。2月，中共中央总书记、国家主席习近平同越共中央总书记、时任国家主席阮富仲通电话。7月，越共中央总书记阮富仲以视频方式出席中国共产党与世界政党领导人峰会。9月，习近平总书记、国家主席同阮富仲总书记通话。5月，习近平国家主席同越南新任国家主席阮春福通电话。6月，国务院总理李克强同越南新任政府总理范明政通电话。6月，全国人大常委会委员长栗战书同越南新任国会主席王庭惠举行视频会晤。9月，中共中央政治局常委、全国政协主席汪洋同越共中央书记处书记、祖国阵线中央委员会主席杜文战举行视频会晤。9月，中共中央政治局常委、中央纪委书记赵乐际以视频方式会见越共中央政治局委员、中央检查委员会主任陈锦绣。中共中央政治局委员、中央书记处书记、中央政法委书记郭声琨同越共中央政治局委员、公安部部长苏林举行视频会晤。8月，中共中央政治局委员、中央书记处书记、中央宣传部部长黄坤明同越共中央书记处书记、中央宣教部部长阮仲义举行视频会谈。12月，黄坤明部长同越共中央政治局委员、中央理论委员会主席、胡志明国家政治学院院长阮春胜出席第16次中越两党理论研讨会并作主旨报告。4月，国务委员兼国防部长魏凤和上将主持中越第六次边境国防友好交流活动并访问越南。4月，国务委员兼外交部长王毅同越南新任外长裴青山通电话。6月，裴青山外长来华出席纪念中国—东盟建立对话关系30周年特别外长会和澜沧江—湄公河合作第六次外长会，王毅国务委员兼外长同其会见。9月，王毅国务委员兼外长访问越南并同越共中央政治局委员、越南常务副总理范平明主持中越双边合作指导委员会第13次会议。12月，王毅国务委员兼外长在浙江安吉同越南外长裴青山举行会谈。2月，国务委员、公安部部长赵克志访问越南并与苏林部长共同主持中越公安部第七次合作打击犯罪会议。

两国抗疫和务实合作取得积极进展。中越卫生部门举行部长级疫情防控经验交流会。中方通过援助和商业采购模式向越南提供5150万剂国药疫苗，向越南北部边境地区定向提供抗疫物资援助。双边贸易保持两位数增长，突破2300亿美元大关，中国继续保持越南最大贸易伙伴地位，越南是中国在东盟区内的最大贸易伙伴。中国企业承建的越南首条城市轨道项目——河内轻轨二号线移交并投入商业运营。

双方就边界领土事务保持沟通。中越政府边界谈判机制运转顺畅，北部湾湾口外海域工作组、海上共同开发磋商工作组和海上低敏感领域合作专家工作组分别举行磋商。双方正在商签新的北部湾渔业合作协定。

也　门
(Yemen)

2021年，中华人民共和国与也门共和国友好合作关系持续发展。

两国政治互信不断巩固。7月，也门总统阿卜杜拉布·曼苏尔·哈迪就中国共产党成立100周年向中共中央总书记习近平致贺电。9月，国务委员兼外交部长王毅同也门外交部长艾哈迈德·本·穆巴拉克就两国建交65周年互致贺电。

中国建设性参与也门问题政治解决进程，并继续向也门方面提供力所能及的帮助。

赞比亚
(Zambia)

2021年，中华人民共和国与赞比亚共和国友好合作关系继续保持良好发展势头。

两国高层往来密切，政治互信持续加深。8月赞比亚大选后，国家主席习近平、全国人大常委会委员长栗战书、国家副主席王岐山、国务委员兼外交部长王毅分别向哈凯恩德·希奇莱马总统、内莉·穆蒂议长、穆塔莱·纳卢曼戈副总统、斯坦利·卡库博外长致当选或就任贺电。2月，赞比亚时任总统埃德加·伦古就中赞合作致信习近平主席。6月，伦古总统就中国共产党成立100周年向中共中央总书记习近平致贺信。6月，赞比亚开国总统肯尼思·戴维·卡翁达逝世，习近平主席向伦古总统致慰问电，全国人大常委会副委员长张春贤代表中方赴赞比亚驻华使馆吊唁。11月，希奇莱马总统视频出席第四届中国国际进口博览会开幕式。2月，中共中央政治局委员、中央外事工作委员会办公室主任杨洁篪访问赞比亚。10～11月，王毅国务委员兼外长同卡库博外长通电话，并在出席中非合作论坛第八届部长级会议期间会见卡库博外长，就两国关系、国际事务合作等交换意见。

两国经贸合作成果丰硕。中方援赞比亚国际会议中心、玉米粉加工厂、利维·姆瓦纳瓦萨综合医院扩建等项目进展顺利，中方提供融资的卢萨卡国际机场升级扩建、恩多拉国际机场项目交付，下凯富峡水电站首台机组并网发电。两国贸易便利化程度进一步提高，蜂蜜、蓝莓、铜制品等赞比亚优质产品对华出口继续扩大。

新冠疫情暴发以来，中赞两国守望相助、共克时艰。中国政府向赞方提供了疫苗、口罩、防护服、红外测温仪等抗疫援助支持，分享疫情防控成功经验，帮助赞方提升防控能力，并继续向赞方派遣援助医疗队。

津巴布韦
(Zimbabwe)

2021年，中华人民共和国与津巴布韦共和国全面战略合作伙伴关系继续深入发展。

高层交往频繁。2021年，国家主席习近平同津巴布韦总统埃默森·姆南加古瓦多次互致信函，为两国关系发展提供了战略指引。6月，津巴布韦非洲民族联盟—爱国阵线主席兼第一书记、总统姆南加古瓦就中国共产党成立100周年向中共中央总书记习近平致贺信。姆南加古瓦总统先后以线上或录制视频方式出席中医药与抗击新冠肺炎疫情国际合作论坛、中国共产党与世界政党领导人峰会、中国国际服务贸易交易会全球服务贸易峰会、第二届联合国全球可持续交通大会。12月，国务委员兼外交部长王毅在出席中非合作论坛第八届部长级会议期间会见津巴布韦外交部长弗雷德里克·沙瓦。

务实合作不断推进。中国援津巴布韦500口水井项目顺利完工，议会大厦、药品仓库项目取得积极进展。中方提供融资并承建的万吉火电站扩容、穆加贝国际机场改扩建项目进展顺利，移动壹网三期启动。津巴布韦农产品对华出口扩大，中津签订柑橘输华议定书。

人文交流亮点纷呈。山西省临汾市同津巴布韦维多利亚瀑布城缔结友城关系。新冠疫情发生以来，中国多批次向津巴布韦援助抗疫物资和疫苗，协助津方自华采购疫苗。中国援津医疗队积极在津巴布韦开展工作，分享抗疫经验和中医药传统经验。

第四章

中国与国际和地区组织的关系

（一）中国与联合国

1. 政治安全领域

（1）积极参与联合国维持和平行动

联合国维和行动是联合国维护国际和平与安全的重要手段，是国际社会共同践行多边主义的一项创举，几十年来在缓和紧张局势、解决地区冲突方面发挥了重要作用。截至2021年11月底，联合国正在实施12项维和行动，参加维和行动总人数为74329人，其中包括68514名军事人员、5815名维和警察。2021年7月至2022年6月，联合国维和预算约为63.79亿美元。

中国重视并支持根据《联合国宪章》宗旨和原则开展维和行动，积极参与联合国大会、安理会和联合国维和行动特别委员会的有关审议和磋商。中方主张，联合国维和行动应坚持《联合国宪章》宗旨和原则，坚持维和三原则，尊重当事国主权和意愿；加强对维和行动的宏观管理，确保维和授权现实可行；提高行动效率，加快维和部队组建和部署；优化后勤保障，提高维和资源的效用；

加强同区域组织的协调与配合，充分发挥区域组织的独特优势，形成合力。

中国坚定支持和积极参与联合国维和行动。1989年以来，中国共向29项联合国维和行动派出维和人员50000余人次。目前，中国派遣2200多名维和人员在黎巴嫩、塞浦路斯、西撒哈拉、刚果（金）、南苏丹、马里、中东、阿布耶伊8个任务区执行任务。中国维和预算分摊比例为18.686%，在会员国中居第二位。为落实国家主席习近平2015年出席联合国成立70周年系列峰会期间宣布的支持联合国维和行动重大举措，中国率先组建完成总员额8160人的维和待命部队和300人规模的常备维和警队，可随时应联合国要求派出。2018～2020年，中国13支维和待命分队通过联合国考察评估晋升至二级待命等级，其中有6支维和待命分队通过联合国审核晋升至三级待命等级。

（2）安理会改革

2021年，联合国会员国继续围绕安理会改革问题展开讨论，并进行政府间谈判。第75届联合国大会期间举行了政府间谈判，各方继续阐述各自立场和关切，就安理会改革相关问题交换看法。

6月23日，第75届联合国大会以协商一致方式通过决定，表示将在第76届联合国大会期间继续进行安理会改革政府间谈判。

中国积极参与安理会改革政府间谈判。中国常驻联合国代表张军大使在第75届联大安改政府间谈判会议上发言表示，中方支持安理会进行合理、必要改革，更好履行宪章赋予的职责，更好服务各国人民的利益，确保改革成果为人人共享。改革要体现公平，唯一的正确方向就是提高发展中国家，特别是非洲国家在安理会的代表性和发言权，纠正非洲国家遭受的历史不公。改革要坚持平等，增加中小国家进入安理会并参与决策的机会。改革要基于共识，必须坚持协商一致原则。根据联大第62/557号决定，政府间谈判是会员国讨论安改问题的唯一合法平台。中方支持政府间谈判沿着会员国主导的正确轨道，以非正式全体会议的形式，就改革涉及的五大类问题进行深入讨论，争取达成“一揽子”解决方案。当前，各方对改革方向和思路仍然存在巨大分歧，仓促启动具体案文谈判、强推合并和形成单一文件、人为设定改革时限，甚至强推不成熟的改革方案，将加剧对立，引发对抗，甚至颠覆政府间谈判。中方对此坚决反对。中方愿同各方共同努力，确保改革走在符合会员国共同利益和联合国长远发展的正确轨道上，确保实现改革结果人人共享的目标。

（3）安理会处理的有关热点问题

1）叙利亚问题

2021年，安理会高度关注叙利亚问题，每月均举行公开会，审议叙政治进程、化武、人道局势等问题，听取联合国秘书长叙利亚问题特使裴凯儒、联合国主管人道主义事务副秘书长兼紧急救济协调员洛科克、联合国主管裁军事务副秘书长和高级代表中满泉等通报和介绍，通过一份决议。

7月9日，安理会以15票赞成一致通过关于叙利亚跨境人道救援授权延期问题的第2585号决议，决定将位于叙土（耳其）边境的跨境救援点延期六个月，到期后可根据联合国秘书长有关报告再延期六个月。这是安理会自2016年以来首次协商一致就叙人道问题通过决议。

中国代表在审议中表示，叙利亚问题有关各方应根据安理会第2254号决议精神，在尊重叙主权、独立、统一和领土完整的基础上，推进“叙人所有、叙人主导”的政治进程，由叙人民自主决定国家前途命运。中方欢迎叙宪法委员会举行会议，呼吁各方同裴凯儒特使保持建设性沟通。叙各方及对叙有影响的各方应采取切实措施，开展积极合作，逐步积累互信，为政治进程创造条件，为特使工作提供实质性支持。中方反对一切形式的恐怖主义，支持叙政府反恐努力，安理会应对在叙恐怖势力发出一致、明确的信号，杜绝双重标准。中方支持联合国通过跨线机制开展人道救援行动，希望有关各方共同努力，争取就西北部跨线救援行动达成机制性安排。国际社会要人道援助和经济重建并重，通过多管齐下帮助叙人民应对多重挑战。单边制裁加剧叙经济和人道危机，与国际社会的努力方向背道而驰，必须立即解除。中方一贯反对任何国家、组织或个人，在任何情况下，出于任何目的使用化学武器。希望禁化武组织坚持独立、客观、公正等原则，严格在《禁化武公约》框架内对指称使用化武事件进行调查和处理，中方反对在疑点重重的情况下匆忙下结论。禁化武组织技秘处应客观、公正处理叙化武初始申报问题，同叙方加强协调，避免双重标准和政治化操作。

2）中非共和国问题

2021年，安理会多次审议中非问题，听取联合国秘书长中非问题特别代表兼联合国驻中非多层面综合稳定特派团（联中团）团长恩迪亚耶等通报和介绍，共通过三份决议，发表三份主席新闻谈话。

1月15日，安理会发表主席新闻谈话，强烈谴责针对联中团的袭击事件，重申全力支持联中团工作。

1月18日，安理会发表主席新闻谈话，再次强烈谴责针对联中团的袭击事件，呼吁中非共和国政府立即介入调查。

1月22日，安理会发表主席新闻谈话，谴责违反《和平协议》的行为，以及某些武装团体旨在破坏选举进程的暴力行为，重申准备根据相关规则审查中非武器禁运措施，包括暂停或逐步取消武器禁运。

3月12日，安理会以14票赞成通过第2566号决议，决定将联中团军事部分的核定人数增加2750人，将警察部分的核定人数增加940人。俄罗斯弃权。

7月29日，安理会以14票赞成通过第2588号决议，决定将对中非的武器禁运、旅行禁令、资产冻结等制裁措施延期至2022年7月31日，同时将中非制裁委专家小组授权延期至2022年8月31日。中国弃权。

11月12日，安理会以13票赞成通过第2605号决议，将联中团授权延期至2022年11月15日。俄罗斯和中国弃权。

中国代表在安理会审议中表示，中非政治安全形势总体向好。中方对中非政府和人民所作努力表示赞赏，鼓励各方通过协商对话解决分歧，加快落实《和平协议》，争取早日全面恢复稳定正常秩序。中方支持非洲人以非洲方式解决非洲问题，肯定非洲联盟（简称“非盟”）、中部非洲国家经济共同体（简称“中共体”）等区域组织及次区域组织的斡旋努力。中方支持联合国秘书长中非问题特别代表和联合国驻中非综合稳定特派团履行好安理会授权，切实保障维和人员和人道主义援助者安全。联中团配置力量资源和开展行动要加强同中非政府沟通协商，契合当事国需要和优先事项。解除武器禁运问题事关中非主权、安全，是中非民心所向，也是地区国家的共同心声。

3）刚果（金）问题

2021年，安理会多次审议刚果（金）问题，共通过两份决议，发表三份主席新闻谈话。

2月22日，安理会发表主席新闻谈话，强烈谴责针对世界粮食计划署车辆导致意大利驻刚果（金）大使身亡的袭击事件。

3月31日，安理会发表主席新闻谈话，肯定齐塞克迪总统为刚果（金）和平、稳定、和解所作努力，欢迎秘书长大湖地区特使夏煌制定大湖新战略。

5月10日，安理会发表主席新闻谈话，强烈谴责当日针对联合国驻刚果（金）稳定特派团（联刚稳定团）导致一名马拉维籍维和士兵身亡的袭击事件。

6月29日，安理会通过第2582号决议，将对刚果（金）制裁措施延期至2022年7月1日，对制裁委专家小组授权延期至2022年8月1日。

12月20日，安理会通过第2612号决议，将联刚稳定团授权延期至2022

年12月20日。

中国代表在安理会审议中表示，当前刚果（金）保持政治稳定，经济加快复苏，同地区国家关系不断改善。同时，刚果（金）长治久安仍面临不少困难和挑战，需要继续包容对话，妥善解决分歧，维护稳定局面。当前，刚果（金）东部地区安全形势有所恶化。刚果（金）政府在东部地区实施戒严，同乌干达采取联合军事行动，展现了维护稳定的坚定意志和决心。联刚稳定团应同刚果（金）武装部队保持协调配合，继续通过联合行动等措施保护平民。单靠军事手段无法解决刚东问题。大湖地区新战略和行动计划为破解地区难题提供了解决思路和实施路径。联刚稳定团、刚果（金）政府、联合国国家工作队等应加强工作衔接与协调合作，有序、负责任、可持续地执行缩编战略，确保和平成果不会逆转。安理会应积极回应刚果（金）关切，避免制裁措施对其安全能力带来负面影响。

4）马里问题

2021年，安理会多次审议马里问题，听取前任秘书长马里问题特别代表兼联合国驻马里多层面综合稳定特派团（联马团）团长安纳迪夫及现任特别代表兼团长万恩通报，共通过两份决议，发表九份主席新闻谈话。

1月14日，安理会发表主席新闻谈话，强烈谴责针对联马团的袭击事件，敦促马里各方毫不拖延地全面执行《马里和平与和解协定》。

1月18日，安理会发表主席新闻谈话，强烈谴责针对联马团的袭击事件。

2月11日和4月3日，安理会分别发表主席新闻谈话，强烈谴责针对联马团的袭击事件，敦促马里各方立即执行《马里和平与和解协定》。

5月26日，安理会发表主席新闻谈话，强烈谴责马里国防和安全部队人员逮捕过渡共和国总统、总理和其他官员，并要求安全、立即和无条件地释放被拘留人员；重申坚定支持非盟和西非国家经济共同体（简称“西共体”）在马里的斡旋努力，呼吁马里所有利益攸关方继续与所有伙伴努力充分合作，确保恢复由文职人员领导的过渡。

6月29日，安理会以15票赞成一致通过第2584号决议，决定将联马团授权延期至2022年6月30日。

8月30日，安理会以15票赞成一致通过第2590号决议，决定将对马里制裁措施授权延期至2022年8月31日，将制裁委专家小组授权延期至2022年9月30日。

10月4日，安理会发表主席新闻谈话，强烈谴责针对联马团的袭击事件。

11月4日，安理会成员访问马里并发表主席新闻谈话，鼓励马里与西共体继续对话，赞扬联马团为马里和平稳定所作努力，再次呼吁马里过渡当局实现政治过渡、恢复宪政秩序。

12月6日，安理会发表主席新闻谈话，强烈谴责针对马里平民的袭击事件。

12月8日，安理会发表主席新闻谈话，强烈谴责针对联马团的袭击事件。

中国代表在安理会审议中表示，支持马里政府有序推进政治过渡，恢复宪政秩序，欢迎马里政府通过对话、增强政府的包容性等方式加强团结。中方支持非盟和西共体继续开展斡旋努力，鼓励地区组织同马里政府加强沟通，增进互信。中方赞赏联马团为萨赫勒五国集团联合部队提供重要支持，支持联马团根据安理会授权开展行动，协助维护当地安全与稳定。中方愿同国际社会和伙伴国家一道，继续支持马里政府反恐维稳，从政治、经济、司法和社会多方面入手帮助马里恢复国家权力，消除冲突根源。

5）西撒哈拉问题

2021年，安理会继续审议西撒问题，通过一份决议。

10月29日，安理会以13票赞成通过第2602号决议，将联合国西撒哈拉全民投票特派团（西撒特派团）授权延期至2022年10月31日。俄罗斯和突尼斯弃权。

中国代表在安理会审议中表示，中方支持在安理会有关决议框架内，通过对话谈判解决彼此分歧，达成公正、持久和为各方所接受的政治解决方案。呼吁有关各方避免激化紧张局势，严格遵守停火和军事协定，采取行动改善人道状况。呼吁国际社会继续支持西撒特派团履职。

6）几内亚比绍问题

2021年，安理会继续审议几内亚比绍局势，发表一份主席声明。

2月3日，安理会发表主席声明，欢迎联合国驻西部非洲和萨赫勒地区办事处（西萨办）在联合国几内亚比绍建设和平综合办事处2020年12月31日任务结束后承担该办事处的斡旋职能。

中方代表在安理会审议中表示，几内亚比绍结束大选争端，有关各方要以此为新起点，从国家和民族长远利益出发，携手推动国家发展和长治久安。中方赞赏西萨办积极开展斡旋调解，希望西萨办同联合国其他相关机构、西共体、非盟加强沟通协调，促进地区和平与稳定。

7）乌克兰问题

2021年2月11日，安理会应俄罗斯要求，举行乌克兰问题视频公开会，讨论《明斯克协议》落实情况。会上听取联合国政治和建设和平事务部副秘书长迪卡洛、欧洲安全与合作组织轮值主席特别代表格劳、欧安组织特

别监督团首席监察员塞维克通报。

中国代表在会上表示，中方在乌克兰危机问题上一贯秉持客观、公正立场，尊重包括乌克兰在内所有国家的主权和领土完整，反对任何外部势力干涉乌克兰内政。“新明斯克协议”得到安理会核可，为政治调解乌克兰危机发挥了至关重要的作用。中国呼吁有关各方切实履行协议，坚持政治解决的大方向，通过对话协商，寻求危机的全面解决，推动乌克兰实现和平、稳定与发展，促进乌克兰各民族和谐相处，促进乌克兰与地区各国和平共处。武力解决方案没有出路，对话和谈判是解决危机的唯一途径。中方将继续为政治解决乌克兰问题发挥建设性作用。

8）科索沃问题

2021年，安理会两次审议科索沃问题，听取联合国秘书长科索沃问题特别代表兼联合国科索沃临时行政当局特派团（联科团）团长塔宁通报。

中国代表在安理会审议中表示，安理会第1244号决议为解决科索沃问题提供了政治基础和法律依据。中方尊重塞尔维亚的主权和领土完整，理解塞方在科索沃问题上的合理关切，赞赏塞方为寻求政治解决科索沃问题所作的积极努力，支持塞科双方以安理会第1244号决议为法律基础，通过真诚对话协商，寻求彼此均可接受的解决方案。科索沃各民族实现包容和解、和谐共处，符合各族民众的根本利益和发展需要。科索沃政府应为此创造良好环境，增进不同社区间的友好互信。中方希望有关方面采取积极有力措施，保护科索沃塞族的安全和合法权益，加强民族团结，为最终解决科问题提供坚实基础；呼吁各方切实落实安理会相关决议，充分保障联合国维和人员安全，为联科团履职创造有利条件。

9）塞浦路斯问题

2021年，安理会多次审议塞浦路斯问题，共通过两份决议，发表一份主席声明。

1月29日，安理会通过第2561号决议，决定将联合国驻塞浦路斯维和部队（联塞部队）授权延期至2021年7月31日。

7月23日，安理会发表对土耳其和塞土族领导人宣布进一步开放瓦罗莎表示谴责的主席声明。

7月29日，安理会通过第2587号决议，将联塞部队授权延期至2022年1月31日。

中国代表在安理会审议中表示，中方反对任何试图改变瓦罗莎地区现状的单方面行动，呼吁有关方面保持克制、停止挑衅，撤销单方面行动，根据安理会以往决议妥善处理瓦罗莎问题。中方支持在联合国有关决议基础上，通过对话协商，寻求塞浦路斯问题全面、公正和持久解决。国际社会应尊重塞浦路斯的主权和领土完整，在联合国决议和“两族双区联邦制”框架下，努力推动有关各方通过对话协商缩小分歧。中方将继续坚持客观、公正立场，为推动塞浦路斯问题政治解决发挥建设性作用。

10）波黑问题

2021年，安理会三次审议波黑问题，通过一份决议。

5月4日，安理会举行波黑问题公开会，听取国际社会驻波黑高级代表因兹科通报。

6月29日，安理会就国际社会驻波黑高级代表换任问题举行公开会，听取联合国政治和建设和平事务部欧洲和中亚司代理主管勒科克通报。

11月3日，安理会举行波黑问题公开会，通过将欧盟驻波黑多国稳定部队授权延期一年的第2604号决议。

中国代表在安理会审议中表示，中方一贯尊重波黑主权、独立、国家统一和领土完整，尊重波黑人民对国家前途命运的选择，相信波黑人民有能力、有智慧解决面临的问题。中方鼓励波黑各方以国家和人民利益为重，加强对话协商，照顾彼此关切，全面准确落实《代顿和平协议》，在国家宪法框架内妥善解决分歧，推进国家建设，实现民族和解。中方呼吁国际社会采取公正、平衡、审慎态度，充分听取各方意见，避免强加外部方案。中方重申，根据《代顿和平协议》规定，安理会在高级代表任命中的作用不可否认，并早已形成惯例，应当得到尊重。国际社会应当以适应形势发展的方式向波黑提供帮助。中方欢迎欧盟帮助波黑维持和平稳定的努力，希望欧盟驻波黑多国稳定部队继续在维护波黑局势安全稳定等方面发挥积极作用。

11）哥伦比亚问题

2021年，安理会多次审议哥伦比亚问题，听取秘书长特别代表兼联合国哥伦比亚核查团团长马谢乌通报哥伦比亚局势最新进展和安理会有关决议执行情况等，共通过两份决议。

5月11日，安理会通过第2574号决议，决定应哥伦比亚政府请求为联合国哥伦比亚核查团增加授权，并决定将核查团授权延期至2021年10月31日。

10月29日，安理会通过第2603号决议，决定将联合国哥伦比亚核查团授权延期至2022年10月31日。

中国代表在安理会审议中表示，哥伦比亚和平协议签署五年来，在哥伦比亚政府和各方努力下，和平协议稳步落实，和平进程持续推进，取得了令人瞩目的积极成果。全面落实和平协议是一项复杂的系统工程，需要哥伦比亚政府和各方不懈努力，保持投入，巩固来之不易的成果。希望哥

伦比亚政府及各方共同维护当前积极势头，平衡推进和平协议落实，巩固社会各界对和平进程的信心和支持。中方赞赏联合国哥伦比亚核查团为支持落实和平协议所做的大量工作，支持核查团授权延期，希望核查团协助哥伦比亚政府与前武装人员加强对话协商，化解和平协议落实过程中的分歧矛盾，为哥伦比亚早日实现持久和平、稳定与可持续发展发挥积极作用。

12）海地问题

2021年，安理会多次审议海地问题，通过一份决议，发表一份主席声明。

3月24日，安理会发表主席声明，对海地局势表示关切，强调海地政府应为国家稳定发展、经济自立承担责任。

10月15日，安理会通过第2600号决议，决定将联合国驻海地综合办公室（联海办）授权延期至2022年7月15日。

中国代表在安理会审议中表示，海地政府和政治领导人应当从国家和人民利益出发，停止权力斗争，切实负起责任，共同推动国家结束混乱，走上正常发展的轨道。国际社会长期以来对海地现有的输血、供氧式帮扶模式效果不彰，也不可持续，应当考虑采取新的方式帮助海地脱离困境。中方愿同安理会成员一道，继续支持联海办履行职责，为促进海地稳定与发展发挥积极作用。

13）南苏丹问题

2021年，安理会关注南苏丹局势，多次审议南苏丹问题，共通过两份决议，发表一份主席声明。

3月12日，安理会通过第2567号决议，将联合国驻南苏丹特派团（联南苏团）授权延期至2022年3月15日。

5月28日，安理会通过第2577号决议，将对南苏丹制裁措施及制裁委专家小组授权分别延期至2022年5月31日和7月1日。

10月27日，安理会发表主席声明，重申支持2018年《解决南苏丹共和国冲突重振协议》(《重振协议》)，严重关切南苏丹一些地区的武装团体之间暴力行为，促请南苏丹领导人按照《重振协议》立即采取有效措施恢复社会稳定，赞扬联南苏团工作，赞赏政府间发展组织（伊加特）在推动南苏丹和平进程方面发挥领导作用。

中国代表在安理会审议中表示，各方应巩固南苏丹来之不易的和平势头，持续落实《重振协议》，为实现南苏丹持久和平奠定基础。中方赞赏联南苏团为保护平民、推动部族和解、协助落实和平协定发挥的重要作用，支持非盟、伊加特等区域组织继续发挥积极作用。安理会应尽快响应非盟呼吁，解除对南苏丹制裁，切实改善南苏丹和平与发展环境。中方愿同国际社会共同努力，继续为南苏丹提供力所能及的帮助，推动南苏丹走上持续和平与可发展之路，为地区繁荣发展贡献力量。

14）苏丹达尔富尔问题

2021年，安理会持续关注苏丹局势，多次审议达尔富尔问题，听取联合国主管业务支助事务副秘书长哈雷的通报，共通过两份决议，发表一份主席声明和两份主席新闻谈话。

2月11日，安理会以15票赞成一致通过第2562号决议，将对苏丹制裁委专家小组授权延期至2022年3月12日。

6月3日，安理会以15票赞成一致通过第2579号决议，将联合国苏丹过渡时期综合援助团（联苏综合援助团）延期到2022年6月3日。

8月2日，安理会发表主席声明，表示非盟—联合国达尔富尔混合行动（联非达团）已于2021年6月30日前完成缩编。

9月22日，安理会发表主席新闻谈话，强烈谴责企图使用武力破坏苏丹过渡行动的行为。

10月28日，安理会发表主席新闻谈话，对苏丹10月25日发生的军事接管、暂停过渡机构、宣布紧急状态和拘捕哈姆多克总理以及过渡政府的其他文职成员表示严重关切，重申充分支持联苏综合援助团执行任务。

中国代表在安理会审议中表示，苏丹政治进程取得积极进展，同苏丹当局和有关各方的共同努力密不可分。中方欢迎苏丹政府采取举措落实《朱巴和平协议》，将过渡司法安排列为优先事项，并同苏丹人民解放运动—希鲁派举行和谈。中方愿与国际社会一道，多措并举，推进政治进程；加大力度，维护达区稳定；找准重点，促进经济发展和国家重建，巩固好积极势头，不断为苏丹和平发展注入新动力。中方很高兴看到联非达团顺利缩编、有序撤出。中方支持联苏综合援助团不断加强配置，提升履职能力，根据授权把工作与苏丹战略优先领域密切结合，不断提高特派团工作的针对性和有效性。国际社会应积极帮助苏丹政府加强自身安全和治理能力建设，尊重并听取苏丹政府的意见。

15）也门问题

2021年，安理会密切关注也门局势，多次举行公开会，听取联合国秘书长也门问题特使格伦德伯格、主管人道主义事务副秘书长兼紧急救济协调员格里菲斯等通报，共通过两份决议，发表四份主席新闻谈话。

2月25日，安理会通过第2564号决议，决定将对也门制裁措施延期至2022年2月28日，将也门制裁委专家小组授权延期至2022年3月28日。

3月18日，安理会发表主席新闻谈话，谴责胡塞武装袭击沙特，呼吁各方与秘书长也门问题特使合作，无条件实现全国停火，达成也门人主导的

具有包容性的政治解决方案，强调促进人道主义援助以及燃料船进入荷达台港的重要性，呼吁对侵犯和践踏人权以及违反国际人道主义法的行为追责，重申支持也门的主权、统一、独立和领土完整等。

4月16日，安理会发表主席新闻谈话，欢迎沙特阿拉伯提出政治解决也门问题倡议，呼吁各方不设前提地同秘书长也门问题特使沟通，敦促各方停火止暴，敦促胡塞无条件为联合国专家提供"萨菲尔号"油轮准入等。

7月14日，安理会通过第2586号决议，决定将联合国支持荷台达协议特派团授权延期至2022年7月15日。

10月20日，安理会发表主席新闻谈话，谴责胡塞武装袭击沙特机场，要求也门各方立即在全国范围内停火，关切也门人道和经济局势，呼吁充分执行《利雅得协议》，敦促胡塞配合解决"萨菲尔号"油轮问题等。

11月18日，安理会发表主席新闻谈话，强烈谴责胡塞闯入美驻也门使馆馆舍及拘押美当地雇员行为，要求胡塞立即撤离并释放美当地雇员，要求胡塞确保不再采取任何针对外交领事机构和外交使团相关人员的行为等。

中国代表在相关审议中表示，也门问题没有军事选项，政治解决是唯一出路。中方希望冲突各方相向而行，就焦点问题达成各方均可接受的解决方案，支持联合国斡旋也门和平进程，赞赏秘书长也门问题特使所有的努力，希望冲突各方为特使开展工作提供便利。中方敦促有关各方遵守国际人道法，保障人道准入，确保国际社会提供的人道物资安全、不受阻碍地送到有需要的民众手中，缓解当地人道危机。中方一直积极支持和建设性参与也门和平进程，愿同各方保持沟通、密切协调，共谋中东和平安全，共促中东发展。

16）利比亚问题

2021年，安理会高度关注利比亚局势，多次开会审议，共通过五份决议，发表四份主席声明。

2月9日，安理会发表主席声明，促请有关各方全面执行2020年10月23日的停火协议，着重指出对联合国利比亚支助团（联利支助团）以及联合国秘书长利比亚问题特使库比什和联利支助团协调员泽嫩加的支持。

3月12日，安理会发表主席声明，促请利比亚新任临时政府为2021年12月24日举行自由、公正的全国和议会选举作好必要准备，着重指出在联合国主持下建立一个由利比亚主导的可信、有效的停火监测机制的重要性，并欢迎在利比亚部署联合国先遣队。

4月16日，安理会通过第2570号决议，促请利比亚各方全面执行2020年10月23日停火协议，并表示将在2021年9月15日之前审查联利支助团停火监测员部署工作的进展情况。

4月16日，安理会通过第2571号决议，将对利比亚的军火禁运、旅行禁令、资产冻结和石油禁运等制裁措施授权延期至2022年7月30日，将利比亚制裁委专家小组授权延期至2022年8月15日。

6月3日，安理会通过第2578号决议，将在利比亚沿岸公海上严格执行军火禁运授权延长12个月。

7月15日，安理会发表主席声明，着重指出包容、全面的民族和解进程的重要性，欢迎非盟对此方面的支持，并确认包括阿拉伯国家联盟和欧洲联盟在内的区域组织的重要作用。

9月15日，安理会通过第2595号决议，决定将联利支助团授权延期至2021年9月30日。

9月30日，安理会通过第2599号决议，决定将联利支助团授权延期至2022年1月31日。

11月24日，安理会发表主席声明，强调必须敦促利比亚各利益攸关方广泛接受包容、协商性选举进程，谴责任何破坏这一进程的行为，包括煽动暴力、散布虚假信息或阻止选民参与的行为。

中国代表在安理会审议中表示，欢迎利比亚国民代表大会和国家最高委员会就选举问题进行对话协商，通过和平手段解决问题。国际社会应尊重利比亚主权、独立和领土完整，坚持“利人主导、利人所有”的政治进程。非盟和阿盟在调解各方冲突方面具有特殊优势，应支持其发挥作用，同联合国形成合力。有影响力的国家应积极发挥作用和施加影响，推动利比亚各方化解分歧，加强互信。中方愿继续为利比亚早日实现持久和平与可持续发展发挥建设性作用。

17）伊拉克问题

2021年，安理会持续关注伊拉克局势，多次举行公开会，听取联合国秘书长伊拉克问题特别代表兼联合国伊拉克援助团（联伊援助团）团长亨尼斯–普拉斯哈特等通报，共通过一份决议，发表三份主席新闻谈话。

1月22日，安理会发表主席新闻谈话，谴责1月21日在巴格达发生的恐怖袭击，重申任何形式的恐怖主义对国际和平与安全造成严重威胁，强调所有国家都应依据《联合国宪章》和国际法全力打击恐怖行为等。

5月27日，安理会通过第2576号决议，决定将联合国伊拉克援助团授权延期至2022年5月27日。

7月21日，安理会发表主席新闻谈话，谴责7月19日在巴格达发生的恐怖袭击，重申任何形式的恐怖主义对国际和平与安全造成严重威胁，强调所有国家都应依据《联合国宪章》和国际法全力打击恐怖行为等。

10月22日，安理会发表主席新闻谈话，祝贺伊拉克举行选举，赞赏联

伊援助团向伊最高选举委员会提供技术支持并派遣国际观察团队，欢迎欧盟、阿盟、伊斯兰合作组织等开展选举观察，谴责针对联伊援助团和伊最高选举委员会人员的暴力威胁，支持伊政府实施改革以满足民众各方面合法诉求等。

12月8日，安理会发表主席新闻谈话，谴责12月3日和7日在伊拉克北部和巴士拉分别发生的恐怖袭击，重申支持伊拉克的独立、主权、统一、领土完整、民主进程和繁荣，强调一切形式的恐怖主义对国际和平与安全构成严重威胁，支持伊拉克打击恐怖主义等。

中国代表在相关审议中表示，中方欢迎伊拉克选举新一届国民议会，赞赏伊拉克政府和人民为此付出的巨大努力，充分肯定联伊援助团提供的选举支助，鼓励伊拉克各派别以此次大选为契机，进一步凝聚共识，加强团结，有序完成新政府的组建。中方希望各国尊重伊拉克的主权和领土完整，赞赏伊拉克同地区国家加强沟通，增进互信，开展合作，共同维护地区稳定。国际社会应继续坚定支持伊拉克打击恐怖主义，为伊拉克提供更多抗疫援助，帮助伊拉克重建与恢复发展。中方将继续同国际社会一道，支持伊拉克政府抗击疫情，加快重建，恢复发展，实现长治久安。

18）巴勒斯坦问题

2021年，安理会密切关注巴勒斯坦问题，多次举行公开会，听取联合国中东和平进程特别协调员兼秘书长代表温尼斯兰德、联合国近东巴勒斯坦难民救济和工程处主任拉扎里尼等通报。中国担任安理会5月轮值主席期间，推动安理会十天内四次审议巴勒斯坦问题，发表一份主席新闻谈话。

5月22日，安理会发表中国、挪威、突尼斯等国起草的主席新闻谈话，欢迎巴以宣布停火，呼吁全面遵守停火，强调必须立即向巴勒斯坦平民特别是加沙地区提供人道援助，希望国际社会同联合国一道制定综合有力方案，促进迅速、可持续的重建与恢复，重申基于以色列和巴勒斯坦两个民主国家在安全和公认的边界内和平共处、比邻而居的愿景至关重要等。

中国代表在相关审议中表示，巴勒斯坦问题始终是中东问题的核心。只有全面、公正、持久地解决巴勒斯坦问题，中东地区才能真正实现持久和平和普遍安全。巴以问题归根结底要在“两国方案”基础上寻求长期解决。中方敦促以色列遵守安理会第2334号决议，停止一切定居点活动，回到“两国方案”的轨道上来。国际社会要推动巴以双方早日重启平等对话，重建互信，找到比邻而居、和平共处的出路。安理会承担着维护国际和平与安全的首要责任，必须为解决巴以问题采取有力行动，重申对“两国方案”的坚定承诺和支持。中方支持巴勒斯坦建立以1967年边界为基础、以东耶路撒冷为首都、拥有完全主权的独立国家。中方愿同国际社会一道，为推动巴勒斯坦问题早日解决、实现中东地区持久和平稳定作出积极贡献。

19）阿富汗问题

2021年，安理会多次审议阿富汗问题，听取联合国秘书长阿富汗问题特别代表兼联合国阿富汗援助团（联阿团）团长莱恩斯等通报阿富汗局势最新进展及联阿团工作等，共通过3份决议。

4月，美国总统拜登宣布驻阿富汗美军于5月1日起自阿有序撤离。8月，阿富汗局势发生突变，阿富汗塔利班和平进占总统府，阿原总统加尼辞职并离境。8月30日，安理会通过第2593号决议，重申对阿富汗主权、独立、领土完整和国家统一的坚定承诺；强烈谴责喀布尔国际机场8月26日袭击事件，要求阿领土不得用于威胁或袭击他国、庇护和培训恐怖分子，重申打击根据安理会第1267号决议列名的个人和实体等。中国、俄罗斯在表决中投了弃权票。

9月17日，安理会通过第2596号决议，决定将联阿团任务期限延长至2022年3月17日，呼吁国际社会加大力度向阿富汗提供人道主义援助，并强调联合国在人道援助方面发挥的积极协调作用。

12月22日，安理会通过第2615号决议，赞赏国际社会加大对阿富汗提供人道援助，明确对阿开展人道援助及相关活动不违反安理会制裁措施。同时规定联合国紧急人道协调员每六个月向安理会通报阿境内人道主义援助交付情况，并要求相关人道援助者在提供援助后60天内向紧急人道协调员提供相关信息。

中国代表在安理会审议中表示，阿富汗正处在由乱及治的关键阶段，国际社会要积极引导接触，支持阿富汗实现自主、稳定、有效的国家治理，同时要高度警惕恐怖主义抬头，予以全面坚决打击。各类涉阿机制要加强协调，形成合力。联合国要进一步发挥协调作用，动员各方加大并尽快落实对阿人道援助。有关国家应尽快解除对阿单边制裁，特别是解冻阿海外资产。作为阿富汗的友好邻国，中方始终尊重阿富汗主权独立和领土完整，奉行面向全体阿富汗人民的友好政策，并积极向阿富汗提供人道、经济援助，愿在力所能及范围内支持阿富汗和平重建与经济发展。

20）缅甸问题

2021年缅甸局势变动后，安理会多次审议缅甸局势，发表一份主席声明及四份主席新闻谈话。

2月4日，安理会发表主席新闻谈话，主要内容包括：重申对缅甸主权、政治独立、领土完整和国家统一的坚定承诺；对缅军方宣布缅进入紧急状态并任意拘押国务资政昂山素季等人表示严重关切，呼吁立即释放被拘押者；继续支持缅民主转型；鼓励按照缅人民意愿和利益进行对话并和解；

重申支持东盟等区域组织及联合国秘书长缅问题特使工作等。

3月11日，安理会发表主席声明，主要内容包括：重申致力于维护缅甸的主权、政治独立、领土完整和统一；鼓励按照缅甸人民的意愿和利益进行建设性对话与和解；强烈谴责对和平抗议者使用暴力；呼吁缅军方最大限度保持克制，强调安理会正密切跟踪形势；重申支持东盟发挥作用，鼓励联合国秘书长特使同缅各方密切接触并尽早访缅；强调保护若开邦和其他地区少数族群权利等。

11月10日，安理会发表主席新闻谈话，呼吁停止暴力，确保平民安全；强调必须采取措施改善缅卫生和人道状况，呼吁国际社会加大支持力度，确保疫苗可及性和迅速推广；重申支持东盟发挥积极和建设性作用，呼吁迅速和全面落实东盟的"五点共识"，支持东盟特使早日访缅并同缅各方接触等。

12月8日，安理会发表主席新闻谈话，对有关针对国务资政昂山素季和总统温敏等人的宣判深表关切，呼吁立即释放被任意拘押者；强调必须避免使用暴力，必须根据缅甸人民的意愿和利益进行建设性对话与和解；重申对缅甸的主权、政治独立、领土完整和统一的坚定承诺。

12月29日，安理会发表主席新闻谈话，谴责在克耶邦发生的袭击事件，事件至少造成包括4名儿童和两名非政府组织工作人员在内的35人死亡。

中国代表在审议中表示，中方真诚希望缅各方在宪法和法律框架下，尽快通过政治对话解决分歧，避免再度发生暴力事件，尽早恢复国家社会稳定，重启国内民主转型进程。中方支持东盟为妥善处理缅国内问题发挥建设性作用，支持在东盟框架下逐步落实"五点共识"。当前缅甸出现的问题从根本上讲是缅内政，最终能否妥善解决，主要取决于缅甸自己。希望各方能恪守《联合国宪章》宗旨和原则，在尊重缅甸主权、政治独立、领土完整和国家统一前提下，秉持客观公正态度，支持地区国家努力，避免单边制裁和不当介入，为缅国内政治和解营造有利外部环境。中方支持秘书长缅甸问题特使发挥建设性作用。

21）武装冲突中保护平民问题

2021年，安理会继续关注武装冲突中保护平民问题，通过一份决议。

4月27日，安理会在"武装冲突中保护平民"议题下举行"保护平民赖以生存设施"公开会，一致通过第2573号决议，要求冲突方遵守国际人道法，保护平民和民用设施。

7月16日，安理会在"武装冲突中保护平民"议题下举行"保护人道空间"公开会，听取联合国常务副秘书长阿明娜、红十字国际委员会总干事马尔迪尼等通报，关切人道工作者安全面临威胁，谴责针对人道工作者的暴力行为，敦促冲突各方严格遵守国际人道法。

中国代表在安理会审议中表示，解决武装冲突中保护平民问题，必须着眼全局，秉持系统治理观念，持之以恒推动解决冲突根源问题，以发展促和平是根本出路。国际社会应统筹2030年可持续发展议程落实工作，帮助冲突国家和地区应对好减贫、抗疫等挑战，逐步消除冲突根源。国际社会应加大外交努力，通过对话、斡旋、谈判等方式，坚持和平解决冲突，防止紧张态势升级。安理会和联合国其他机构应加强统筹协调，并支持区域组织发挥自身优势。国际社会应尊重当事国主权，聚焦当事国需求，帮助当事国加强能力建设。

22）妇女、和平与安全问题

2021年，安理会继续关注妇女、和平与安全问题。

3月8日，安理会举行妇女、和平与安全问题阿里亚模式视频会议，听取联合国政治和建设和平事务部副秘书长迪卡洛、联合国秘书长叙利亚问题特使裴凯儒等通报。会议从促进性别平等、维护妇女政治权益角度，呼吁各方支持妇女在和平安全领域发挥更大作用。

4月14日，安理会举行冲突中性暴力问题视频公开会，听取联合国秘书长冲突中性暴力问题特别代表帕藤等通报，呼吁国际社会推动性别平等、加强冲突地区妇女保护。

10月21日，安理会举行妇女、和平与安全问题公开会，听取联合国秘书长古特雷斯、联合国妇女署执行主任巴胡斯等通报，重申支持妇女在和平安全领域发挥重要作用，呼吁加快落实安理会第1325号决议开启的妇女、和平与安全议程。

中国代表在安理会审议中表示，国际社会要加大努力，继续推进妇女、和平与安全议程。要加强对受冲突影响妇女的保护，采取综合有力措施打击针对妇女和女童的暴力行为，防止恐怖和极端势力对女性的侵害和威胁。全面预防和化解冲突是对妇女最根本的保护。安理会要在消除冲突根源和政治解决热点问题上下功夫，要支持妇女在维和与建和过程中发挥更大作用。联合国政治与维和特派团要同当事国充分沟通，支持当地妇女和妇女组织参与和平进程，保障妇女在和平谈判和政治安排中的代表性和发言权。在维和行动规划和部署中，应当继续为女性军警人员提供平等的教育、培训和能力建设机会，支持妇女担任维和行动重要管理职位。

23）儿童与武装冲突问题

2021年，安理会继续关注儿童与武装冲突问题，通过一份决议。

6月28日，安理会举行儿童与武装冲突问题公开会，听取联合国秘书长古特雷斯、时任儿童基金会执行主任福尔等通报。会议强调武装冲突对儿

童的严重侵害依然严峻，呼吁加大对儿童保护工作的投入。

10月29日，安理会举行儿童与武装冲突问题公开会，一致通过第2601号决议，严重关切袭击教育机构以及将学校用于军事目的的行为，强调冲突各方必须遵守国际法义务、立即停止侵犯儿童权利。

12月6日，安理会举行儿童与武装冲突问题阿里亚模式会议，听取时任儿童基金会执行主任福尔、联合国秘书长儿童与武装冲突问题特别代表甘巴等通报，呼吁国际社会积极落实第2601号决议，加强儿童保护，加大教育投入。

中国代表在安理会审议中表示，实现和平是对儿童最好的保护。冲突各方应积极响应和落实秘书长全球停火倡议，通过对话协商解决分歧。安理会应继续推动政治解决热点问题，推动将儿童保护贯穿于预防冲突、解决冲突以及建设和平的全过程，作为斡旋调解、和平谈判以及解武复员的重要内容。

（4）积极参与安理会反恐工作

2021年，安理会多次举行反恐问题公开会，共通过三份决议，发表一份主席声明。

1月12日，安理会就“恐怖主义威胁国际和平与安全问题：安理会第1373（2001）号决议通过20年后国际反恐合作”举行视频公开会，听取联合国反恐事务副秘书长沃伦科夫、反恐执行局执行主任科尼兹和民间代表阿基鲁通报，发表主席声明，重申恐怖主义依然存在，会员国负有反恐主要责任，有义务预防和制止恐怖融资，关切网络恐怖主义和外国恐怖作战分子问题，肯定反恐委员会作用，鼓励联合国反恐机构间、各国与联合国加强合作。

2月10日，安理会就恐怖主义威胁国际和平与安全问题举行公开会，审议秘书长关于应对“伊斯兰国”威胁问题第12次报告，听取联合国反恐事务副秘书长沃伦科夫、反恐执行局执行主任科尼兹通报，呼吁国际社会重视新冠肺炎疫情对全球反恐形势的影响，团结应对“伊斯兰国”及其分支日益上升的威胁，优先解决冲突区滞留外国恐怖作战分子、网络恐怖宣传、恐怖融资等问题，加大对非洲等脆弱国家的反恐能力建设。

5月10日，安理会举行视频公开会审议联合国收集“伊斯兰国”罪证调查组工作，听取秘书长特别代表、调查组负责人卡里姆·汗和民间代表穆拉德通报，呼吁国际社会切实推动对“伊斯兰国”追责工作，支持调查组应用新科技，加强同伊方协调，尽快向伊移交证据。

8月19日，安理会就恐怖主义威胁国际和平与安全问题举行公开会，审议秘书长关于应对“伊斯兰国”威胁问题第13次报告，听取联合国反恐事务副秘书长沃伦科夫、反恐执行局执行主任科尼兹和民间代表莫拉迪安报告，呼吁各国加强国家、区域和国际层面的合作，在早期预警、反恐融资、旅行限制、边境监管、情报交流等领域加大反恐努力，帮助非洲国家加强反恐能力建设，摒弃“双重标准”，打击一切形式的恐怖主义，并着力解决恐怖分子滥用互联网和新兴技术等问题。此外，安理会强调阿富汗决不能再度成为恐怖分子天堂。

9月17日，安理会一致通过第2597号决议，将联合国收集“伊斯兰国”罪证调查组授权延期一年至2022年9月17日。

12月2日，安理会举行视频公开会审议联合国收集“伊斯兰国”罪证调查组工作，听取秘书长特别代表、调查组负责人里切尔通报，认可调查组所做工作，指出调查组为受害者伸张正义铺平道路，并继续敦促调查组加强同伊拉克当局合作，将犯罪证据纳入司法程序。

12月9日，安理会就“维护国际和平与安全：恐怖主义和气候变化背景下的安全”举行高级别公开会，听取联合国秘书长古特雷斯、非盟委员会主席穆罕默德和民间代表努胡通报，呼吁国际社会加强合作，采取果断行动，应对恐怖主义和气候变化的负面影响。

12月17日，安理会一致通过第2610号决议，将安理会“伊斯兰国”和“基地”组织制裁委员会监测小组授权延期30个月至2024年6月17日。同日，安理会一致通过第2611号决议，将安理会塔利班制裁委员会监测小组授权延期12个月至2022年12月17日。

12月30日，安理会一致通过第2617号决议，将安理会反恐执行局授权延期四年至2025年12月31日。

中国代表在安理会审议中表示，国际社会应树立命运共同体意识，综合施策，共同打击一切形式的恐怖主义。国际社会要在联合国领导下，向恐怖势力发出一致声音，巩固最广泛的反恐统一战线。必须摒弃“双重标准”，所有国家都有义务落实安理会决议要求，严格执行相关制裁措施。要结合新形势、突出重点，要高度警惕恐怖分子利用新冠疫情煽动恐怖活动，着力解决恐怖分子滥用互联网和新兴技术、恐怖融资渠道多元化、与有组织犯罪合流等突出问题，稳妥推进外国恐怖作战人员遣返问题。要标本兼治，综合采取政治、司法、社会等手段，消除恐怖主义滋生根源，协助会员国消除贫困，加强能力建设。国际社会要以更大的紧迫感重视发展问题，特别是着力解决青年教育和就业问题，为青年成长提供良好环境，推动2030年可持续发展议程有效落实对全球反恐努力至关重要。

（5）联合国秘书长选举

联合国秘书长作为联合国系统的最高行政长官，对国际事务有着重要影响。根据《联合国宪章》规定，秘书长由安理会推荐、联合国大会任命。第九任联合国秘书长古特雷斯第一任期于2021年12月31日结束。

2021年1月11日，古特雷斯正式致函安理会，明确表达连任意向。此后，未有其他人员正式提出竞选。2月5日，联合国大会及安理会正式启动下届秘书长遴选工作。

联大于5月7日举行联合国秘书长候选人同会员国非正式对话，古特雷斯作为唯一候选人，重点介绍其对联合国未来五年工作的愿景，并回答了成员国及民间社会代表的提问。安理会于5月18日举行秘书长候选人与安理会成员非正式对话会，古特雷斯作为唯一候选人参加，介绍了联合国面临的挑战和机遇以及对未来的远景规划，并与安理会成员进行互动问答。

6月8日，安理会举行闭门会，以鼓掌方式一致通过第2580号决议，向第75届联大推荐古特雷斯连任联合国秘书长。

6月18日，联合国大会全体会议根据安理会推荐，以鼓掌方式一致通过决议，任命古特雷斯为下届联合国秘书长，任期自2022年1月1日至2026年12月31日。同日，国家主席习近平就联合国秘书长古特雷斯连任下届秘书长向古特雷斯及葡萄牙总统德索萨分别致贺电。6月25日，联合国秘书长古特雷斯复信习近平主席，感谢习近平主席祝贺其连任。

2. 经济领域

（1）综合性国际经济发展领域的活动

联合国第76届大会经济和金融委员会（第二委员会）

联合国第76届大会经济和金融委员会（第二委员会）于2021年10月4日至11月24日以线上和实体结合方式在纽约联合国总部召开会议，举行一般性辩论，审议宏观经济、可持续发展、国际金融、消除贫困、发展筹资、南南合作和全球化等议题，并通过了近40份决议。中方参会代表在第二委员会各议题下发言，全面阐述中方在全球治理、2030年可持续发展议程、南南合作、气候变化、发展筹资和国际贸易等问题上的立场，呼吁维护多边主义和多边贸易体制，强化全球发展伙伴关系，共同落实2030年可持续发展议程。此外，中方还推动第二委员会再次通过“消除农村贫困 促进落实2030年可持续发展议程”决议。

（2）可持续发展领域活动

联合国经济及社会理事会和联合国可持续发展高级别政治论坛

联合国经济及社会理事会是负责统筹协调联合国经济和社会发展事务的主要机构。

2021年7月6～15日，联合国经社理事会可持续发展高级别政治论坛通过线上方式举行会议，论坛主题为“从新冠肺炎疫情中实现可持续及有韧性恢复，促进经济、社会、环境三大领域协同发展”，重点审议减贫、零饥饿、卫生、经济增长、减少不平等、可持续消费与生产、气候变化、社会包容、伙伴关系等9个可持续发展目标。

会议期间，7月13～15日，联合国经社理事会可持续发展高级别政治论坛举行国别自愿陈述，14日国务委员兼外交部长王毅以视频方式出席并就中国落实2030年可持续发展议程作陈述。中方并发布了《中国落实2030年可持续发展议程国别自愿陈述报告》。

3. 人权领域

（1）积极参与联合国人权机构工作

2021年，中国继续积极和建设性参与联合国人权机构工作。

2月22日至3月24日，人权理事会在日内瓦举行第46届会议。其间，举行了纪念《德班宣言和行动纲领》通过二十周年高级别专题讨论会和死刑问题双年度高级别专题讨论会；听取人权高专作全球人权形势报告；举行减贫在促进和保护人权中的作用专题会议、儿童权利问题年度专题讨论会、残疾人权利问题年度辩论会；举行同酷刑、残疾人权利、人权与环境、外债与人权、宗教信仰自由、贩卖儿童、粮食权、文化权、“人权卫士”、反恐与人权、隐私权、住房权问题特别报告员互动对话；与斯里兰卡、巴勒斯坦、也门、南苏丹、叙利亚、厄立特里亚、布隆迪、白俄罗斯、尼加拉瓜、委内瑞拉等国别议题互动对话；核可美国、白俄罗斯、马尔代夫、蒙古、利比亚、利比里亚、马拉维、安道尔、保加利亚、克罗地亚、牙买加、巴拿马、马绍尔群岛、洪都拉斯等14国国别人权审议报告，共通过30项决议。

6月21日至7月14日，人权理事会在日内瓦举行第47届会议。其间，听取人权高专作全球人权形势报告；举行气候变化专题讨论会、工商业与人权指导原则十周年专题讨论会；举行同健康权、住房权、教育权、极端贫困与人权、移民问题、贩卖人口问题、国际团结问题、法外处决问题、和平集会、言论自由问题等特别报告员互动对话；听取人权高专关于伊朗、

尼加拉瓜、缅甸、乌克兰、格鲁吉亚等问题的报告；与厄立特里亚、白俄罗斯、叙利亚、缅甸、中非、巴勒斯坦等国别议题互动对话；核可密克罗尼西亚、黎巴嫩、毛里塔尼亚、圣基茨和尼维斯、澳大利亚、圣卢西亚、尼泊尔、阿曼、奥地利、卢旺达、格鲁吉亚、圣多美和普林西比、瑙鲁等13国国别人权审议报告，共通过25项决议。

9月13日至10月11日，人权理事会在日内瓦举行第48届会议。其间，听取人权高专作全球人权形势报告；举行单边强制措施双年度专题讨论会、土著人权利年度讨论会、新冠肺炎疫情加剧不平等问题专题讨论会等；举行同安全饮用水、真相权、老年人权利、单边强制措施、当代形式奴役问题等特别报告员互动对话；听取人权高专关于埃塞俄比亚、缅甸等问题的报告；与也门、南苏丹、叙利亚、布隆迪、委内瑞拉等国别议题互动对话；核可纳米比亚、尼日尔、莫桑比克、爱沙尼亚、比利时、巴拉圭、丹麦、索马里、帕劳、所罗门群岛、塞舌尔、拉脱维亚、新加坡、塞拉利昂等14国国别人权审议报告，共通过25项决议，发表1份主席声明。

中国代表团积极参与人权理事会会议，宣介中国人权理念、政策举措和成就，参加各项议题讨论和决议草案磋商，为发展中国家仗义执言，揭批美国等西方国家“假人权、真干涉”的真实面目和其自身存在的种族主义、种族歧视、单边强制措施侵犯人权、侵犯难移民和土著人权利、海外军事行动滥杀无辜等严重人权问题。

2月22日，国务委员兼外交部长王毅以视频方式出席人权理事会第46届会议高级别会议并发表致辞。王毅国务委员兼外长在致辞中分享中国人权保障的理念、实践和经验，就全球人权治理提出重要看法和主张，强调应坚持以人民为中心的人权理念，坚持人权普遍性与各国实际相结合，坚持系统推进各类人权，坚持国际人权对话与合作，并就涉疆、涉港等问题阐明严正立场。

2月3日，中国常驻日内瓦代表团和新疆维吾尔自治区政府共同举办“新疆是个好地方”视频宣介会，包括近20位大使在内的50多个国家驻日内瓦外交官、联合国人权高专办官员、人权理事会特别机制专家等嘉宾通过视频“云游”新疆，感受新疆社会稳定、经济繁荣、各族人民安居乐业的大好局面。各国使节纷纷发言，感谢中方举办此次宣介会，高度赞扬中国政府致力于促进可持续发展、维护社会安宁、保障人权、增进人民福祉。

2月26日，中国香港特别行政区政府律政司司长郑若骅在人权理事会第46届会议作视频发言，介绍香港国安法实施以来，香港由乱转治、由治及兴的积极转变。郑若骅表示，香港国安法对在香港恢复法治和秩序以及维护国家安全十分有效，为保持香港长期繁荣稳定提供了必要条件，让香港居民可以在一个安全、和平的环境中享受权利和自由。这些措施有利于法治建设、人权保障和成功落实“一国两制”方针，符合国家长远利益。

2月26日，根据人权理事会2020年通过、由中国倡议的“在人权领域促进合作共赢”决议要求，人权理事会第46届会议举行“减贫在促进和保护人权中的作用”会议，各国常驻日内瓦代表团、联合国人权高专办官员共约200人通过视频参会。中方代表应邀作主旨发言，通过翔实数据和事实，详细介绍中国通过减贫行动保障生存权、促进发展权，维护妇女儿童等特定群体权利的实践和成绩。各国代表高度评价中国在减贫领域取得巨大成就，欢迎中方分享减贫经验。

3月1日，人权理事会第46届会议期间，中国常驻日内瓦代表团举办“香港国安法：由乱及治的转折”主题视频边会，40余国常驻日内瓦代表和外交官、联合国人权高专办官员等参加。各国代表纷纷发言，表示此次活动有利于了解香港真实情况，香港事务纯属中国内政，支持中国在香港实施“一国两制”。有关方面应停止将人权问题政治化，停止利用涉港问题干涉中国内政。

3月9日，人权理事会第46届会议期间，中国代表106国作共同发言，呼吁坚持以人民为中心，有效应对新冠肺炎疫情影响。呼吁各国加强团结，强化多边合作，携手应对全球性挑战，共同推动发展繁荣。有关主张得到各国积极响应和共鸣。

3月12日，人权理事会第46届会议期间，中国代表俄罗斯、白俄罗斯、古巴、沙特、埃及等20国作共同发言，反对部分西方国家出于政治目的，对发展中国家无端指责，干涉别国内政。敦促部分西方国家正视和解决好自身存在的种族歧视、社会不公、警察暴力等问题，取消针对发展中国家单边措施，停止在海外军事行动中滥杀无辜，深刻反省殖民和侵略历史。

3月17日，人权理事会第46届会议审议美国参加国别人权审议结果。中国代表发言对美国人权状况持续恶化深表关切，指出美国在疫情中忽视民众生命健康权，国内存在种族主义、种族歧视、警察暴力等严重人权问题，美国军人在海外军事行动中滥杀无辜，美国对有关发展中国家单边强制措施导致严重人权和人道主义危机。敦促美国立即停止各种侵犯人权行为，采取切实措施，防止自身人权状况进一步恶化。

3月23日，人权理事会第46届会议再次通过中国提交的“在人权领域促进合作共赢”决议。决议呼吁各国坚持多边主义，在人权领域开展建设性对话与合作，加强技术援助和能力建设，促进合作共赢，共同构建人类命运共同体。决议还主张积极开展国际合作，有效应对新冠肺炎疫情，确保发展中国家能够获得负担得起的疫苗。

6月21日，人权理事会第47届会议期间，中国代表俄罗斯、南非、巴基斯坦、印度、沙特、印尼、越南、墨西哥等63国作共同发言，批评美国等西方国家大搞“疫苗民族主义”，呼吁促进全球疫苗公平分配，确保发展中国家疫苗可及性和可负担性。

6月22日，人权理事会第47届会议期间，中国代表俄罗斯、白俄罗斯、伊朗、委内瑞拉、塔吉克斯坦、津巴布韦等15个观点相近国家作共同发言，呼吁尊重世界多样性，践行真正的多边主义，反对部分西方国家以意识形态划线，人为制造分裂和对抗。

6月28日，人权理事会第47届会议期间，中国联合国协会举办“美国对亚裔的种族歧视：政治操弄和双重标准”视频边会。与会专家指出，美国亚裔处境日益艰难的根源在于美国长期种族主义历史和政治司法制度缺陷，敦促美国促进所有种族和族群实现真正平等，反对各种形式的种族仇恨和歧视言论，呼吁联合国人权机制更加关注美国亚裔权利保护问题。

7月2日，人权理事会第47届会议期间，中国常驻日内瓦代表团与委内瑞拉、白俄罗斯、朝鲜、伊朗、叙利亚常驻团联合举办“美国移民拘留中心侵犯人权问题”视频边会。30余国常驻团官员、联合国人权高专办官员等与会。各国代表和嘉宾对美国移民拘留中心大规模侵犯人权深表关切，敦促美国立即停止任意拘留移民、强行将移民儿童与其父母分开等做法，呼吁人权理事会、有关特别机制持续关注美侵犯移民人权问题。

7月12日，人权理事会第47届会议再次通过中国提交的“发展对享有所有人权的贡献”决议。决议重申发展对享有所有人权具有重要贡献，发展的目标是增进所有人的福祉，各国应满足人民对美好生活的向往。欢迎各国在推动可持续发展、消除贫困等方面付出的巨大努力和取得的重大成就，呼吁各国实现以人民为中心的发展。

9月8日，中国常驻日内瓦代表团和新疆维吾尔自治区政府共同举办“单边强制措施对新疆人权享有的影响”视频交流会，介绍西方国家无理单边制裁侵犯新疆各族人民人权情况。30余国常驻日内瓦代表和外交官、联合国人权高专办官员等60余人与会。会议批驳所谓涉疆“强迫劳动”谬论，指出美国等西方国家对新疆相关产业、企业实施无理制裁，严重违反国际法，严重侵犯新疆各族群众的生存权、就业权、发展权。

9月14日，人权理事会第48届会议期间，中国代表一组国家发表共同发言，指出美国及其盟友对阿富汗进行长达20年的军事干涉，严重破坏阿富汗主权和领土完整，严重损害阿富汗经济社会发展，严重侵犯阿富汗人民人权，敦促这些国家为在阿富汗所作所为负责。呼吁人权高专持续关注这些国家军事干涉对阿富汗人民人权的严重负面影响。

9月14日，人权理事会第48届会议期间，中国代表一组国家发表共同发言，对美国疫情期间漠视民众生命权和健康权、系统性种族主义和种族歧视、种族灭绝、侵犯难移民权利、人口贩卖、强迫劳动等严重人权问题表达关切，敦促美国认真反思和纠正错误。呼吁人权理事会和人权高专持续关注美国人权问题。

9月16日，人权理事会第48届会议期间，中国代表俄罗斯、委内瑞拉、古巴、巴基斯坦、斯里兰卡、埃及、新加坡等50余国发表共同发言，呼吁坚持以人民为中心，落实发展权。共同发言指出，发展权是一项普遍和不可剥夺的权利，各方应坚持以人民为中心的发展，满足人民对美好生活的向往。要尊重各国自主选择的发展道路，在平等相待、互利合作中实现共同繁荣。国际社会应为发展中国家发展提供必要支持，保障发展中国家正当发展权益。

10月8日，人权理事会第48届会议通过中国提交的“殖民主义遗留问题对享有人权的负面影响”决议。决议指出，各种形式的殖民主义遗留问题，包括经济剥削、国家内部和国家间不平等、系统性种族主义、侵犯土著人权利、当代形式奴役、破坏文化遗产等，均对人权造成负面影响，强调消除任何形式殖民主义和解决殖民主义遗留问题对人权负面影响的重要性。发展中国家普遍赞赏中国提出这一重要决议，填补了人权理事会工作空白。

中国还积极参与人权理事会下属的社会论坛、工商业与人权论坛等机制工作，阐述相关主张，发挥了建设性作用。

9月30日至11月19日，第76届联合国大会第三委员会在纽约联合国总部举行。本届会议同62位联合国特别机制和14位联合国高官举行互动对话，审议人权、社会发展、妇女、难民等议题，通过63项决议。中国代表团全面参与各议题讨论和决议磋商，阐述中国立场和主张。中方在一般性辩论发言中严厉驳斥美国等西方国家对中国人权状况攻击抹黑，介绍中国共产党带领中国人民在经济社会发展和人权事业上取得的伟大成就；积极参与同人权机制非正式互动对话，宣介中国在发展权、消除贫困、保障老年人权利、妇女儿童权利等方面的成就；代表75个国家作共同发言，呼吁全球团结抗击新冠疫情，实现疫苗公平分配，共同构建人类卫生健康共同体；代表31个国家作共同发言，强调单边强制措施严重侵犯人权，加剧人道主义灾难，呼吁立即取消单边强制措施。

联合国非政府组织委员会2021年届会、续会分别于5月17～27日、8月30日至9月10日在纽约联合国总部举行，中国作为委员会成员国出席会议。会议决定授予世界生态设计大会、中国国际商会、中国司法行政戒毒工作

协会、世界中医药学会联合会、三亚公共外交研究院、陕西省爱国主义志愿者协会、内蒙古草原文化保护发展基金会、北京创绿公益发展研究院、北京鹏门国际贸易有限公司、亚洲区家庭研究联盟、丰盛个人发展有限公司、黄金时代基金会有限公司、澳门青年联合会、国际得胜生命差传基金会等14个中国组织经社理事会咨商地位。

（2）开展国际人权交流与合作

2021年，中国继续致力于与国际人权机构开展合作。

中国重视国际人权文书对促进和保护人权的积极作用，已加入包括《经济、社会及文化权利国际公约》在内的26项国际人权公约，认真履行条约义务，继续与有关人权条约机构开展合作。

中国继续在平等和相互尊重的基础上开展国际人权对话与交流。同匈牙利、瑞士等西方国家举行人权对话或交流，同埃及、南非、古巴、越南、乌兹别克斯坦、委内瑞拉、白俄罗斯、墨西哥、阿根廷、阿曼、非盟等发展中国家和地区组织举行十多场人权事务磋商。

中国举办“2021·南南人权论坛”。国家主席习近平向论坛致贺信，来自100多个国家和国际组织的高级官员、专家学者、驻华使节等近400名代表出席论坛。论坛围绕“人民至上与全球人权治理”主题进行深入讨论，中方代表全面介绍中国共产党人权事业的百年成就和中国为人权事业发展作出的重要贡献，以及中方对新形势下促进和保护人权、加强和完善全球人权治理的理念主张。

4. 社会领域

（1）社会发展

联合国社会发展委员会是经济与社会理事会的职司委员会。现有46个成员国，由经社理事会按地域均衡分配原则选举产生，任期四年。委员会每年举行一次会议，主要审议1995年社发首脑会议和第24届社会问题特别联大的后续行动、《世界青年行动纲领》、《马德里老龄问题国际行动计划》、2030年可持续发展议程中涉社会领域目标等执行情况，有关会议成果提交经社理事会。

中国于1981年、1983年、1985年、1987年连续四次派观察员出席该委员会届会。1989年首次当选社会发展委员会成员，并连选连任至今。

2021年2月8～17日，联合国社会发展委员会第59届会议在纽约联合国总部以线上方式举行。会议围绕“以社会公正方式向可持续发展过渡：数字技术对促进社会发展和人人享有福祉的作用”举行一般性辩论，围绕促进多边主义、实现疫后重建举行部长级论坛。中国常驻联合国代表团代表张军大使率团与会。张军大使在一般性辩论发言中全面介绍我国抗疫成就、打赢脱贫攻坚战、发展数字技术等情况，深入阐释中国新发展理念，展现了中国特色社会主义道路的先进性和优越性，呼吁国际社会坚持多边主义，加强科技合作，弥合“数字鸿沟”，实现创新发展、共同发展、包容发展，推动构建人类命运共同体。中国常驻联合国代表团副代表戴兵大使出席部长级论坛并发言，介绍中方信守承诺、推动中国疫苗作为全球公共产品的努力，呼吁加强疫苗在发展中国家的可及性和可负担性，支持发展中国家疫后重建。国家发展改革委宏观经济研究院社会发展研究所专家作为主讲嘉宾参加多利益攸关方论坛讨论，分享数字技术领域中国故事。

（2）妇女发展及权益保护

联合国妇女地位委员会（CSW）成立于1946年，是联合国经社理事会职司委员会之一，系联合国系统负责性别平等和妇女赋权事务的主要机构。该机构职责是促进妇女在政治、经济、社会及教育等方面实现男女平等，就有关妇女权益问题向经社理事会提出建议和报告。现有成员45个，由经社理事会按照地区分配原则选举产生，任期四年。中国于1972年首次当选妇女地位委员会成员，之后连选连任至2016年底，2018年又重新担任该委员会委员，任期至2021年。在2021年联合国经社理事会选举中，中国再次成功当选妇女地位委员会委员，任期自2022年至2026年。

2021年3月15～26日，妇女地位委员会第65届会议以线上线下混合模式举行，会议以“促进妇女充分、有效参与公共生活和决策，消除针对妇女的暴力，实现性别平等和妇女赋权”为主题举行一般性辩论、部长级圆桌会和互动对话，审议通过来文工作组报告，协商一致通过商定结论。全国妇联副主席、书记处书记夏杰率团与会，并以录制视频方式在一般辩论中发言，积极宣介中国妇女发展成就。

联合国妇女署（UN Women）于2010年7月成立，2011年1月1日正式开始运作。妇女署是负责妇女事务的联合国机构，致力于推进性别平等和妇女赋权。该机构下设执行局作为管理机构，由41个成员国组成，任期三年。现任执行主任为西玛・萨米・巴霍斯（约旦籍）。中国政府于2010年当选为首届执行局成员，之后连选连任至今。

联合国消除对妇女歧视委员会（CEDAW）于1982年建立，是由全球23位妇女问题专家组成的专家机构，负责监督《消除对妇女一切形式歧视公约》缔约国履行消除对妇女歧视的法律义务情况，并监测所采取的措施执行情况。中国妇女专家自2005年起担任该委员会委员。2020年，全国妇联副主席、书记处书记夏杰成功当选2021～2024年度消妇歧委员会委员。

（3）残疾人权益保护

2006年12月，联合国大会通过《残疾人权利公约》（CRPD），2008年5月正式生效。该公约是联合国核心人权公约之一，旨在保障和促进所有残疾人充分平等享有一切人权和基本自由。残疾人权利委员会是依《公约》成立的履约监督机构，由18名经缔约国选举产生的独立专家组成（中国非现任成员），负责审议各国报告并出具结论性意见。

《公约》缔约国需定期向残疾人权利委员会提交履约报告，首次报告应于《公约》对其生效两年内提交，此后应不少于四年提交一次。中国于2008年批准《公约》，2010年提交首份履约报告（含港澳部分）。2012年9月，残疾人权利委员会在日内瓦首次审议中国提交的报告，审议过程平稳顺利、结论平衡。2018年8月，中国向联合国提交第二、三次合并履约报告（含港澳部分）。

2021年9月，由中国残联举办的中国残疾人脱贫故事分享会在京举行。中国残联主席张海迪、国家乡村振兴局副局长夏更生，以及来自孟加拉国、美国、柬埔寨、德国、蒙古国、巴基斯坦、俄罗斯、瑞士、英国等国驻华使节、联合国相关驻华机构代表、中国脱贫残疾人代表、残疾人工作者代表等100余人出席。作为纪念中国恢复联合国合法席位50周年系列活动之一，分享会旨在展示中国残疾人脱贫工作成果，分享中国帮助残疾人脱贫的经验和做法，继续与联合国和相关国家加强残疾人减贫国际合作，合力建设远离贫困、共享繁荣的美好世界。

（4）难民和移民问题

联合国难民事务高级专员公署（简称“难民署”）于1951年成立，负责保护难民并促使难民问题永久解决，总部位于瑞士日内瓦。现任难民高专格兰蒂（意大利籍）于2016年1月1日上任，2021年连任，任期至2023年6月30日。

中国是联合国《1951年关于难民地位公约》及其《议定书》的缔约国，高度重视难民保护问题，严格履行应尽义务，与难民署保持良好合作关系。

2021年10月4～8日，联合国难民执委会第72次会议以线上和实体混合方式在瑞士日内瓦举行。会议审议了执委会常委会工作报告、2021年和2022年项目预算等议题。中国常驻联合国日内瓦办事处和瑞士其他国际组织代表陈旭大使出席会议并发言，阐述中国政府关于难民问题的立场和主张，强调要从根源上解决大规模难民问题，帮助难民来源国实现长治久安，为难民返乡创造条件；支持联合国和难民署工作，切实落实好《难民问题全球契约》；帮助难民应对疫情挑战，确保疫苗的可及性和可负担性；重申中国将继续同难民署加强合作，为完善全球难民治理贡献力量。

国际移民组织（简称“移民组织”）成立于1951年，是移民领域唯一的全球性政府间国际组织，总部设在瑞士日内瓦，现有173个成员国。宗旨是在世界范围内确保移民有序流动，并协助有关国家处理移民问题。2016年9月19日，国际移民组织成为联合国联系组织。现任总干事维托里诺（葡萄牙籍），2018年10月上任，任期至2023年。

2001年，中国成为国际移民组织观察员国。2006年9月，中国与国际移民组织签署设处协议，正式同意其在华设立联络处。2016年6月30日，国际移民组织特别理事会协商一致通过中国加入国际移民组织的申请，中国正式加入该组织。2017年，双方签署《中华人民共和国政府和国际移民组织关于设立国际移民组织驻华代表处的协议》，国际移民组织驻华联络处升级为代表处。中国同国际移民组织合作良好，双方已合作共同开展两期“中国移民管理能力建设项目”和一期“支持中欧人员往来和移民领域对话项目”，正在开展二期“支持中欧人员往来和移民领域对话项目”。

2021年11月29日至12月1日，国际移民组织第112届理事会会议以视频和实体混合方式举行。中国常驻日内瓦代表团副代表李松大使出席会议，阐述中国关于移民问题的立场主张，指出世界正面临新的变异病毒威胁，国际社会应继续团结战疫；要加强国际合作共同应对移民问题，不断完善移民问题全球治理；以发展的视角处理移民问题，为移民重返工作岗位创造条件；坚决打击针对移民的种族歧视和仇恨犯罪，为移民创造公平良好的生存环境。

（5）文明交流互鉴

文明古国论坛（ACF）由希腊和中国于2017年共同倡议发起。论坛旨在通过对话交流，使历史文明和传统在当代社会发展中焕发活力，为促进不同文明、不同种族、不同宗教间的相互了解和包容发挥积极作用。论坛每年在成员国轮流举行一届部长级会议，每年9月在联合国大会一般性辩论期间举行一次外长非正式会晤。论坛现有十个成员国，包括希腊、中国、玻利维亚、亚美尼亚、伊朗、伊拉克、意大利、秘鲁、埃及、墨西哥。

2021年12月15日，文明古国论坛2021年主席国秘鲁以视频形式召开第五届文明古国论坛部长级会议。亚美尼亚、玻利维亚、中国、埃及、希腊、伊朗、伊拉克、意大利、墨西哥、秘鲁等论坛成员国代表出席会议并发言。文化和旅游部副部长、国家文物局局长李群代表中方出席。会议介绍了2021年论坛专家会的会议成果，并围绕文化遗产保护、打击非法贩运文化

遗产等内容开展交流研讨。2022年文明古国论坛主席国将由伊拉克接任。

联合国文明联盟（UNAOC）于2004年由第59届联合国大会决定建立，2005年正式成立。文明联盟现任高级代表为莫拉蒂诺斯（西班牙籍），2019年1月就任。文明联盟秘书处设在美国纽约。

2017年5月13日，国务委员兼外交部长王毅会见来华出席"一带一路"国际合作高峰论坛的时任联合国文明联盟高级代表纳赛尔，共同签署中华人民共和国外交部与联合国文明联盟关于加强"一带一路"文明交流领域合作的谅解备忘录。2019年，文明联盟高级代表莫拉蒂诺斯赴华出席第二届"一带一路"国际合作高峰论坛，并在"民心相通"分论坛上发言。在华期间，文化和旅游部副部长张旭会见莫拉蒂诺斯，就进一步加强双方合作交换了意见。

5. 中国与联合国专门机构

（1）世界卫生组织

世界卫生组织（简称"世卫组织"）创建于1948年，是联合国专门机构，系国际卫生工作的指导和协调机构，总部位于瑞士日内瓦。现有194个会员国。世卫组织的最高权力机构为世界卫生大会，由全体会员国代表组成，每年举行例会。执行委员会是世界卫生大会的执行机构，由34名执委组成，名额按地域分配原则，由世卫组织区域委员会选出。现任总干事为谭德塞（埃塞俄比亚籍），2017年7月1日就任，任期五年。

中国是世卫组织创始国之一。1972年第25届世界卫生大会恢复中国在该组织的合法席位。此后，中国出席了历届世界卫生大会，多次当选执委会委员。

2021年，中国不断深化同世界卫生组织务实合作，推动国际社会团结抗击新冠肺炎疫情。

1月18～26日，世卫组织第148届执委会以视频方式举行。中国代表团表示，支持提升新冠疫苗在发展中国家可及性和可负担性，将与世卫组织国际专家组开展溯源科学合作。

1月14日至2月10日，中国—世卫组织新冠病毒溯源研究联合专家组在武汉开展了为期28天的联合研究。3月30日，世卫组织发布中国—世卫组织新冠病毒溯源联合研究报告，明确实验室泄漏极不可能、继续在全球更广范围内寻找可能的早期病例等结论。

5月7日，中国医药集团北京生物制品研究所研发的新冠病毒灭活疫苗被正式列入世卫组织紧急使用清单。6月1日，北京科兴中维生物技术有限公司研制的新冠病毒灭活疫苗被正式列入世卫组织紧急使用清单。

5月24日至6月1日，第74届世界卫生大会以视频方式举行。中国代表团在会上发言，指出当前新冠肺炎疫情仍在全球蔓延，疫情防控任务仍十分艰巨，聚焦国际抗疫合作是本届大会的首要任务。

6月30日，世卫组织宣布中国通过消除疟疾认证，称中国从20世纪40年代每年报告约3000万疟疾病例、经过70年不懈努力到如今完全消除疟疾，是一项了不起的壮举。

8月5日，新冠疫苗合作国际论坛首次会议以视频方式举行。习近平主席向会议发表书面致辞，强调2021年全年中国将努力向全球提供20亿剂疫苗，中国决定向“新冠疫苗实施计划”捐赠1亿美元。世卫组织总干事谭德塞参会。

8月24日，中国常驻日内瓦代表团致函谭德塞总干事，递交了《关于德特里克堡（美陆军传染病医学研究所）的疑点》和《关于北卡罗来纳大学巴里克团队开展冠状病毒研究情况》两份非文件，以及超过2500万网民联署的要求调查德特里克堡基地的公开信。

11月29日至12月1日，世界卫生大会特别会议以线上线下混合形式举行。中国代表团积极参会并发言。会议决定设立政府间谈判机构，谈判并制定一项全球预防、防范和应对疾病大流行的公约、协定或其他国际文书。

（2）国际电信联盟

国际电信联盟（简称“国际电联”）成立于1865年，是联合国负责信息通信技术事务的专门机构，总部位于瑞士日内瓦，现有193个成员国。全权代表大会是国际电联最高权力和政策制定机构。理事会是该组织管理机构，由48个成员国组成。时任秘书长为赵厚麟（中国籍），2015年1月上任，2018年获连任，任期至2022年年底。

中国于1920年加入国际电报联盟（国际电联前身），1932年签署马德里《国际电信公约》，在1947年国际电联全权代表大会上被选为行政理事会理事国。1972年国际电联第27届行政理事会决定，恢复中国合法席位。此后，中国一直担任国际电联理事国。

2021年9月29日，中方与国际电信联盟在深圳联合举办以纪念中华人民共和国恢复联合国合法席位50周年为主题的高级别研讨会。工业和信息化部副部长王志军、国际电信联盟秘书长赵厚麟、深圳市市长覃伟中等出席会议并致辞。

（3）国际海事组织

国际海事组织（简称“海事组织”）前身为政府间海事协商组织，1982

年5月22日改为现名。海事组织是联合国负责海上航行安全和防止船舶造成海洋污染的专门机构，其通过的条约对国际航运行为具有强制约束力。现有174个成员国和3个联系会员（中国香港、中国澳门、法罗群岛），秘书处设在英国伦敦，现任秘书长为林基泽（韩国籍），2019年获连任，新任期为2020年1月至2023年12月。

中国于1973年恢复在海事组织的成员国地位，已批准该组织几乎所有的重要公约。

2021年12月10日，国际海事组织第32届大会选举产生2022—2023年理事会，中国连续第17次连任A类理事国。国际海事组织2021年还举行了理事会第125届、第126届会议和第33届、第34届特别理事会，海上安全委员会第103届、第104届会议，海上环境保护委员会第76届、第77届会议，法律委员会第108届会议，便利运输委员会第45届会议及5个技术分委会的会议。中国代表团出席上述会议，在海运温室气体减排、船舶能效、海上安全等议题上发挥重要作用。

（4）国际民航组织

国际民航组织（简称“民航组织”）于1947年成立，是联合国系统中负责处理国际民航事务的专门机构，现有193个成员国，总部在加拿大蒙特利尔。按照《国际民用航空公约》授权，制定并更新航行方面的国际技术标准和建议措施。

民航组织最高权力机构是所有成员国参加的大会，每三年召开一次。大会的常设机构为理事会，由36个理事国组成。现任理事会主席为萨尔瓦多·夏基塔诺（意大利籍），任期为2020～2023年。民航组织秘书长为胡安·卡洛斯·萨拉萨尔（哥伦比亚籍），任期为2021～2024年。

中国自1974年恢复在民航组织活动以来，在历届大会选举中连选连任二类理事国，在2004年第35届大会首次成功竞选担任一类理事国，并于2007年、2010年、2013年、2016年、2019年、2022年成功连任。

2021年10月12～24日，民航组织新冠肺炎高级别会议以在线方式举行。民用航空局局长冯正霖率中方代表团与会，推动发表旨在航空业疫后复苏的部长级宣言。

（5）联合国教科文组织

联合国教科文组织（简称“教科文组织”）于1946年成立，旨在通过教育、科学及文化促进各国间合作，对世界和平与安全作出贡献。总部在法国巴黎。现有195个会员国，9个准会员。该组织现任总干事奥德蕾·阿祖莱（法国籍）女士于2017年11月当选总干事。2021年11月9日，在教科文组织第41届大会上成功连任，任期至2025年11月。

中国是教科文组织20个创始国之一，1971年恢复在该组织的合法席位。教科文组织是中国教育、科学和文化领域对外开放的重要合作伙伴，中方始终重视与该组织合作，积极参与其各项重要项目和活动。

2021年7月16～31日，第44届世界遗产大会在中国福建省福州召开。国家主席习近平向大会致贺信，国务院副总理孙春兰出席大会开幕式宣读贺信并致辞。大会一致通过《福州宣言》，重申世界遗产保护和开展国际合作的重要意义，以及携手努力、共同行动应对气候变化的必要性。中国申报的“泉州：宋元中国的海洋商贸中心”成功列入联合国教科文组织《世界遗产名录》。中国世界遗产总数升至56项，世界遗产大国地位得到进一步巩固。

10月15日，国家主席习近平夫人、教科文组织促进女童和妇女教育特使彭丽媛教授以视频方式出席2021年联合国教科文组织女童和妇女教育奖颁奖仪式并致辞。

11月17日，联合国教科文组织第41届大会在巴黎举行，中国高票连任教科文组织执行局成员，任期为2021～2025年。

（6）世界知识产权组织

世界知识产权组织（简称“产权组织”）系根据1967年7月14日在瑞典斯德哥尔摩签署的《建立世界知识产权组织公约》成立（1970年生效），1974年12月成为联合国专门机构，致力于促进使用和保护人类智力作品。总部设在瑞士日内瓦，现有193个成员国，440多个观察员。现任总干事邓鸿森（新加坡籍），2020年10月1日上任，任期6年。自中国1980年加入世界知识产权组织以来，双方始终保持友好合作关系。2014年7月，世界知识产权组织中国办事处在北京正式设立，为双方合作提供新平台。

2021年3月2日，世界知识产权组织发布最新报告称，2020年中国继续领跑全球专利申请量，中国专利申请量同比增长16.1%，以68720件稳居世界第一。2021年9月20日，世界知识产权组织发布《2021全球创新指数报告》，中国排名第12位，较2020年上升2位，连续9年稳步上升。

2021年，世界知识产权组织总干事邓鸿森先后应邀出席第12届全国知识产权宣传周启动仪式、首届中小企业国际合作高峰论坛、2021中关村论坛、2021年世界互联网大会乌镇峰会、第17届中国（无锡）国际设计博览会、第八届中国国际版权博览会、第18届上海国际知识产权论坛、2021年中美欧日韩外观设计五局（ID5）合作年度会议、全球技术与创新支持中心

（TISC）会议、第十届亚洲知识产权营商论坛并发表视频贺词。

（7）万国邮政联盟

万国邮政联盟（简称“万国邮联”）成立于1874年，目前有192个成员国，是有关国际邮政事务的联合国专门机构，总部设在瑞士伯尔尼。该组织旨在促进、组织和改善国际邮政业务，并向成员提供邮政技术援助。中国于1914年加入万国邮联，1972年恢复合法席位。万国邮联大会是万国邮联的最高权力机构，每四年召开一届。国际局为万国邮联秘书机构，现任国际局总局长为目时正彦（日本籍）。自1974年以来，中国当选历届邮政经营理事会理事国，除两届轮空外，均当选行政理事会理事国至2020年。

2021年8月9～27日，第27届万国邮联大会在科特迪瓦首都阿比让举行，中国成功连任新一届行政理事会理事国、邮政经营理事会理事国，中国籍候选人董红梅当选邮政经营理事会亚太地区副主席。

（8）国际劳工组织

国际劳工组织（简称“劳工组织”）成立于1919年，1946年成为联合国负责劳工事务的专门机构。总部设在瑞士日内瓦，现有187个成员国。国际劳工组织实行“三方性”原则，各成员国代表团由政府、雇主组织和工人组织的代表组成，三方代表享有平等独立的发言和表决权。时任总干事盖·莱德（英国籍），2012年当选，2016年获连任，任期至2022年9月底。

中国是劳工组织创始会员国，1971年恢复在该组织的合法席位。1983年起，中国担任劳工组织理事会常任理事国，全国总工会和中国企业联合会分别担任理事会工人理事和雇主副理事。中国重视并积极参与劳工组织各项活动，与其保持良好合作关系。

2021年6月，第109届国际劳工大会以线上方式召开。人力资源和社会保障部副部长游均率中国三方代表团出席会议，中国常驻联合国日内瓦办事处和瑞士其他国际组织代表陈旭大使，全国总工会副主席、书记处书记江广平，中国企业联合会常务副会长兼理事长朱宏仁参加。游均副部长代表中国政府出席会议并在一般性辩论中发言。

12月，总干事盖·莱德应邀出席国务院总理李克强同主要国际经济机构负责人以视频形式举行的第六次“1+6”圆桌对话会。

（9）联合国开发计划署

联合国开发计划署（UNDP）成立于1965年，总部位于美国纽约，是联合国系统内最大的发展援助机构。

联合国开发计划署/联合国人口基金执行局2021年第一次常会于2月1～4日在纽约举行，6月7～11日、8月30日至9月2日分别以视频形式举行了年会及第二次常会，执行局相关会议审议了署长年度报告、财政预算和管理、国别方案、评估事项及项目计划安排等议题。

中国自1972年开始参加开发署活动，双方合作良好，开发计划署已与中国签署共建“一带一路”合作文件。2021年2月1日，联合国开发计划署执行局审议通过了中国同开发计划署新周期国别合作方案（2021～2025）。

（10）联合国工业发展组织

联合国工业发展组织（简称“工发组织”）成立于1966年，总部位于奥地利维也纳，1985年成为联合国专门机构。

2021年11月30日，工发组织第19届大会正式任命格尔德·穆勒（德国籍）接替李勇成为该机构第八任总干事。

中国于1973年加入工发组织。自1979年双方开展合作项目以来，工发组织在华开展了500多个项目，涉及工业发展、贸易能力建设、环境保护等领域，有力推动其他发展中国家工业化进程，推动全球可持续工业发展。2017年，中国与工发组织签署“一带一路”合作谅解备忘录。2020年新冠肺炎疫情暴发后，工发组织向中方援助防护服等抗疫物资。2021年12月，工发组织发布《2021年至2025年包容和可持续工业发展中国国别方案》。

（11）联合国人口基金

1969年，“联合国人口活动基金”成立，1987年正式定名为“联合国人口基金”（简称“人口基金”），总部位于美国纽约，属联合国经社理事会下属机构。

联合国开发计划署/联合国人口基金执行局于2月1～4日、6月7～11日、8月30日至9月2日以视频形式举行了2021年第一次常会、年会及第二次常会，执行局相关会议审议了署长年度报告、财政预算和管理、国别方案、评估事项及项目计划安排等议题。

1978年5月，中国政府与人口基金在北京签署谅解备忘录。40多年来，双方实施了200多个合作项目，合作领域涉及计划生育、生殖健康、妇幼保健、扶贫、人口普查数据研究、性别平等、艾滋病防治、人口老龄化等领域，取得良好经济和社会效益。2020年新冠肺炎疫情暴发后，人口基金向中方援助医疗设备和卫生用品等抗疫物资。2021年2月，联合国人口基金执行局审议通过中国同人口基金第九周期国别方案（2021～2025），将围绕性与生殖健康、青少年、性别平等和人口动态等领域开展合作。

（12）联合国人类住区规划署

1978年，联合国人居中心成立。2001年12月，联合国大会56/206号决议决定将联合国人居中心升格为联合国人类住区规划署（简称“联合国人居署”）。

2021年4月7～8日，联合国人居署执行局以视频方式召开第一次全体会议，审议人居署财务现状、2022年工作计划和预算草案等事项，并选举2021～2022年主席团等。6月29日至7月1日，人居署召开常驻代表委员会，会议讨论了《2020—2023年战略计划》实施进展情况。11月16日，人居署执行局召开第二次会议，审议了次年人居署工作方案和预算。

中国同联合国人居署保持良好合作关系。1988年，中国成为联合国人居中心委员会成员国。1990年，中国在肯尼亚内罗毕正式设立驻联合国人居中心代表处。近年来，双方交流合作进一步加强，合作领域主要包括可持续城市发展、城市规划、住房和城市基础设施、城市应对气候变化，以及信息传播、世界人居日活动等。

（13）联合国儿童基金会

联合国儿童基金会（简称“儿基会”）成立于1946年12月11日，当时称联合国国际儿童紧急基金会。1953年改称联合国儿童基金会，总部在美国纽约。

儿基会执行局2021年第一次常会、年会、第二次常会分别于2月、6月、9月在纽约举行，审议了执行主任年度报告、财务和预算、国别方案等议题。

1979年，中国开始与儿基会发展合作关系。40多年来，双方合作开展160多个项目，涉及儿童发展和社会福利政策、卫生与营养等领域。2020年新冠肺炎疫情暴发后，儿基会向中方援助口罩、防护服、护目镜等抗疫物资。2021年2月，双方通过第九周期国别方案，将围绕儿童教育、营养、权益保护等领域开展合作。

（14）联合国环境规划署

联合国环境规划署（简称“环境署”）成立于1973年，总部位于肯尼亚内罗毕。

受新冠肺炎疫情影响，第五届联合国环境大会（UNEA–5）于2021年2月在肯尼亚首都内罗毕以线上方式举办第一阶段会议，需深入谈判的实质性事项推迟至2022年2月续会。大会审议并批准了联合国环境规划署

2022—2023年工作计划和预算，肯定了“环境外交”在应对气候变化、环境污染和生物多样性丧失这三个严重危机方面的关键作用，并举行部长级领导者对话会。

中国与环境署保持良好的合作关系。1976年，中国在内罗毕设立驻联合国环境规划署代表处，由中国驻肯尼亚大使兼任代表。2003年9月，环境署在北京设立代表处。2021年2月，生态环境部部长黄润秋视频出席第五届联合国环境大会，外交部、发展改革委、林草局、北京大学、清华大学、华东师范大学等部门派员参会。

（15）联合国粮食及农业组织

联合国粮食及农业组织（简称“粮农组织”）成立于1945年10月，总部位于意大利罗马，为联合国专门机构。

2021年6月14日，粮农组织第42届大会以视频连线方式举行，农业农村部部长唐仁健出席会议并发言。大会围绕“农业粮食体系转型：从战略到行动”主题开展讨论，审议粮食和农业状况，计划和预算事项，法律、行政管理及财务事项，以及区域会议、各技术委员会和粮安委报告等。大会审议通过粮农组织《2022—2031年战略框架》，为粮农组织未来十年发展指明方向。大会选举产生新一届理事会独立主席及部分理事会成员。

中国为粮农组织创始成员国之一，自1973年恢复在该组织席位以来，双方合作良好。粮农组织积极支持中国农村改革和农业发展，中国也积极履行成员国义务，通过设立信托基金、派遣农业专家、提供专门捐款等方式广泛参与和支持粮农组织活动。2020年9月22日，国家主席习近平在第75届联大一般性辩论上发表重要讲话，宣布中国将设立规模5000万美元的第三期中国—联合国粮农组织南南合作信托基金。

（16）国际农业发展基金

国际农业发展基金（简称“农发基金”）成立于1977年，总部位于意大利罗马。截至2021年年底，农发基金共有177个会员国。

2021年2月17～18日，国际农发基金第44届理事会以视频连线方式举行，会议重点讨论如何应对新冠疫情危机，推动农村恢复发展等。农发基金总裁吉尔伯特·洪博在会议期间成功竞选连任。

中国1980年正式加入农发基金，一直与其合作良好。中国积极发挥成员国的作用，支持农发基金开展工作。2018年2月，中国宣布在农发基金设立南南及三方合作基金，专门支持农村减贫和发展领域的南南经验与技术交流、知识分享、政策对话、能力建设与投资促进等。

（17）世界粮食计划署

世界粮食计划署（简称“粮食计划署”）成立于1961年，总部位于意大利罗马，是联合国系统中负责多边粮食援助活动的专门机构。

2021年2月22日，粮食计划署执行局召开第一次常会，重点讨论联合国粮食系统峰会筹备工作。6月21～25日，粮食计划署执行局以视频连线方式召开2021年年会。会议主要审议2020年度世界粮食计划署绩效报告、重大政策走向、资源预算事项、行政和管理事务等议题。2021年11月15～18日，粮食计划署执行局召开第二次常会，审议通过了《世界粮食计划署战略规划（2022—2025）》，为未来几年工作指明方向。

中国于1979年正式参加世界粮食计划署活动。2006年起，世界粮食计划署结束其在华常规粮援项目，中国从受援国转变为捐赠国，并逐渐加大对世界粮食计划署的支持力度。2020年新冠肺炎疫情暴发后，中国企业与粮食计划署合作在华设立临时仓库，向全球多个国家和地区运送大量抗疫物资。2020年5月18日，国家主席习近平在第73届世界卫生大会开幕式上致辞，宣布中国将同联合国合作，在华设立全球人道主义应急仓库和枢纽。

（18）世界气象组织

世界气象组织（WMO）成立于1950年，是开展气象业务和气象科学活动的政府间组织。

2021年6月14～25日，世界气象组织以远程会议方式召开执行理事会第73次届会，中国气象局局长庄国泰出席会议。会议讨论了预算、资料政策、特别大会筹备、2024～2027战略计划筹备等。

2021年10月11～22日和10月25～29日，世界气象组织以远程会议方式召开世界气象大会特别届会和执行理事会第74次届会，中国气象局局长庄国泰出席会议。会议重点讨论了世界气象组织改革进展、世界气象组织支持全球水议程以及地球系统数据交换等内容。

（19）世界贸易组织

世界贸易组织前身为关税与贸易总协定。1994年4月在摩洛哥马拉喀什举行的关贸总协定部长级会议正式决定成立世界贸易组织，简称“世贸组织”。1995年1月1日，世贸组织成立。截至2021年年底，世贸组织共有164个成员。

2001年12月11日，中国正式加入世贸组织，成为第143个成员。加入世贸组织以来，中国认真履行承诺，坚定维护以世贸组织为核心的多边贸易体制，反对单边主义、保护主义和贸易霸凌行径，并通过二十国集团、金砖国家、亚太经合组织、世界经济论坛等重要国际平台推动各方积极营造开放、包容、透明、非歧视的国际贸易和投资环境，构建开放型世界经济。2021年11月5日，中国加入世贸组织20周年高层论坛在上海举办，国家副主席王岐山出席并致辞。

2021年10月20～22日，世贸组织第八次对华贸易政策审议在日内瓦举行。此次审议中，世贸组织成员高度评价中国在国际抗疫合作中发挥的重要作用，充分肯定中国自上次审议以来的经济发展和贸易政策方向，认为中国认真履行成员义务，主动扩大市场开放，积极帮助其他发展中成员和最不发达国家融入多边贸易体制，推动共建“一带一路”为其他成员发展带来机遇。

世贸组织总干事恩戈齐·奥孔乔–伊维拉于2021年3月正式上任，任期至2025年8月。伊重视中国作用，于2021年11月应邀以视频方式出席第四届中国国际进口博览会开幕式及中国加入世贸组织20周年高层论坛并致辞，于12月同国务院总理李克强举行视频会见并出席第六次“1+6”圆桌对话会。

（20）联合国世界旅游组织

联合国世界旅游组织（简称“旅游组织”）前身为国际官方旅游宣传组织联盟，1975年改为现名，2003年11月成为联合国专门机构。其宗旨是通过旅游业发展，推动经济增长，增进各国了解，促进世界和平与繁荣。目前正式成员有159个，准成员6个，附属成员500多个。总部设在西班牙马德里。现任秘书长祖拉布·波洛利卡什维利（格鲁吉亚籍），2017年9月当选，2021年12月连任，任期至2025年。

1983年10月5日，旅游组织第五届全体大会通过决议，接纳中国为正式成员国。中国多次当选旅游组织执行委员会成员，2019年连任，本届任期至2023年。中国同旅游组织保持良好合作关系，多次共同组织国际旅游盛会，分别于2003年10月、2017年9月承办了旅游组织第15届、第22届全体大会。

2021年1月25日，《世界旅游组织章程》第38条（修正案）获三分之二成员国批准生效，中文正式成为官方语言。11月，《游客保护国际守则》已在旅游组织网站公布中文版本。

11月30日至12月3日，世界旅游组织第24届全体大会在西班牙举行，会议举办“打造未来：创新、教育和乡村发展”主题论坛，来自135个国家的1000余名代表参会。中国文化和旅游部胡和平部长率团以视频方式出席会议。

（二）中国与其他国际和地区组织、会议

1. 国际红十字组织

国际红十字组织包括红十字国际委员会（简称“国际红会”）和红十字会与红新月会国际联合会（简称“国际联合会”）。

国际红会成立于1863年，是国际红十字与红新月运动的发起者和创始组织。主要依据《日内瓦公约》所赋予的职责和权力，向战争和武装冲突受害者提供人道主义保护和救助，致力于发展和传播国际人道法。总部设在瑞士日内瓦。现任主席彼得·莫雷尔（瑞士籍），于2012年就任,2015年、2019年连任，任期至2024年。

国际联合会成立于1919年。主要宣传红十字运动原则，救灾，备灾，与各国红十字会或红新月会合作开展各项人道主义工作。总部设在日内瓦。现任主席弗朗西斯科·罗卡（意大利籍），于2017年就任，任期至2022年。

2. 国际可再生能源署

国际可再生能源署（IRENA）是2011年正式成立的政府间国际组织，旨在推广可再生能源使用，提出可再生能源发展信息服务和政策咨询，促进可再生能源开发技术转移等，总部设在阿联酋首都阿布扎比，现任总干事为弗朗西斯科·卡梅拉（意大利籍）。国际可再生能源署由秘书处负责日常工作，成员国主要通过一年一次的全体大会和一年两次的理事会参与机构决策和治理。中国于2014年正式加入国际可再生能源署，2019年1月曾担任国际可再生能源署第九次全体大会主席国。

2021年1月18～19日，国家能源局局长章建华代表中国政府出席国际可再生能源署第十一次全体大会视频会议，并在全体会议和“促进能源转型的国家能源规划和执行”部长论坛环节发言。

2021年6月7日，国家能源局局长章建华在北京以视频形式会见国际可再生能源署总干事卡梅拉。双方共同签署《中国国家能源局与国际可再生能源署谅解备忘录》。

3. 二十国集团

二十国集团（G20）于1999年成立，原为部长级会议机制。2008年国际金融危机爆发后，G20升级为领导人机制，旨在推动发达国家和新兴市场国家就世界经济和金融领域的重大问题开展对话与合作，促进世界经济强劲、可持续、平衡和包容增长。G20共有20个成员，即阿根廷、澳大利亚、巴西、加拿大、中国、法国、德国、印度、印度尼西亚、意大利、日本、韩国、墨西哥、俄罗斯、沙特阿拉伯、南非、土耳其、英国、美国、欧盟。

G20无常设秘书处，峰会筹备工作由“三驾马车”（前任、现任和候任主席国）牵头、各成员共同参与，采取协调人、财金渠道双轨筹备机制。

截至2021年年底，G20已举行16次领导人峰会。中国国家主席出席了历届G20峰会并发表重要讲话。

2016年9月4～5日，G20领导人第11次峰会在浙江杭州成功召开。国家主席习近平全程主持峰会，并在开幕式上发表题为《构建创新、活力、联动、包容的世界经济》的致辞。峰会围绕“构建创新、活力、联动、包容的世界经济”主题，就创新增长方式、更高效的全球经济金融治理、强劲的国际贸易和投资、包容和联动式发展等重点议题进行了深入讨论。峰会发表《G20杭州峰会公报》，核准《创新增长蓝图》等28份核心成果文件，形成“放眼长远，综合施策，扩大开放，包容发展”的“杭州共识”，指明了G20从危机应对向长效治理机制转型的新方向。

全球健康峰会于2021年5月21日以视频方式举行，由G20主席国意大利和欧盟委员会联合倡议举办，会后发表《罗马宣言》。习近平主席应邀出席并发表题为《携手共建人类卫生健康共同体》的重要讲话，提出G20应该在全球抗疫合作中扛起责任，着力提高应对重大突发公共卫生事件能力和水平。要坚持人民至上、生命至上；坚持科学施策，统筹系统应对；坚持同舟共济，倡导团结合作；坚持公平合理，弥合“免疫鸿沟”；坚持标本兼治，完善治理体系。中方将继续以实际行动支持全球团结抗疫。

G20领导人第16次峰会于2021年10月30～31日以线上线下相结合方式在罗马举行，会后发表《G20领导人罗马峰会宣言》。习近平主席应邀以视频方式出席并发表题为《团结行动，共创未来》的重要讲话，强调G20要负起应有责任，为了人类未来、人民福祉，坚持开放包容、合作共赢，践行真正的多边主义，推动构建人类命运共同体。习近平主席指出，中国将坚持对外开放的基本国策，发挥超大规模市场优势和内需潜力，着力推动规则、规制、管理、标准等制度型开放，不断加大知识产权保护力度，持续打造市场化、法治化、国际化营商环境，为中外企业提供公平公正的市场秩序。中国发展将为各国带来更多新机遇，为世界经济注入更多新动能。

4. 金砖国家

2001年，美国高盛公司首次提出BRICs概念，用巴西、俄罗斯、印度、中国四国英文名称首字母组成缩写词。因“BRICs”拼写和发音同英文单词“砖”（bricks）相近，我国媒体和学者将其译为“金砖国家”。2011年，南非正式加入金砖国家，英文名称定为BRICS。

金砖国家国土面积约占世界领土总面积的26.46%，人口约占世界总人口的41.87%。据估算，2021年五国经济总量约占世界的25.24%，贸易总额占世界的17.9%。五国在世界银行投票权为14.06%，在国际货币基金组织份额总量为14.15%。

金砖国家合作机制成立以来，合作基础日益夯实，领域逐渐拓展，已经形成以领导人会晤为引领，以安全事务高级代表会议、外长会晤等部长级会议为支撑，在贸易、财金、卫生、工业、科技、环境、农业、文化、旅游、教育、智库、友城等数十个领域开展务实合作的多层次架构。金砖国家合作的影响已经超越五国范畴，成为促进世界经济增长、完善全球治理、促进国际关系民主化的建设性力量。

2006年，金砖国家外长举行首次会晤，开启金砖国家合作序幕。2009年6月，金砖国家领导人在俄罗斯叶卡捷琳堡举行首次会晤。2011年11月，金砖国家领导人在法国戛纳二十国集团峰会前夕举行首次非正式会晤。金砖国家领导人迄今共进行了13次会晤和9次非正式会晤。2021年9月9日，金砖国家领导人第十三次会晤以视频方式举行。

金砖机制是新兴市场和发展中国家合作的重要平台。中国是金砖国家的创始国之一，也是金砖合作的积极支持者和推动者。中国倡导金砖国家遵循开放包容、合作共赢的精神，共同构建更加全面、紧密、务实、包容的金砖伙伴关系，实现更加强劲、绿色、健康的全球发展。

5. 亚太经济合作组织

亚太经济合作组织（简称“亚太经合组织”）是亚太地区级别高、领域广、影响力大的经济合作机制，成立于1989年，以加强开放的多边贸易体制，减少区域贸易和投资壁垒为宗旨。经过30多年的发展，亚太经合组织合作领域延伸至投资、金融、能源、农业、科技、电信、交通、旅游、人力资源，以及防灾减灾、反腐败、卫生等诸多领域。亚太经合组织共有21个成员及3个观察员。成员分别为澳大利亚、文莱、加拿大、智利、中国、中国香港、印度尼西亚、日本、韩国、墨西哥、马来西亚、新西兰、巴布亚新几内亚、秘鲁、菲律宾、俄罗斯、新加坡、中国台北、泰国、美国、越南。

观察员分别为东盟秘书处、太平洋经济合作理事会、太平洋岛国论坛。亚太经合组织主要活动包括领导人非正式会议、部长级会议、高官会以及委员会、工作组会议等。

中国重视亚太经合组织的作用，一直支持并积极参与各层次、各领域的合作，并为合作不断取得进展作出重要贡献。中国支持亚太经合组织推进自身改革和机制建设、增强效率和效用，提高在应对重大国际经济问题方面的相关性、针对性和实效性，不断增强在区域合作中的影响力。2014年11月10～11日，中方在北京成功主办亚太经合组织第二十二次领导人非正式会议。会议围绕“共建面向未来的亚太伙伴关系”主题，达成广泛共识，取得丰硕成果，发表《北京纲领：构建融合、创新、互联的亚太——APEC领导人宣言》和《APEC成立25周年声明》。2013年起，国家主席习近平出席或主持历次亚太经合组织领导人非正式会议。

2021年7月16日，新西兰以视频方式增开一场亚太经合组织领导人非正式会议，发表了《克服疫情影响 加速经济复苏》领导人声明。习近平主席出席并发表题为《团结合作抗疫 引领经济复苏》的重要讲话。

2021年11月11～12日，新西兰以视频方式举办亚太经合组织第二十八次领导人非正式会议。习近平主席出席并发表题为《共同开创亚太经济合作新篇章》的重要讲话。11月11日，习近平主席应邀以视频方式出席APEC工商领导人峰会，发表题为《坚定走可持续发展之路 共建亚太命运共同体》的主旨演讲。在中方积极支持推动下，2021年亚太经合组织领导人非正式会议发表了《2021年APEC领导人宣言》，通过了落实布特拉加亚愿景的《奥特奥罗亚行动计划》。

6. 新开发银行

新开发银行是金砖国家发起成立的多边开发银行。2012年3月，金砖国家领导人第四次会晤探讨了一个新的开发银行的可能性。2013年3月，金砖国家领导人第五次会晤同意建立新开发银行。2014年7月，金砖国家领导人第六次会晤期间，五国领导人见证签署《成立新开发银行的协议》。2015年7月，新开发银行在上海正式开业。

新开发银行初始法定资本1000亿美元，初始认缴资本500亿美元，金砖五国均出资100亿美元，平均股权。银行实行三级治理结构，理事会为最高决策机构，董事会负责一般业务经营，行长和副行长组成管理层。现任行长为马科斯·特罗约（巴西籍）。

2021年，银行机制建设和业务运营取得积极进展。新开发银行以视频方式成功举行第六届理事会年会，各方就银行扩员、第二个五年总体战略

制定、金砖基础设施投资数字平台筹建等议题交换意见。银行理事会还批准吸收阿联酋、乌拉圭、孟加拉国和埃及为首批新成员。

7. 77国集团

77国集团是发展中国家在联合国经济社会发展领域加强团结与合作的重要机制。1964年第一届联合国贸易和发展会议上，77个发展中国家发表联合宣言，77国集团由此形成。截至2021年年底，共有133个成员。主席国由来自亚非拉三大区域的成员国按地区原则轮流担任，任期一年。2021年主席国为几内亚。

77国集团每年在联合国大会期间举行外长会议。在联合国及其专门机构会议期间，77国集团成员国也会协调立场或发表共同声明。2021年11月30日，“77国和中国”第45届外长会在纽约联合国总部举行。中国常驻联合国代表张军大使出席会议，呼吁“77国集团和中国”排除干扰，加强团结，在联合国平台发出响亮声音，为加快发展中国家疫后复苏、落实2030年议程营造良好环境。强调中方始终是广大发展中国家的可靠朋友和真诚伙伴，积极参与南南合作。中方提出全球发展倡议，旨在推动实现强劲、绿色、健康的全球发展，加快落实2030年议程，欢迎77国集团各成员国积极支持并参与。

中国不是77国集团的成员，但一贯支持其正义主张和合理要求，形成在“77国集团和中国”框架下开展合作的合作模式。中国全面参与77国集团的会议和活动，在经济、发展、社会等领域同77国集团协调立场，共同发声，维护发展中国家的整体利益。

8. 上海合作组织

2021年，上海合作组织积极拓展政治、安全、务实、人文等领域合作，深入推进抗疫合作，再次启动扩员进程，显现出蓬勃的生机活力，国际影响力显著提升。

9月17日，上海合作组织成员国元首理事会第21次会议、上海合作组织和集体安全条约组织成员国领导人阿富汗问题联合峰会在杜尚别举行，国家主席习近平在北京以视频方式出席会议。与会领导人讨论了上海合作组织20年发展成果、新冠肺炎疫情形势下共同促进上海合作组织持续健康稳定发展、阿富汗局势以及其他重大国际和地区问题，达成广泛共识。上海合作组织成员国领导人签署并发表《上海合作组织二十周年杜尚别宣言》，发表《上海合作组织成员国元首理事会关于加强科技创新领域合作的声明》和《上海合作组织成员国元首理事会关于粮食安全的声明》，批准涉及安全、环保、文化、对外交往等领域多个合作文件。会议启动接收伊朗为成员国的程序，吸收沙特阿拉伯、埃及、卡塔尔为新的对话伙伴。

11月25日，上海合作组织成员国政府首脑（总理）理事会第20次会议以视频方式举行，国务院总理李克强在北京出席会议。各方积极评价上海合作组织成立20年来取得的合作成果，就新冠肺炎疫情下继续加强在安全、经贸、人文等领域合作等问题交换意见，达成广泛共识。成员国总理或代表签署《上海合作组织成员国政府首脑（总理）理事会第二十次会议联合公报》等文件。

2021年，上海合作组织还举行了安全会议秘书、最高法院院长、总检察长、外交部长、工业部长、国防部长、司法部长、财政部长和中央（国家）银行行长、环境部长、农业部长、经贸部长、文化部长、卫生部长、能源部长、旅游部门负责人、铁路部门负责人、卫生防疫部门负责人会议，以及民间友好、妇女教育与减贫论坛等活动，切实提升各领域合作水平，扩大组织影响力。

2021年是上海合作组织成立20周年。中国同其他成员国一道，大力弘扬“上海精神”，深化各领域合作，积极倡导团结抗疫，推动上海合作组织在新起点上实现新发展。

9. 亚洲相互协作与信任措施会议

2021年，中国继续积极参与亚洲相互协作与信任措施会议（简称“亚信”）各领域合作，并主办多场重要活动。

4月16～18日，中国开发性金融促进会与济南市政府共同举办2021亚信金融峰会，主题为“共商共建共享——推进亚信金融务实合作行稳致远”。

4月27日，外交部副部长乐玉成以视频方式同亚信秘书处执行主任萨雷拜举行会见，就亚信发展等问题交换意见。

5月26～27日，8月18～19日，10月17～21日，华中农业大学以视频方式举办三期亚信智慧农业应用与发展研修班。

10月12日，亚信第六次外长会议在哈萨克斯坦首都努尔苏丹以线上线下相结合方式举行。国务委员兼外交部长王毅在北京以视频方式出席会议并发表题为《发挥亚信合作优势，构建亚洲命运共同体》的讲话。

10月25～26日，中国农业科学院农业信息研究所以线上线下相结合方式举办亚信产业扶贫模式交流与培训班。

12月28～29日，上海国际问题研究院以视频方式举办第九届亚信智库论坛国际圆桌会议，主题为“后疫情时代重建互信的新起点：趋势与任务”。

10. 东南亚国家联盟

东南亚国家联盟（简称“东盟”）成立于1967年，成员国包括文莱、柬埔寨、印度尼西亚、老挝、马来西亚、缅甸、菲律宾、新加坡、泰国、越南十国。中国、日本、韩国、印度、澳大利亚、新西兰、美国、俄罗斯、加拿大、欧盟、英国为东盟对话伙伴。

2021年是中国同东盟建立对话关系30周年。11月22日，中国—东盟建立对话关系30周年纪念峰会以视频方式举行，国家主席习近平出席并主持，同东盟国家领导人共同宣布将双方关系定位提升为全面战略伙伴关系。

9月10日，第18届中国—东盟博览会暨中国—东盟商务与投资峰会在中国南宁开幕，国家主席习近平致贺信。国家副主席王岐山出席开幕式等活动。

10月26日，第24次中国—东盟领导人会议以视频方式举行，国务院总理李克强出席。6月7～8日，纪念中国—东盟建立对话关系30周年特别外长会在中国重庆举行。8月，中国—东盟外长会以视频方式举行，国务委员兼外交部长王毅出席上述会议。5月18日，第27次中国—东盟高官磋商以视频方式举行。

2021年是中国—东盟可持续发展合作年。5月28日，可持续发展合作年启动活动以视频方式举行，李克强总理和东盟轮值主席国文莱苏丹哈桑纳尔分别向开幕式致贺信。

中国与东盟其他领域合作稳步推进，机制性会议顺利举行。1月22日，首届中国—东盟数字部长会议以视频方式举行。7月23日，第16届中国—东盟文化论坛以线上线下结合方式在中国南宁举办。9月11～13日，中国—东盟妇女论坛在中国桂林举办。9月13日，第七届中国—东盟动植物检疫和食品安全合作部长级会议以视频方式举行。9月23～29日，2021中国—东盟教育交流周在中国贵阳举办。10月14日，首届中国—东盟灾害管理部长级会议以视频方式举行。11月11日，第20次交通部长会议以视频方式举行。12月14日，中国—东盟科技创新部长特别会议以视频方式举行。

11. 南亚区域合作联盟

南亚区域合作联盟（简称“南盟”）成立于1985年12月，包括阿富汗、孟加拉国、不丹、印度、马尔代夫、尼泊尔、巴基斯坦和斯里兰卡八个成员国。中国、日本、美国、欧盟、伊朗、韩国、毛里求斯、澳大利亚和缅甸为观察员。

2005年11月，第13届南盟峰会原则同意接纳中国为观察员国。2006年

8月，南盟第27届部长理事会审议通过南盟观察员指导原则，正式接纳中国为观察员。2007年4月、2008年8月、2010年4月、2011年11月、2014年11月，中国以观察员身份分别派团出席第14～18届南盟峰会。

12. 阿拉伯国家联盟

2021年，中华人民共和国与阿拉伯国家联盟（简称“阿盟”）的友好合作关系稳步发展，在中国—阿拉伯国家合作论坛（简称“中阿合作论坛”）框架下共同举办了多项重要活动。

阿拉伯国家联盟秘书长艾哈迈德·阿布·盖特就中国共产党成立100周年向中共中央总书记习近平致贺信。3月8日，国务委员兼外交部长王毅向阿盟秘书长盖特致连任贺电。7月18日，王毅国务委员兼外长在埃及会见阿盟秘书长盖特，双方就中阿关系及地区和国际问题深入交换意见，并发表《中华人民共和国外交部同阿拉伯国家联盟秘书处联合声明》。

3月29日，外交部副部长马朝旭同阿盟首席助理秘书长扎齐举行中阿数据安全视频会议，双方签署并发表《中阿数据安全合作倡议》。阿拉伯国家成为全球首个与中国共同发表数据安全倡议的地区。

4月6日，第九届中阿企业家大会暨第七届投资研讨会在北京举办，全国政协副主席辜胜阻出席会议开幕式并发表主旨演讲。

6月22日，中阿合作论坛第17次高官会和第六次高官级战略政治对话以视频连线形式举行。时任外交部部长助理邓励出席会议开幕式并致辞。会议由中方秘书处秘书长、外交部亚非司负责人和阿方主席、卡塔尔驻阿盟代表共同主持，21个阿拉伯国家和阿盟秘书处官员及阿拉伯国家驻华使节与会。会议总结了论坛第九届部长级会议成果落实进展，讨论了中阿峰会筹备及下阶段工作计划，就双方共同关心的国际和地区问题交换了意见。

8月19日，第四届中阿技术转移与创新合作大会在宁夏银川开幕，来自中国和阿拉伯国家的相关领域代表参加。

9月1日，第四届中国与阿拉伯国家图书馆及信息领域专家会议在浙江杭州以视频会议形式举行。

9月14日，第九届中阿关系暨中阿文明对话研讨会以视频连线形式举行，中国政府中东问题特使翟隽和阿盟助理秘书长海法·阿布·加扎利共同出席会议并致辞。会议通过了《最终报告》。

12月6日，第五届中阿广播电视合作论坛以线上线下结合方式在北京开幕。中共中央政治局委员、中共中央宣传部部长黄坤明，阿盟秘书长盖特以视频方式出席了开幕式并致辞。论坛通过了《第五届中国—阿拉伯国家广播电视合作论坛共同宣言》。

12月8日，第三届中阿北斗合作论坛在北京以线上线下结合方式成功举行。会上签署了《中国—阿拉伯国家卫星导航领域合作行动计划（2021—2023年）》和《开展北斗中轨搜救服务及返向链路服务联合测试合作意向书》，发布了《中阿联合北斗测试评价结果》。

13. 海湾合作委员会

海湾阿拉伯国家合作委员会（简称“海湾合作委员会”或“海合会”）成立于1981年5月25日，成员包括沙特、阿联酋、卡塔尔、科威特、阿曼、巴林6个海湾阿拉伯国家。

2021年，中华人民共和国与海合会关系稳步发展。国务委员兼外交部长王毅访问沙特期间会见海合会秘书长纳伊夫·法拉赫·哈吉拉夫，就维护中东海湾地区安全稳定、推动中海自由贸易协定谈判等保持沟通。

中海双方围绕尽早达成中海自由贸易协定举行多轮磋商，取得一定进展。中国人民银行行长易纲同海合会成员国央行行长举行首次行长级视频对话，就金融科技监管、央行数字货币以及中国同海合会国家金融合作等交换意见。

14. 非洲联盟

2021年，中国和非洲联盟（简称“非盟”）克服新冠肺炎疫情影响，双方关系保持高位运行，各领域交流与务实合作成果丰硕。

政治互信不断深化。2月，国家主席习近平致电视贺第34届非盟峰会召开。5月，习近平主席同非盟轮值主席刚果（金）总统齐塞克迪通电话。6月和9月，非盟委员会主席法基分别致函中共中央总书记习近平，祝贺中国共产党成立100周年和中华人民共和国成立72周年。11月，法基主席通过视频方式出席中非合作论坛第八届部长级会议开幕式并致辞。中方还同非洲驻华使团联合举办“非洲日”招待会，国务委员兼外交部长王毅出席。

务实合作持续推进。中方积极支持非盟应对新冠肺炎疫情，向非盟委员会援助抗疫物资和新冠疫苗。援非洲疾控中心总部一期项目结构封顶。国家发展改革委与非盟委员会通过视频方式举行中非盟共建“一带一路”合作工作协调机制首次会议，并签署有关合作文件。中方积极支持非洲大陆自贸区（CFTA）建设，向非盟机构能力建设、在索马里维和行动以及青年和妇女工作提供帮助，加快推进有关非洲常备军和萨赫勒五国联合反恐部队军援落实，在能源、基础设施、农业、统计和质量标准等领域合作取得积极进展。

15．欧洲联盟

2021年，中国与欧洲联盟（简称“欧盟”）关系克服困难取得新进展。

元首外交保持畅通。10月，国家主席习近平同欧洲理事会主席夏尔·米歇尔通电话。习近平主席指出，中国和欧盟是两大独立自主力量，也是全面战略伙伴，双方有必要加强战略沟通，共同推动中欧关系健康稳定发展，这符合中欧共同利益。米歇尔表示，欧盟和中国需要在抗击疫情、经济复苏、气候变化、维护地区和平稳定等方面开展合作，并就重大国际问题密切沟通协调。

各层级政治对话磋商进展顺利。国务委员兼外交部长王毅同欧盟外交与安全政策高级代表何塞·博雷利保持密切沟通，分别于2月8日、7月8日举行视频会议，并于7月15日在塔什干举行面对面会见。9月28日，王毅国务委员兼外长以视频方式同博雷利共同主持第11轮中欧高级别战略对话，强调双方交往应当坚持相互尊重、求同存异，扩大合作面、减少对手面，维护以《联合国宪章》和国际法为基础的国际秩序，合作应对疫情、气候变化等共同挑战。双方并就阿富汗、缅甸、防扩散等共同关心的问题深入交换了意见。11月26日，中国政府欧洲事务特别代表吴红波率团访问欧盟，分别会见欧盟对外行动署副秘书长恩里克·莫拉、亚太总司长古纳尔·维冈。12月20日，外交部副部长谢锋同莫拉副秘书长以视频方式举行第15轮中欧外交政策磋商。

务实合作持续推进。据中方统计，2021年，中国同欧盟经贸合作逆势增长，贸易总额达8281.1亿美元，同比增长27.5%。中国对欧盟新增投资56.5亿美元，同比增长21.2%，对欧盟累计投资886.7亿美元。欧盟新增对华投资51亿美元，同比下降10.4%，对华累计投资1233.5亿美元。2月1日和9月27日，国务院副总理韩正两次同欧盟委员会执行副主席弗兰斯·蒂默曼斯举行中欧环境与气候高层对话并发表联合新闻公报，强调加强中欧环境与应对气候变化合作。中欧地理标志协定于3月1日起正式生效，进一步助力中欧经贸合作。

3月22日，欧盟以所谓新疆人权问题为借口，执意对中国4名官员和1个实体实施单边制裁。为捍卫自身主权、安全和发展利益，中方对严重损害中方主权和利益、恶意传播谎言和虚假信息的欧盟10名人员和4个实体实施制裁。5月20日，欧洲议会通过决议宣称“冻结”关于批准中欧投资协定的讨论。

16. 美洲国家组织

美洲国家组织成立于1948年，成员包括美洲35个国家（2009年，美洲国家组织废除了1962年关于中止古巴成员国资格有关决议，但古巴拒绝重返该组织；2019年4月，美洲国家组织强行通过决议接受委内瑞拉“临时总统”瓜伊多委任的常驻代表，委政府宣布正式退出该组织），是美洲最重要的政府间政治组织。总部设在华盛顿，现任秘书长路易斯·莱昂纳多·阿尔马格罗（乌拉圭籍），2015年5月就任，2020年3月连选成功，任期至2025年5月。该组织现有72个常驻观察员。

中国重视发展与美洲国家组织的友好合作关系，2004年5月成为该组织第60个常驻观察员后，同其开展了合作基金、人力资源开发和奖学金等合作项目。2016年2月，阿尔马格罗秘书长访华，时任国务委员杨洁篪、时任外交部长王毅分别会见，时任外交部副部长王超同其会谈，时任商务部国际贸易谈判副代表张向晨同其会见。此系中国成为美洲国家组织常驻观察员后该组织秘书长首次访华。2021年，中国常驻美洲国家组织观察员秦刚大使率中国政府代表团出席该组织第51届年会。

17. 拉美和加勒比国家共同体

拉美和加勒比国家共同体（简称“拉共体”）于2011年12月成立，由拉美和加勒比33国组成，是拉美和加勒比首个囊括该地区所有独立国家的综合性组织，旨在推进地区各领域一体化建设，整合、协调现有的区域和次区域一体化组织。拉共体诞生后，地区原政治磋商和协调机制——里约集团完成转型并停止活动。拉共体实行轮值主席国制，议事规则为协商一致原则，在原“三驾马车”基础上设立“四驾马车”协助轮值主席国工作，拉共体现任轮值主席国、前任轮值主席国、候任轮值主席国和加勒比共同体轮值主席国一同组成“四驾马车”。2021年“四驾马车”成员为墨西哥、玻利维亚和加勒比共同体轮值主席国（每半年轮换一次，2021年上半年为特立尼达和多巴哥，下半年为安提瓜和巴布达）。

2015年1月8～9日，中国—拉共体论坛（简称“中拉论坛”）首届部长级会议在北京举行，标志着中拉论坛正式启动。国家主席习近平出席开幕式并发表题为《共同谱写中拉全面合作伙伴关系新篇章》的重要讲话。

2018年1月21～22日，中拉论坛第二届部长级会议在智利圣地亚哥举行。习近平主席致函表示祝贺，时任智利总统巴切莱特出席开幕式并致辞，时任外交部长王毅率中方代表团出席会议。会议通过了《圣地亚哥宣言》《中国与拉共体成员国优先领域合作共同行动计划（2019—2021）》《关于“一带一路”倡议的特别声明》三个成果文件。

2020年7月23日，国务委员兼外交部长王毅同墨西哥外交部长埃布拉德共同主持召开中拉应对新冠肺炎疫情特别外长视频会议，中国和拉共体13国外长或副外长与会。会议通过了《中拉应对新冠肺炎疫情特别外长视频会议联合声明》。

2021年12月3日，中拉论坛第三届部长会议以视频方式举行。国家主席习近平、拉共体轮值主席国墨西哥总统洛佩斯分别向会议开幕式发表视频致辞。王毅国务委员兼外长、墨外长埃布拉德共同主持会议并发表主旨讲话。会议通过了《中拉论坛第三届部长会议宣言》《中国—拉共体成员国重点领域合作共同行动计划（2022—2024）》两个成果文件。2021年，中拉论坛框架下还举行了国家协调员会议，以及政党、农业、智库、企业家、基础设施、科技创新、数字技术、青年体育、减贫发展、新能源、传统医学等12个领域13场分论坛活动。

18. 南方共同市场

南方共同市场（简称“南共市”）于1991年成立，1995年1月正式启动，是南美最大的经济一体化组织和关税同盟。现有成员包括阿根廷、巴西、乌拉圭、巴拉圭和委内瑞拉（委内瑞拉被暂停成员国资格，玻利维亚正在履行“入市”程序）。秘书处设在乌拉圭首都蒙得维的亚。

中国同南共市关系良好。双方于1997年建立副部长级对话机制，至今双方共举行六次对话。2012年6月，时任国务院总理温家宝在访问阿根廷期间与南共市国家领导人举行视频会议，就深化双方关系、加强经贸合作交换意见，并就发表《中华人民共和国与南方共同市场关于进一步加强经济、贸易合作联合声明》达成一致。同月，南共市第43届峰会正式发表该联合声明。2014年7月，南共市第46届峰会祝贺中国—拉美和加勒比国家领导人巴西利亚会晤成功举行，支持建立中国—拉共体论坛。2018年10月，中国—南共市第六次对话在乌拉圭举行，双方就推动中南关系发展、加深各领域合作进行交流，重申支持地区一体化及以世界贸易组织为核心的多边贸易体制。2019年12月，双方举行首次中国全国人大—南共市议会对话。

19. 太平洋联盟

太平洋联盟成立于2011年，宗旨是实现区内货物、服务、资本和人员自由流通，促进成员国经济增长、社会发展、提升整体竞争力，搭建面向世界，特别是亚太地区的政治、经济和贸易一体化平台。该组织现有智利、哥伦比亚、墨西哥、秘鲁4个成员国，59个观察员国，现任轮值主席国为哥伦比

亚。2017年，太平洋联盟增设联系国机制，将加拿大、澳大利亚、新西兰、新加坡列为首批候选联系国，并于10月正式启动同上述四国“高质量、高标准经贸协议”谈判。2018年7月，联盟举行第13届峰会，决定将韩国列为候选联系国。2019年7月，联盟举行第14届峰会，决定将厄瓜多尔列为候选联系国，吸纳亚美尼亚、阿塞拜疆、菲律宾、哈萨克斯坦为观察员国。2020年12月，联盟举行第15届峰会，宣布加快同候选联系国新加坡的自贸协议谈判，推动于2021年第一季度完成同澳大利亚、加拿大和新西兰谈判，并启动同韩国、厄瓜多尔谈判。2021年4月，联盟举行成立十周年线上纪念仪式，就未来联盟加强贸易和人员往来，促进科技创新，抢抓后疫情时代发展机遇，尽早实现经济社会复苏，进一步推进国际化进程作出规划。

中国于2013年7月成为该组织观察员国。2014年4月、6月和2015年7月，太平洋联盟分别在秘鲁、墨西哥和秘鲁举行与观察员国对话会，中国驻秘鲁、墨西哥大使和驻秘鲁大使馆临时代办分别出席。2016年4月，时任中国政府拉美事务特别代表殷恒民访问太平洋联盟时任轮值主席国秘鲁，并同秘方就发展中国同太平洋联盟关系等交换意见。2016年6月、2017年6月、2018年7月和2019年7月，太平洋联盟分别在智利、哥伦比亚、墨西哥、秘鲁举行与观察员国部长级对话会，中国驻智利、哥伦比亚、墨西哥大使及驻秘鲁大使馆临时代办分别出席。2019年4月，太平洋联盟在秘鲁举行首届同观察员国合作论坛，中国驻秘鲁大使馆派员出席。2020年11月，联盟轮值主席国智利以视频方式举行第二届联盟同观察员国合作论坛东亚和大洋洲区域会议，中国外交部派员出席开幕式并致辞。

2021年4月，国务委员兼外交部长王毅应邀向联盟成立十周年线上纪念仪式作视频致辞。

20. 美洲开发银行

美洲开发银行（简称“美开行”）成立于1959年，宗旨是为拉美和加勒比国家经济、社会发展计划提供资金和技术援助，促进拉美和加勒比经济社会发展。现有48个成员国，总部设在美国华盛顿。现任行长毛里西奥·克拉维尔-卡罗内（美国籍），2020年10月就职，任期5年。

中国重视发展与美开行的友好合作关系。1991年，中国人民银行成为美开行观察员。2009年1月，中国人民银行代表中国成为美开行正式成员。2013年1月，中国人民银行和美开行共同成立规模为20亿美元的“中国对拉美和加勒比地区联合融资基金”。2015年3月，中国人民银行和美开行签署《中国人民银行与美洲开发银行关于中期合作规划（2015—2019）谅解备忘录》。2016年4月，中拉产能合作投资基金与美开行及其下属的美洲投资公司签署框架性合作协议。2017年5月，时任美开行行长莫雷诺应邀来华出席“一带一路”国际合作高峰论坛并在“加强政策沟通和战略对接”和“促进资金融通”平行主题会议上发言。其间，莫雷诺拜会时任国务院副总理马凯，并与美洲投资公司首席执行官斯克里文、亚洲基础设施投资银行行长金立群签署框架性合作协议。2019年，原定于3月在成都举行的美开行第60届年会因故取消。11月，莫雷诺访华，中国人民银行行长易纲、时任外交部副部长秦刚等分别会见。2020年9月，美开行以线上理事会特别会议形式举行行长换届选举，中国人民银行派员参会。目前，中方在美洲投资公司持股比例已提升至5.47%，系该公司最大域外股东。

21. 拉丁美洲议会

拉丁美洲议会（简称“拉美议会”）成立于1964年，由拉美和加勒比23个国家和地区的议员组成，宗旨是促进拉美和加勒比国家的团结和地区一体化。总部位于巴拿马首都巴拿马城，现任议长豪尔赫·皮萨罗·索托，于2019年6月当选。

中国重视发展与拉美议会的友好合作关系。2004年3月，中国全国人民代表大会成为拉美议会观察员。2018年11月，中方与拉美议会合作建设的“中国馆”在拉美议会总部落成。2019年6月，全国人大外事委员会副主任委员陈国民率团出席拉美议会第35届年会。8月，拉美议会议长皮萨罗率团访华，全国人大常委会委员长栗战书、时任外交部副部长郑泽光分别会见。

22. 东亚—拉美合作论坛

东亚—拉美合作论坛（简称“亚拉论坛”）于1999年成立，是跨东亚和拉美两区域的官方多边合作论坛，旨在增进两区域之间的了解，促进双方政治、经济对话及各领域合作，推动东亚和拉美国家之间建立更为密切的关系。目前，亚拉论坛共有36个成员国，现任协调员国为老挝和多米尼加。2019年11月，亚拉论坛第九届外长会及第20次高官会在多米尼加圣多明各举行。2021年11月，亚拉论坛第21次高官会以视频方式举行。

中国系亚拉论坛创始成员国，积极参与亚拉论坛活动，在论坛框架下面向成员国举办了近百个合作项目，现任论坛社会政治合作、可持续发展和气候变化工作组东亚方主席，中国政府派员出席了亚拉论坛历届外长会和高官会。2021年11月，中国外交部派员出席亚拉论坛第21次高官会。

23. 亚欧会议

亚欧会议成立于1996年，是亚洲与欧洲之间的政府间论坛，旨在通过对话增进了解、加强合作，促

进建立亚欧新型全面伙伴关系。亚欧会议现有成员53个，政治对话、经贸合作、社会文化及其他领域交流是其合作三大支柱。

2021年，中国全面深入参与亚欧会议各项活动，推动各方聚焦抗击疫情、经济复苏、践行真正多边主义和进一步推动亚欧互联互通合作，构建新时代的亚欧新型伙伴关系。

6月3日，第五届亚欧科技创新合作论坛在北京举行，来自国内外约300位科技领域政府官员，高校、科研机构和科技创新企业机构代表以线上线下相结合方式参会。

6月22日，越南以线上线下相结合方式举办主题为“亚欧会议二十五年：在变革世界中发挥作用”高级别政策对话会。中方亚欧会议高官谢波华大使应邀通过视频出席会议并发言。与会各方积极评价亚欧会议作用，呼吁加强亚欧合作，积极应对疫情，推进疫后经济社会复苏。

11月25～26日，第13届亚欧首脑会议以视频方式在柬埔寨金边举行，会议以“强化多边主义，促进共同增长”为主题。国务院总理李克强出席会议，在第一次全会和非正式会议发表讲话。亚欧领导人就团结抗击新冠疫情、携手促进疫后复苏、共同维护多边主义、构建开放型世界经济、支持北京举办冬季奥运会等发出鲜明信号，为互联互通下步合作进一步规划了合作路径，并就合力应对气变、反恐等全球性问题达成广泛共识。会议通过《第十三届亚欧首脑会议主席声明》《新冠疫情后社会经济复苏金边声明》和《亚欧互联互通合作前景文件》三份成果文件。

2021年，中国亚欧会议高官谢波华大使以视频方式多次出席亚欧会议高官会。

中国继续积极支持和参与亚欧基金开展的活动。中国亚欧基金董事张小康大使授权代表出席了第42次董事会视频会议。

24. 东亚峰会

东亚峰会成立于2005年。现有18个成员国，包括东盟十国、中国、日本、韩国、印度、澳大利亚、新西兰、美国和俄罗斯。

2021年10月27日，第16届东亚峰会以视频方式举行，国务院总理李克强出席会议。8月4日，东亚峰会外长会以视频方式举行，国务委员兼外交部长王毅出席会议。6月24日，中方出席东亚峰会视频高官会。

中方倡议并推动第16届东亚峰会发表《东亚峰会领导人关于可持续复苏的声明》。中方积极推进东亚峰会重点领域合作，积极参加经贸、能源、教育部长级会议，以线上线下形式举办了东亚峰会第七届新能源论坛和第五届清洁能源论坛，以视频方式举办了第四届东亚峰会区域安全架构二轨研讨会。

25. 中日韩合作

1999年11月，时任国务院总理朱镕基、日本首相小渊惠三、韩国总统金大中在菲律宾出席东盟与中日韩（10+3）领导人会议期间举行早餐会，启动中日韩合作进程。2008年以来，中日韩合作进入新的发展阶段，建立起以领导人会议为核心、21个部长级会议和70多个工作层机制为支撑的合作体系，成立了中日韩合作秘书处。三国投资协定于2014年5月17日正式生效，中日韩自贸区谈判逐步推进。

2021年，中日韩务实合作稳步发展。第九次中日韩合作国际论坛、中日韩财长和央行行长会议、第八届中日韩运输与物流部长会议、第12次中日韩文化部长会议、第22次环境部长会议、第21次中日韩知识产权局局长会、第14届中日韩卫生部长会议成功举行。"亚洲校园"第三期项目于8月启动。中国温州市和济南市、日本大分县、韩国庆州市共同入选2022年"东亚文化之都"。

26. 东盟与中日韩合作

东盟与中日韩（10+3）合作是东亚合作主渠道，成员包括东盟十国、中国、日本和韩国。自1997年以来，10+3在20多个领域建立65个对话与合作机制，形成了以领导人会议为核心，以部长级会议、高官会、大使级会议为支撑的合作体系。截至2021年11月，已举行24次领导人会议和1次领导人特别会议（即2020年4月10+3抗击新冠肺炎疫情领导人视频特别会议）。

2021年，10+3在经贸、财金、减贫等领域取得积极进展。各方推动《区域全面经济伙伴关系协定》（RCEP）达到生效门槛。10+3经贸部长会议通过《10+3缓解新冠肺炎疫情对经济影响的行动计划进展报告》和《10+3经济合作工作计划（2021—2022）》。清迈倡议多边化（CMIM）协议特别修订稿正式生效。东亚减贫合作倡议一期项目顺利完成。

2021年，中方积极参加10+3合作各层级会议。8月3日，国务委员兼外交部长王毅出席以视频方式举行的第22次10+3外长会。6月，中方出席10+3视频高官会。中方还以视频方式参与10+3旅游部长会、新闻部长会、财长和央行行长会、经贸部长会、能源部长会、打击跨国犯罪部长会、教育部长会、农林部长会以及乡村发展和减贫高官会、劳工高官会、青年事务高官会。中方以视频方式举办10+3村官线上交流、公共卫生应急桌面演练、5G网络安全技术与产业培训、第四届东盟与中日韩清洁能源圆桌对话和10+3数字经济创新论坛等活动。

27. 博鳌亚洲论坛

博鳌亚洲论坛（Boao Forum for Asia）成立于2001年，是首个定址中国的非官方、非营利的国际会议组织。论坛立足亚洲，面向世界，致力于促进和深化本地区内和本地区与世界其他地区间的经济交流、协调与合作，为政府、企业及专家学者等提供一个共商经济、社会、环境及其他相关问题的高层对话平台，通过论坛与政界、商界及学术界建立的工作网络，为会员与会员之间、会员与非会员之间日益扩大的经济合作提供服务。近年来，论坛国际地区影响力不断提升，为推动亚洲和新兴经济体发展、区域经济一体化作出积极贡献，已成为兼具亚洲特色和全球影响的重要政商对话平台。现任论坛理事长为联合国前秘书长潘基文，副理事长、中方首席代表为第十二届全国政协副主席、中国人民银行原行长周小川。

论坛每年举办一次年会，邀请多国领导人和主要国际组织负责人、前政要、部长级官员以及企业、智库、媒体等各界代表出席。

论坛2021年年会于4月在海南博鳌召开，主题为“世界大变局：共襄全球治理盛举 合奏‘一带一路’强音”，国家主席习近平以视频形式发表题为《同舟共济克时艰，命运与共创未来》的主旨演讲。国家副主席王岐山出席论坛年会开幕式，集体会见论坛理事和战略对话伙伴，并同中外企业家代表座谈。另外，论坛于2021年6月在青岛举办博鳌亚洲论坛全球健康论坛第二届大会，于10月在长沙举办博鳌亚洲论坛全球经济发展与安全论坛首届大会等活动，在各相关领域推动亚洲各国以及亚洲与其他地区间的对话。

28. 东盟地区论坛

东盟地区论坛是亚太地区最主要的官方多边安全对话与合作平台之一，共包括东盟十国、中国、日本、韩国、俄罗斯、美国、加拿大、澳大利亚、欧盟等27个成员。1994年7月25日，论坛首届外长会在泰国曼谷召开，截至2021年年底已举行28届外长会。

2021年8月6日，国务委员兼外交部长王毅以视频方式出席第28届论坛外长会。2021年，论坛还举行了高官会、安全政策会议、建立信任措施与预防性外交会间辅助会议、救灾会间会、反恐与打击跨国犯罪会间会、海上安全会间会、防扩散与裁军会间会、信息通信技术安全会间会和国防官员对话会。6月，以线上方式举办第二届渡运安全能力建设培训。7月，以线上方式主办国际城市搜救能力强化培训及综合演练。中方还同俄罗斯、越南共同举办首届打击将信息通信技术用于犯罪目的专题研讨会。

29. 亚洲合作对话

亚洲合作对话（ACD）由泰国于2002年倡议成立，是面向亚洲的官方对话与合作机制。亚洲合作对话成立以来，为促进亚洲国家间相互理解、培育亚洲意识、增进亚洲团结发挥了积极作用。现有35个成员国，即中国、东盟十国、日本、韩国、蒙古国、俄罗斯、印度、巴基斯坦、孟加拉国、斯里兰卡、阿富汗、不丹、哈萨克斯坦、吉尔吉斯斯坦、塔吉克斯坦、乌兹别克斯坦、沙特、伊朗、土耳其、阿联酋、科威特、阿曼、卡塔尔、巴林、尼泊尔、巴勒斯坦。现任主席国是巴林，现任秘书长是蓬猜（泰国籍）。

2021年1月21日时任外交部副部长罗照辉以预录视频方式代表国务委员兼外交部长王毅参加亚洲合作对话第17次外长会。2021年11月17日，孙海燕公使代表王毅国务委员兼外长出席亚洲合作对话视频外长会。

中国作为“粮食、能源与水安全相互关系”支柱领域牵头国于11～12月以线上方式主办“绿色生态储粮技术研修班”等项目。

30. 澜沧江—湄公河合作

澜沧江—湄公河合作是中国与柬埔寨、老挝、缅甸、泰国、越南共商共建共享的新型次区域合作机制，旨在通过深化澜湄六国睦邻友好和务实合作，促进沿岸各国经济社会发展，打造澜湄流域经济发展带，建设澜湄国家命运共同体，助力东盟共同体建设和地区一体化进程，为推进南南合作和落实联合国2030年可持续发展议程作出新贡献，共同维护和促进地区持续和平和发展繁荣。

2016年3月23日，澜湄合作首次领导人会议在海南三亚成功举行，正式启动机制合作进程。五年多来，澜湄合作发展迅速，成果显著，已成为最具活力和发展潜力的次区域合作机制之一。六国搭建起领导人会议、外长会、高官会、联合工作组会四级会议机制，各国外交部均成立澜湄合作国家秘书处或协调机构，各优先领域联合工作组全部建立。澜湄水资源合作中心、澜湄环境合作中心、澜湄农业合作中心和全球湄公河研究中心成立并高效运营。六国高校联合成立澜湄青年交流合作中心。

2021年，澜湄合作持续高水平发展。6月8日，澜湄合作第六次外长会在重庆举行。国务委员兼外交部长王毅强调，中方将坚决贯彻习近平主席提出的亲诚惠容周边外交理念，与湄公河国家一道共同建设面向和平与繁荣的澜湄国家命运共同体。此前，六国以视频方式举办了第八次高官会和第十一次外交联合工作组会，为第六次外长会作准备。

产能与互联互通领域，9月，澜湄国家铁路行业交流研讨会、澜湄国家

产能合作能力建设——数字电商合作培训等活动在广西南宁以线上线下相结合方式举办。10～12月，中国民用航空飞行学院实施澜湄合作航空培训项目，为湄公河国家培训民航管制员、飞行签派员和民用航空器维修专业人才。

水资源领域，12月，第二届澜湄水资源合作论坛以视频方式成功举行，六国水利部长和专家学者、有关国际组织和机构代表围绕水资源保护、应对气候变化、农村水利与民生改善等议题深入交换意见，分享合作经验，规划未来合作。此次论坛发布《第二届澜湄水资源合作论坛北京倡议》。中方全力保障下游国家水资源供应，及时提供澜沧江水文信息，与湄公河国家共同实施“澜湄甘泉行动计划”“澜湄兴水惠民行动”“典型小流域综合治理示范”等务实合作项目。六国积极开展灾害管理合作，举办“澜湄国家加强多灾种和灾害链早期预警技术研讨会”。

农业合作领域，农业农村部牵头实施13个“丰收澜湄”农业合作项目，开展水稻、天然橡胶、香蕉、动植物疫病防控等多个领域农技交流合作，为湄公河国家培训农业官员、技术人员和学生、农民逾千人次，设立“澜湄稻渔奖学金”，编制《澜湄农业合作发展报告》。5月，2021澜湄果业合作周活动在浙江嘉兴举行。7月，农业农村部在北京举办首届澜湄水果节。12月，澜湄合作农业联合工作组第四次会议以视频方式举行。澜湄农业农资产品、产能、经贸、技术对接交流会以线上线下相结合方式在北京举行。

减贫合作领域，11月，六国举办澜湄合作减贫联合工作组第五次会议。澜湄民族地区社会创业与减贫合作国际会议以线上线下相结合方式在湖北武汉举行。

生态环境领域，六国加快实施《澜湄环境合作战略》和“绿色澜湄计划”，加强清洁能源、可再生能源合作和经验分享，共促绿色和低碳转型，携手加强环境保护。“绿色低碳与可持续基础设施知识共享平台”“促进可持续生计的生态系统管理改善试点”项目顺利启动，“柬埔寨西哈努克低碳示范区”“老挝万象赛色塔低碳示范区”建设稳步推进。

在公共卫生领域，澜湄合作第六次外长会期间，六国外长审议通过《在澜沧江—湄公河合作框架下深化传统医药合作的联合声明》，一致支持各国传统医药参与全球疫情防控，促进次区域公共卫生发展。六国抓紧实施“本草惠澜湄”“澜湄健康心行动”“热带病防控行”等项目，支持传统医药发展，提升心脑血管疾病、重大虫媒传染病防治水平。

地方合作领域，澜湄合作第六次外长会审议通过了机制框架下首个关于深化地方合作的倡议，为开展六国地方政府友好交流与互利合作指明了方向。12月，首次澜湄地方政府合作论坛在广西北海成功举行，王毅国务委员兼外长向论坛致贺信，六国相关地方省市、友好组织、媒体代表和湄公河五国驻华使节共同参加。此次论坛发表主席声明，表示将促进论坛机制化建设，吸引六国更多地方政府参与，打造面向澜湄地区的地方政府合作新平台。

社会人文交流领域，六国举办了会议论坛、媒体撰文、影视展播、乡村振兴、青年创新创业大赛等近60项丰富多彩的活动，共同庆祝澜湄合作启动五周年。王毅国务委员兼外长在《人民日报》发表题为《奋楫五载结硕果，继往开来再扬帆——纪念澜沧江—湄公河合作启动五周年》署名文章，与湄公河五国驻华使节在北京共同出席庆祝澜湄合作启动五周年暨2021年"澜湄周"招待会。六国以灵活多样的方式举办了"澜湄流域佛教交流会""2021澜湄合作国际海报设计大赛""2021年澜湄电视周""2021年澜湄合作中国藤球公开赛"等活动。10月，"同饮一江水 共话澜湄情"——2021澜湄万里行中外媒体大型采访活动在青海、西藏两省区举行，"澜湄旅游城市合作联盟大会暨澜湄市长文化旅游论坛"在重庆举办，共商疫后澜湄区域文化和旅游业复苏振兴举措。

31. 太平洋岛国论坛

2021年，中国与太平洋岛国论坛关系总体稳定发展。

10月，国务委员兼外交部长王毅主持首次中国—太平洋岛国外长会，太平洋岛国论坛秘书长亨利·普那以视频方式出席。11月，外交部美大司副司长同太平洋岛国论坛秘书处项目部主任扎拉克·汗视频交流。

32. 中国环境与发展国际合作委员会

中国环境与发展国际合作委员会（简称"国合会"）成立于1992年，是经中国政府批准的非营利、国际性高层政策咨询机构。主要职责是针对中国环境与发展领域的重大问题进行研究，开展政策示范和项目示范，向中国政府提出政策建议，促进中国可持续发展。现任主席为中共中央政治局常委、国务院副总理韩正，委员包括中外合作伙伴政府机构代表、相关国际组织和机构代表、知名专家、学者、私营部门和社会组织领导。

2021年9月7～10日，国合会2021年年会在北京举行，主题为"共建人与自然生命共同体"。韩正副总理出席开幕式并讲话。

第五章

中国外交中的国际安全、军控与防扩散工作

（一）概述

当前，全球战略安全形势正加速演变，大国战略博弈和地缘政治争夺日趋激烈，传统安全威胁与非传统安全威胁相互交织，国际关系中不稳定不确定因素显著增多。热点安全问题多点共振，深刻影响地区和国际安全格局。各方围绕传统和新兴领域安全治理深度博弈，国际军控、裁军与防扩散体系处在重要的十字路口。美国继续奉行冷战思维，渲染大国竞争，全方位强化军力，大搞小圈子和集团政治，严重损害全球战略平衡与稳定。与此同时，国际社会普遍求和平、求稳定、求发展，维护全球战略稳定及现有多边机制仍是大多数国家的共同愿望。

中国继续奉行独立自主的和平外交政策，坚持共同、综合、合作、可持续的全球安全观，坚定维护自身主权、安全、发展利益。面对复杂严峻的国际安全形势，中国始终高举多边主义和人类命运共同体旗帜，坚定捍卫全人类共同价值，努力推进国际军控与防扩散进程，深入参与和引领全球安全治理，积极推动热点安全问题政治解决，为维护世界和平、安全与稳定作出积极贡献。

（二）中国参与联合国框架内的国际安全与军控工作

1. 联合国大会第一委员会

第76届联合国大会第一委员会（国际安全与裁军委员会）会议于10月4日至11月5日在纽约联合国总部举行。会议进行了一般性辩论，就核武器、其他大规模杀伤性武器、外空、常规武器、裁军机制、地区裁军与安全、其他裁军措施与国际安全等问题举行专题辩论，共审议通过了61项决议及决定。

中国代表团以积极和建设性姿态参与会议各项工作。在一般性辩论中，中国代表团全面阐述中国在军控、裁军和防扩散领域的政策立场，指出多边军控与裁军体系正处于关键的十字路口，国际社会面临何去何从重要抉择。中国恢复联合国合法席位50年来，始终致力于维护和发展国际军控与裁军体系。无论国际形势如何变幻，中国将始终坚定走和平发展道路，坚决捍卫以国际法为基础的国际秩序，积极推进多边军控进程，为推动构建人类命运共同体作出贡献。

在核武器专题讨论中，中国代表团系统阐述了中国在核裁军问题上的政策立场，介绍了中国在推动国际核裁军、五核国合作、《不扩散核武器条约》审议进程、《全面禁止核试验条约》等方面所作努力，分析了当前国际核军控形势，主张应坚持核裁军国际共识，维护现有国际核裁军和核不扩散体系，降低核武器在国家安全政策中的作用，协调应对影响战略稳定的新因素，共同构建普遍安全的人类命运共同体。

在其他大规模杀伤性武器专题讨论中，中国代表团介绍了新冠肺炎疫情背景下中国履行《禁止化学武器公约》《禁止生物武器公约》所作的积极努力和取得的重要成就，呼吁国际社会践行真正的多边主义，积极开展对话与合作，共同捍卫公约的宗旨和目标，维护公约的权威性和有效性，维护国际和平与安全，促进全球经济和社会发展。

在外空专题讨论中，中国代表团强调当前外空安全形势日趋严峻，外空武器化和军备竞赛风险日益上升，防止外空军备竞赛刻不容缓。中国代表团还介绍了中国在推动达成外空安全相关国际法律文书方面所作的努力，

敦促有关国家摒弃单边主义思维、纠正错误做法，呼吁裁谈会启动外空军控条约谈判，坚定支持联合国在外空国际治理中发挥主导作用，加强沟通对话，不断弥合分歧，积极在外空领域践行人类命运共同体理念，为维护外空持久和平与共同安全作出贡献。

在常规武器专题讨论中，中国代表团分析了当前常规武器非法转让和滥用的严峻形势，介绍了中国正式加入《武器贸易条约》、履行联合国轻小武器《行动纲领》和《识别与追查国际文书》义务、支持《特定常规武器公约》及其议定书、提供人道主义扫雷援助等具体行动，主张国际社会坚持多边主义，坚持政治、外交手段解决争端，加强联合国框架内军控机制互动协同，不断深化国际合作，推动常规武器军控工作取得新进展，为维护国际和地区和平稳定作出贡献。

在其他裁军措施与国际安全专题讨论中，中国代表团全面阐释中国的网络外交政策理念，介绍了中国建设性参与联合国框架下网络安全进程、推动双多边网络安全合作交流、提出《全球数据安全倡议》并同阿拉伯国家联盟发表《中阿数据安全合作倡议》等积极行动，呼吁国际社会坚定维护和平，坚守公平正义，不断增进互信，携手合作，共同推进网络空间全球治理和国际规则制定，维护网络空间的和平、安全与繁荣。

2. 日内瓦裁军谈判会议

日内瓦裁军谈判会议（简称“裁谈会”）是国际上唯一的多边裁军谈判机构，冷战后曾谈判制定《禁止化学武器公约》《全面禁止核试验条约》等重要多边军控条约。现有65个成员国，以协商一致方式开展工作。由于各方在会议议题上存在分歧，裁谈会已20余年未能开展实质性条约谈判工作。

2021年，裁谈会成员继续就裁谈会工作计划问题进行讨论，但因各方分歧较大，未形成共识。中国代表团以建设性姿态积极参加裁谈会内各项讨论，与各方深入沟通交流，就核裁军、核透明、防止核战争等问题阐述了中国立场和主张，呼吁各国携手坚定维护多边主义，推动国际军控、裁军与防扩散进程，共同构建人类命运共同体。

2021年6月11日，国务委员兼外交部长王毅在裁谈会发表题为《坚持多边主义，谋求共同安全》的视频讲话，强调中国恢复联合国合法席位50年来，全面参与联合国事务，为世界和平与发展作出了重要贡献。王毅国务委员兼外长还就推进国际军控、裁军与防扩散进程提出四点主张：共同维护全球战略稳定，遵守国际军控条约，谈判解决防扩散问题，完善全球新兴领域安全治理。王毅呼吁各国坚持多边主义，奉行共同、综合、合作、可持续的全球安全观，推动裁谈会尽快制订全面平衡的工作计划、早日开展实质性工作，努力推进国际军控、裁军与防扩散进程。

3. 联合国裁军审议委员会

联合国裁军审议委员会（简称“裁审会”）于2018年开启新一轮审议周期，讨论“核裁军与核不扩散目标”和“以防止外空军备竞赛为目标促进执行外空透明与建立信任措施”两项议题。

受新冠肺炎疫情影响，2021年裁审会未能召开。

4. 联合国常规武器登记册

联合国常规武器登记册（UNROCA）系联合国大会根据其第46/36L号决议于1992年设立。该决议呼吁所有会员国每年提交其上一日历年涉及作战坦克、装甲战斗车、大口径火炮、作战飞机和无人驾驶战斗机、攻击直升机、军舰、导弹及发射机构七大类常规武器的转让情况，并请各国自愿提供有关军事财产、国内生产采购、轻小武器转让等情况。自1994年开始，联合国每三年成立政府专家组对登记册的运作和进一步发展进行审议。

联合国常规武器登记册作为常规武器转让领域的一项透明机制，在增进国家间互信方面发挥了积极作用。中国政府一贯高度重视，并以积极和建设性姿态参加了登记册各项相关工作，对登记册的健康运作和发展作出了重要贡献。1993～1997年，中国每年向登记册提交登记数据。1998～2006年，中国暂停参加提交登记数据。2007年，中国恢复登记，此后每年均按时提交登记数据，树立了致力于增进互信的负责任国际形象。

5. 联合国军费开支报告制度

根据联合国大会第35/142B号决议，联合国于1981年设立联合国军费开支标准报告制度。该制度是联合国框架内的军事透明机制之一，各国自愿参加，以表格形式向联合国报告最近一个财政年度的军事开支。根据联合国大会第62/13和68/23号决议，联合国秘书长于2010年和2016年成立政府专家组，审议该制度的运作情况和未来发展。

中国于2007年参加联合国军费开支标准报告制度，并从2008年起在报告中说明军事开支的主要用途，从2011年起在报告中说明国防开支占国内生产总值的比重，所提供的信息更加丰富。2021年，中国政府提交了相关军事开支报告。

6.《武器贸易条约》

《武器贸易条约》于2013年4月2日在联合国大会投票表决通过，同年6月3日在纽约联合国总部开放签署，2014年12月24日正式生效，旨在建立统一的国际武器转让原则和标准。截至2021年年底，条约共有110个缔约国，31国签约但尚未批约。中国于2020年7月6日正式加入条约。

中国赞成国际社会采取必要措施，规范国际武器贸易行为，打击非法武器转让和贩运。中国以积极、建设性态度参与了条约的谈判进程，为条约达成作出了重要贡献。中国代表团参加了条约历届缔约国会议。2020年7月6日，中国常驻联合国代表张军大使向联合国秘书长古特雷斯交存了中国关于《武器贸易条约》的加入书。2021年8月，中国首次以正式缔约国身份参加条约第七届缔约国大会，为会议协商一致达成成果文件发挥了建设性作用。作为一项履约措施，中国于2021年10月4日前按规定向条约秘书处提交了首份国家履约初始报告，介绍了中国政府相关国内法律适用、军品出口国家管制清单以及其他法规和行政措施。

7. 中国首次就规范人工智能军事应用问题提出立场文件

人工智能安全治理是人类面临的共同课题。2021年12月，中国向联合国《特定常规武器公约》第六次审议大会提交《关于规范人工智能军事应用的立场文件》，首次就人工智能军事应用问题提出“中国方案”，引发国际社会广泛关注。

文件坚持以人为本，兼顾发展与安全，从战略安全、军事政策、法律伦理、技术安全、研发操作、风险管控、规则制定及国际合作等角度提出系统主张，呼吁各国秉持共商共建共享理念，协力促进人工智能安全治理，打造包容性和建设性的安全伙伴关系，在人工智能领域践行构建人类命运共同体理念。文件强调，在加强对人工智能技术监管和治理的同时，应避免采取以意识形态划线、泛化国家安全概念的做法，消除人为制造的科技壁垒，确保各国充分享有技术发展与和平利用的权利。中国秉持公平正义理念提出的人工智能安全治理方案回应了广大中小国家的期待，在发展中国家中引发共鸣。

（三）中国履行国际军控和防扩散法律文书的工作

1.《不扩散核武器条约》

《不扩散核武器条约》（NPT）于1968年达成，1970年生效。1995年召开的NPT第五次审议大会决定条约无限期有效。条约的主要目的是推动核裁军、防止核武器扩散及促进和平利用核能。现有191个成员国，中国于1992年加入。印度、巴基斯坦、以色列迄未加入，朝鲜于2003年宣布退约。条约第9条第3款规定，"1967年1月1日前爆炸核武器或其他核爆炸装置的国家为核武器国家"，中国、美国、俄罗斯、英国、法国由此获得核武器国家地位。

条约规定每五年召开一次审议大会，审议条约实施情况，其间召开三次筹备会。受新冠肺炎疫情影响，原定于2020年在纽约举行的第十次审议大会推迟至2022年举行。此前，条约成员国已于2017年、2018年和2019年分别在维也纳、日内瓦和纽约举行了三次筹备会议。2021年11月，中国向条约十审会提交履约国家报告和相关工作文件，全面阐述核领域政策主张，系统展示中国自2015年以来最新履约成就及参与国际合作情况。

2019年五核国北京会议以来，中方积极推动五核国合作进程，为十审会作准备，取得一系列重要成果。2020年3月，国务委员兼外交部长王毅与美国、俄罗斯、英国、法国外长在条约生效五十周年之际发表联合声明，重申五核国对条约的政治支持。2021年12月，五核国在巴黎举行第十次正式会议，会议发表公报并达成向十审会提交的成果。

在核裁军领域，中国一贯主张并积极倡导最终全面禁止和彻底销毁核武器，坚定奉行自卫防御的核战略，恪守在任何时候任何情况下不首先使用核武器、无条件不对无核武器国家和无核武器区使用或威胁使用核武器的承诺。中国未参加任何形式的核军备竞赛，将继续把自身核力量维持在国家安全需要的最低水平。中国充分理解无核武器国家要求加快推进核裁军进程的良好愿望，愿与各方一道作出不懈努力。

在核不扩散领域，中国始终以建设性姿态参与防扩散国际合作，为推动政治外交解决伊朗核等地区热点核问题作出不懈努力。中国积极推动核武器国家与东盟国家就《东南亚无核武器区条约》议定书相关问题重启磋

商，愿推动议定书早日签署生效。中国坚定支持建立中东无核及其他大规模杀伤性武器区的国际努力。中国将继续支持有关无核武器国家根据本地区实际情况，在自行协商、自愿协议的基础上建立无核武器区。

同时，中国始终坚持开放共赢理念，与各国开展和平利用核能合作，积极向有需要的国家提供力所能及的帮助，为推动和平利用核能事业发展作出贡献。中国积极支持国际原子能机构在促进核能和平利用方面所做的工作，按时、足额缴纳会费和技术合作基金。中国并大力支持国际原子能机构发挥核技术独特优势，协助成员国防控新冠肺炎疫情。

2. 国际原子能机构

国际原子能机构于1957年10月正式成立，总部设在奥地利维也纳。机构的主要职责包括促进和平利用核能、开展保障监督以及加强核能安全与核安保。截至2021年年底，机构共有173个成员。机构现任总干事拉斐尔·马里亚诺·格罗西（阿根廷籍）于2019年12月3日就任。

中国于1984年加入机构，于1988年9月自愿与机构签署全面保障监督协定，并于1998年12月与机构签署附加议定书。中国重视机构作用，与机构在各领域开展了多层次、全方位合作，积极参与机构理事会、大会等决策机制工作。

中国支持机构推动核能成果普惠共享，助力实现联合国2030年可持续发展目标。中国支持机构按照自身授权，利用技术优势，为促进各国，特别是发展中国家的新冠肺炎疫情防控能力建设发挥积极作用。中国支持机构继续积极推进核安全标准和核安保导则制定，协助成员国提升核安全与核安保水平。中国支持加强机构全面保障监督协定和附加议定书的普遍性，同时主张应本着公正、客观、透明的原则提升机构保障监督效率和有效性。中国支持机构继续秉持客观公正立场，按照授权履行职责，为政治外交解决地区热点核问题发挥建设性作用。

3.《全面禁止核试验条约》

《全面禁止核试验条约》于1996年达成并开放签署。条约禁止任何核武器试验爆炸及任何其他核爆炸，是实现全面禁止和彻底销毁核武器过程中的一个重要步骤。条约迄今已有185国签署，170国批准。条约生效所必需的44国中，已有36国批约。2021年，条约组织筹委会临时技术秘书处执行秘书换届选举结束，罗伯特·弗洛伊德（澳大利亚籍）当选新一任执行秘书，并于8月1日正式上任，任期4年。中国是条约组织筹委会第二大会费缴纳国，始终按时足额缴纳会费，并在自愿捐款、设备研发等方面与临时技秘处开展了良好合作。

为确保条约得到遵守，条约规定设立以国际监测系统为主体的核查机制。国际监测系统由运用地震、水声、次声、放射性核素4种技术的321个台站和16个实验室组成。截至2021年年底，约93%监测设施已建成，其中约90%通过核证验收。

中国于1996年9月24日条约开放签署当日签署条约，是筹备委员会首批成员国之一。中国坚定支持条约宗旨和目标，在核武器国家中进行核试验次数最少，并一直恪守“暂停试”承诺。中国积极支持条约早日生效，投票支持历届联大和安理会有关条约的决议。2021年9月，第十二届促进条约生效大会在纽约联合国总部举行，中国派团建设性与会并发言，同与会各方以协商一致方式通过《最后宣言》成果文件。

中国以建设性姿态全面参与筹委会工作，参加了条约组织筹备委员会及行政与法律工作组、核查工作组、咨询组等附属工作组历次会议，为推进履约筹备工作、推动条约尽早生效作出不懈努力。截至2021年年底，中国境内已建成两个基本地震台站、四个辅助地震台站、三个放射性核素台站、一个次声台站、一个核素实验室及中国国家数据中心。其中，兰州放射性核素台站、广州放射性核素台站、北京放射性核素台站、海拉尔基本地震台站和兰州基本地震台站已通过核证验收并开始传输数据，昆明次声台站已启动核证验收程序。

4.《禁止生物武器公约》

《禁止细菌（生物）及毒素武器的发展、生产及储存以及销毁这类武器的公约》于1971年达成，1975年生效，现有183个缔约国。中国于1984年加入该公约。

作为生物安全领域国际法体系的重要基石，公约总体执行情况良好，国际社会对公约的重视不断上升，履约支持机构运行平稳。随着时代的发展，生物安全的范畴不断扩大，公约的内涵也在深刻演变，全面禁止生物武器、促进生物科技健康发展、加强生物安全国际合作与援助、促进履约机制和能力建设等核心议题的讨论不断深入。

受新冠肺炎疫情影响，公约框架下的审议进程有所迟滞。2021年，公约履约支持机构以现场参加、视频与会相结合的方式举办了公约系列专题会、缔约国会和第九次审议大会第一次筹备会。此外，履约支持机构还以视频方式举办了多场专题网络研讨会。各缔约国得以就生物科技发展、加强公约机制、国际合作与援助、加强国家履约、违约事件应对与准备等议题深入交换看法，为九审会交换意见。

中国致力于推进全球生物安全治理，始终严格履行公约义务，按时全面提交履约建立信任措施材料，深入参与公约审议进程，坚定维护公约的权威性和有效性。中国积极倡导各方共同努力，推动公约审议进程取得实质成果，特别是谈判制定具有法律约束力的核查议定书，以全面加强公约机制。同时，中国积极支持其他国家提出的有利于加强公约机制的倡议。

中国一贯倡导负责任的生物科研，早在2015年就首倡制定科学家生物安全行为准则，并本着开放务实、合作共赢的精神，推动多边讨论进程。2021年7月，在上述中国倡议的基础上，中国科学家与国际同行一道，推动达成了《科学家生物安全行为准则天津指南》(简称《天津指南》)，并得到国际科学院组织核可。中美两国外交部门以及天津大学、美国约翰斯霍普金斯大学、国际科学院组织秘书处牵头组织了《天津指南》的讨论进程。

《天津指南》既源于中国倡议，又经过广泛讨论，体现了国际共识，是国际社会推广负责任生物科研的最新成果。中国已将《天津指南》作为联大文件，在“促进可持续发展”“全面彻底裁军”等议题下散发，充分体现《天津指南》兼具安全和发展属性。中国、巴基斯坦和巴西还一同向《禁止生物武器公约》提交工作文件，鼓励缔约国参与联署，共同推动审议大会核可并授权后续会间会进程就推介《天津指南》开展讨论。会议期间，伦敦国王学院代表生物安全领域19个研究机构及数十名专家学者作共同发言支持《天津指南》。

2021年10月7日，在联大一委一般性辩论期间，中方代表中俄两国宣读了中国国务委员兼外交部长王毅与俄罗斯外交部长拉夫罗夫关于加强《禁止生物武器公约》的联合声明。这是中俄首次就这一问题发表联合声明，既体现了中俄新时代全面战略协作的高水平，也表明了两国维护全球生物安全、捍卫多边主义的坚定决心和负责任态度。联合声明重申《禁止生物武器公约》是国际和平与安全的重要支柱，应确保公约得到全面、有效执行。声明同时指出，美国在其境内外开展的生物军事化活动，对中俄及其他国家和地区构成严重安全风险，敦促美国对其境内外生物军事化活动作出澄清，并停止阻挠建立核查机制。

5.《禁止化学武器公约》

《关于禁止发展、生产、储存和使用化学武器及销毁此种武器的公约》于1992年达成，1997年生效，现有缔约国193个。截至2021年年底，全球已宣布的库存化武已销毁98.9%，禁化武组织对缔约国进行的现场核查已达7511次。

中国于1997年批准公约，是公约原始缔约国。中国坚定支持公约的宗旨和目标，中国代表团深入参与2021年禁化武组织缔约国会和历次执理会，推动各方严格履行义务，平衡、有效落实公约各项条款。中国继续本着客观、公正、负责任态度，参与叙利亚化武等热点问题解决进程，坚定维护禁化武公约的权威，坚决反对部分国家利用相关问题进行政治操弄。

中国认真全面履行公约各项义务，不断完善国内履约机制。中国按时提交工业宣布和日本遗弃在华化学武器的后续宣布。截至2021年年底，中国共接受禁化武组织593次视察。中国通过视频方式参加国家履约主管部门及化工和国家履约主管部门会议，就新冠疫情背景下工作重点和工作方式等阐述中方立场。根据新施行的《出口管制法》要求，启动修订《监控化学品管理条例》相关工作。4月，中方组织开展"国际禁化武组织日"普法宣传活动，加强面向国内社会公众的履约宣传，提升全民履约意识。

中国在公约框架内妥善处理日遗化武问题。哈尔巴岭日遗化武于2021年5月重启销毁，有关工作稳步推进。中方采取有力措施，切实落实日方人员入境核酸检测、防疫隔离、闭环管理、日常健康监测等工作，统筹推进疫情防控和化武销毁。中日通过双边视频磋商机制，并以视频形式同禁化武组织技秘处举行了两轮三方磋商，就下步工作保持密切沟通。日遗化武销毁虽取得一定进展，但仍有大量日遗化武还在危害中国人民的生命财产和生态环境安全。中国敦促日方切实履行义务，尽早全面、彻底销毁日遗化武。

中国积极参与公约框架内的国际援助与合作，积极分享本国履约经验，协助其他国家提升履约能力。中国积极参与禁化武组织能力建设项目，推荐中国化学领域主管官员、专家和企业参加研修和培训项目。

此外，中国一贯高度重视公约在香港特别行政区、澳门特别行政区和台湾地区的适用问题。香港特区履约工作全面顺利开展，澳门特区履约准备工作正有条不紊进行。在坚持一个中国原则前提下，中国政府一直积极、务实寻求妥善解决公约适用于台湾的问题。

6.《特定常规武器公约》

《禁止或限制使用某些可被认为具有过分伤害力或滥杀滥伤作用的常规武器公约》于1983年生效，截至2021年年底共有125个缔约国。公约现有《关于无法检测的碎片的议定书》《禁止或限制使用地雷、诱杀装置和其他装置的议定书》《禁止或限制使用燃烧武器的议定书》《关于激光致盲武器的议定书》和《战争遗留爆炸物议定书》五个附加议定书。2001年公约第二次审议大会通过第一条修正案，将公约及其附加议定书的适用范围扩大至包括非国际武装冲突。作为已批准公约及其所有五个附加议定书以及第一条修正案的完全缔约国，中国积极参加公约及其附加议定书历年相关专家组会

和缔约国会，介绍中国全面认真履约、开展人道主义扫雷援助等积极努力，重申支持就“致命性自主武器系统”制定国际法律文书等主张。2021年12月，公约第六次审议大会在日内瓦举行，中国代表团全面深入参加了各项讨论并发挥了建设性作用。

（1）地雷问题

目前国际上关于地雷问题的法律文书，除《特定常规武器公约》所附经修订的《地雷议定书》（二号议定书）外，还有《渥太华禁雷公约》（简称《渥约》）。

经修订的《地雷议定书》于1996年达成，1998年生效。截至2021年年底有106个缔约国。中国作为缔约国参加了历届专家组会和缔约国会并发言，积极评价议定书在解决地雷引发的人道主义问题上发挥的重要作用，并介绍中国在能力建设、宣传培训、国际合作与援助等方面的履约情况。2021年12月，经修订的《地雷议定书》第23次缔约国年会在日内瓦举行，中国代表团参加并发挥了建设性作用。

《渥约》于1997年12月3日达成，于1999年3月1日正式生效。截至2021年年底共有164个缔约国。中国不是缔约国，但曾多次以观察员身份参加公约缔约国年会。

（2）国际人道主义扫雷援助

中国政府高度重视地雷引发的人道主义关切，积极参与国际扫雷援助活动，帮助有关国家摆脱雷患困扰。1998年以来，中国政府建立长期、机制化的国际扫雷援助规划，通过捐款、援助扫雷器材和举办扫雷技术培训班等方式，向40多个亚、非、拉国家提供总额逾1亿元人民币的扫雷援助，培训1000余名专业扫雷技术人员。

中国积极与地雷受害国保持交流与合作。2021年，中国向东盟区域扫雷行动中心捐赠了20万美元，用于合办相关地区会议。中国还向柬埔寨和老挝提供了一批人道主义物资，帮助其加强扫雷能力建设。2021年12月23日，中国与东盟扫雷行动中心合作，以线上线下相结合形式成功举办扫雷技术专家会。

（3）战争遗留爆炸物

《特定常规武器公约》所附《战争遗留爆炸物议定书》（五号议定书）于2003年达成，2006年生效。截至2021年年底有96个缔约国。中国作为缔约国参加了历届专家组会和缔约国会并发言，积极评价议定书在解决战争遗留爆炸物造成的人道主义问题上发挥的作用，并介绍中国在机制建设、战争遗留爆炸物清除销毁、受害者救助、国际交流合作等方面的工作和成绩。2021年12月,《战争遗留爆炸物议定书》第15次缔约国会议在日内瓦举行，中国代表团参加并发挥了建设性作用。

（4）集束弹药问题

近年来，集束弹药问题成为人道主义军控领域热点。自2007年成立以来,《特定常规武器公约》政府专家组就集束弹药问题进行密集谈判，但各方未能就公约框架下的集束弹药议定书达成一致。中国代表团以建设性态度积极参加了上述专家组工作。

在《特定常规武器公约》框架外，挪威、墨西哥等国发起“奥斯陆进程”，于2008年年底达成《集束弹药公约》，并于2010年8月1日正式生效。截至2021年年底，缔约国数量增至110个。公约禁止发展、生产、使用、储存和转让集束弹药。中国不是《集束弹药公约》缔约国，曾作为观察员参加缔约国会议。

（5）“致命性自主武器系统”

随着人工智能、机器学习等新技术的迅速发展和广泛应用，关于“致命性自主武器系统”的国际讨论逐步升温。

2016年12月,《特定常规武器公约》第五次审议大会授权成立系统政府专家组。截至2021年年底，系统政府专家组共举行8次会议和2次非正式会议。各方主要围绕该系统的定义、技术、军事应用、法律适用等问题开展讨论，已达成“11条指导原则”。中国代表团建设性地参与了专家组会讨论，并介绍了中国在该问题上的立场和主张。

2021年12月，公约第六次审议大会决定延长该系统政府专家组授权。

（四）中国在防扩散方面的工作

作为联合国安理会常任理事国和负责任大国，中国坚决反对一切形式的大规模杀伤性武器及其运载工具的扩散，一贯以高度负责的态度处理防扩散问题，深入参与国际防扩散努力。

中国支持联合国在防扩散领域发挥重要作用，认真履行安理会有关决

议赋予的防扩散国际义务。中国高度关注防扩散热点问题的发展，深入参与朝鲜半岛核问题、伊朗核问题的政治外交解决进程。中国深入参与安理会1540委员会等联合国框架下的防扩散工作，积极推动安理会第1540号决议全面审议进程。

中国认为，美国、英国、澳大利亚三国决定开展核动力潜艇合作损害地区和平与稳定，并构成严重核扩散风险，违反《不扩散核武器条约》的目的和宗旨。三国此举有损以《不扩散核武器条约》为基石的国际核不扩散体系，损害《南太无核区条约》，破坏东盟国家建立东南亚无核武器区的努力，同时对伊朗核、朝鲜半岛核等地区热点问题的解决造成严重负面影响。中国对此表示严重关切并坚决反对，敦促三国倾听国际社会呼声，撤销错误决定，忠实履行国际核不扩散义务，多做有利于地区和平稳定的事。

中国继续加强防扩散出口管制体系与能力建设，不断加强防扩散出口管制执法工作。12月29日，中国发布首份《中国的出口管制》白皮书，全面介绍中国完善出口管制治理的立场、制度和实践，阐述中国维护世界和平与发展，维护国家安全和国际安全的主张和行动。

12月24日，第76届联合国大会表决通过中国主提的“在国际安全领域促进和平利用国际合作”决议（A/RES/76/234）。决议要求联合国秘书长就和平利用问题征求会员国意见并向第77届联合国大会提交报告，将“在国际安全领域促进和平利用国际合作”议题列入第77届联大议程。

这是自20世纪80年代以来，中国在战略安全领域首次主提并获联大通过的决议。决议高举人类命运共同体旗帜，倡导普遍安全和共同发展，强调和平利用科技及相关国际合作对经济、社会发展的重要性，敦促各国在履行防扩散义务的同时，取消对发展中国家和平利用科技的过度限制和歧视性出口管制。广大发展中国家热烈响应，26国参与共提。决议体现发展中国家共同立场、符合国际社会共同利益，标志着在联大框架下开启了开放、包容、公正的对话进程。作为主提国，中方将与各方一道，共同推进联大后续进程，确保决议得到全面、有效落实。

作为“核供应国集团”成员，中国继续积极参与集团相关工作，坚决维护国际核不扩散体系的权威性和有效性。中国重视发展同其他防扩散出口管制多国机制的关系，同“导弹及其技术控制制度”等保持接触。

中国高度关注国际防扩散新挑战，作为“金融行动特别工作组”成员，中国积极参加历次全会及工作组会，与各方深入探讨打击扩散融资问题。

（五）中国与有关国家开展战略安全、军控和防扩散磋商

中国与十余个国家建有副部级、司局级战略安全、军控与防扩散磋商机制，对增进相互理解与合作发挥了重要作用。2021年，在新冠肺炎疫情背景下，中国积极以线上方式灵活开展战略安全、军控等领域的对外交流与合作。

1月13日，外交部军控司负责人与欧盟防扩散和裁军事务特使以视频方式举行新一轮中欧军控与防扩散磋商，双方就核裁军与核不扩散、生化、外空、出口管制、常规军控等共同关心的问题交换了意见。

4月22日，外交部军控司负责人与北约助理秘书长以视频方式举行首次军控与防扩散问题磋商，双方就核不扩散、外空安全、禁化武组织等问题交换了意见。

5月25日，外交部军控司负责人与法国外交部战略、安全和裁军司负责人以视频方式举行中法战略对话框架下新一轮军控与防扩散分组会议，双方就《不扩散核武器条约》审议进程、核军控、地区热点问题、出口管制、生化武器、外空等共同关心的问题深入交换了意见。

6月8日，外交部军控司负责人与德国联邦政府裁军与军控事务专员以视频方式举行新一轮中德军控与防扩散磋商，双方就《不扩散核武器条约》审议进程、核军控、地区热点、外空、网络安全、生化武器、防扩散等共同关心的问题深入交换了意见。

12月15日，外交部军控司负责人与联合国副秘书长、裁军事务高级代表举行视频磋商。双方就《不扩散核武器条约》审议大会、生物安全、外空、网络安全等问题交换了意见。

（六）中国积极开展网络外交工作

2021年，全球疫情跌宕蔓延，信息技术与实体经济加速融合，数字和

网络技术成为新一轮国际竞争重点领域。中国高度重视网络问题，9月，国家主席习近平向2021年世界互联网大会乌镇峰会致贺信，指出国际社会迫切需要携起手来，顺应信息化、数字化、网络化、智能化发展趋势，抓住机遇，应对挑战。强调中国愿同世界各国一道，构建数字合作格局，推动构建人类命运共同体。

中国始终是网络空间的建设者、维护者和贡献者。中国倡导各方遵守以《联合国宪章》宗旨和原则为基础的国际法基本原则和国际关系基本准则，尊重他国主权，反对网络战和网络军备竞赛，反对利用网络干涉他国内政。各国应平衡处理安全与发展问题，不应滥用“国家安全”理由限制正常信息通信技术发展与合作。美国以意识形态划线搞封闭排他的“小圈子”，企图割裂全球互联网，打压别国科技发展，围猎他国领先企业。这种赤裸裸的霸凌行径应予反对和摒弃。

当前，数据安全风险与日俱增，对全球数字治理构成新挑战。为顺应国际社会共同关切，中国提出《全球数据安全倡议》，为维护全球数据和供应链安全、促进各国数字经济发展与合作提出了解决思路，为制定全球数据安全规则提供了蓝本。中方愿以此为基础，同各方探讨并制定全球数字治理规则。

中国一贯支持联合国在网络空间全球治理和国际规则制定中发挥核心作用，主张在联合国框架下制定各国普遍接受的网络空间国际规则，维护网络空间的安全、稳定与繁荣。2021年，中国建设性参与联合国信息安全开放式工作组和政府专家组，推动双进程成功达成报告。中国积极参与新一轮开放式工作组进程，推进联合国打击网络犯罪全球公约谈判。中国深入参与联合国互联网治理论坛，支持中国互联网治理论坛发挥更大作用，凝聚互联网企业、技术社群、民间机构、公民个人等力量共同推动互联网治理。

2021年，中国积极开展网络事务对话交流，不断加强双边、地区及国际对话与合作。中国深入参与二十国集团、亚太经合组织数字经济合作，积极推进金砖国家、上海合作组织、东盟地区论坛网络安全进程。中国与阿盟开展网络事务对话并达成《中阿数据安全合作倡议》，与俄罗斯、欧盟等举行网络事务磋商，深化与印尼、柬埔寨、土库曼斯坦等国双边合作，拓展与亚洲、非洲、拉美国家数字技术、网络基础设施等务实合作。

（七）中俄《关于延长〈中俄关于相互通报发射弹道导弹和航天运载火箭的协定〉有效期的议定书》正式生效

经中俄两国元首批准，中国国务委员兼国防部长魏凤和上将同俄罗斯国防部长谢尔盖·库茹盖托维奇·绍伊古于2020年12月15日正式确认签署《关于延长2009年10月13日〈中俄关于相互通报发射弹道导弹和航天运载火箭的协定〉有效期的议定书》。2021年12月1日，中俄双方如期完成各自国内法律程序,《议定书》正式生效，中俄导弹发射通报协定正式延期10年。

中俄双方签署上述《议定书》并如期完成各自国内法律程序，不仅体现了两国新时代全面战略协作伙伴关系的高水平和特殊性，而且表明了两国致力于共同维护全球战略稳定的坚定决心，为维护国际军控体系、维护世界和平与安全注入了正能量。

第六章 中国外交中的条约法律工作

（一）中国对外缔结条约情况

1. 中国对外缔结条约概况

中国政府重视发展与世界各国的友好关系，深化与全球性、区域性国际组织的合作，维护以联合国为核心的国际体系、以国际法为基础的国际秩序、以《联合国宪章》宗旨和原则为基础的国际关系基本准则，维护和践行真正的多边主义，积极参与全球治理体系改革和建设。中国政府对外缔结或参加了大量政治、经贸、文化、卫生、科技等领域的双边、多边条约，为深化中国与世界各国及国际组织的全方位合作、推进中国特色大国外交提供了坚实的法律保障。

据不完全统计，2021年中国对外缔结的国家间、政府间和政府部门间的双边条约、协定及其他具有条约、协定性质的文件共100余项。

多边条约方面，2021年中国核准了《区域全面经济伙伴关系协定》和《预防中北冰洋不管制公海渔业协定》，接受了《〈关于消耗臭氧层物质的蒙特利尔议定书〉基加利修正案》，批准了《成立平方公里阵列天文台公约》和《关于为盲人、视力障碍者或其他印刷品阅读障碍者获得已出版作品提供便利的马拉喀什条约》。

2. 涉及香港特区和澳门特区的条约法律事务

中央人民政府严格依据“一国两制”方针和《中华人民共和国香港特别行政区基本法》《中华人民共和国澳门特别行政区基本法》处理涉及香港特别行政区和澳门特别行政区的条约和法律事务，为香港特区和澳门特区在有关领域参与国际合作、开展对外交往提供支持。

2021年，中央政府在征询特区政府意见后，办理了《控制危险废物越境转移及其处置巴塞尔公约》有关附件的修正案、经修订的《万国邮政联盟总规则》《万国邮政公约》《邮政业务支付协定》《〈世界旅游组织章程〉第三十八条（修正案）》适用于港澳特区相关手续；办理了《京都议定书〈多哈修正案〉》《亚太高等教育学历互认公约》等国际公约及修正案适用于香港特区相关手续；办理了《政府间陆港协定》《视听表演北京条约》《成立新开发银行的协议》《设立东盟与中日韩宏观经济研究办公室协议》《亚洲基础设施投资银行协定》《亚洲及太平洋地区承认高等教育资历公约》《上海合作组织成员国政府间科技合作协定》《预防中北冰洋不管制公海渔业协定》《2006年国际热带木材协定》《〈关于消耗臭氧层物质的蒙特利尔议定书〉基加利修正案》和三项国际海事组织相关公约修正案适用于澳门特区相关手续。中央政府还就《实施税收协定相关措施以防止税基侵蚀和利润转移的多边公约》《关于持久性有机污染物的斯德哥尔摩公约》6项修正案和16项国际海事组织相关公约修正案适用于港澳特区征询两特区政府意见，就《联合国国际货物销售合同公约》扩展适用于香港特区征询香港特区政府意见，以及就《联合国特权和豁免公约》适用于世界知识产权组织在港澳特区具体实施征询两特区政府意见。此外，中央政府授权香港特区政府与卡塔尔谈判促进和保护投资协定。

（二）中国在联合国机构中的法律工作

1. 第76届联大的法律议题

（1）概述

2021年10月5日至11月18日，第76届联合国大

会（以下简称“联大”）共审议20余项法律议题。其中，联大全会审议了国际法院的报告、国际刑事法院的报告等议题。联大第六委员会审议了消除国际恐怖主义的措施、国内和国际法治、危害人类罪、发生灾害时的人员保护、普遍管辖权原则的范围和适用、加强和促进条约框架、追究联合国官员和特派专家的刑事责任、《联合国宪章》和加强联合国作用特别委员会的报告、东道国关系委员会报告、国际法委员会的报告等议题。联大第四委员会审议的法律议题主要涉及和平利用外空的国际合作。

中国代表团全面参加了上述议题的审议和决议草案的磋商，在有关议题下积极发言，阐述中国政府立场主张，介绍中国有关实践。

（2）关于“消除国际恐怖主义的措施”

中国代表团表示，恐怖主义仍对各国构成现实威胁，国际反恐斗争面临新的挑战，呈现新的特点，国际社会必须齐心协力，深化合作，共同打击恐怖主义。中国代表团提出，践行真正多边主义、强化反恐国际法治、摒弃反恐双重标准、消除恐怖主义根源、着力解决新兴问题五点主张。中国代表团强调，“东伊运”是联合国安理会列名的国际恐怖组织，希望各方认清“东伊运”的暴恐本质和严重危害，理解和支持中方反恐努力。中国代表团呼吁（阿富汗）塔利班兑现承诺，彻底切断同恐怖主义的关联，呼吁国际社会团结协作，防止“东伊运”等恐怖势力在阿富汗乘机坐大，防止阿富汗再度成为恐怖活动的庇护所和扩散源。

（3）关于“国内和国际法治”

中国代表团介绍了中国以人民为中心的法治理念，主张促进以人为中心的国际法治，呼吁各国维护以国际法为基础的国际秩序、以《联合国宪章》宗旨和原则为基础的国际关系基本准则，而不是鼓吹“基于规则的国际秩序”，把自己的意志强加于其他国家，用自己制定的规则取代普遍接受的国际法则。中国代表团表示，联合国应高举真正的多边主义旗帜，加强国际法治，完善全球治理，坚定维护以国际法为基础的国际秩序。为此，中国代表团提出三点主张：一是要民主立法，反对唯我独尊；二是要善意遵法，反对双重标准；三是要公正司法，反对单边霸凌。

（4）关于“危害人类罪”

中国代表团针对就危害人类罪制订国际公约问题着重强调，制订公约应以国家实践和国际共识为基础，应以国际互信与务实合作为保障。当前形势下，围绕危害人类罪制订公约的时机尚不成熟，不应强行推动有关国际立法进程。各方可加强信息分享、充分交换意见，进一步梳理、分析和积累关于危害人类罪的国家实践，在此基础上务实探讨制订公约的必要性和紧迫性，逐步凝聚政治意愿、积累国际共识。

（5）关于“发生灾害时的人员保护”

中国代表团表示，国际法委员会就该议题通过的条款草案中一些规定较为合理，反映了国际社会共同关切，但对于是否在草案基础上拟定一项国际公约，各方还持有不同意见。特别是有观点认为，一些条款未能较好平衡受灾国与救助方之间的权利义务且缺乏国际实践支撑。中国代表团强调愿同各方一道，围绕“灾害中的人员保护”问题进一步加强研究、协调立场，以促进救灾国际合作，推动经济社会可持续发展。

（6）关于“普遍管辖权原则的范围和适用”

中国代表团表示，各国在关于普遍管辖权的国家实践和法律确信方面存在很大不同，国际法规则远未形成。近年来，一些国家的法院实施不符合国际法且未获普遍接受的域外管辖权，甚至出现政治化滥诉和侵犯外国国家官员豁免权的情形。这是对普遍管辖权的滥用，违反国际法，有损国际关系稳定。中国代表团强调，一国确立和行使管辖权，必须严格遵守《联合国宪章》宗旨和原则，特别是恪守国家主权平等和不干涉内政等国际法基本原则，尊重国际法确认的豁免规则，以在打击有罪不罚和维护国际关系稳定之间实现必要平衡。

（7）关于“加强和促进条约框架”

中国代表团表示，及时、准确、完整地进行条约登记和公布有利于各方及时获取和有效利用相关信息，有利于促进履行遵守条约的义务，对维护以国际法为基础的国际秩序具有重要意义。关于《〈联合国宪章〉第一百零二条实施细则》的修订工作，中国代表团强调三点：第一，支持对联合国条约科在长期工作中积累的良好实践进行编纂，根据需要纳入《实施细则》；第二，修订《实施细则》旨在进一步便利条约登记和公布，促进《联合国宪章》第一百零二条规定的有效执行；第三，支持相关国家所提建议，即各国在登记条约时，除提交条约正本外，可视情自愿提交任意一种联合国官方语文的非正式译本，以便联合国秘书处及时公布。

（8）关于“追究联合国官员和特派专家的刑事责任”

中国代表团表示，对于联合国官员和特派专家实施的犯罪行为，中方

一贯支持依法追究其刑事责任，以惩处犯罪并维护联合国的形象、声誉和威望，并对此提出三点看法：一是坚持零容忍，打击有罪不罚；二是坚持早预防，加强教育培训；三是坚持促合作，形成国际合力。中国代表团赞赏联合国秘书长针对本专题提交的相关报告，重申中方对中国籍联合国官员和特派专家确立有关刑事管辖权的法律规定，并介绍了中国在相关领域开展国际合作的情况。

（9）关于“联合国宪章和加强联合国作用特别委员会的报告”

中国代表团赞赏近年来“联合国宪章和加强联合国作用特别委员会”就联合国制裁、禁止使用武力等问题进行的有益探讨，并就联合国制裁问题、有关国家建议请国际法院就“国家在安理会未授权情况下诉诸武力的法律后果”发表咨询意见、“和平解决争端”议题、争端解决方法中的仲裁等问题发表意见。

（10）关于“东道国关系委员会报告”

中国代表团赞赏东道国关系委员会工作，并希望有关国家以及联合国秘书处共同努力，推动尽快解决有关签证和旅行限制、会员国因受单边制裁影响参与联合国工作等问题，保障会员国权利和联合国正常运转。

（11）关于“国际法委员会第72届会议工作报告”

中国代表团肯定委员会70多年来为国际法编纂和国际法的逐渐发展所作贡献，同时表示当今世界正经历百年未有之大变局，全球治理体系加速变革。国际法委员会应进一步发挥作用。为此，委员会应同会员国加强交流、审慎选择工作专题、不断优化工作方法。中国代表团重点就以下专题发表意见：

关于“保护大气层”专题，中国代表团表示，注意到在委员会研究该专题过程中，不少国家和委员曾提出，委员会起草的指南草案部分内容可能会造成超出现有法律规则的误解。对此，中国代表团认为，任何关于委员会指南草案及其评注的理解均应严格遵守序言段8提及的“2013年谅解”，即围绕该专题的研究不应影响有关政治谈判，也不应在现有条约机制基础上增加新的规则或原则。

关于“条约的暂时适用”专题。中国代表团赞赏委员会二读通过本专题指南草案，并注意到二读通过的草案已部分吸收一读以来有关国家及国际组织意见。中国代表团强调，条约的临时适用必须以国家同意为前提，这是习惯国际法的要求，今后对指南草案的解读和适用也应以此为基础。

关于“国家官员的外国刑事管辖豁免”专题。中国代表团感谢特别报告员和各位委员的辛勤工作，并就特别报告员新提交的条款草案17和条款草案18发表意见。此外，中国代表团进一步指出，过去几年中，包括中国在内的许多国家多次对条款草案7，即“不适用属事豁免的国际法下的罪行”提出保留意见。条款草案7的内容存在较大争议，希望委员会切实重视和回应有关意见，对条款草案7及其评注重新进行审查研究。

关于“国家责任方面的国家继承”专题。中国代表团表示，本专题研究理论性较强，国家实践较为匮乏，在委员会研究基础上拟订国际条约的条件远不成熟，因此，包括中国在内的一些国家曾建议将本专题研究成果的最终形式从“条款草案”修改为“指南草案”或研究报告。中国代表团再次提请委员会重视上述意见，并审慎考虑本专题后续工作方案。中国代表团还就特别报告员2021年新提交的条款草案发表具体意见。

关于“一般法律原则”专题。中国代表团表示，委员会在本届会议讨论了特别报告员提交的第二次报告，并暂时通过了部分结论草案。中国代表团感谢委员会、起草委员会和特别报告员开展的工作，并重点针对三条结论草案发表具体评论。

关于“与国际法有关的海平面上升”专题。中国代表团表示，海平面上升是一个前沿议题，很可能对现行海洋法制度和各国海洋权益产生实质性影响。在赞赏委员会研究组为研究该问题所作贡献的同时，并对研究组工作程序、研究方法和授权发表意见，希望研究组以更加透明的方式开展工作，充分体现国家关切，以保证公信度和代表性；统筹考虑公约、习惯法等法律渊源，在判定国家实践时持谨慎态度；工作中注意遵守授权，准确把握职责。

同时，中国代表团表示注意到委员会将“确定国际法规则的辅助手段”专题纳入了长期工作计划。中国代表团表示，期待委员会在未来以《国际法院规约》第38条为基础，以广泛国家实践为前提，本着严谨审慎、包容平衡的态度开展本专题研究，确保研究结论的科学性和合理性。

2. 联合国国际法委员会第72届会议情况

国际法委员会于2021年4月26日至6月4日、7月5日至8月6日在日内瓦举行第72届会议，两期均以线上线下混合形式举行。会议审议了“保护大气层”“条约的暂时适用”“国家官员的外国刑事管辖豁免”“国家责任方面的国家继承”“一般法律原则”和“与国际法有关的海平面上升”六个专题，二读通过了“保护大气层”和“条

约的暂时适用”两套指南草案。中国籍委员黄惠康大使线上参会并参与讨论。各专题审议情况如下：

“保护大气层”专题。特别报告员提交第六次报告，主要针对各国及国际组织提交的关于一读通过的序言和指南草案提出的评论和意见进行反馈。经全体会议讨论后，委员会二读通过了整套《保护大气层指南草案》，包括序言草案和12条指南草案及其评注。委员会建议联合国大会就《保护大气层指南草案》及评注通过一项决议，并将指南草案作为决议附件。

“条约的暂时适用”专题。特别报告员提交第六次报告，主要审查各国及国际组织就一读通过的指南草案和特别报告员向委员会第71届会议提出的若干示范条款草案的评论和意见。经全体会议讨论后，委员会二读通过整套《条约的暂时适用指南》，包括12条准则草案和载有关于条约的暂时适用的条款实例及其评注的附件草案。委员会建议联合国大会关注《条约的暂时适用指南》并请各国和国际组织注意该指南及其评注，并请秘书长编写《联合国法律汇编》，汇编各国和国际组织在条约暂时适用方面的实践。

“国家官员的外国刑事管辖豁免”专题。特别报告员提交第八次报告，继续讨论与国家官员外国刑事管辖豁免有关的程序保障问题，提出了第17条（争端的解决）、第18条（条款草案不妨碍国际刑事法庭运作所遵循的规则）条款草案，并提及推荐的良好做法。委员会全体会议讨论后，决定将第17、18条草案提交起草委员会，并暂时通过了第8（前）条至第12条草案及评注。

“国家责任方面的国家继承”专题。特别报告员提交第四次报告，主要讨论国家继承对国家责任承担形式的影响。委员会全体会议讨论后，决定将特别报告员在第四次报告中提出的第7条之二、第16～19条草案提交起草委员会，并暂时通过第7～9条草案及评注。

“一般法律原则”专题。特别报告员提交第二次报告，主要讨论《国际法院规约》第38条第1款中“一般法律原则”的识别问题。委员会全体会议讨论后，决定将特别报告员在第二次报告中提出的第4～9条结论草案提交起草委员会，并暂时通过第1、2和4条结论草案以及评注。

“与国际法有关的海平面上升”专题。委员会设立该专题研究组。研究组在2021年6～7月举行了八次会议，讨论共同主席发布的关于海洋法专题的首份文件。此后，共同主席向全体会议报告了研究组的工作情况。

会议决定重新设立规划组，以审议委员会的方案、程序和工作方法，并决定将“确定国际法规则的辅助手段”专题列入委员会长期工作方案。委员会第73届会议将于2022年4月18日至6月3日、7月4日至8月5日在日内瓦举行。

另，2021年11月12日，第76届联合国大会在纽约举行国际法委员会换届选举，改选全部34名委员。中国籍候选人黄惠康以142票当选连任，另有俄罗斯、法国、英国、日本、印度等33国候选人当选，任期2023～2027年。

3. 联合国和平利用外层空间委员会

联合国和平利用外层空间委员会（简称“外空委”）下设科技小组委员会、法律小组委员会，是国际社会就和平利用外层空间事务进行交流与合作的主要平台。2021年，中国代表团出席外空委大会第64届会议、科技小组委员会第58届会议和法律小组委员会第60届会议。

（1）第64届外空委大会会议情况

2021年8月25日至9月3日，外空委第64届大会以线上线下混合方式举行，讨论外空委科技小组委员会和法律小组委员会报告、空间与可持续发展、外空委的未来作用等议题。除参加常规议题讨论外，中国代表团还参加了“空间2030”议程、外空活动长期可持续性、空间资源开发等工作组会议及非正式磋商，各方在本届会议期间正式通过“空间2030”议程全部案文，并就空间资源开发工作组职权范围和工作方法达成初步一致。

中国代表团在一般性发言、空间与可持续发展、外空委未来作用等议题下作专门发言，宣介中国和平利用外空事业发展成就和国际合作成果。中国代表团表示，面对外空技术快速发展和传播带来的发展机遇，以及在确保外空活动长期可持续性、规范新型外空活动方面的挑战，中方期待与各方一道维护并践行真正的多边主义，利用外空委这一平台广泛开展交流对话，提升空间技术和应用对实现可持续发展目标的作用。

（2）第58届外空委科技小组委员会会议情况

2021年2月3～14日，外空委科技小组委员会第58届会议以线上线下混合方式举行。主要讨论了外空活动长期可持续性、空间碎片、空间天气、近地天体、外层空间使用核动力源等议题。

中国代表团在多个议题下发言，全面介绍中国2020年航天发展成就，包括深空探测、载人航天等重大任务进展，宣传合作共赢的国际合作理念。中国代表团还参加了外空活动长期可持续性等工作组会议及非正式磋商，各方就外空活动长期可持续性新工作组主席人选达成一致，新工作组正式建立。

（3）第60届外空委法律小组委员会会议情况

2021年5月31日至6月11日，外空委法律小组委员会第60届会议以线上线下混合方式举行。会议讨论了五项外空条约的现状和适用、空间资源开发、空间交通管理、空间碎片减缓、空间法能力建设等多项议题。中国代表团还参加了“空间2030”议程、空间资源开发工作组会议及非正式磋商，各方就空间资源开发工作组主席人选达成一致，工作组正式建立。

中国代表团在一般性意见交流、外空委未来作用、空间法能力建设等议题下发言，回顾了过去一年中国航天事业取得的新进展和国际合作新情况。中国代表团表示，法律小组委员会是在国际层面处理外空法律问题的主要机构，中方支持外空委根据成员国合理建议与时俱进，不断完善其工作方法，提升法律小组委员会活力。

（三）中国在打击跨国犯罪领域的法律工作

1.《联合国打击跨国有组织犯罪公约》

2021年，中国代表团通过线上方式参加了《联合国打击跨国有组织犯罪公约》（下称《公约》）国际合作工作组第12次会议、贩运人口问题工作组第11次会议、偷运移民问题工作组第八次会议等《公约》框架下工作组会议，阐述中方立场主张，分享打击相关犯罪的实践和经验，推动国际交流与合作。

国际合作工作组会议主要讨论了新冠肺炎疫情对刑事事项国际合作的影响以及联合调查、特殊侦查手段等问题，并提出了鼓励各国根据相关国际法和国内法开展联合调查、就特殊侦查手段交流经验、在新冠肺炎疫情形势下更多地利用视频会议、使用电子版请求文件等技术手段开展合作等建议，提交《公约》下届缔约方会议参考。

贩运人口问题工作组和偷运移民问题工作组会议聚焦实施《公约》及其打击贩运人口和偷运移民两议定书的法律和政策事项，包括应对利用新技术进行人口贩运，起诉偷运移民犯罪以及非法移民权利保护等问题。会议提出了提高网络空间涉贩运和偷运犯罪侦查能力，强化网络安全和隐私保护，加强从金融和资金角度打击犯罪，关注移民权利保护和应对移民领域的腐败问题等建议，提交《公约》缔约方会议参考。

《公约》履约审议工作已全面铺开。中国正作为审议国审议冰岛实施《公约》有关情况。

2.《联合国反腐败公约》

(1)《联合国反腐败公约》第九届缔约国会议

2021年12月,《联合国反腐败公约》(下称《公约》)第九届缔约国会议在埃及沙姆沙伊赫召开，各方就《公约》履约、反腐败国际合作、资产追回、预防腐败、技术援助等重要议题展开深入讨论，并就加强反腐败执法合作、教育宣传等通过八项决议。

中国代表团在会上肯定联合国大会反腐败问题特别会议对全球反腐败治理的重要意义，宣介中国共产党作为百年大党全面从严治党和反腐败斗争经验，表示中国认真履行《公约》义务，高举多边主义旗帜，高度重视反腐败国际合作，积极开展跨境腐败治理和国际追逃追赃，呼吁各国拒绝成为腐败分子和腐败资产的“避风港”，不搞反腐败执法合作小圈子，维护和发展基于《公约》的全球反腐败治理规则体系，切实消除追逃追赃各种障碍。中方愿与各国共同努力，坚持以中方提出的反腐败国际合作“四项主张”为引领，坚持公平正义、惩恶扬善，坚持尊重差异、平等互鉴，坚持合作共赢、共商共建，坚持信守承诺、行动优先，为构建人类命运共同体贡献力量。其间，中方还与联合国毒品和犯罪问题办公室共同举办“一带一路”反腐败项目参与方全体会议和“信守承诺，拒绝腐败避风港”边会。

(2)《联合国反腐败公约》各工作组会议

2021年6月,《公约》履约审议工作组第12届会议和预防腐败工作组第12届会议举行，讨论履约审议机制实施、财务事项、技术援助等，并举行履约审议抽签和有关专题讨论。

2021年9月,《公约》履约审议工作组第12届会议续会、资产追回工作组第15届会议和国际合作专家组第十届会议举行，讨论各国履约实践及经验、非定罪没收程序、以《公约》为法律依据开展国际合作等。

中国代表团参加了上述各工作组会，积极参加各项议题讨论，阐述中国反腐败理念主张，介绍中国开展《公约》第二周期履约审议进展及国内立法、缔结条约以及根据《公约》开展司法合作等情况，呼吁各方切实履行《公约》义务，不断提升《公约》履约实效。

（四）中国在国际人权条约领域的工作

1. 履行国际人权条约

2021年3月，中央政府为香港特别行政区和澳门特别行政区分别提交参照《公民权利和政治权利国际公约》相关规定实施情况的第四次报告有关问题单答复材料、第二次报告有关问题单答复材料。

中国政府已启动履行《禁止酷刑公约》第七次报告,《儿童权利公约》第五次、第六次报告的撰写工作，拟于2022年向联合国方面提交。

2. 参与“跨国公司与人权”法律文书谈判

2021年10月25～29日,“跨国公司和其他工商业与人权”政府间工作组第七次会议在日内瓦举行，中国代表团与会。近70个国家及有关国际组织、行业组织和非政府组织参加会议。工作组根据2014年联合国人权理事会第26/9号决议设立，旨在谈判制定一项从国际人权法角度规范跨国公司及其他跨国商业活动的法律文书。工作组迄已召开七次会议，先后推出一版“零案文”和三版修订案文。本次会议逐条讨论了法律文书第三版修订案文。中国代表团在会上表示，法律文书应更加务实，平衡兼顾发展和人权，在内容上更有针对性和可操作性，做到规则清晰、责任明确。

（五）中国在国际私法领域的工作——海牙国际私法会议

2021年3月，海牙国际私法会议（HCCH）2021年总务与政策理事会通过视频方式召开，中国代表团与会。会议重点讨论了制订新的国际法律文书方面的工作和既有公约的履行，以及秘书长遴选程序、观察员与会、HCCH战略发展规划等组织管理问题。

2021年2月和10月,“管辖权项目”第五次专家组会和第一次工作组会分别通过视频方式召开，探讨就直接管辖权问题达成法律文书的可能性和具体规则。2021年2月、7月和11月，亲子关系与代孕项目第八次、第九次和第十次专家组会分别以视频方式召开，深入讨论制定关于承认亲子关系和代孕相关外国判决的国际法律文书的可行性。2021年10月，《取消外国公文书认证要求的公约》特委会及第12届电子附加证明书项目论坛以视频方式召开，讨论公约的实施、电子附加证明书的发展情况和运行等问题。中国代表团建设性参加上述谈判，阐述中方立场，推动会议取得积极成果。

（六）中国与外国的司法协助和法律合作

1. 涉及香港特区和澳门特区的司法合作事务

中央人民政府严格根据《中华人民共和国香港特别行政区基本法》、《中华人民共和国澳门特别行政区基本法》和“一国两制”原则处理涉及香港特区和澳门特区的司法合作事务，为两特区在该领域开展对外交往、参与国际合作提供协助。

2021年9月，经中央人民政府授权，香港特区与俄罗斯联邦签署《刑事司法协助协定》和《移交被判刑人协定》，此系《中华人民共和国香港特别行政区维护国家安全法》实施以来香港特区首次对外商签司法协助协定。

2. 与外国缔结双边司法协助类条约状况

中国主张各国在司法领域加强国际合作，共同打击跨国犯罪，并积极推动与各国谈判缔结双边引渡条约和司法协助条约，以进一步夯实司法合作法律基础，保障中国和其他国家之间人员和经贸的正常往来。

2021年生效的双边司法协助类条约共有5项：《中华人民共和国和摩洛哥王国引渡条约》《中华人民共和国和伊朗伊斯兰共和国关于民事和商事司法协助的条约》《中华人民共和国和伊朗伊斯兰共和国关于刑事司法协助的条约》《中华人民共和国和比利时王国关于移管被判刑人的条约》《中华人民共和国和阿塞拜疆共和国关于移管被判刑人的条约》。

截至2021年年底，中国已与82个国家缔结各类司法协助类条约共170项（141项生效）。其中，引渡条约60项（43项已生效），司法协助条约85

项（76项已生效），移管被判刑人条约17项（15项已生效），打击“三股势力”协定7项（均已生效），资产返还和分享协定1项（尚未生效）。

（七）中国在国际海洋法领域的工作

1. 多边海洋法和极地事务

（1）《联合国海洋法公约》第31次缔约国会议

2021年6月21～25日，《联合国海洋法公约》第31次缔约国会议在纽约联合国总部举行。各方共商全球海洋治理，就在后疫情时代稳步推进国际涉海立法进程、加强《公约》三大机构工作、发展蓝色经济、合作应对海平面上升等新兴挑战交换意见。中国代表团提出四点主张：一是坚定奉行真正的多边主义；二是切实推进海洋可持续发展；三是大力推动蓝色合作；四是捍卫以国际法为基础的国际海洋秩序。

（2）全球海洋环境报告与评估经常性进程

2021年4月21日，全球海洋环境报告与评估经常性进程发布第二周期报告（2016～2020年），主要内容包括海洋环境变化动因、海洋环境现状和趋势、海洋环境所面临压力的变化趋势、海洋管理举措的发展趋势等。7月14至9月28日，“经常性进程”特设全体工作组以邮件方式举行第15次会议，确定第三周期专家库建立机制、专家组职权范围及工作方式、国家联络人和政府实体联络人等。中国代表团积极参加会议，就第三周期工作安排研提意见，为推动相关进程作出努力。

（3）国家管辖范围以外区域海洋生物多样性养护和可持续利用问题国际协定谈判

受新冠肺炎疫情影响，国家管辖范围以外区域海洋生物多样性养护和可持续利用问题（BBNJ）国际协定谈判第四次政府间大会暂定于2022年3月7～18日在纽约联合国总部举行。2021年，大会主席李陈蕙菁持续开展会间工作，邀请各方就BBNJ国际协定所涉海洋遗传资源及其惠益分享、海洋保护区等划区管理工具、环境影响评价、能力建设和海洋技术转让等“一揽子”议题中的关键问题进行讨论，并就争端解决、信息交换机制等重点议题召开视频会议。中国代表团积极参与会间工作，为推动谈判进程贡献中国智慧与中国方案。

（4）第76届联大“海洋和海洋法”议题审议

2021年12月7日，第76届联大就“海洋和海洋法”议题举行一般性辩论，表决通过了年度“海洋和海洋法”决议以及“可持续渔业”决议。“海洋和海洋法”决议对过往一年国际海洋和海洋法领域工作情况进行了盘点，内容涵盖《联合国海洋法公约》实施、《公约》三大机构工作、国际海洋立法新进展、海洋环保和海洋科学等内容。“可持续渔业”决议涉及促进渔业资源养护和管理、区域合作、打击非法捕鱼等内容。中国代表团建设性参与上述决议磋商，在一般性辩论中就凝聚海洋治理共识、维护海洋和平、推动蓝色经济合作、携手应对海洋环境挑战，构建海洋命运共同体阐明中方立场。

（5）国际海底管理局第26届会议

2021年12月6～10日，国际海底管理局第26届会议第二期理事会会议在牙买加金斯敦举行。受新冠肺炎疫情影响，会议以现场会和视频会混合模式举行。各方就国际海底区域资源开发规章路线图、法律和技术委员会选举方案、增设特别环境利益区、公平惠益分享等问题开展深入交流。中国代表团在多个议题下发言，强调开发规章制定应确保各方充分协商和规章质量，支持对惠益分享机制进一步研究，切实践行海洋命运共同体理念。

（6）多边渔业

中国政府高度重视渔业资源的养护与可持续利用，积极参与相关国际渔业组织活动。2021年，中国政府派团参加了南太平洋渔业管理委员会、印度洋金枪鱼委员会、养护大西洋金枪鱼委员会、《南印度洋渔业协定》缔约方会议等区域渔业管理组织年会，积极参加相关条约和养护管理措施的制订、修改和实施等工作。中国代表团全程参加世界贸易组织渔业补贴谈判，参加《预防中北冰洋不管制公海渔业协定》签署方预备会议及后续规则谈判。

（7）极地事务

1）第43届南极条约协商会议

2021年6月14～24日，第43届南极条约协商会议以视频方式举行。各方共商南极治理在新形势下面临的挑战及出路，重申南极条约体系的重要作用，聚焦应对气候变化、环境保护等“绿色”议题，探索南极旅游和非

政府活动的管理手段。第43届会议适逢《南极条约》和《南极环保议定书》生效60周年，会议通过《巴黎宣言》以示纪念。中国代表团积极参加各议题讨论，主张维护南极条约体系稳定，所提南极陆地特别保护区（ASPA）提案获得会议通过。

2）南极海洋生物资源养护委员会年会

2021年10月18～29日，南极海洋生物资源养护委员会第40届年会以视频方式举行。会议围绕南极海洋生物资源养护与利用等议题，从科学、政策和法律等层面展开讨论，评估了成员国遵守和执行《南极海洋生物资源养护公约》情况，修订了多项养护措施，通过了第40届年会宣言。中国代表团在会上积极参与各项议题讨论，为规范南极海洋保护区设立、通过年会宣言、修订养护措施等发挥了建设性作用。

3）北极理事会系列会议

2021年3月15～18日，北极理事会在线举行春季高官会。4月21日，北极理事会以北极治理为主题在线举行首届观察员专题会。5月20日，北极理事会第12届部长级会议在冰岛举行，北极八国外长签署《雷克雅未克宣言》，通过《北极理事会战略规划2021～2030》。12月1～2日，北极理事会秋季高官会以线上线下相结合方式举行。中国政府派团以理事会观察员身份出席了上述会议，跟踪北极国际治理新情况，介绍中方有关北极政策。

2. 双边极地事务对话

第七轮中俄北极事务对话

2021年4月13日，第七轮中俄北极事务对话通过视频方式举行。双方就北极形势、2021～2023年俄担任北极理事会主席国工作设想、中俄在北极理事会框架下合作、中俄北极经济和科研合作等议题深入交换意见，达成广泛共识。

（八）中国在国际环境法领域的工作

1.《联合国气候变化框架公约》第26次缔约方大会

受新冠肺炎疫情影响，原定于2020年举行的《联合国气候变化框架公约》第26次缔约方大会（COP26）推迟至2021年10月31日至11月13日在英国格拉斯哥以线下方式召开。COP26是《巴黎协定》进入实施阶段后召开的首次缔约方会议，来自197个缔约方和观察员国，以及国际组织、非政府组织、媒体等39000余人注册参会。

COP26最终达成包括《格拉斯哥气候协议》以及涉及资金、适应、技术等具体议题在内的50多项决议，形成一揽子较为平衡和包容的政治成果。总体看，COP26巩固了未来十年全球加强气候行动的共识，完成了《巴黎协定》实施细则遗留问题谈判，为《巴黎协定》全面有效实施奠定了基础。但同时，COP26未能就气候资金、适应等发展中国家核心关切予以充分回应，全球应对气候变化仍面临诸多挑战。

COP26期间，主席国英国于11月1～2日举办“世界领导人峰会”，包括英国、美国、法国、德国、印度、欧盟等在内的近120位余位国家元首、政府首脑和国际组织领导人与会致辞。国家主席习近平向峰会发表书面致辞，就如何应对气候变化、推动世界经济复苏等重大时代课题贡献中国方案，提出维护多边共识、聚焦务实行动、加速绿色转型等三点主张。习近平主席强调，中国秉持人与自然生命共同体重要理念，坚持走生态优先、绿色低碳发展道路。“1+N”政策体系为中国实现碳达峰、碳中和明确了时间表、路线图和施工图。习近平主席的致辞彰显了中国积极应对气候变化、引领全球气候治理的大国担当，获得国际社会高度赞誉。峰会最终形成成果文件《格拉斯哥突破议程》，呼吁各方在未来十年加强国际合作，加速清洁技术开发和部署，确保其可及和可负担性，加强应对气候变化韧性。议程后附电力、道路交通、钢铁和氢能四个领域的突破目标。中国支持议程及其氢能突破目标。此外，峰会还发布了《关于森林和土地利用的格拉斯哥领导人宣言》，包括中国在内的占全球森林总面积90%的141个国家签署，承诺到2030年停止并扭转森林丧失和土地退化。

生态环境部、外交部和发展改革委牵头组成中国代表团，在疫情形势

下逆行出征，赴英参会，圆满完成习近平主席以书面致辞方式出席COP26世界领导人峰会、COP26议题谈判等政治任务，主动与《公约》秘书处、COP26主席国英国等各方密切磋商、协调立场。中国代表团以中国智慧、中国方案有效维护了多边主义和共同但有区别的责任原则，捍卫了发展中国家共同权益，为COP26顺利达成成果发挥了建设性作用，展现了中国负责任的大国形象。

2.《生物多样性公约》第15次缔约方大会

2021年10月11～15日，《生物多样性公约》第15次缔约方大会（COP15）第一阶段会议在云南昆明以线上线下相结合的方式召开。COP15是中国重要主场外交活动，亦是联合国首次以“生态文明”为主题举办的全球性会议，来自《生物多样性公约》秘书处、150多个缔约方、30多个国际机构和组织，以及各方面代表共计5000余人线上线下参加大会。大会各项议程圆满完成。

一是举办领导人峰会。国家主席习近平以视频方式出席COP15领导人峰会并发表主旨讲话，明确提出开启人类高质量发展四点主张，宣布成立昆明生物多样性基金、正式设立第一批国家公园、构建碳达峰、碳中和“1+N”政策体系等务实举措，为全球生物多样性治理指明方向。俄罗斯总统普京、法国总统马克龙、英国王储查尔斯、联合国秘书长古特雷斯等九位外国政要以视频方式出席并讲话。中共中央政治局常委、国务院副总理韩正现场出席并致辞。二是召开部长级会议。100多位部长参加部长级会议，94位与会部长作交流发言，深入讨论如何通过生物多样性主流化、加强协同行动，支持制定和实施“2020年后全球生物多样性框架”。三是通过《昆明宣言》，呼吁各方采取行动，共建地球生命共同体。四是举办生态文明论坛，发出“共建全球生态文明，保护全球生物多样性”的倡议。五是完成组织事项、临时预算等一般性议程。生态环境部部长黄润秋当选COP15主席。

COP15第一阶段会议为全球生物多样性保护注入政治动力，为第二阶段会议达成“2020年后全球生物多样性框架”奠定良好基础。中国作为会议主席国，积极发挥引领作用，为全球环境治理作出重要贡献。

（九）中国在网络领域的条法外交工作

1. 参加联合国网络犯罪政府专家组第七次会议

2021年4月6～8日，联合国网络犯罪政府专家组第七次会议以视频方式举行，107个国家、欧盟和国际刑警组织等政府间国际组织和业界、学界代表与会。根据专家组2018～2021年工作计划，本次会议对专家组第四次至第六次会议形成的初步结论和建议进行盘点，将审议通过的结论和建议清单提交联合国预防犯罪委员会。在前三次会议上，各国就打击网络犯罪的立法、定罪、执法和调查、电子证据和刑事司法、国际合作、预防等六个议题共提出205条初步建议，本次会议就其中63条达成共识。外交部、最高人民检察院、最高人民法院、公安部、司法部和中国常驻维也纳联合国和其他国际组织代表团组团参会，推动各国做好联合国打击网络犯罪公约特委会相关工作，以专家组工作成果服务公约谈判。

2. 参加《联合国打击网络犯罪公约》特委会组织会议

2021年5月10～12日，联合国打击网络犯罪公约政府间特设专家委员会（简称“特委会”）组织会议在纽约以混合模式举行。会议选举阿尔及利亚常驻维也纳代表为特委会主席，中国、俄罗斯、美国等13国专家任副主席，印尼候选人当选报告员。主要就特委会后续工作安排开展讨论。会后，联大通过第75/282号决议，确定公约谈判整体安排、议事规则、谈判地点、观察员参与等事项，定于2022年1月举行第一次谈判会议。中国组团参加组织会议，积极推动各方就公约谈判安排达成共识。

（十）中国在国际人道法领域的工作

中国积极参与国际人道法相关国际进程。2021年4月，联合国人权理事会下设私营军事和保安公司问题政府间工作组第二次会议通过视频方式举行，就拟订规范和监管私营军保公司国际框架内容进行讨论，中国代表团积极与各方沟通协调，发挥了建设性作用，最终在发展中国家大力推动下，会议决定起草国际文书“零草案”，不预设其法律性质并邀请各方提交书面意见，以便开启实质案文磋商。10月，外交部派员参加红十字国际委员会举办的国际人道法亚太区域研讨会，在“武装冲突中医护人员的保护”和“网络军事行动专家交流”议题下发言，介绍中国有关原则立场和实践，对会议讨论发挥积极作用。

（十一）“一带一路”法治合作

国家主席习近平指出，推动共建“一带一路”，需要法治进行保障。中国愿同各国一道，营造良好法治环境，构建公正、合理、透明的国际经贸规则体系，推动共建“一带一路”高质量发展，更好造福各国人民。

当前，“一带一路”法治合作稳步推进。对内不断加强法律和政策研究，作好法律风险预警和应急处置。对外搭建法治合作平台，开展多元化法治交流和能力建设，深化法律领域务实合作，密织法律及制度性保障体系。2021年，中国对外商签多份共建“一带一路”谅解备忘录和合作文件，与共建“一带一路”国家缔结税收、卫生、经贸、文化等领域双边条约，持续优化“一带一路”条约保障。

（十二）其他条约法律工作

1. 国际刑事法院

国际刑事法院根据2002年生效的《国际刑事法院罗马规约》（简称《罗马规约》）设立，旨在对犯有灭绝种族罪、战争罪、危害人类罪和侵略罪的个人追究刑事责任。

截至2021年12月31日，《罗马规约》共有123个缔约国。目前，法院已审结13个案件（含4个已判决待赔偿案件），有17个案件正在审理（含1个上诉案和10个预审案），正在调查的情势有16项，涉及布隆迪、乌干达、刚果（金）、中非、肯尼亚、利比亚、科特迪瓦、马里、苏丹、格鲁吉亚、孟加拉国、缅甸、阿富汗、巴勒斯坦、菲律宾、委内瑞拉等国。此外，检察官办公室还正对玻利维亚、委内瑞拉、尼日利亚、几内亚、乌克兰等五项情势展开初步审查。

由于疫情影响，第19届《罗马规约》缔约国大会第二次续会于2021年2月12日在纽约召开，来自英国的卡里姆·汗当选为国际刑事法院检察官，任期九年。汗于2021年6月16日正式上任，成为国际刑事法院成立以来的第三任检察官。

第20届《罗马规约》缔约国大会于2021年12月6～11日在荷兰海牙召开，中国代表团作为观察员与会发言，反对与国际法不符的单边制裁，强调法院应坚守独立、客观和非政治化的立场，坚决抵制对司法程序的政治操弄；强调法院应审慎行使管辖权，尊重国家主权和国家同意等国际法原则，切实践行补充性管辖原则。此外，中国代表团还阐述了对法院创新工作方法、调整工作重点的看法，欢迎新任检察官与安理会加强合作、与情势有关国家加强接触和沟通。

2. 国际法院

国际法院依据《联合国宪章》于1945年6月成立，1946年4月开始运作，设于荷兰海牙。国际法院是联合国的主要司法机关，职能包括就国家间争端行使诉讼管辖权，就联合国有关机构提交的法律问题发表咨询意见，法院共有15名法官。

截至2021年12月31日，提交到国际法院的案件有182件，其中154件是国家之间的诉讼案件，28件是联合国机关或专门机构要求发表咨询意见

的案件。在诉讼案件中，半数以上涉及领土和边界纠纷，不少涉及海事争端及有关国际法问题，还有一些涉及国家管辖权、外交和领事关系法以及非法使用武力等问题。此外，法院还曾处理过十几起国家为保护私人或商业利益而提起的诉讼案件。法院处理的咨询案件主要涉及与国际组织行使职能有关的法律问题。近年来，国际法院在解决国际争端方面的作用明显增强，审理的案件数量呈上升趋势，其判决和咨询意见越来越受到各国重视。目前法院未决案件共15件。

中国是《国际法院规约》缔约国，一直积极参加法院工作。新中国成立后，先后有倪征日奥、史久镛、薛捍勤当选国际法院法官。其中，史久镛曾于2003～2006年任国际法院院长，薛捍勤于2018～2021年任副院长。

3. 亚非法律协商组织

2021年11月29日至12月1日，亚洲—非洲法律协商组织第59届会议在香港特别行政区以线上线下结合方式举办。亚非法协44个成员国、6个观察员国以及上合组织、东盟、阿盟等10个国际组织的200多名代表与会。

国务院总理李克强以视频方式出席会议并发表讲话，充分肯定亚非法协为加强亚非国家团结协作、促进国际法发展作出的重要贡献，提出坚持主权平等、共同践行多边主义，推进互联互通、共同实现开放共赢，筑牢疫情防线、共同强化卫生全球治理，加快绿色转型、共同推动可持续发展，秉持公平正义、共同加强国际法治等五点倡议，并宣布在香港设立亚非法协区域仲裁中心。与会各国代表高度评价中国在加强国际抗疫合作、维护多边主义、推进国际关系民主化和法治化方面所作贡献，赞赏中国开放包容的胸怀和负责任大国担当。

香港特区政府律政司司长郑若骅当选会议主席。会议以“坚守国际法，共建人类命运共同体：亚非国家的作用”为一般性辩论主题，并就联合国国际法委员会有关议题、网络空间国际法、涉巴勒斯坦国际法问题等进行讨论。中国代表团在一般性发言中指出，当前世界多极化、经济全球化深入发展，各国利益广泛交融，国际法越来越多地关注国际社会共同利益。蔓延全球的新冠肺炎疫情再次证明，世界各国是休戚与共的命运共同体。推动构建人类命运共同体符合亚非人民的根本利益，也应是亚非各国推动国际秩序和国际法发展的方向，呼吁亚非国家做国际法的维护者、多边主义的践行者、全球治理的建设者。会议期间，中国代表团积极参与各议题讨论，充分阐述中国政府相关立场主张。

第七章

中国外交中的边界与海洋工作

（一）概述

中国与14个陆地邻国接壤，陆地国界线总长约2.2万多公里，是世界上陆地国界线最长、邻国最多、边界情况最为复杂的国家之一。中国海域辽阔，与8个国家在海上相邻或相向。目前，中国已与12个陆上邻国通过谈判解决了历史遗留的边界问题，划定并勘定国界线约2万公里，与越南划定了北部湾海洋分界线。

边界与海洋工作关乎国家主权、安全和发展利益，是中国外交的重要组成部分。中国政府高度重视边界与海洋问题，从维护双边友好关系和地区和平稳定出发，主张根据国际法基本原则，在平等基础上通过友好协商，公平合理地解决与周边国家的领土主权与海洋权益争端。

2021年，中国政府继续坚持睦邻友好、稳定周边，在疫情防控常态化背景下积极开展陆地边界和周边海洋外交工作。克服新冠肺炎疫情影响，严守边境疫情防控关口，与陆地邻国建立边境疫情联防联控机制，协调构建安全高效的物流通道，服务国内国际双循环。优化完

善边界管理，推进国界联检工作改革创新，维护陆地国界线清晰稳定。配合《中华人民共和国陆地国界法》公布实施，推动制定相关配套法规，加快推进边海治理体系和治理能力现代化。坚决捍卫国家领土主权和海洋权益，妥善处理同有关国家的领土主权和海洋权益争端。同有关国家建立和完善海洋事务对话合作机制，推进海上合作和共同开发，维护周边和平稳定。

（二）陆地边界工作

1. 中印边界问题

2020年6月加勒万河谷事件以来，中方一方面坚定维护领土主权，另一方面通过外交和军事渠道与印度加强各层级对话协商，及时稳控边境现地局势，推动两军一线部队在加勒万河谷地区脱离接触。2021年2月18日和8月5日，双方一线部队分别在班公湖和温泉地区实现脱离接触，有关工作取得阶段性进展。中印边境局势总体保持稳定可控。

2021年2月25日、4月29日，国务委员兼外交部长王毅同印度外交部长苏杰生通电话，并于7月14日和9月16日两次在杜尚别会见。双方充分肯定两军脱离接触成果，同意继续保持对话沟通和磋商势头，推动局势进一步缓和降温，共同维护边境地区和平安宁。

2021年3月12日、6月25日、11月18日，中印边境事务磋商和协调工作机制第21～23次会议通过视频形式举行。双方就推动解决中印边界西段剩余问题坦诚深入地交换了意见，一致同意认真落实两国外长达成的共识，严格遵守两国签署的协议协定，推动边境局势进一步缓和降温，争取尽快从应急处置向常态化管控转变。

2. 中不边界谈判

2021年4月6～9日，中不边界问题专家组第十次会议在云南昆明举行。双方就加快中不边界谈判“三步走”路线图等问题进行了坦诚深入、富有成果的讨论，并达成积极共识。双方同意在边界问题最终解决之前，继续维护两国边境地区的和平与安宁。中方还向不方捐助了防疫医疗物资。

2021年10月14日，中国政府代表、外交部部长助理吴江浩同不丹政府代表、外交大臣丹迪·多吉通过视频方式在北京和廷布签署《关于加快中不边界谈判“三步走”路线图的谅解备忘录》。双方代表在致辞中肯定《备忘录》的签署具有历史性意义，表示将做好有关落实工作并坚定不移推进边界谈判，致力于加强两国关系。

3. 中哈国界第一次联合检查

2021年，双方多次举行视频会议，就疫情形势下推进联检工作的整体规划、重点任务、工作方式等进行磋商并达成共识。双方并就开展非接触式野外作业达成具体实施方案。

（三）地图地名事务

2021年，外交部地图事务办公室根据相关法律规定开展地图审核工作，及时发现并处理错误地图，运行维护“新冠肺炎疫情全球实时大数据平台”，为及时研判外防输入形势提供基础地理信息支撑。

（四）边界管理与合作开发

1.《陆地国界法》出台

2021年10月23日，十三届全国人大常委会第三十一次会议审议通过《陆地国界法》。同日，国家主席习近平签署第九十九号主席令予以公布，并宣布该法自2022年1月1日起施行。该法对推进边界管理法治化建设，提升边界治理体系和治理能力现代化具有重要意义。

2. 向陆地邻国提供抗疫援助

2021年，中国通过与有关陆地邻国建立的边界联委会等渠道，向越南、缅甸、老挝、尼泊尔、不丹、蒙古、吉尔吉斯斯坦、塔吉克斯坦、巴基斯坦等邻国与我国毗邻的边境地区捐赠防疫物资，用于支持其边境地区疫情防控。

3. 中老边界联合委员会会议

2021年11月26日，中老边界联委会以视频方式举行特别会议。双方重点就中老边境疫情防控、加强边境口岸通关、保持边界线清晰稳定等议题深入交换意见并达成多项共识。

4. 中越陆地边界联委会会议

2021年10月14日、12月28日，中越陆地边界联委会先后举行两次首席代表特别会晤。双方重点就边境疫情防控、口岸货物通关、保持边界线清晰稳定、界务工程建设等交换意见，并达成积极共识。

2021年，中越陆地边界联合委员会双方首席代表通过视频会晤和交换信函等形式，就陆地边界事务保持频繁有效沟通，妥善处理了涉及边界管理的相关问题。双方同意继续共同努力，建设和平、友好、合作的中越边界。

5. 中缅司局级会晤特别会议

2021年9月23日,《中缅边境管理与合作协定》执行情况司局级会晤特别会议以视频方式举行。中方云南省外办及与相关边境地区代表，缅方克钦邦、掸邦官员以视频连线方式与会。会议就防止新冠肺炎疫情跨境传播、加强边境口岸过货、保持边界线清晰稳定等交换意见。

2021年，双方继续通过《中缅边境管理与合作协定》执行情况司局级会晤等机制，就陆地边界事务保持顺畅沟通，妥善处理了涉及边界管理的相关问题，有效维护了边界线清晰稳定和边境地区和平安宁。

6. 中俄边界联合委员会会议

2021年7月13日，中俄边界联委会第26次会议以视频方式举行。双方就《中俄国界管理制度协定》执行情况、新冠肺炎疫情防控常态化背景下的边境防疫和口岸合作等议题深入交换意见，并达成多项共识。

7. 中蒙边界管理

2021年，中蒙双方根据《中蒙边界管理制度条约》的规定，通过互换照会确认甘其毛都—嘎舒苏海图口岸铁路过境点位置，为推动该铁路口岸建设打下基础。

（五）中国与周边国家间海洋问题

1. 中日海洋事务高级别磋商

2021年2月3日、12月20日，中日海洋事务高级别磋商机制第12、13轮全体会议以视频方式举行。双方一致同意，着眼构建契合新时代要求的中日关系，全面落实两国领导人共识和四点原则共识，妥善管控海上矛盾分歧，推动防务、环保、搜救、渔业、防灾等领域务实合作，增进涉海部门人员交流互动，切实维护海上安全稳定，将东海打造成和平之海、合作之海、友好之海。中方重申在钓鱼岛等问题上的严正立场，敦促日方停止采取导致局势复杂化的举动。中方对日本向海洋排放福岛核污染水表示关切和反对，要求日方审慎处理。

2021年1月20日、6月3日、11月10日，外交部边海司负责人同日本外务省亚洲大洋洲局负责人以视频方式共同主持中日海洋事务高级别磋商团长会谈，围绕涉海问题坦诚深入交换意见。

2. 中韩海洋事务对话合作机制

2021年4月14日，中韩海洋事务对话合作机制首次会议以视频方式举行。双方一致认为，当前中韩关系健康稳定发展，启动两国海洋事务对话合作机制有利于扩大海洋交流合作，丰富中韩战略合作伙伴关系内涵。双方同意深化涉海科技、环保、渔业、搜救、航运、防务及执法等领域交流合作，就两国海域划界、共同应对日本福岛核污染水排海等问题交换意见，并同意适时举行机制第二次会议。

3. 中韩海域划界谈判

2021年3月4日和11月24日，中韩海域划界谈判工作组第八轮和第九轮会谈先后通过视频方式举行，双方就海域划界有关问题交换意见。

4. 中菲涉海对话合作

2021年5月，中菲南海问题双边磋商机制（BCM）第六次会议以视频方式举行。双方就南海形势和两国间涉海问题交换意见，深入探讨进一步拓展海上搜救、海洋渔业、海洋生态环保及科研等各领域合作。此外，两国政

府和企业就海上油气共同开发保持密切沟通。

5. 中越海上低敏感领域合作专家工作组磋商

2021年7月6日，中越海上低敏感领域合作专家工作组新一轮磋商以视频方式举行。双方积极评价中越海上低敏感领域合作取得的成果，强调要认真落实两国领导人达成的重要共识，推动在海洋科研、环保、渔业、海事、搜救、执法等领域开展新的合作项目，并就商签“海上搜救合作协议”及北部湾渔业合作协定、拓展深化北部湾海上合作交换意见。

6. 中越北部湾渔业合作协定磋商

2021年12月15日，中越以视频方式就商签新的北部湾渔业合作协定举行首轮磋商。双方充分肯定2000年签署的《中越北部湾渔业合作协定》对维护北部湾渔业生产秩序作出的积极贡献，同意继续本着友好协商精神商签新的合作协定。双方还就开展渔业资源调查、联合增殖放流达成共识，并同意加快协定磋商进程，争取早日达成一致。

7. 中越北部湾湾口外海域工作组、海上共同开发磋商工作组磋商

2021年12月1日，中越北部湾湾口外海域工作组第15轮磋商、海上共同开发磋商工作组第12轮磋商以视频方式举行。双方就中越北部湾湾口外海域划界与南海油气开发的框架思路和区域范围等问题深入交换意见，一致强调要继续认真落实两党两国领导人就海上问题达成的重要共识和《关于指导解决中越海上问题基本原则协议》，本着循序渐进、先易后难、相互尊重、互谅互让的原则，稳步推进湾口外海域划界与南海油气共同开发。

8. 落实《南海各方行为宣言》和“南海行为准则”磋商

2021年6月7日，在中国东盟特别外长会期间，各方在重庆举办落实《南海各方行为宣言》线下高官会，决定以线上方式恢复“南海行为准则”案文磋商。2021年，中国和东盟国家就落实《南海各方行为宣言》和“南海行为准则”磋商举行八次联合工作组线上会议，积极推进“南海行为准则”案文第二轮审读，并取得阶段性进展，维持了磋商总体势头。在落实《南海各方行为宣言》框架下，中国于9月和12月分别举办了南海海洋科研研讨会和培训班，东盟国家积极参与。

9. 印尼“管理南海潜在冲突研讨会”

2021年10月13～14日，第30届印尼“管理南海潜在冲突研讨会”在印尼茂物以线上线下相结合方式举行，中方以视频方式参会。会上，各方围绕海洋合作、项目进展及下步发展方向展开讨论。

10.《亚洲地区反海盗及武装劫船合作协定》信息分享中心理事会第15届年会

2021年3月16～17日，《亚洲地区反海盗及武装劫船合作协定》信息分享中心理事会第15届年会以视频形式召开，《协定》20个缔约国理事出席。中方在理事会上强调，中方一直积极参与包括《协定》在内的地区合作机制，期待同各方克服疫情影响，共同维护地区海上通道安全，促进地区和平稳定和繁荣发展。

第八章

中国外交中的新闻和公共外交工作

（一）概述

外交部围绕中国共产党成立100周年、十九届六中全会等国内重要政治活动和国家主席习近平出席中国—中东欧国家领导人峰会、中国—东盟建立对话关系30周年纪念峰会、金砖国家领导人第13次会晤、上海合作组织成员国元首理事会第21次会议、第76届联合国大会一般性辩论、二十国集团领导人第16次峰会、亚太经合组织第28次领导人非正式会议、中非合作论坛第八届部长级会议开幕式等重大议程，积极开展涉外新闻和公共外交工作，向国际社会宣介习近平新时代中国特色社会主义思想特别是习近平外交思想，深入解读构建人类命运共同体、共建“一带一路”、推动国际抗疫合作、决胜脱贫攻坚、构建新发展格局等重要理念，展现中国开放自信、积极有为的负责任大国形象，引导国际社会树立正确的中共观、中国观。通过例行记者会、媒体吹风会、外交部网站群、境内外新媒体，及时发布权威信息，回应外界关切。通过蓝厅论坛等公共外交活动，与国内外各界加强互动，增进了解与共识。加强与外国媒体和记者沟通交流，及时介绍中国外交政策和主张，为其全面、客观报道中国提供便利。

（二）阐述外交政策

1. 介绍国家领导人出访和出席国际会议情况

2021年，外交部等有关部门以中国领导人出访、出席国际会议为契机，通过举行媒体吹风会、接受采访等形式介绍有关情况，宣介政策主张。

1月4～9日，国务委员兼外交部长王毅应邀访问尼日利亚、刚果（金）、博茨瓦纳、坦桑尼亚和塞舌尔五国。结束访问之际，王毅国务委员兼外长接受《人民日报》记者的采访。

1月11～16日，国务委员兼外交部长王毅应邀访问缅甸、印度尼西亚、文莱、菲律宾。结束访问之际，王毅国务委员兼外长接受媒体采访。

2月9日，国家主席习近平在北京以视频方式主持中国—中东欧国家领导人峰会。峰会结束后，国务委员兼外交部长王毅接受中央媒体采访，介绍峰会情况和成果。同日晚，外交部就中国—中东欧国家领导人峰会情况举行中外媒体吹风会，时任外交部副部长秦刚介绍有关情况，并回答中外记者提问。

3月18～19日，中美高层战略对话在安克雷奇举行。对话结束后，中共中央政治局委员、中央外事工作委员会办公室主任杨洁篪，国务委员兼外交部长王毅接受了媒体采访。

3月24～30日，国务委员兼外交部长王毅应邀对沙特、土耳其、伊朗、阿联酋、巴林进行正式访问并工作访问阿曼。结束访问之际，王毅国务委员兼外长接受记者采访。

4月22日，国家主席习近平在北京以视频方式出席领导人气候峰会。当晚，外交部举行中外媒体吹风会。外交部副部长马朝旭主持并介绍峰会主要情况和重要成果，中国气候变化事务特使解振华通过视频连线方式与会，阐释我国气候变化领域重大政策主张。国家发展和改革委员会副秘书长苏伟、生态环境部应对气候变化司负责人通过视频连线方式参加。

5月21日，国家主席习近平应邀在北京以视频方式出席全球健康峰会。峰会结束后，外交部副部长马朝旭接受媒体采访，介绍习近平主席与会

成果。

7月16日，国家主席习近平应邀在北京以视频方式出席亚太经合组织领导人非正式会议并发表讲话。会议结束后，外交部副部长马朝旭接受媒体采访，介绍习近平主席与会成果。

7月12～16日，国务委员兼外交部长王毅应邀对土库曼斯坦、塔吉克斯坦、乌兹别克斯坦进行访问并出席上海合作组织成员国外长理事会会议等多边会议。结束访问之际，王毅国务委员兼外长接受媒体采访。

7月17～20日，国务委员兼外交部长王毅应邀对叙利亚、埃及、阿尔及利亚进行正式访问。结束访问之际，王毅国务委员兼外长接受国内媒体采访。

9月9日，国家主席习近平在北京以视频方式出席金砖国家领导人第13次会晤。会晤结束后，外交部副部长马朝旭接受媒体采访，介绍习近平主席与会成果。

9月17日，国家主席习近平在北京以视频方式出席上海合作组织成员国元首理事会第21次会议。国务委员兼外交部长王毅作为习近平主席特别代表赴塔吉克斯坦现场与会。会后，王毅国务委员兼外长向记者介绍了习近平主席与会重要成果和重大意义。

9月10～15日，国务委员兼外交部长王毅应邀对越南、柬埔寨、新加坡、韩国进行正式访问。结束访问之际，王毅国务委员兼外长接受国内媒体采访。

9月21日，国家主席习近平以视频方式出席第76届联合国大会一般性辩论。同日，国务委员兼外交部长王毅向记者介绍了习近平主席讲话的重大意义和深远影响。

10月30～31日，国家主席习近平在北京以视频方式出席二十国集团领导人第16次峰会并发表重要讲话。峰会结束之际，国务委员兼外交部长王毅接受中央媒体采访，介绍习近平主席与会情况，阐述习近平主席提出的重大倡议主张及其重要意义影响。

11月11～12日，国家主席习近平以视频方式出席亚太经合组织第28次领导人非正式会议。会议结束之际，国务委员兼外交部长王毅接受中央媒体采访，介绍习近平主席与会情况，阐释习近平主席提出的重大理念主张及其重要意义影响。

11月16日，国家主席习近平在北京同美国总统拜登举行视频会晤。当日，外交部副部长谢锋接受媒体采访，介绍会晤情况。

11月22日，国家主席习近平在北京出席并主持中国—东盟建立对话关系30周年纪念峰会。会议结束后，外交部部长助理吴江浩接受中央媒体采访，介绍习近平主席与会成果。

11月29日，国家主席习近平在北京以视频方式出席中非合作论坛第八届部长级会议开幕式。会议结束之际，国务委员兼外交部长王毅接受中央媒体采访，介绍习近平主席与会情况，阐释习近平主席提出的重大倡议主张及其重要意义影响。

12月6日，在结束对刚果（布）、塞拉利昂的正式访问之际，中共中央政治局委员、中央外事工作委员会办公室主任杨洁篪接受新华社采访。

12月15日，国家主席习近平在北京同俄罗斯总统普京举行视频会晤。当日，时任外交部副部长乐玉成接受媒体采访，介绍会晤情况。

2. 举行例行记者会

2021年，外交部发言人共举行230场记者会，就中外媒体关注的问题发布消息，阐明中国政府立场。全年共主动发布消息52条。通过例行记者会、主动表态、电话答问等方式回答记者提问3400多个。

2021年，外交部接待了30批近700人次旁听记者会，其中包括政府官员、社会团体、高校师生等各界人士，增进了国内外公众对中国外交的了解和认识。

（三）外国记者工作

1. 外国常驻记者概况

截至2021年年底，外国媒体驻华新闻机构共计280家，来自46个国家的433名记者在华常驻。其中，常驻北京196家机构337名记者；常驻上海66家机构78名记者；常驻广州8家机构9名记者；常驻重庆2家机构2名记者；常驻沈阳4家机构4名记者；常驻大连1家机构1名记者；常驻深圳3家机构2名记者。

2. 国家领导人会见及接受外国媒体采访

3月11日，十三届全国人大四次会议闭幕后，国务院总理李克强在人民大会堂金色大厅出席记者会，回答美国消费者新闻与商业频道、西班牙埃菲社、日本经济新闻、美国有线电视新闻网、新加坡联合早报等中外媒体记者提问。

12月6日，国务院总理李克强在北京同主要国际经济机构负责人举行第六次“1+6”圆桌对话会后共同会见记者。

3. 外国媒体采访外交部长

1月5日，国务委员兼外交部长王毅在阿布贾同尼日利亚外交部长奥尼亚马共同会见记者。

1月8日，国务委员兼外交部长王毅在查托同坦桑尼亚外交部长卡布迪共同会见记者。

1月13日，国务委员兼外交部长王毅在雅加达同印尼外交部长蕾特诺共同会见记者。

3月7日，十三届全国人大四次会议在人民大会堂举行视频记者会，国务委员兼外交部长王毅就中国外交政策和对外关系回答俄罗斯塔斯社、埃及中东通讯社、美国全国广播公司、法新社、阿联酋中阿卫视、新加坡联合早报、日本共同社、印尼安塔拉通讯社、哈萨克斯坦24KZ电视台、印度报业托拉斯、意大利安莎社、新加坡海峡时报、古巴拉美通讯社等中外媒体记者提问。

3月23日，国务委员兼外长王毅在广西桂林同俄罗斯外长拉夫罗夫共同会见记者。

3月24日，国务委员兼外交部长王毅在利雅得接受阿拉比亚电视台专访。

3月27日，国务委员兼外交部长王毅在访问阿联酋期间，接受阿联酋通讯社书面采访。

4月1日，国务委员兼外交部长王毅在福建南平同马来西亚外长希沙慕丁共同会见记者。

5月12日，国务委员兼外交部长王毅在陕西西安主持“中国+中亚五国”外长第二次会晤后，同中亚五国外长共同会见记者。

5月29日，国务委员兼外交部长王毅在贵州贵阳同塞尔维亚外长塞拉科维奇共同会见记者。

5月31日，国务委员兼外交部长王毅在贵州贵阳同匈牙利外长西雅尔多共同会见记者。

6月5日，国务委员兼外交部长王毅在贵州贵阳同印度尼西亚总统特使、对华合作牵头人卢胡特共同会见记者。

6月10日，国务委员兼外交部长王毅在重庆出席纪念中国东盟建立对话关系30周年特别外长会和澜湄合作外长会后接受媒体采访。

7月13日，国务委员兼外交部长王毅在杜尚别同塔吉克斯坦外交部长穆赫里丁共同会见记者。

7月19日，国务委员兼外交部长王毅在阿尔及尔同阿尔及利亚外交部长拉马拉共同会见记者。

7月24日，国务委员兼外交部长王毅在四川成都同巴基斯坦外长库雷希共同会见记者。

7月25日，国务委员兼外交部长王毅在四川成都同芬兰外长哈维斯托共同会见记者。

7月27日，国务委员兼外交部长王毅在天津同蒙古国外长巴特策策格共同会见记者。

9月12日，国务委员兼外交部长王毅在金边同柬埔寨副首相兼外交大臣布拉索昆共同会见记者。

9月14日，国务委员兼外交部长王毅在新加坡同新外交部长维文共同会见记者。

10月27日，国务委员兼外交部长王毅在访问希腊期间，接受希腊《消息报》书面采访。

10月27日，国务委员兼外交部长王毅在雅典同希腊外交部长登迪亚斯共同会见记者。

10月28日，塞尔维亚总统武契奇在会见国务委员兼外交部长王毅后，邀请王毅国务委员兼外长共同会见记者。

11月28日，国务委员兼外交部长王毅在达喀尔同塞内加尔外交部长艾莎塔共同会见记者。

11月30日，中非合作论坛第八届部长级会议结束后，国务委员兼外交部长王毅同塞内加尔外交部长艾莎塔共同会见记者。

12月4日，国务委员兼外交部长王毅在浙江安吉同马来西亚外长赛夫丁共同会见记者。

4. 外国驻华记者赴各地采访情况

2021年，外交部新闻司组织外国驻华记者赴各地采访，主要有：

4月19～23日，组织美联社、西班牙埃菲社、意大利安莎社、欧洲新闻图片社、今日俄罗斯国际通讯社、东京电视台、巴基斯坦联合通讯社、印尼安塔拉通讯社等9家外国主流媒体13名驻京记者赴新疆参访。

4月26日，会同北京市委宣传部，组织美联社、欧洲新闻图片社、日本朝日新闻等12家外国主流媒体16名驻京记者，参访北京经济技术开发区和海淀区服务业发展情况。

5月28日至6月1日，组织“走近百年大党，解码红色基因”系列主题

参访活动，邀请美联社、路透社、美国全国广播公司、德国电视二台、法国电视台、西班牙埃菲社、意大利安莎社、共同社、日本《朝日新闻》、新加坡《联合早报》、今日俄罗斯国际通讯社、中阿卫视等12家国际主流媒体驻华负责人和资深记者赴革命圣地延安参访。

6月7～10日，组织“走近百年大党，解码红色基因”系列主题参访活动，邀请德国电视一台、欧洲图片新闻社、西班牙埃菲社、波兰电台、匈牙利新闻总社、拉美通讯社、日本广播协会、日本经济新闻、韩国《中央日报》9家媒体12位资深记者赴浙江、上海参访。

10月16～19日，以外交扶贫为切入点，组织英国《经济学家》、俄罗斯《议会报》、巴西《环球报》、日本东京电视台、阿塞拜疆国家通讯社和国家电视台6家外国媒体驻华负责人和资深记者赴外交部定点帮扶云南省文山州麻栗坡县参访。

（四）对外新闻交往

1. 新闻磋商

4月22日，外交部发言人以视频方式出席2021年度上海合作组织成员国外交部新闻部门磋商。

（五）公共外交

1. 公共外交活动概况

2021年，外交部和中国驻外外交机构以习近平新时代中国特色社会主义思想特别是习近平外交思想为指引，深入贯彻落实习近平总书记关于加强和改进国际传播工作重要讲话精神，围绕庆祝建党百年这一主线，因地制宜开展形式多样的公共外交活动，积极主动讲好中国故事，传播中国声音，展示真实、立体、全面的中国。

2021年，外交部主办或参与举办的公共外交活动有：

2月22日，中国公共外交协会与北京大学、中国人民大学共同举办“对话合作，管控分歧——推动中美关系重回正轨”蓝厅论坛。国务委员兼外交部长王毅出席开幕式并致辞，40余名中美前政要、专家学者和知名人士参加，并围绕“重塑政治互信”“重建经贸均衡”“重启人文交流”等议题进行深入交流。

4月6日，中国公共外交协会、中国驻科威特使馆与科威特最高计划发展委员会共同举办中国—科威特“一带一路”数字经济合作论坛。

4月12日，外交部举办“英雄的湖北：浴火重生，再创辉煌”湖北全球特别推介活动，国务委员兼外交部长王毅出席并致辞，湖北省委书记应勇、武汉市委书记王忠林进行推介。湖北省省长王晓东，外交部党委书记齐玉、时任外交部副部长乐玉成等外交部领导以及外国驻华使节、国际组织驻华代表、中外工商界人士、媒体记者约500人出席。

4月16日，中国公共外交协会会长吴海龙出席长三角公共外交协会联系机制座谈会并作主题报告。

5月14日，由威海市政府主办、中国公共外交协会协办的“对话威海”中日经贸文旅交流推介会在威海召开。

5月17～21日，中国公共外交协会组织国内专家学者、知名自媒体和网络大V代表团赴新疆参观访问，并召开“我眼中的新疆”线上国际研讨会，50余名中外前政要、专家学者、媒体记者等参加。

5月23日，中国公共外交协会会长吴海龙应邀出席RCEP区域发展媒体智库论坛。

6月9日，中国公共外交协会在北京国际俱乐部仙鹤厅举办“临甲7号沙龙”——“仙鹤”餐会，时任外交部副部长乐玉成出席并围绕中国共产党成功密码、百年大变局与中国外交等同外国主流媒体驻京负责人进行交流。

6月23日，中国公共外交协会在北京国际俱乐部举办“临甲7号沙龙”早餐会，中央党史和文献研究院对外合作交流局副主任张士义出席，并围绕中国共产党建党百年成功经验同外国主流媒体驻京负责人进行交流。

6月25日，中国公共外交协会举办“纪念新中国恢复联合国合法席位50周年”蓝厅论坛，国务委员兼外交部长王毅出席并发表主旨演讲。联合国等国际组织驻华代表、部分国家驻华使节、参与中国同联合国合作的相关部门和社会组织代表、专家学者等100余人出席。

7月29日，中国公共外交协会在北京国际俱乐部仙鹤厅举办“临甲7号沙龙”扶贫主题活动，全国脱贫攻坚先进个人、外交部办公厅参赞薛炜结合自身工作经历，向外国媒体驻京记者分享外交部定点帮扶麻栗坡县的“扶贫故事”。

8月26日，第九届中韩公共外交论坛以线上线下相结合方式在北京国际俱乐部仙鹤厅举行，中国公共外交协会会长吴海龙、时任外交部新闻司司

长华春莹出席开幕式并致辞。

9月17日，中国公共外交协会与北京CBD管委会在北京银泰中心共同举办“全球共此时——北京CBD中秋之夜”国际文化交流活动，来自亚洲、非洲、欧洲、美洲等20个国家驻华使节及外国媒体驻京记者出席。

10月17日，中国公共外交协会在云南省麻栗坡县大坪中学举办“外交帮扶·筑梦云南”球场捐赠仪式。该项目由外交部、中国公共外交协会主办和推动，NBA中国援建。

10月18日，中国公共外交协会在云南省麻栗坡县举办“Z世代”中美青少年交流对话会。麻栗坡县与美国罗阿诺克市中学生、青少年代表，网红博主，留学生等约60人参加。

10月20日，外交部举办“新征程的中国：幸福新西藏 发展新画卷”西藏全球推介活动，国务委员兼外交部长王毅出席并致辞，西藏自治区党委书记王君正、代理主席严金海进行推介。外交部党委书记齐玉、时任外交部副部长乐玉成、时任外交部部长助理邓励及各国驻华使节、国际组织驻华代表等参加。

10月20日，中国公共外交协会与中国驻埃及大使馆、沙拉夫可持续发展基金会共同举办“认识中国——中国脱贫攻坚经验与启示”视频研讨会。

10月25日，中国公共外交协会副会长胡正跃出席由中国国务院新闻办公室、日本外务省支持，中国外文局和日本言论NPO共同举办的第十七届“北京—东京论坛”并发言。

10月27日，中国公共外交协会、清华大学战略与安全研究中心中国论坛与英国对华事务全国委员会（UKNCC）联合举办“应对气候变化——为联合国气候变化大会（COP26）做准备”国际研讨会。

11月11日，中国公共外交协会副会长刘碧伟出席第二届中国—东盟友好合作主题短视频大赛线上颁奖仪式并致辞。

11月22日，中国公共外交协会副会长胡正跃出席由中国人民对外友好协会主办的澜湄国家历史文化名城视频对话会并作主旨发言。

11月27～29日，中国公共外交协会与中国和平发展基金会、广州市人民政府、亚洲青年领袖联合会在广州南沙共同举办“2021亚洲青年领袖论坛”。

12月3日，中国公共外交协会会长吴海龙应邀在广州举办的“读懂中国”国际会议上作视频发言。

12月4日，中国公共外交协会在北京国际俱乐部仙鹤厅举办“临甲7号沙龙”吹风会，全国政协委员、中国政府拉美事务特别代表、中国公共外交协会副会长邱小琪出席，并就中国—拉美和加勒比国家共同体论坛（中拉论坛）第三届部长会议情况同外国媒体驻京记者进行交流。

12月10日，中国公共外交协会副会长胡正跃出席由国务院参事室国际战略研究中心举办的“区域全面经济伙伴关系协定（RCEP）生效实施前景下推进中国—东盟更紧密的经贸关系面临的机遇和挑战”研讨会并发言。

12月13日，中国公共外交协会副会长刘碧伟出席由中央广播电视总台主办的“2021丝绸之路电视共同体高峰论坛”线上智库研讨会并发言。

12月15日，中国公共外交协会与上海市政协共同举办“中国企业走进‘一带一路’”第八次中国企业走出去研讨会，中国公共外交协会副会长刘碧伟出席并致辞。

12月15日，中国公共外交协会副会长胡正跃出席由国务院新闻办公室主办，中国社会科学院、中央广播电视总台、中国外文局承办的“民主：全人类共同价值”国际论坛闭幕式并发言。

12月17日，中国公共外交协会举办“临甲7号沙龙”冬奥会主题活动，北京冬奥组委新闻宣传部部长赵卫东、疫情防控办公室副主任黄春、新闻发布负责人严家蓉出席，并围绕疫情防控、赛事筹备、外媒管理等同外国主流媒体驻京负责人进行交流。

12月18日，“大爱无国界——乡村振兴，健康先行”国际义卖活动在北京举行。国务委员兼外交部长王毅和夫人钱韦女士、外国驻华使节及相关企业代表等参加。活动采用线上义卖和直播带货方式举行，并发布“我和我的大爱”系列短视频，邀请有关国家驻华使节讲述参与“大爱”的感人故事，并推介本国文化和义卖产品。

12月21日，中国公共外交协会、国务院国资委新闻中心、环球网共同举办的第三届“一带一路”百国印记短视频大赛颁奖仪式在北京举行。

2. 外交部公众信息网体系建设

外交部网站群旨在及时、准确、全面发布中国外交信息，为国内外公众第一时间了解中国外交政策和外交工作提供服务。外交部网站群主要包括外交部网站、驻外外交机构网站及相关子网站等293个网站。2021年，外交部网站共发消息逾49万条，外交部网站群共发消息逾75万条，共计逾29亿字。

3. 积极开展新媒体公共外交

外交部高度重视并积极运用新媒体开展公共外交。继续推进外交部和驻外外交机构新媒体工作，通过部网站群、外交新媒体矩阵及驻在国知名社交媒体平台宣介中国外交政策，积极向国内外发出“中国声音”，讲好“中国故事”。

“外交小灵通”作为外交部发布中国外交政策、提供领事服务信息、与网民交流互动的重要平台，2021年微信、微博账号共发布信息1800余条，粉丝总数逾780万。“外交部发言人办公室”新媒体账号及时发布外交部发言人例行记者会重要问答及记者会实录中英文双语版，2021年微信、微博、抖音、快手、哔哩哔哩、微信视频号等6个账号共发布信息6000余条，粉丝总数逾3060万。公众留言与互动积极踊跃，大量外交部发言人表态登上“热搜”榜，国内民众纷纷点赞中国外交政策和大国风范。2021年6月，外交部部内部属单位19个新媒体账号集体入驻“人民系”“新华系”客户端和腾讯、澎湃、抖音、头条、快手、哔哩哔哩、知乎等11家新媒体平台。截至2021年年底，外交部部内部属单位新开境内新媒体账号80余个，账号总数达150个，粉丝总数近7000万，总展示量超2亿。驻外外交机构也积极利用新媒体宣介外交政策、提供政务服务、开展公共外交，各账号互联互通、协同发展，外交新媒体矩阵不断壮大、成效显现。

第九章

中国外交中的领事工作

（一）概述

2021年，新冠肺炎疫情全球延宕反复，防范境外疫情输入和开展领事工作面临新挑战。外交部坚决贯彻落实习近平总书记重要指示批示精神和党中央决策部署，妥善应对境外疫情蔓延风险，守好外防输入国门关，巩固来之不易的抗疫成果；创新优化疫情常态化下领事服务工作，完善必要人员往来"快捷通道"，服务疫情防控和经济社会发展大局；坚持"人民至上"理念，全力做好疫情下境外人员和机构保护工作，以实际行动诠释以人民为中心的发展思想和外交为民理念。

1. 阻遏境外疫情输入风险

紧紧围绕国际疫情动态和输入风险变化，不断调整各项防控政策，特别是针对德尔塔、奥密克戎等变异毒株特点，按照国务院联防联控机制部署要求，科学精准实施远端防控，牢牢守住外防输入的国门关。加强与周边等国家抗疫合作，积极提供疫苗及物资方面

支持，深化联防联控和沟通协调，共同防范疫情跨地区传播。着眼构建人类卫生健康共同体，积极推动中外新冠病毒检测合作，就检测标准等与相关国家对标对表，进一步提升远端检测质量和水平。

2. 维护海外人员健康安全

加强疫情形势下对境外留学生、华侨、企业人员的协助帮扶，发放“春节包”“健康包”等防疫物资，全力救治在当地被感染的中国公民，通过视频交流、远程义诊等形式提供指导。针对部分国家疫情严峻形势，紧急协调国内有关部门助力抗疫，指导使领馆做好对困难群体的关心关爱。创新开展“春苗行动”，3月初在全球范围内启动“春苗行动”，积极协助海外中国公民接种新冠疫苗，惠及180国约440万海外中国公民。通过12308领保热线为海外人员解决困难，全年接听来电超50万通，处置领保案件6万余件，安排临时航班及时接返确有困难人员和撤离高风险地区滞留同胞共计1万余人，稳妥处置涉及我国的境外重大安全事件数十起，成功解救数十名被绑架公民，切实维护海外中国公民安全和正当权益。

3. 持续打造海外民生工程

推进领事工作信息化建设，结合落实“我为群众办实事”，深化“互联网+领事服务”，启用“中国领事”APP办理护照、旅行证功能，实现“掌上办照”。增加养老金远程资格认证和领事认证线上核验功能；启动驻外使领馆同国内公证机构合作开展海外远程视频公证试点工作，不断提升服务便捷度和群众体验感。开拓思路，创新举措，做好疫情期间窗口领事服务工作。指导驻外使领馆有序调整办公时间，在做好疫情防控基础上开通“绿色通道”，急事急办，特事特办。保持对外咨询电话和热线畅通，最大限度满足海外中国公民申办各类证照需求。

4. 积极服务国内开放发展

在疫情防控常态化形势下，不断完善邀请外国人来华政策，升级与有关国家“快捷通道”安排，确保必要人员往来渠道畅通，搭建紧急运输物资“绿色通道”，助力国内复工复产，保障产业链供应链稳定。有序推进中外人员往来便利化协定商签工作，与多米尼加、苏里南、古巴互免签证协定生效，与多米尼克签署互免签证协定，与马尔代夫等多国就互免签证相关事宜达成一致。会同有关部门稳妥做好来华航班管控，确保国际商业航班安全运行。全力以赴做好涉冬奥等重大专项工作保障，与冬奥组委建立相关工作机制，共同做好涉远端防控、航班安排等工作，指导驻外使领馆为冬奥人员来华提供积极协助。

（二）领事保护

2021年，全球新冠肺炎疫情延宕反复，传统安全与非传统安全威胁交织叠加，境外涉及中国公民和机构的安全事件进一步呈现出全球多点、重大突发态势。以习近平同志为核心的党中央高度重视境外中国公民和机构安全保护工作。外交部坚持以习近平新时代中国特色社会主义思想特别是习近平外交思想为指引，在党中央、国务院坚强领导下，全力开展领事保护与协助工作，坚决维护海外中国公民和机构安全和正当权益，持续构建"海外平安中国"。

1. 打好海外"战疫"，于疫情中守护海外同胞健康

2021年3月7日，国务委员兼外交部长王毅在两会记者会上宣布推出"春苗行动"，积极协助和争取为海外同胞接种新冠疫苗。外交部会同各有关部门，指导全球驻外使领馆深入研究各国疫苗接种政策和法律法规，分类制定"春苗行动"方案，立足当地，因地制宜推进有关工作，同时积极推动在阿联酋、塞尔维亚设立国产疫苗地区接种点。截至2021年年底，"春苗行动"已惠及180国440万同胞，其中100余万中国公民接种了国产疫苗，110余国已实现我有意愿接种人员全覆盖，得到海内外同胞高度赞誉。同时，加强对境外企业人员、留学生、侨胞等不同群体的指导督查和协助帮扶，强化疫情防控，全力救治被感染人员，并在严防疫情输入前提下，安排企业包机或临时航班接返滞留境外的确有困难人员。

2. 强化应急"处突"，于乱局中维护我境外人员和机构安全

2021年，外交部全球领事保护应急热线12308接听来电超50万通，全年处置各类领事保护案件6万余起。阿富汗安全局势恶化后，紧急协调安排临时航班和医疗包机接回213名在阿中国公民。7月14日，一中资企业在巴基斯坦达苏水电站项目车辆遭遇恐怖袭击，外交部第一时间牵头派出跨部门联合工作组赴巴开展工作，稳妥处理善后事宜。11月下旬所罗门群岛

首都爆发骚乱后，当地唐人街破坏严重，数百名侨胞流离失所，外交部指导驻所使馆，多措并举维护在所中国公民安全和权益，协调安排所航航班协助部分困难侨胞回国。外交部还指导驻外使领馆积极处置中方企业人员在非洲遭绑架，留学生在英国遭袭扰、在美国遭持枪抢劫身亡等案件，完成接返孟晚舟回国等重要工作，切实维护海外中国公民安全及正当权益。

3. 多措并举“防乱”，于变局中不断完善领事保护机制和制度建设

进一步加强“境外中国公民和机构安全保护工作部际联席会议”制度建设，不断完善中央、地方、驻外使领馆、企业、公民“五位一体”大领保格局。会同各有关部门多措并举，持续开展打击电诈网赌等专项行动。聚焦“海外中国公民急难愁盼”重点，坚持预防为主，多手段、多角度开展预防性领事保护宣传。积极开展“平安过年”春节系列宣传活动，推出“平安留学”“境外安全那些事儿”系列领事播报作品，上线26期“讲述领事保护案件背后的故事”系列音频并在“学习强国”APP等专栏投放。全方位推进预防培训，以线上线下相结合方式持续推进领保“进校园”“入企业”“下地方”，在“学习强国”平台推出“海外安全常识与领事保护知识”答题，覆盖人群超2亿。

（三）领事磋商与会谈

2021年，受新冠肺炎疫情影响，领事磋商与会谈仍无法以面对面方式举行。外交部领事司在疫情防控常态化背景下，创新工作方式，本着灵活高效原则，积极推动以视频方式举行中外领事磋商，逐步安全有序恢复中外人员往来，服务国内国际双循环的新发展格局。

2021年2月25日，外交部领事司与哈萨克斯坦外交部领事局以视频形式举行中哈第19轮领事磋商。双方就便利人员往来、维护公民安全与合法权益等议题深入交换了意见和看法，达成积极共识。双方一致同意，要遵循两国领导人的重要战略引领，深化领事部门的交流与合作，以建设性态度解决人员往来方面的突出问题，为推动两国人员健康有序往来和各领域务实合作注入新活力，助力中哈永久全面战略伙伴关系向前发展。

2021年5月11日，外交部领事司与德国外交部法律司以视频形式举行中德第三轮领事磋商。双方就疫情形势下便利双方必要人员往来、维护公民合法权益等议题深入、坦诚交换意见，达成积极共识。双方一致同意，要妥善解决彼此关切，统筹推进领事合作，进一步用好“快捷通道”，为两国各领域务实合作提供坚实保障，为双边关系健康发展增添活力。

2021年7月28日，外交部领事司与蒙古国外交部领事局以视频形式举行中蒙第21轮领事磋商。双方就疫情防控常态化形势下便利双边必要人员往来、维护公民安全与合法权益等议题深入、坦诚交换意见。双方一致认为，领事部门应落实好两国外长天津会谈达成的重要共识，妥善处理好当前人员交往领域的突出问题，并为疫情后有序恢复双边人员往来作好准备，克服各方面困难，不断促进两国各领域务实合作，推动双边关系向前发展。

（四）领事机构

领事机构是加强中外领事关系的重要平台。2021年，中国政府在对等互惠基础上，通过友好协商，与五个国家就其在华新设五个领事机构达成一致，与两个国家就其三个驻华领事机构领区调整达成一致。

2021年中外双方同意新设的领事机构

序号	机构名称	达成协议日期
1	土耳其驻成都总领馆	2021.06.17
2	匈牙利驻广州总领馆	2021.07.16
3	卡塔尔驻上海总领馆	2021.07.22
4	坦桑尼亚驻广州总领馆	2021.08.26
5	白俄罗斯驻香港总领馆	2021.12.28

2021年中外双方同意调整领区的领事机构

序号	机构名称	达成协议日期	调整后领区
1	匈牙利驻重庆总领馆	2021.07.16	重庆、四川、云南、贵州
2	匈牙利驻上海总领馆	2021.07.16	上海、浙江、江苏、安徽
3	丹麦驻广州总领馆	2021.11.18	广东、广西、福建、海南、贵州、云南

（五）领事证件

领事证件是基础性领事业务。2021年，外交部领事司扎实推进领事工作信息化建设，深化“互联网+领事服务”，推进“中国领事”APP上办理护照、旅行证等功能。在作好疫情防控基础上，不断优化窗口领事服务，开通“绿色通道”，进一步提高领事服务质量，持续打造海外民生工程。

1. 护照方面

2021年，全球疫情持续蔓延，驻外使领馆依然面临疫情防控和窗口服务的双重压力。在此背景下，外交部始终秉持“外交为民”宗旨，巩固拓展党史学习教育成果，深入开展“我为群众办实事”，指导驻外使领馆克服困难、创造条件，成功启用“中国领事”APP办理护照，顺利完成驻外使领馆证照工作从线下模式向线上模式的转换，实现领事证照工作“云服务”“全天候”“零跑腿”。与此同时，外交部持续加大对驻外使领馆领事证件服务工作的监督力度，妥善处理群众咨询、信访案件，有力保障“绿色通道”等便民、惠民措施落地见效，不断提升海外中国公民办证的便捷度和舒适度。

2. 签证方面

2021年，继续执行从严从紧的外国人来华政策。同时，指导各地方、各央企和驻外使领馆，不断完善疫情期间邀请外国人来华政策，全力保障必要复工复产人员来华。通过采取简化审批环节、提高邀请函和签证审发效率、给予包机安排等便利措施，升级中美、中德、中法“快捷通道”安排，为有关国家在华企业高管、技术人员等各类复工复产人员及家属入境提供便利。全力参与北京2022年冬奥会等大型涉外活动，积极做好签证和身份注册卡审核、远端检测、来华航班等相关工作。继续推进生物识别签证项目，截至2021年年底，已有191个中国驻外使领馆实施生物识别签证。

根据疫情形势发展，稳慎把握节奏，有序推进中外人员往来便利化，与多米尼加互免持外交、公务、公务普通护照人员签证协定于1月8日生效；与苏里南全面互免签证协定于5月1日生效；与古巴互免持外交、公务、公务普通护照人员签证协定（修订版）于7月16日生效；与多米尼克互免签证协定于11月22日签署。截至2021年年底，中国已与149个国家缔结涵盖不同种类护照的互免签证协定，与41个国家达成各类简化手续协定或安排。给予香港特别行政区护照持有人免办签证或落地签待遇的国家和地区达168个，给予澳门特别行政区护照持有人免办签证或落地签待遇的国家和地区达144个。

3. 稳妥做好APEC商务旅行卡相关工作

指导各地方继续深入推进APEC商务旅行卡申办改革工作，进一步拓宽领域、降低门槛、疏通渠道。截至2021年年底，中方有效持卡量约5万份，居各经济体首位，同时，审发外方申请约2.7万人。

4. 公证认证和婚姻登记工作

深入推进新形势下涉外文书管理机制创新发展，全力打造与新发展格局相适应的高质量涉外领事文书管理体系。加快推进我国加入《取消外国公文书认证要求的公约》，同步作好入约前内外准备。积极应对涉疫情工作挑战，创新模式畅通办证渠道，实现驻外使领馆同国内公证机构合作开展海外远程视频公证试点工作“零突破”，并在欧洲、亚洲、美洲、非洲等部分海外中国公民较集中的国家推广试点。在“中国领事”APP内实现境外居住人员领取养老金资格远程认证，以及国内和驻外使领馆领事认证线上查验功能。推进“中国领事”APP就驻外使领馆公证、领事认证和婚姻登记预约程序业务流程设计，多渠道实现“不见面办证”。积极同有关国家商谈民商事文书便利化互惠安排，着力打造中外文书往来“便利通道”。疫情期间确保领事认证应急服务“绿色通道”不间断服务，为我国公民、企业“走出去”提供有力保障，维护国际产业链供应链稳定畅通。2021年，中国驻外使领馆办理领事认证约44.79万份，公证约5.69万份，婚姻登记6122对。外交部全年办理领事认证约35.36万份，委托地方外办办理领事认证41万份。

（六）涉及外国驻华领事机构事务和涉外案件

1. 外国驻华领事机构事务

2021年，中国政府认真履行国际义务，依据《维也纳领事关系公约》、中外双边领事条约（协定）、《中华人民共和国领事特权与豁免条例》及其他中国

法律法规，妥善处理涉及外国驻华领事机构的各类事务，为外国驻华领事机构和人员在华工作生活提供必要协助和便利。地方政府积极发挥外国驻华领事机构的桥梁作用，加强本地区与有关国家在经贸、文化、旅游、教育等领域的交流与合作，有效促进中外友好和推动地方经济社会发展。

2021年，外交部共为82位外国新任驻华总领事颁发《领事证书》，为3位名誉领事颁发《名誉领事证书》。

2. 涉外案（事）件处理情况

中国政府依法保障在华外国公民和机构合法权益，中国司法机关依法处理涉及外国公民和机构的案件。外交部协调主管部门，依据国际公约、双边领事条约（协定）有关规定，及时进行领事通报，为外国驻华使领馆官员执行领事职务提供必要的协助和便利，积极回应外方合理关切。

各部门和地方不断完善涉外案（事）件应急处置机制，加强协调配合和信息通报，发生重大涉外突发案（事）件时，第一时间启动应急机制，及时了解外国公民及机构情况，向外方通报或回复外国驻华使领馆问询。

附 录

（一）2021年中华人民共和国外交部组织机构表

办　公　厅
政策规划司
亚　洲　司
西亚北非司
非　洲　司
欧　亚　司
欧　洲　司
北美大洋洲司
拉丁美洲和加勒比司
国　际　司
国际经济司
军　控　司
条约法律司

边界与海洋事务司
新　闻　司
礼　宾　司
领　事　司（领事保护中心）
香港澳门台湾事务司
翻　译　司
外事管理司
涉外安全事务司
干　部　司
离退休干部局
行　政　司
财　务　司
机 关 党 委（部党委国外工作局）
外交部巡视工作领导小组办公室
档　案　馆
服 务 中 心

（二）中华人民共和国外交部领导成员名单

（截至2023年1月5日）

秦　刚　外交部长、党委副书记
齐　玉　外交部党委书记
马朝旭　外交部副部长
张　骥　中央纪委国家监委驻外交部纪检监察组组长
谢　锋　外交部副部长
孙卫东　外交部副部长
邓　励　外交部副部长
吴江浩　外交部部长助理
徐飞洪　外交部部长助理
华春莹　外交部部长助理

（三）同中国建交的国家、建交日期和2021年中国驻外使节一览表

（以建交先后为序）

序号	国名	建交日期	中国在任使节
1	俄罗斯联邦[①]	1949年10月2日	张汉晖
2	保加利亚共和国	1949年10月4日	董晓军
3	罗马尼亚	1949年10月5日	姜瑜（女）
4	匈牙利	1949年10月6日	齐大愚
5	朝鲜民主主义人民共和国	1949年10月6日	李进军
6	捷克共和国[②]	1949年10月6日	张建敏
7	斯洛伐克共和国	1949年10月6日	孙立杰
8	波兰共和国	1949年10月7日	刘光源 孙霖江（8月以后）
9	蒙古国	1949年10月16日	柴文睿
10	阿尔巴尼亚共和国	1949年11月23日	周鼎
11	越南社会主义共和国	1950年1月18日	熊波
12	印度共和国	1950年4月1日	孙卫东
13	印度尼西亚共和国	1950年4月13日	肖千
14	瑞典	1950年5月9日	桂从友 崔爱民（12月以后）
15	丹麦王国	1950年5月11日	冯铁
16	缅甸联邦共和国	1950年6月8日	陈海
17	瑞士联邦	1950年9月14日	王世廷
18	列支敦士登公国[③]	1950年9月14日	赵清华（兼）
19	芬兰共和国	1950年10月28日	陈立
20	巴基斯坦伊斯兰共和国	1951年5月21日	农融
21	挪威王国	1954年10月5日	易先良
22	塞尔维亚共和国[④]	1955年1月2日	陈波（女）
23	阿富汗伊斯兰共和国	1955年1月20日	王愚
24	尼泊尔	1955年8月1日	侯艳琪（女）
25	阿拉伯埃及共和国	1956年5月30日	廖力强
26	阿拉伯叙利亚共和国	1956年8月1日	冯飚

续表

序号	国名	建交日期	中国在任使节
27	也门共和国	1956年9月24日	康勇
28	斯里兰卡民主社会主义共和国	1957年2月7日	戚振宏
29	柬埔寨王国	1958年7月19日	王文天
30	伊拉克共和国	1958年8月25日	张涛
31	摩洛哥王国	1958年11月1日	李立 李昌林（4月以后）
32	阿尔及利亚民主人民共和国	1958年12月20日	李连和
33	苏丹共和国	1959年2月4日	马新民
34	几内亚共和国	1959年10月4日	黄巍
35	加纳共和国	1960年7月5日	卢坤（2月以后） （2月以前空缺）
36	古巴共和国	1960年9月28日	陈曦 马辉（7月以后）
37	马里共和国	1960年10月25日	朱立英 陈志宏（10月以后）
38	索马里联邦共和国⑤	1960年12月14日	覃俭 费胜潮（8月以后）
39	刚果民主共和国	1961年2月20日	朱京
40	老挝人民民主共和国	1961年4月25日	姜再冬
41	乌干达共和国	1962年10月18日	郑竹强 张利忠（6月以后）
42	肯尼亚共和国	1963年12月14日	周平剑
43	布隆迪共和国	1963年12月21日	李昌林 赵江平（女，4月以后）
44	突尼斯共和国	1964年1月10日	张建国
45	法兰西共和国	1964年1月27日	卢沙野
46	刚果共和国	1964年2月22日	马福林
47	坦桑尼亚联合共和国	1964年4月26日	王克（女） 陈明健（女，10月以后）
48	中非共和国	1964年9月29日	陈栋
49	赞比亚共和国	1964年10月29日	李杰
50	贝宁共和国	1964年11月12日	彭惊涛
51	毛里塔尼亚伊斯兰共和国	1965年7月19日	李柏军（3月以后） （3月以前空缺）
52	加拿大	1970年10月13日	丛培武
53	赤道几内亚共和国	1970年10月15日	亓玫（女）

续表

序号	国名	建交日期	中国在任使节
54	意大利共和国	1970年11月6日	李军华
55	埃塞俄比亚联邦民主共和国	1970年11月24日	赵志远
56	智利共和国	1970年12月15日	徐步 牛清报（2月以后）
57	尼日利亚联邦共和国	1971年2月10日	崔建春（3月以后） （3月以前空缺）
58	科威特国	1971年3月22日	李名刚
59	喀麦隆共和国	1971年3月26日	王英武
60	圣马力诺共和国⑥	1971年5月6日	李军华（兼）
61	奥地利共和国	1971年5月28日	李晓驷
62	塞拉利昂共和国	1971年7月29日	胡张良
63	土耳其共和国	1971年8月4日	刘少宾
64	伊朗伊斯兰共和国	1971年8月16日	常华
65	比利时王国	1971年10月25日	曹忠明
66	秘鲁共和国	1971年11月2日	梁宇
67	黎巴嫩共和国	1971年11月9日	王克俭 钱敏坚（5月以后）
68	卢旺达共和国	1971年11月12日	饶宏伟
69	塞内加尔共和国	1971年12月7日	肖晗
70	冰岛共和国	1971年12月8日	金智健（10月以前） （10月以后空缺）
71	塞浦路斯共和国	1971年12月14日	刘彦涛
72	马耳他共和国	1972年1月31日	于敦海
73	墨西哥合众国	1972年2月14日	祝青桥
74	阿根廷共和国	1972年2月19日	邹肖力
75	大不列颠及北爱尔兰联合王国	1972年3月13日	刘晓明 郑泽光（6月以后）
76	毛里求斯共和国	1972年4月15日	孙功谊 朱立英（6月以后）
77	荷兰王国	1972年5月18日	谈践
78	希腊共和国	1972年6月5日	章启月（女） 肖军正（9月以后）
79	圭亚那合作共和国	1972年6月27日	崔建春 郭海燕（女，10月以后）
80	多哥共和国	1972年9月19日	巢卫东
81	日本国	1972年9月29日	孔铉佑

续表

序号	国名	建交日期	中国在任使节
82	德意志联邦共和国	1972年10月11日	吴恳
83	马尔代夫共和国⑦	1972年10月14日	张利忠 王立新（女，8月以后）
84	马达加斯加共和国	1972年11月6日	郭晓梅（女）
85	卢森堡大公国	1972年11月16日	杨小茸（女）
86	牙买加	1972年11月21日	田琦
87	乍得共和国	1972年11月28日	李津津
88	澳大利亚联邦	1972年12月21日	成竞业（11月之前） （11月之后空缺）
89	新西兰	1972年12月22日	吴玺（女） 王小龙（12月以后）
90	西班牙王国	1973年3月9日	吴海涛
91	布基纳法索	1973年9月15日	李健
92	几内亚比绍共和国	1974年3月15日	郭策
93	加蓬共和国	1974年4月20日	胡长春
94	马来西亚	1974年5月31日	欧阳玉靖
95	特立尼达和多巴哥共和国	1974年6月20日	方遒
96	委内瑞拉玻利瓦尔共和国	1974年6月28日	李宝荣
97	尼日尔共和国	1974年7月20日	张立军 蒋烽（8月之后）
98	巴西联邦共和国	1974年8月15日	杨万明
99	冈比亚共和国	1974年12月14日	马建春
100	博茨瓦纳共和国	1975年1月6日	赵彦博 王雪峰（4月之后）
101	菲律宾共和国	1975年6月9日	黄溪连
102	莫桑比克共和国	1975年6月25日	王贺军
103	泰王国	1975年7月1日	吕健 韩志强（8月之后）
104	圣多美和普林西比民主共和国	1975年7月12日	徐迎真（女）
105	孟加拉人民共和国	1975年10月4日	李极明
106	斐济共和国	1975年11月5日	钱波
107	萨摩亚独立国	1975年11月6日	巢小良
108	科摩罗联盟	1975年11月13日	何彦军
109	佛得角共和国	1976年4月25日	杜小丛
110	苏里南共和国	1976年5月28日	刘全 韩镜（8月之后）

续表

序号	国名	建交日期	中国在任使节
111	塞舌尔共和国	1976年6月30日	郭玮（女）
112	巴布亚新几内亚独立国	1976年10月12日	薛冰 曾凡华（5月以后）
113	利比里亚共和国	1977年2月17日	任义生
114	约旦哈希姆王国	1977年4月7日	陈传东
115	巴巴多斯	1977年5月30日	延秀生
116	阿曼苏丹国	1978年5月25日	李凌冰（女）
117	利比亚国	1978年8月9日	（空缺）
118	美利坚合众国	1979年1月1日	崔天凯 秦刚（7月以后）
119	吉布提共和国	1979年1月8日	卓瑞生 胡斌（7月以后）
120	葡萄牙共和国	1979年2月8日	蔡润 赵本堂（2月以后）
121	爱尔兰	1979年6月22日	何向东
122	厄瓜多尔共和国	1980年1月2日	陈国友
123	哥伦比亚共和国	1980年2月7日	蓝虎
124	津巴布韦共和国	1980年4月18日	郭少春
125	基里巴斯共和国	1980年6月25日	唐松根（3月以后）
126	瓦努阿图共和国	1982年3月26日	周海成
127	安提瓜和巴布达	1983年1月1日	张艳玲（女，11月以后） （11月以前空缺）
128	安哥拉共和国	1983年1月12日	龚韬
129	科特迪瓦共和国	1983年3月2日	万黎
130	莱索托王国	1983年4月30日	雷克中
131	阿拉伯联合酋长国	1984年11月1日	倪坚
132	多民族玻利维亚国[⑧]	1985年7月9日	黄亚中
133	格林纳达	1985年10月1日	韦宏添
134	尼加拉瓜共和国	1985年12月7日	（空缺）
135	乌拉圭东岸共和国	1988年2月3日	王刚
136	卡塔尔国	1988年7月9日	周剑
137	巴勒斯坦国[⑨]	1988年11月20日	郭伟
138	巴林王国	1989年4月18日	安瓦尔
139	密克罗尼西亚联邦	1989年9月11日	黄峥
140	纳米比亚共和国	1990年3月22日	张益明
141	沙特阿拉伯王国	1990年7月21日	陈伟庆

续表

序号	国名	建交日期	中国在任使节
142	新加坡共和国	1990年10月3日	洪小勇
143	爱沙尼亚共和国	1991年9月11日	李超
144	拉脱维亚共和国	1991年9月12日	梁建全
145	立陶宛共和国	1991年9月14日	申知非（8月召回） （11月降为代办级）
146	文莱达鲁萨兰国	1991年9月30日	于红（女）
147	乌兹别克斯坦共和国	1992年1月2日	姜岩（女）
148	哈萨克斯坦共和国	1992年1月3日	张霄
149	乌克兰	1992年1月4日	范先荣
150	塔吉克斯坦共和国	1992年1月4日	刘彬（9月以前） （9月以后空缺）
151	吉尔吉斯共和国	1992年1月5日	杜德文（女）
152	土库曼斯坦	1992年1月6日	钱乃成
153	白俄罗斯共和国	1992年1月20日	谢小用
154	以色列国	1992年1月24日	蔡润
155	摩尔多瓦共和国	1992年1月30日	张迎红 闫文滨（12月以后）
156	阿塞拜疆共和国	1992年4月2日	郭敏（女）
157	亚美尼亚共和国	1992年4月6日	范勇
158	斯洛文尼亚共和国	1992年5月12日	王顺卿
159	克罗地亚共和国	1992年5月13日	许尔文（女） 齐前进（11月以后）
160	格鲁吉亚	1992年6月9日	李岩（女）
161	大韩民国	1992年8月24日	邢海明
162	厄立特里亚国	1993年5月24日	蔡革
163	北马其顿共和国⑩	1993年10月12日	张佐
164	安道尔公国⑪	1994年6月29日	吴海涛（兼）
165	摩纳哥公国⑫	1995年1月16日	卢沙野（兼）
166	波斯尼亚和黑塞哥维那	1995年4月3日	季平
167	巴哈马国	1997年5月23日	黄亲国 戴庆利（女，3月以后）
168	库克群岛⑬	1997年7月25日	吴玺（女，兼） 王小龙（12月以后，兼）
169	南非共和国	1998年1月1日	陈晓东
170	汤加王国	1998年11月2日	曹小林
171	东帝汶民主共和国	2002年5月20日	肖建国

续表

序号	国名	建交日期	中国在任使节
172	多米尼克国	2004年3月23日	卢坤 林先江（10月以后）
173	黑山[14]	2006年7月6日	刘晋
174	哥斯达黎加共和国	2007年6月1日	汤恒
175	纽埃[15]	2007年12月12日	吴玺（女，兼） 王小龙（12月以后，兼）
176	马拉维共和国	2007年12月28日	刘洪洋
177	南苏丹共和国	2011年7月9日	华宁
178	巴拿马共和国	2017年6月13日	魏强
179	多米尼加共和国	2018年5月1日	张润
180	萨尔瓦多共和国	2018年8月21日	欧箭虹（女）
181	所罗门群岛	2019年9月21日	李明

注：

① 1949年10月2日系中国与苏联建交日。1991年12月27日，国务委员兼外交部长钱其琛致电俄罗斯外长，宣布中国承认俄罗斯联邦政府并决定中国驻苏联大使改任驻俄罗斯大使。

② 1949年10月6日系中国与捷克斯洛伐克建交日。1992年12月31日捷斯联邦解体，1993年1月1日捷克共和国和斯洛伐克共和国成为独立主权国家，中国政府分别予以承认并与两国建立大使级外交关系。

③ 中国驻苏黎世总领事兼任驻列支敦士登公国总领事。

④ 1955年1月2日系中国与南斯拉夫社会主义联邦共和国建交日。2003年2月4日，南斯拉夫联盟共和国将国名改为塞尔维亚和黑山。2006年6月3日，黑山共和国独立，塞尔维亚共和国继承塞黑国际法主体地位。6月14日，中国外交部照会塞外交部，宣布中国驻塞尔维亚和黑山特命全权大使转任驻塞尔维亚共和国特命全权大使，驻塞黑使馆同时更名。

⑤ 由于索马里国内原因，中国驻索马里外交人员曾于1991年撤离。2014年10月，中国驻索马里使馆复馆。

⑥ 中国驻意大利大使兼任驻圣马力诺大使。

⑦ 中国于2011年11月在马尔代夫共和国设立大使馆。中国驻斯里兰卡大使不再兼任驻马尔代夫大使。

⑧ 2009年3月，玻利维亚共和国将国名改为多民族玻利维亚国。

⑨ 1995年12月，中国在加沙设立驻巴勒斯坦民族权力机构办事处，

2004年5月迁至拉马拉，2013年10月更名为驻巴勒斯坦国办事处。2008年6月，中国驻突尼斯大使不再兼任驻巴勒斯坦国大使，由驻巴办主任（大使衔）全权负责同巴勒斯坦交往事宜。

⑩ 2018年6月12日，马其顿、希腊两国总理宣布就国名问题达成协议，同意马国名更改为“北马其顿共和国”，并于当月17日签署正式协议。2019年2月12日，马政府宣布正式更改国名为“北马其顿共和国”。

⑪ 中国驻西班牙大使兼任驻安道尔公国大使。

⑫ 中国同摩纳哥公国自1995年1月16日起建立领事关系，中国驻马赛总领事兼任驻摩纳哥总领事。2006年2月升格为大使级外交关系，中国驻法国大使兼任驻摩纳哥大使。

⑬ 中国驻新西兰大使兼任驻库克群岛大使。

⑭ 2007年10月19日，黑山共和国将国名改为黑山。

⑮ 中国驻新西兰大使兼任驻纽埃大使。

（四）中华人民共和国常驻联合国、驻其他国际组织代表团（处）名称、驻地和2021年常驻代表（团长）一览表

名称	驻地	常驻代表
中华人民共和国常驻联合国代表团	纽约	张军
中华人民共和国常驻联合国日内瓦办事处和瑞士其他国际组织代表团	日内瓦	陈旭
中华人民共和国常驻联合国维也纳办事处和其他国际组织代表团	维也纳	王群
中华人民共和国驻欧盟使团	布鲁塞尔	张明
中华人民共和国常驻美洲国家组织观察员办事处①	华盛顿	崔天凯（兼） 秦刚（兼，7月以后）
中华人民共和国常驻禁止化学武器组织代表团②	海牙	谈践（兼）
中华人民共和国常驻联合国环境规划署代表处③	内罗毕	周平剑（兼）
中华人民共和国常驻联合国人类住区规划署代表处④	内罗毕	周平剑（兼）
中华人民共和国常驻国际海底管理局代表处⑤	金斯敦	田琦（兼）
中华人民共和国常驻世界贸易组织代表团	日内瓦	张向晨 李成钢（2月以后）
中华人民共和国常驻联合国教育、科学及文化组织代表团	巴黎	杨进（代表）
中华人民共和国常驻联合国粮农机构代表处	罗马	牛盾（代表） 广德福（代表，4月以后）
中华人民共和国常驻国际民用航空组织理事会代表处	蒙特利尔	杨胜军（代表）
中华人民共和国常驻联合国亚洲及太平洋经济社会委员会代表处	曼谷	柯友生（代表）
中华人民共和国驻东盟使团	雅加达	邓锡军
中华人民共和国驻非盟使团	亚的斯亚贝巴	刘豫锡

注：

① 中国驻美国大使兼任中国常驻美洲国家组织观察员。

② 中国驻荷兰大使兼任中国常驻禁止化学武器组织代表。

③ 中国驻肯尼亚大使兼任中国常驻联合国环境规划署代表。

④ 中国驻肯尼亚大使兼任中国常驻联合国人类住区规划署代表。

⑤ 中国驻牙买加大使兼任中国常驻国际海底管理局代表。

（五）中国与外国互设领事机构一览表

（按国名英文字母顺序排列）

1. 中国在外国设立领事机构一览表

（1）总领事馆

序号	国名	驻地	协议日期	开馆日期	领区	2021年在任馆长
1	澳大利亚	悉尼	1978.09.18	1979.03.19	新南威尔士州	周立民
2	澳大利亚	墨尔本	1986.06.23	1986.09.11	维多利亚州、塔斯马尼亚州	龙舟
3	澳大利亚	珀斯	1994.04.15	1994.10.18	西澳大利亚州	龙定斌
4	澳大利亚	布里斯班	2006.09.22（升格）	2005.04	昆士兰州	徐杰
5	澳大利亚	阿德莱德	2015.01.30	2016.01.18	南澳洲	何岚菁
6	玻利维亚	圣克鲁斯	2013.12.23	1992.05.06设总领馆，2002.03.01降为领事馆，2013.12.23升为总领馆	圣克鲁斯省	王家雷
7	巴西	圣保罗	1984.08.15	1985.11.04	圣保罗州、巴拉那州、圣卡塔林纳州、南里约格郎德州	陈佩洁
8	巴西	里约热内卢	1991.08.05	1992.06.15	里约热内卢州、米纳斯吉拉斯州、圣埃斯皮里托州、巴伊亚州	李杨 田敏（2021年7月到任）

续表

序号	国名	驻地	协议日期	开馆日期	领区	2021年在任馆长
9	巴西	累西腓	2013.11.27	2016.02.22	伯南布哥州、帕拉伊巴州、北里奥格朗德州、塞阿拉州、皮奥伊州、马拉尼昂州、阿拉戈斯州、塞尔希培州	严宇清
10	加拿大	温哥华	1973.10.24	1974.11.17	不列颠哥伦比亚省、育空地区	佟晓玲
11	加拿大	多伦多	1980.08.25	1984.12.20	安大略省、曼尼托巴省	韩涛
12	加拿大	卡尔加里	1997.11.28	1998.10.02	阿尔伯塔省、萨斯喀彻温省、西北地区	陆旭
13	加拿大	蒙特利尔	2010.03.22	2011.06.22	魁北克省、新不伦瑞克省	陈学明
14	智利	伊基克	1985.04.29	1997.12.30（2002.04.01日起暂时关闭），2010.10复馆，2011.05.25正式开馆	第一行政区、第二行政区、第十五行政区	傅新蓉
15	朝鲜	清津	1987.01.15	1987.07.01	咸境北道、咸境南道、两江道、罗先特别市	张大兴
16	厄瓜多尔	瓜亚基尔	1984.05.17	1984.09.10	瓜亚斯省、马纳维省、洛斯里奥斯省、埃尔奥罗省	张滔
17	埃及	亚历山大	1967.07.04	1968.02.05	塞得港省、亚历山大省、伊斯梅利亚省、苏伊士省	赵丽莹
18	赤道几内亚	巴塔	2013.05.13	2014.06.25	海岸省、中南省、基埃-恩特姆省及维勒-恩萨斯省	徐庄声
19	法国	马赛	1980.10.17	1985.12.19	普罗旺斯-阿尔卑斯-蓝色海岸大区的6个省，奥克西塔尼大区的13个省，科西嘉地方行政区	陆慧英

续表

序号	国名	驻地	协议日期	开馆日期	领区	2021年在任馆长
20	法国	斯特拉斯堡	1997.03.21	1998.04.28	大东部大区和勃艮第-弗朗什-孔泰大区的14个省	凌军
21	法国	里昂	2006.09.13	2009.12.02	奥弗涅-罗纳-阿尔卑斯大区的12个省	陆青江
22	法国	圣但尼	2007.06.25	2010.02.06	法国留尼汪大区（海外领区）	王向阳
23	德国	汉堡	1979.10.24	1984.05.14	汉堡州、不来梅州、下萨克森州、石勒苏益格-荷斯泰因州	杜晓晖
24	德国	慕尼黑	1995.07.13	1997.06.07	巴伐利亚州	张越 童德发（2021年9月到任）
25	德国	法兰克福	2003.12.01	2005.06.23	黑森州、巴登-符腾堡州、莱茵兰-普法耳茨州、萨尔州	孙从彬
26	德国	杜塞尔多夫	2014.03.28	2015.12.19	北莱茵-威斯特法伦州	冯海阳
27	印度	孟买	1991.12.13	1992.12.08	孟买市、马哈拉斯特拉邦、卡纳塔克邦	唐国才
28	印度	加尔各答	2006.11.21	2008.09.07	西孟加拉邦、奥里萨邦、查提斯加尔邦、贾坎德邦、比哈尔邦	查立友
29	印度尼西亚	泗水	2005.02.28	2006.11.09	东爪哇省、中爪哇省、日惹特区、北马鲁古省、马鲁古省	顾景奇
30	印度尼西亚	棉兰	2009.11.30	2011.09.08	北苏门答腊省、南苏门答腊省、西苏门答腊省、占碑省、明古鲁省、廖内省、廖内群岛、邦加和勿里洞省、楠榜省、亚齐特区	邱薇薇
31	印度尼西亚	登巴萨	2013.09.27	2014.12.08	巴厘省、东努沙登加拉省、西努沙登加拉省	朱兴龙

续表

序号	国名	驻地	协议日期	开馆日期	领区	2021年在任馆长
32	伊拉克	埃尔比勒	2014.05.04	2014.12.30	埃尔比勒省、苏莱曼尼亚省、代胡克省	倪汝池
33	意大利	米兰	1979.11.06	1985.06.11	伦巴第大区、艾米利亚－罗马涅大区、皮埃蒙特大区、威尼托大区	宋雪峰 刘侃 （2021年7月到任）
34	意大利	佛罗伦萨	1997.11.03	1998.06.01	托斯卡纳大区、翁布里亚大区、马尔凯大区、利古里亚大区	王文刚
35	日本	大阪	1975.08.15	1976.03.08	大阪府、京都府、兵库县、奈良县、和歌山县、滋贺县、爱媛县、香川县、高知县、德岛县、岛根县、鸟取县、广岛县、冈山县	薛剑 （2021年6月到任）
36	日本	札幌	1980.02.01	1980.09.10	北海道、青森县、秋田县、岩手县	刘亚明
37	日本	福冈	1984.12.26	1985.05.04	福冈县、佐贺县、大分县、熊本县、鹿儿岛县、宫崎县、冲绳县、山口县	律桂军
38	日本	长崎	1984.12.26	1985.05.04	长崎县	张大兴 （2021年9月到任）
39	日本	名古屋	2007.07.17	2007.08.20	爱知县、岐阜县、富山县、石川县、三重县、福井县	刘晓军
40	日本	新潟	2009.06.25	2010.06.24	新潟县、山形县、福岛县、宫城县	孙大刚
41	哈萨克斯坦	阿拉木图	2007.08.18	2008.12.23	阿拉木图市、南哈萨克斯坦州、江布尔州、东哈萨克斯坦州、阿拉木图州	耿丽萍 蒋薇 （2021年9月到任）
42	老挝	琅勃拉邦	2012.08.14	2013.12.25	琅勃拉邦省、丰沙里省、乌多姆塞省、琅南塔省、波乔省、华潘省	李志工

续表

序号	国名	驻地	协议日期	开馆日期	领区	2021年在任馆长
43	马来西亚	古晋	1993.10.18	1994.08.03	沙捞越州	程广中
44	马来西亚	哥打基纳巴卢	2014.05.29	2015.04.27	沙巴州和纳闽联邦直辖区	梁才德
45	马来西亚	槟城	2014.05.29	2015.12.22	槟榔屿州、玻璃市州、霹雳州、吉打州	鲁世巍
46	墨西哥	蒂华纳	1984.10.10	1985.08.15	北下加利福尼亚州、南下加利福尼亚州、奇瓦瓦州、索诺拉州	于波 虞越（2021年9月到任）
47	蒙古国	扎门乌德	2012.12.27	2014.07.03	东戈壁省、南戈壁省、中戈壁省、苏赫巴托省、东方省	李雁军
48	缅甸	曼德勒	1993.08.19	1994.08.22	曼德勒省、克钦邦、掸邦	陈辰
49	荷兰	威廉斯塔德	2013.06.11	2014.09.25	由库拉索、阿鲁巴、圣马丁、圣俄斯塔休斯、博纳尔、萨巴组成的荷兰王国加勒比地区	李意钢
50	新西兰	奥克兰	1991.05.09	1992.06.15	奥克兰区、怀卡托区、北部区	阮平
51	新西兰	克赖斯特彻奇	2010.06.14	2011.12.02	整个南岛，即坎特伯雷、马尔伯勒、尼尔森、奥塔戈、塔斯曼、西岸和南部地区	汪志坚
52	尼日利亚	拉各斯	2003.08.27	2003.09.03	拉各斯州、奥贡州、奥逊州、埃基提州、翁多州、科吉州、埃多州、三角州、巴耶尔萨州、阿南布拉州、依莫州、河流州、埃努古州、阿比亚州、阿夸伊博姆州、纳萨拉瓦州、贝努埃州、埃邦伊州、十字河州、塔拉巴州	储茂明
53	巴基斯坦	卡拉奇	1966.05.16	1966.08.05	卡拉奇省、信德省、俾路支省	李碧建

续表

序号	国名	驻地	协议日期	开馆日期	领区	2021年在任馆长
54	巴基斯坦	拉合尔	2014.07.09	2015.09.30	除拉瓦尔品第外的旁遮普省35个县	龙定斌（2021年1月离任）
55	菲律宾	宿务	1994.12.08	1995.10.02	伊洛伊洛省、西内格罗省、保各省、宿务省、东内格罗省、锡基霍尔省、东萨马省、莱特省、北萨马省、西萨马省、南莱特省	贾力
56	菲律宾	达沃	1996.11.26	2018.10.28	三宝颜锡布格省、北三宝颜省、南三宝颜省、西米萨米斯省、布基农省、北拉瑙省、东米萨米斯省、卡米昆省、东达沃省、西达沃省、康坡斯特拉山谷省、南达沃省、北达	黎林
57	波兰	革但斯克	1954.04.07	1958.12.01	滨海省、库亚瓦–滨海省、西滨海省、瓦尔米亚–马祖里省	樊晓东
58	韩国	釜山	1992.12.30	1993.09.06	釜山市、庆尚南道、庆尚北道	郭鹏
59	韩国	光州	2008.10.20	2009.06.18	光州广域市、全罗北道、全罗南道	张承刚
60	韩国	济州	2012.01.04	2012.07.14	济州特别自治道	王鲁新
61	俄罗斯	圣彼得堡	1985.06.13	1986.12.10	圣彼得堡市、列宁格勒州、卡累利阿自治共和国、摩尔曼斯克州、普斯科夫州、阿尔汉格尔斯克州、诺夫哥罗德州	王文丽
62	俄罗斯	哈巴罗夫斯克	1990.09.25	1992.09.09	哈巴罗夫斯克边疆区、阿穆尔州、萨哈（雅库特）共和国、犹太自治州	崔国杰

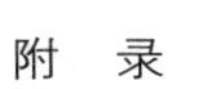

续表

序号	国名	驻地	协议日期	开馆日期	领区	2021年在任馆长
63	俄罗斯	叶卡捷琳堡	2004.10.14	2009.09.25	克拉斯诺亚尔斯克边疆区、新西伯利亚州、鄂木斯克州、斯维尔德洛夫斯克州、秋明州、车里雅宾斯克州	崔少纯
64	俄罗斯	伊尔库茨克	2006.12.22	2009.12.18	布里亚特共和国、图瓦共和国、哈卡西共和国、伊尔库茨克州、赤塔州	曹云龙
65	俄罗斯	符拉迪沃斯托克	1993.04达成设领协议，2005.03.01开馆（领办），2015.09.03协议升格为总领馆	2017.04.06总领馆开馆	堪察加边疆区、滨海边疆区、马加丹州、萨哈林州、楚科奇自治区	闫文滨（2021年9月离任）
66	俄罗斯	喀山	2015.09.03	2018.08.22	巴什科尔托斯坦共和国、马里埃尔共和国、莫尔多瓦共和国、鞑靼斯坦共和国、乌德穆尔特共和国、下诺夫哥罗德州、奥伦堡州、奔萨州、萨马拉州、萨拉托夫州、乌里扬诺夫斯克州、基洛夫州、彼尔姆边疆区、楚瓦什共和国	吴颖钦
67	沙特阿拉伯	吉达	1992.08.14	1993.04.25	吉达市、塔伊夫市、麦加省、麦地那省	谭邦林
68	南非	约翰内斯堡	1997.12.30	1999.02.03	豪登省中兰德以南地区、自由州省	唐中东
69	南非	开普敦	1997.12.30	1999.02.09	西开普省、东开普省、北开普省	林静
70	南非	德班	1997.12.30	1999.02.09	夸祖鲁-纳塔尔省	费明星

续表

序号	国名	驻地	协议日期	开馆日期	领区	2021年在任馆长
71	西班牙	巴塞罗那	1984.11.05	1987.04.06	巴塞罗那省、赫罗那省、莱里达省、塔拉戈纳省	林楠 朱京阳（2021年5月到任）
72	瑞典	哥德堡	1996.07.03	1997.04.07	韦尔姆兰、斯科耐、延雪平、哈兰德、克鲁努贝里、布莱金厄、西约特兰省（2006.1.17双方就重新确认领区达成协议）	顾晖
73	瑞士	苏黎世	1986.06.13	1988.09.15	苏黎世州、圣加伦州、图尔高州、阿尔高州、楚格州、施维茨州、沙夫豪森州、格劳宾登州、格拉鲁斯州、外阿彭本策尔州、内阿彭策尔州、卢塞思州	赵清华
74	坦桑尼亚	桑给巴尔	1999.01.11	1964.05.24	桑给巴尔地区	张志昇
75	泰国	清迈	1988.07.22	1991.04.10	清迈府、清莱府、夜丰颂府、南奔府、南邦府、拍夭府、难府、帕府、程逸府、彭世洛府、素可泰府、达府	吴志武
76	泰国	宋卡	1993.08.26	1994.07.27	宋卡府、春蓬府、拉廊府、素叻他尼府、攀牙府、普吉府、甲米府、洛坤府、董里府、博他伦府、沙敦府、北大年府、也拉府、陶公府	马凤春 吴冬梅（2021年11月到任）

续表

序号	国名	驻地	协议日期	开馆日期	领区	2021年在任馆长
77	泰国	孔敬	2012.04.17	2012.10.23	孔敬府、呵叻府、乌隆府、廊开府、那空帕侬府、沙功那空府、乌汶府、四色菊府、素林府、武里南府、穆达汉府、玛哈拉沙堪府、猜也蓬府、黎府、加拉信府、汶甘府、益梭通府、黎逸府、侬布兰普府、安那乍愣府	廖俊云
78	土耳其	伊斯坦布尔	1984.10.02	1985.07.26	伊斯坦布尔省、特基尔达省、科贾埃利省、布尔萨省、巴尔克西尔省、查纳卡累省、马尼萨省、埃迪尔内省、克尔克拉雷利省、亚洛瓦省	崔巍
79	乌克兰	敖德萨	2005.06.14	2011.11.29	敖德萨州、尼古拉耶夫州、赫尔松州、基洛沃格勒州、扎波罗热州、顿涅茨克州、克里米亚自治共和国、塞瓦斯托波尔直辖市	宋利群
80	阿联酋	迪拜	1988.03.14	1989.02.14	迪拜、沙迦、阿治曼、乌姆盖万、哈伊马角、富查伊拉	李旭航
81	英国	曼彻斯特	1984.04.17	1986.06.30	大曼彻斯特郡、泰恩和威尔郡、兰开夏郡、北约克郡、南约克郡、默西赛德郡、西约克郡、达勒姆郡、德比郡	郑曦原

续表

序号	国名	驻地	协议日期	开馆日期	领区	2021年在任馆长
82	英国	爱丁堡	1996.09.02	1997.11.04	苏格兰（2014年2月21日就在贝尔法斯特设领达成协议，其中同意驻爱丁堡总领馆领区由苏格兰和北爱尔兰调整为仅包括苏格兰，双方同意广州、爱丁堡总领事馆换照的第二条已作修订）	马强
83	英国	贝尔法斯特	2014.02.21	2015.06.08	北爱尔兰	张美芳
84	美国	旧金山	1979.08.24	1979.12.13	加利福尼亚州北部48个县、俄勒冈州、华盛顿州、阿拉斯加州、内华达州	王东华
85	美国	纽约	1981.06.16	1981.12.12	纽约州、新泽西州、康涅狄格州、马萨诸塞州、新罕布什尔州、宾夕法尼亚州、佛蒙特州、缅因州、俄亥俄州、罗得岛州	黄屏
86	美国	芝加哥	1981.06.16	1985.07.26	伊利诺伊州、印第安纳州、威斯康星州、密歇根州、密苏里州、堪萨斯州、艾奥瓦州、明尼苏达州、科罗拉多州	赵建
87	美国	洛杉矶	1981.06.16	1988.03.02	夏威夷州及美属太平洋岛屿、亚利桑那州、新墨西哥州、加利福尼亚州南部10个县	张平

续表

序号	国名	驻地	协议日期	开馆日期	领区	2021年在任馆长
88	越南	胡志明市	1992.11.22	1993.05.28	胡志明市、芹苴市、庆和省、宁顺省、同奈省、平顺省、平阳省、巴地–头顿省、隆安省、前江省、槟椥省、永隆省、茶荣省、后江省、薄辽省、金瓯省	吴骏
89	越南	岘港	2016.06.27	2017.10.13	岘港市、广南省、广义省、承天–顺化省、平定省、富安省	郗慧 董碧幽（2021年3月到任）
90	土耳其	伊兹密尔	2014.01.23	2015.09.28开馆，2019.02.28暂时闭馆	伊兹密尔省、乌沙克省、艾登省、代尼兹利省、厄斯帕尔塔省、穆拉省、布尔杜尔省、安塔利亚省	
91	吉尔吉斯斯坦	奥什市	2011.09.14	2013.05.03开馆，2019.08.28暂时闭馆	巴特肯州、贾拉拉巴德州、奥什州、奥什市	

（2）领事馆

序号	国名	驻地	开馆日期	领区	2021年在任馆长
1	法国	帕皮提（塔希提）	2007.09.12	法属波利尼西亚	董蔷
2	菲律宾	拉瓦格	2007.04.11	科迪勒拉行政区（阿拉布省、阿巴尧省、本格特省、伊夫肴省、卡林巴省、高山省）、第一地区（北伊罗戈省、南伊罗戈省、拉允隆省、班诗兰省）和第二地区（巴坦省、卡加延省、伊莎贝拉省、新比斯开省、基里诺省）	周游斌

（3）领事办公室

序号	所在国	所在地	所属馆	开馆年份
1	柬埔寨	暹粒	驻柬埔寨使馆	2017
2	泰国	普吉	驻宋卡总领馆	2014

2. 外国在中国内地设立领事机构一览表

（1）总领事馆

序号	国名	驻地	领区	协议日期	开馆日期
1	阿尔巴尼亚	广州	广东、福建、广西、湖南、江西	2019.02.02	未开馆
2	安哥拉	广州	广东、福建、海南、广西	2014.09.17	2015.11.06
3	阿根廷	广州	广东、福建、海南、广西	1988.05.16	2009.07.21
4	阿根廷	上海	上海、江苏、浙江、安徽	1995.10.04	2000.05.25
5	亚美尼亚	广州	广东、海南、湖南、福建、江西、广西	2016.12.15	未开馆
6	澳大利亚	上海	上海、江苏、浙江、安徽、江西、湖北	1978.09.18	1984.07.02
7	澳大利亚	广州	广东、广西、海南、福建、湖南	1992.05.27	1992.12.09
8	澳大利亚	成都	四川、贵州、云南、重庆	2012.11.08	2013.07.30
9	澳大利亚	沈阳	辽宁、吉林、黑龙江	2017.03.28	2019.04.24
10	奥地利	上海	上海、江苏、浙江、安徽	1994.06.24	1994.07.15
11	奥地利	广州	广东、海南、湖南、广西	2007.04.06	2007.11.25
12	奥地利	成都	四川、贵州、云南、重庆	2017.12.05	2018.04.11
13	孟加拉国	昆明	云南、广西、重庆、四川、贵州	2011.09.20	2013.05.12
14	白俄罗斯	上海	上海、江苏、安徽、江西、浙江、福建	2008.08.05	2008.12.21
15	白俄罗斯	广州	广东、海南、湖南、云南、贵州、广西	2016.09.29	2017.12.29
16	白俄罗斯	重庆	重庆、甘肃、四川、湖北、陕西、云南	2019.10.29	2021.01.28
17	比利时	上海	上海、江苏、浙江、安徽	1996.06.10	1996.10.01
18	比利时	广州	广东、云南、海南、福建、广西	2005.10.10	2005.12.20
19	玻利维亚	广州	广东	1987.10.16	暂时闭馆
20	巴西	广州	广东、海南、福建、广西、贵州、云南、湖南	1991.12.23	2010.04.15

续表

序号	国名	驻地	领区	协议日期	开馆日期
21	巴西	上海	上海、江苏、浙江、安徽、山东	2002.09.30	1994.05.22
22	保加利亚	上海	上海、江苏、浙江、安徽、江西、福建	2005.01.25	2005.08.25
23	柬埔寨	广州	广东、福建	1997.12.25	1998.07.01
24	柬埔寨	上海	上海、江苏、浙江、安徽	1999.05.28	1999.07.02
25	柬埔寨	昆明	云南、四川、贵州	2003.09.23	2004.02.23
26	柬埔寨	重庆	重庆、湖北、湖南	2004.07.30	2004.12.10
27	柬埔寨	南宁	广西	2005.07.29	2005.10.20（2006.04暂时闭馆，2007.02重新开馆）
28	柬埔寨	西安	陕西、甘肃、宁夏	2015.06.17	2017.01.01
29	柬埔寨	海口	海南	2019.01.23	2019.10.10
30	柬埔寨	济南	山东	2020.10.28	2021.10.29
31	加拿大	上海	上海、江苏、浙江、安徽、湖北	1980.08.25	1986.04.30
32	加拿大	广州	广东、广西、福建、海南、江西、湖南	1997.11.20	领事馆于1994.09.28开馆，1997.11.20升格为总领事馆
33	加拿大	重庆	重庆、四川、贵州、云南	2011.11.29	领事馆于1998.05.18开馆，2011.11.29升格为总领事馆
34	智利	上海	上海、江苏、浙江、安徽	1985.04.29	1996.06.17
35	智利	广州	广东、海南、福建、广西	2010.04.27	2012.12.19
36	智利	成都	四川、重庆、贵州、云南、陕西	2020.09.23	2021.07.08
37	哥伦比亚	上海	上海、江苏、浙江、安徽、福建、江西	2011.12.22	2012.12.03
38	哥伦比亚	广州	广东、海南、云南、贵州、广西	2013.07.15	2014.12.12
39	刚果共和国	广州	广东、福建、海南、广西	2014.06.04	2014.08.15
40	哥斯达黎加	上海	上海、江苏、安徽、浙江	2015.02.03	2016.08.22
41	科特迪瓦	广州	广东、福建、海南、江西、广西	2013.10.16	2014.07.12
42	古巴	上海	上海、江苏、浙江、安徽	1989.06.08	1990.09.01
43	古巴	广州	广东、广西、海南	2006.11.08	2006.11.08

续表

序号	国名	驻地	领区	协议日期	开馆日期
44	捷克	上海	上海、江苏、浙江、安徽	1987.03.07	1995.01.11
45	捷克	成都	四川、广西、重庆、贵州、云南	2015.07.02	2015.09.08
46	丹麦	上海	上海、江苏、浙江、安徽、江西	1994.03.25	1994.06.20
47	丹麦	广州	广东、广西、福建、海南、贵州、云南	1998.08.04	1998.09.23
48	多米尼加	上海	上海、江苏、浙江、安徽、江西	2019.06.24	未开馆
49	朝鲜	沈阳	辽宁、吉林、黑龙江	1986.02.13	1986.09.06
50	厄瓜多尔	上海	上海、江苏、浙江、安徽	1984.05.17	2009.08.10
51	厄瓜多尔	广州	广东、福建、江西、湖南、广西、海南	2009.03.17	2009.09.08
52	爱沙尼亚	上海	上海、安徽、福建、江苏、江西、浙江	2010.09.06	暂时闭馆
53	埃塞俄比亚	广州	广东、湖南、福建、江西、海南、广西	2009.05.31	暂时闭馆
54	埃塞俄比亚	重庆	重庆、湖北、四川、贵州、云南	2011.09.20	暂时闭馆
55	埃塞俄比亚	上海	上海、江苏、浙江、安徽	2012.03.31	暂时闭馆
56	埃及	上海	上海、江苏、浙江、安徽	1983.03.11	1999.05.01
57	斐济	上海	上海、江苏、浙江、安徽	2011.07.11	2014.08.19
58	芬兰	上海	上海、江苏、浙江、安徽、江西	1995.07.06	1995.11.01
59	芬兰	广州	广东、福建、海南、广西、云南	2004.11.01	暂时闭馆
60	法国	上海	上海、江苏、浙江、安徽	1980.10.17	1980.10.21
61	法国	广州	广东、广西、福建、海南	1997.03.12	1997.04.24
62	法国	武汉	湖北、湖南、江西	1998.04.03	1998.10.10
63	法国	成都	四川、云南、贵州、重庆	2005.07.18	2005.11
64	法国	沈阳	辽宁、吉林、黑龙江	2007.08.22	2008.10.27
65	德国	上海	上海、江苏、浙江、安徽	1979.10.24	1982.10.15
66	德国	广州	广东、广西、福建、海南	1995.07.13	1995.11.07
67	德国	成都	四川、贵州、云南、重庆	2003.12.01	2004.12.05
68	德国	沈阳	辽宁、吉林、黑龙江	2011.11.28	2012.10.12
69	加纳	广州	广东、福建、海南、广西	2018.07.06	2019.06.26
70	希腊	上海	上海、江苏、浙江、安徽、江西	2004.02.11	2004.10.16
71	希腊	广州	广东、福建、海南、广西、贵州、湖南、云南	2006.08.14	2007.05.15
72	希腊	成都	四川、湖北、重庆、陕西	2020.02.28	未开馆

续表

序号	国名	驻地	领区	协议日期	开馆日期
73	匈牙利	上海	上海、浙江、江苏、安徽	2004.04.07	2004.08.16
74	匈牙利	重庆	重庆、四川、云南、贵州	2010.01.25	2010.02.04
75	匈牙利	广州	广东、江西、福建、海南	2021.07.16	2021.12.01
76	冰岛	上海	上海、江苏、浙江	2009.09.18	暂时闭馆
77	印度	上海	上海、江苏、浙江	1991.12.13	1993.01.16
78	印度	广州	广东、福建、湖南、海南、广西、江西	2006.11.21	2007.10.18
79	印度	成都	四川、云南、贵州、重庆	2015.05.15	未开馆
80	印度尼西亚	上海	上海、江苏、浙江、安徽、江西	2002.03.24	2012.03.15
81	印度尼西亚	广州	广东、广西、福建、海南	2002.03.24	2002.12.12
82	伊朗	上海	上海、江苏、浙江、安徽	1988.09.26	1989.02.20
83	伊朗	广州	广东、福建、湖南、广西	2011.02.28	2011.12.23
84	爱尔兰	上海	上海、江苏、浙江、安徽、江西	2000.01.19	2000.08.01
85	以色列	上海	上海、江苏、浙江、安徽、江西	1993.10.08	1994.09.08
86	以色列	广州	广东、福建、海南、广西	2008.09.08	2009.03.22
87	以色列	成都	四川、重庆、贵州、云南	2013.08.23	2014.11.17
88	意大利	上海	上海、江苏、浙江、安徽	1979.11.06	1985.06.21
89	意大利	广州	广东、广西、福建、海南、湖南、江西	1997.11.03	1998.11.04
90	意大利	重庆	重庆、四川、云南、贵州	2013.03.18	2013.12.30
91	日本	上海	上海、江苏、浙江、安徽、江西	1975.08.15	1975.09.02
92	日本	广州	广东、海南、福建、广西	1980.02.01	1980.03.01
93	日本	沈阳	辽宁、黑龙江、吉林	1985.12.03	1986.01.16
94	日本	重庆	重庆、四川、贵州、云南、陕西	2004.12.03	2005.01.01
95	日本	青岛	山东	2008.12.18	2009.01.01
96	哈萨克斯坦	上海	上海、江苏、安徽、浙江、江西、福建	2005.03.25	2005.05.15
97	科威特	上海	上海、浙江、江苏、安徽	2008.01.02	未开馆
98	科威特	广州	广东、福建、海南、广西	2008.01.02	2008.02.21
99	吉尔吉斯斯坦	广州	广东、福建、江西、湖南、海南、广西	2011.09.14	2014.04.08
100	老挝	昆明	云南	1991.12.25	1993.04.25
101	老挝	南宁	广西	2009.09.02	2009.10.19
102	老挝	上海	上海、江苏、浙江、安徽	2012.08.14	2013.09.05

续表

序号	国名	驻地	领区	协议日期	开馆日期
103	老挝	广州	广东、福建、海南、江西	2013.08.21	2014.07.09
104	老挝	长沙	湖南、湖北、河南、贵州	2017.08.22	2017.12.23
105	卢森堡	上海	上海、江苏、浙江、安徽、福建	2006.01.23	2006.05.19
106	马来西亚	广州	广东、福建、海南、江西、湖南	1993.10.18	1993.10.24
107	马来西亚	上海	上海、江苏、浙江、安徽	1999.09.20	1999.12.23
108	马来西亚	昆明	云南、四川、重庆	1999.11.04	2004.03.08
109	马来西亚	南宁	广西、贵州	2014.05.29	2015.06.19
110	马来西亚	西安	陕西、甘肃、宁夏	2015.08.28	2017.10.01
111	马里	广州	广东、福建、海南、广西	2011.06.08	2011.07.18
112	马耳他	上海	上海、安徽、江苏、浙江	2014.06.30	2014.09.05
113	墨西哥	上海	上海、江苏、浙江、安徽	1984.10.10	1993.10.18
114	墨西哥	广州	广东、广西、海南、湖南、福建、江西	2008.04.25	2008.04.25
115	蒙古国	呼和浩特	除呼伦贝尔市、兴安盟、锡林郭勒盟以外其他地区	1989.03.30	1990.07.10
116	蒙古国	上海	上海、江苏、浙江、福建、江西、安徽	2019.03.26	领事代理处于2011.12.12开馆，2019.11.06升格为总领事馆
117	缅甸	昆明	云南、贵州、四川、重庆	1993.08.19	1993.09.01
118	缅甸	南宁	广西、广东、湖南	2009.10.15	2009.10.20
119	尼泊尔	拉萨	西藏	2016.01.11	1958.05.11
120	尼泊尔	广州	广东、广西、福建、海南	2016.06.16	2017.04.25
121	尼泊尔	成都	四川、重庆、贵州	2019.10.10	2021.05.24
122	荷兰	上海	上海、江苏、浙江、安徽	1994.08.23	1994.09.12
123	荷兰	广州	广东、广西、福建、海南	1997.04.01	1997.09.15
124	荷兰	重庆	重庆、四川、贵州、云南、陕西	2013.06.11	2013.09.20
125	新西兰	上海	上海、江苏、浙江、安徽	1991.05.09	1992.07.17
126	新西兰	广州	广东、广西、海南、湖南、福建	2007.03.24	2007.04.26
127	新西兰	成都	四川、贵州、云南、重庆	2014.06.11	暂时闭馆
128	尼日利亚	上海	上海、江苏、浙江、安徽、福建	2007.10.08	2008.01.16
129	尼日利亚	广州	广东、海南、广西	2014.03.21	2014.07.09
130	挪威	上海	上海、江苏、浙江、安徽、江西	1996.06.28	1996.09.16
131	挪威	广州	广东、福建、海南、广西	2007.12.25	2008.02.18
132	巴基斯坦	上海	上海、江苏、浙江、安徽	1996.12.01	2004.12.09
133	巴基斯坦	成都	四川、贵州、云南、重庆	2006.11.24	2007.04.19

续表

序号	国名	驻地	领区	协议日期	开馆日期
134	巴基斯坦	广州	广东、福建、湖南、海南、广西	2007.12.11	2008.06.27
135	巴拿马	上海	上海、浙江、江苏、安徽、江西、湖北	2017.10.09	2018.01.02
136	巴拿马	广州	广东、福建、海南、贵州、湖南、广西	2018.09.27	2019.05.22
137	秘鲁	上海	上海、江苏、浙江、安徽、福建、江西	2002.02.20	2002.05.30
138	秘鲁	广州	广东、广西、贵州、海南、云南、湖南	2006.04.13	2013.09.23
139	菲律宾	厦门	福建、江西	1994.12.08	1995.01.22
140	菲律宾	广州	广东、广西、海南、湖南	1996.11.26	1997.05.23
141	菲律宾	上海	上海、江苏、浙江、安徽、湖北	2001.10.30	2002.04.18
142	菲律宾	重庆	重庆、贵州、云南	2008.08.21	2008.12.30
143	菲律宾	成都	四川	2008.11.25	未开馆
144	波兰	上海	上海、江苏、浙江、安徽、福建	1954.04.01	1954.10.22
145	波兰	广州	广东、广西、海南	1987.11.11	1989.07.22
146	波兰	成都	四川、云南、贵州、重庆	2015.04.16	2015.06.18
147	葡萄牙	上海	上海、浙江、江苏、安徽、江西	2005.10.16	2005.12.07
148	葡萄牙	广州	广东、广西、福建、海南、湖南	2016.05.24	2017.07.17
149	卡塔尔	广州	广东、广西、海南、福建	2015.06.30	2015.11.10
150	卡塔尔	上海	上海、江苏、浙江、安徽	2021.07.22	未开馆
151	韩国	上海	上海、江苏、浙江、安徽	1992.12.30	1993.06.11
152	韩国	青岛	山东	1993.12.22	1994.09.12
153	韩国	广州	广东、广西、福建、海南	2000.10.08	2001.08.28
154	韩国	沈阳	辽宁、吉林、黑龙江	2002.12.27	领办于1999.07.08开馆，2002.12.27升格为总领事馆
155	韩国	成都	四川、云南、贵州、重庆	2004.01.21	2005.02.26
156	韩国	西安	陕西、甘肃、宁夏	2006.06.13	2007.09.20
157	韩国	武汉	湖北、湖南、江西、河南	2009.09.17	2010.10.25
158	罗马尼亚	上海	上海、江苏、浙江、安徽	1984.10.10	2000.02.01
159	俄罗斯	上海	上海、江苏、浙江、安徽	1985.06.13	1986.12.15
160	俄罗斯	沈阳	辽宁、吉林	1990.09.25	1991.05.07
161	俄罗斯	广州	广东、福建、海南、云南、江西、广西	2005.10.06	2007.04.05

续表

序号	国名	驻地	领区	协议日期	开馆日期
162	俄罗斯	哈尔滨	黑龙江、内蒙古自治区呼伦贝尔市	2015.09.03	未开馆
163	俄罗斯	武汉	湖北、湖南、贵州、四川、重庆	2015.09.03	未开馆
164	沙特	上海	上海、江苏、浙江、福建	1992.08.14	未开馆
165	沙特	广州	广东、广西、海南、福建	2015.09.14	2017.01.01
166	塞内加尔	广州	广东、福建、广西、海南	2016.06.07	2017.03.06
167	塞尔维亚	上海	上海、江苏、浙江、安徽、江西、福建	1998.02.11	1998.06.15
168	塞舌尔	上海	上海、江苏、浙江、安徽	2013.05.06	2013.11.18
169	新加坡	上海	上海、江苏、浙江、安徽	1991.10.25	1996.01.01
170	新加坡	厦门	福建、江西	1995.10.25	1996.01.10
171	新加坡	广州	广东、海南、湖南、贵州、云南、广西	2006.04.13	2006.04.13
172	新加坡	成都	四川、陕西、重庆	2011.02.28	领办于2006.05开馆，2011.02.28升格为总领事馆
173	斯洛伐克	上海	上海、江苏、浙江、福建、安徽、江西	2004.07.30	2004.09.01
174	南非	上海	上海、山东、江苏、浙江、安徽、福建、广东	1997.12.30	2002.11.08
175	西班牙	上海	上海、江苏、浙江、安徽、江西	1984.11.15	1999.05.07
176	西班牙	广州	福建、广东、湖南、广西、海南	2007.04.05	2009.06.14
177	西班牙	成都	四川、重庆、贵州、云南	2020.04.27	2021.11.18
178	斯里兰卡	上海	上海、安徽、浙江、江苏、湖南	2008.04.18	2005.10.01
179	斯里兰卡	广州	广东、福建、江西、海南、广西	2012.01.12	2012.03.27
180	苏丹	广州	广东、江西、福建、湖南、贵州、云南、浙江、广西	2017.01.23	2017.05.15
181	瑞典	上海	上海、江苏、浙江、安徽	1996.07.03	1996.09.16
182	瑞典	广州	广东、广西、福建、海南	2002.09.10	暂时闭馆
183	瑞士	上海	上海、江苏、浙江、安徽	1995.02.15	1995.04.26
184	瑞士	广州	广东、福建、海南、广西、湖南、江西	2005.08.05	2005.10.10
185	瑞士	成都	四川、贵州、云南、重庆	2016.08.22	2016.11.30
186	泰国	广州	广东、海南	1988.07.22	1989.02.12
187	泰国	昆明	云南、贵州、湖南	1993.08.26	1994.07.01

续表

序号	国名	驻地	领区	协议日期	开馆日期
188	泰国	上海	上海、江苏、浙江、安徽	1996.03.25	1996.11.12
189	泰国	成都	四川、重庆	2006.05.17	领办于2005.04开馆，2006.05.17升格为总领事馆
190	泰国	厦门	福建、江西	2006.05.17	领办于2005.09开馆，2006.05.17升格为总领事馆
191	泰国	西安	陕西、甘肃、宁夏	2008.05.20	领办于2006.11.28开馆，2008.05.20升格为总领事馆
192	泰国	南宁	广西	2008.05.20	领办于2006.04.07开馆，2008.05.20升格为总领事馆
193	泰国	青岛	山东	2014.03.14	2014.03.14
194	坦桑尼亚	广州	广东、福建、广西、海南	2021.08.26	未开馆
195	土耳其	上海	上海、江苏、浙江、安徽	1996.04.15	1997.03.18
196	土耳其	广州	广东、福建、海南、广西	2011.05.23	2012.01.12
197	土耳其	成都	四川、重庆、贵州、云南	2021.06.17	未开馆
198	乌干达	广州	广东、福建、广西、海南	2011.07.05	2011.08.15
199	乌克兰	上海	上海、江苏、浙江、安徽、福建、江西	2000.03.02	2002.01.30
200	乌克兰	广州	广东、贵州、海南、湖南、广西	2011.06.20	2012.05.30
201	阿联酋	上海	上海、浙江、江苏、安徽、福建	2008.09.19	2009.07.06
202	阿联酋	广州	广东、海南、广西	2015.06.03	2016.06.15
203	英国	上海	上海、江苏、浙江、安徽	1984.04.17	1985.02.11
204	英国	广州	广东、广西、福建、海南、湖南、江西	1996.09.02	1997.01.14
205	英国	重庆	重庆、四川、贵州、云南	1999.04.14	2000.03.01
206	英国	武汉	湖北、河南	2014.02.21	2016.01.29
207	美国	广州	广东、广西、福建、海南	1979.01.31	1979.08.31
208	美国	上海	上海、江苏、浙江、安徽	1979.01.31	1980.04.28
209	美国	沈阳	辽宁、吉林、黑龙江	1980.09.17	1984.05.30

续表

序号	国名	驻地	领区	协议日期	开馆日期
210	美国	武汉	河南、湖北、湖南、江西	1980.09.17	2008.11.20
211	乌拉圭	上海	上海、江苏、浙江、安徽、江西、湖北	2002.08.26	2003.09.04
212	乌拉圭	广州	广东、福建、湖南、广西、海南、贵州	2017.11.08	2018.08.27
213	乌拉圭	重庆	重庆、四川、云南、陕西、甘肃	2019.06.28	2019.12.20
214	乌兹别克斯坦	上海	上海、浙江、江苏、安徽、江西、湖南、福建	2005.07.12	2006.06.20
215	乌兹别克斯坦	广州	广东、福建、湖南、海南、广西	2019.08.29	2020.06.30
216	瓦努阿图	上海	上海、江苏、浙江、安徽	2000.10.12	2007.06.25
217	瓦努阿图	广州	广东、广西、福建、海南	2018.11.07	未开馆
218	委内瑞拉	上海	上海、浙江、江苏	2005.07.05	2006.01.23
219	委内瑞拉	广州	广东、海南、福建、湖南、江西、广西	2018.04.29	2018.10.26
220	越南	广州	广东	1992.11.22	1993.01.18
221	越南	昆明	云南	2003.10.16	2004.04.30
222	越南	南宁	广西	2003.10.16	2004.05.02
223	越南	上海	上海、江苏、浙江	2010.06.11	领办于2007.11.30开馆，2010.06.11升格为总领事馆
224	赞比亚	广州	广东、福建、广西、海南	2016.06.07	2016.06.28

（2）领事馆

序号	国名	驻地	领区	协议日期	开馆日期
1	蒙古国	二连浩特	内蒙古自治区锡林郭勒盟	2005.09.12	领办于1996.09开馆，2005.09.12升格为领事馆
2	蒙古国	满洲里	呼伦贝尔、兴安盟	2020.01.09	2021.10.22
3	斯洛文尼亚	上海	上海、江苏、浙江、安徽	2010.06.17	2010.06.24
4	斯里兰卡	成都	四川、云南、贵州、陕西、重庆	2009.09.28	暂时闭馆
5	马尔代夫	昆明	云南、四川、贵州、重庆、广西	2017.01.25	未开馆

（3）领事办公室

序号	国名	驻地	办公室名称	协议日期	开馆日期
1	朝鲜	丹东	朝鲜驻沈阳总领事馆常驻丹东领事办公室	2008.11.18	2009.08.25
2	日本	大连	日本驻沈阳总领事馆常驻大连领事办公室	1993.01.01	1993.06.15
3	老挝	景洪	老挝驻昆明总领事馆常驻景洪领事办公室	1998.04.29	2010.08.10
4	韩国	大连	韩国驻沈阳总领事馆常驻大连领事办公室	2011.08.09	2012.08.29
5	也门	上海	也门驻华大使馆常驻上海领事办公室	2006.01.05	未开馆
6	也门	广州	也门驻华大使馆常驻广州领事办公室	2006.01.05	未开馆

（4）名誉领事

序号	国名	驻地	领区	协议日期	开馆日期
1	几内亚	上海	未定	2002.02.25	未委派
2	牙买加	上海	未定	1999.11.15	未委派
3	马尔代夫	上海	上海	2004.09.30	2006.10.31
4	摩纳哥	上海	上海、江苏、浙江、安徽	2000.05.22	2002.01.25
5	摩纳哥	北京	北京	2007.02.13	2008.08.06
6	尼泊尔	上海	未定	2002.07.10	2003.01.16
7	尼日尔	广州	未定	2001.09.21	未委派
8	巴布亚新几内亚	上海	未定	2005.07.15	2020.09.09

3. 外国在中国香港特别行政区设立领事机构一览表

（1）总领事馆

序号	国名	领区	保留（设立）总领事馆协议日期
1	安哥拉	香港	2005.06.28
2	安提瓜和巴布达	香港（可在澳门执行职务）	1998.06.19
3	阿根廷	香港、澳门	1997.01.31 1999.06.17（扩领）
4	澳大利亚	香港（可在澳门执行职务）	1996.09.26　1999.09.08 （可在澳门执行职务）

续表

序号	国名	领区	保留（设立）总领事馆协议日期
5	奥地利	香港（可在澳门执行职务）	1997.06.20
6	孟加拉国	香港（可在澳门执行职务）	1997.01.29
7	白俄罗斯	香港、澳门	2021.12.28
8	比利时	香港（可在澳门执行职务）	1997.02.03
9	巴西	香港、澳门	1996.11.08 1999.12.15（扩领）
10	文莱	香港、澳门	2006.07.14
11	保加利亚	香港	1997.05.05
12	柬埔寨	香港、澳门	1997.04.16 2002.02.22（扩领）
13	加拿大	香港（可在澳门执行职务）	1996.09.19
14	智利	香港（可在澳门执行职务）	1996.11.06　1998.05.06 （可在澳门执行职务）
15	哥伦比亚	香港（可在澳门执行职务）	1996.10.21　1999.12.17 （可在澳门执行职务）
16	捷克	香港（可在澳门执行职务）	1997.06.27
17	丹麦	香港（可在澳门执行职务）	1997.06.06
18	多米尼加	香港、澳门	2019.06.20
19	多米尼克	香港	2014.08.08
20	朝鲜	香港	1999.06.01
21	厄瓜多尔	香港	1997.03.21
22	埃及	香港、澳门	1996.11.11 2000.03.31（扩领）
23	芬兰	香港（可在澳门执行职务）	1996.12.09
24	法国	香港（可在澳门执行职务）	1997.05.15
25	德国	香港（可在澳门执行职务）	1997.06.23
26	希腊	香港（可在澳门执行职务）	1997.03.18　1999.11.18 （可在澳门执行职务）
27	匈牙利	香港、澳门	1998.05.19
28	印度	香港（可在澳门执行职务）	1996.11.29
29	印度尼西亚	香港、澳门	1996.12.06 2008.03.17（扩领）
30	伊朗	香港、澳门	1999.07.05 2005.11.28（扩领）
31	爱尔兰	香港、澳门	2014.06.19

续表

序号	国名	领区	保留（设立）总领事馆协议日期
32	以色列	香港（可在澳门执行职务）	1997.02.04
33	意大利	香港（可在澳门执行职务）	1997.06.05
34	日本	香港（可在澳门执行职务）	1997.03.29
35	哈萨克斯坦	香港、澳门	2003.07.02
36	科摩罗	香港	2019.03.14
37	科威特	香港、澳门	1999.06.30 2007.02.27（扩领）
38	老挝	香港、澳门	1999.04.30
39	马来西亚	香港（可在澳门执行职务）	1997.05.14
40	墨西哥	香港、澳门	1996.11.22 1999.10.29（扩领）
41	蒙古	香港、澳门	2011.02.24
42	缅甸	香港、澳门	1997.04.25 2000.06.02（扩领）
43	尼泊尔	香港、澳门	1997.05.20 2001.02.06（扩领）
44	荷兰	香港（可在澳门执行职务）	1996.11.12
45	新西兰	香港（可在澳门执行职务）	1997.01.22
46	尼日利亚	香港（可在澳门执行职务）	1997.04.28
47	巴基斯坦	香港（可在澳门执行职务）	1996.12.01　1999.06.28 （可在澳门执行职务）
48	秘鲁	香港、澳门	1997.06.23 1999.11.26（扩领）
49	菲律宾	香港	1996.11.26
50	波兰	香港（可在澳门执行职务）	1997.05.19
51	卡塔尔	香港、澳门	2013.07.10
52	韩国	香港（可在澳门执行职务）	1997.04.24
53	罗马尼亚	香港、澳门	2003.08.11
54	俄罗斯	香港（可在澳门执行职务）	1997.06.27
55	沙特阿拉伯	香港、澳门	1998.04.29
56	新加坡	香港、澳门	1997.02.05 2008.01.21（扩领）
57	南非	香港、澳门	1997.12.30 1999.06.07（扩领）
58	西班牙	香港（可在澳门执行职务）	1997.06.18

续表

序号	国名	领区	保留（设立）总领事馆协议日期
59	瑞典	香港（可在澳门执行职务）	1996.11.03
60	瑞士	香港（可在澳门执行职务）	1997.04.11
61	泰国	香港（可在澳门执行职务）	1997.04.02
62	土耳其	香港（可在澳门执行职务）	1997.05.08
63	阿联酋	香港	1998.10.29
64	英国	香港（可在澳门执行职务）	1996.09.26　1999.10.29（可在澳门执行职务）
65	美国	香港（可在澳门执行职务）	1997.03.25
66	瓦努阿图	香港、澳门	2015.09.29 2020.09.04（扩领）
67	委内瑞拉	香港、澳门	1996.11.13 1999.10.11（扩领）
68	越南	香港、澳门	1996.12.19 2003.05.16（扩领）
69	津巴布韦	香港、澳门	2008.05.31
70	巴拿马	香港、澳门	2018.11.09

（2）名誉领事

序号	国名	领区	保留（委派）名誉领事协议日期
1	阿尔巴尼亚	香港	2003.11.04
2	巴哈马国	香港	2008.12.23
3	巴林	香港	2001.04.05
4	巴巴多斯	香港	1997.04.30
5	贝宁	香港	1997.02.28
6	不丹	香港	2004.04.27
7	博茨瓦纳	香港	2006.03.10
8	布隆迪	香港	2006.02.10
9	喀麦隆	香港	1997.06.02
10	中非	香港	2001.09.28
11	刚果（布）	香港	1997.02.26
12	科特迪瓦	香港、澳门	1997.06.02
13	克罗地亚	香港	2002.05.15
14	古巴	香港	1996.12.31
15	塞浦路斯	香港、澳门	1997.02.03

续表

序号	国名	领区	保留（委派）名誉领事协议日期
16	吉布提	香港	1997.01.22
17	刚果（金）	香港	1999.12.29
18	赤道几内亚	香港	1997.04.08
19	厄立特里亚	香港、澳门	2005.08.10
20	爱沙尼亚	香港	1998.12.11
21	埃塞俄比亚	香港、澳门	2002.06.18
22	斐济	香港	1997.06.20
23	加蓬	香港	1996.08.22
24	加纳	香港	1997.05.05
25	格林纳达	香港	2006.07.27
26	几内亚	香港	1997.05.05
27	冰岛	香港、澳门	1996.12.17 2009.09.14（扩领）
28	牙买加	香港	1997.05.29
29	约旦	香港	1997.02.03
30	肯尼亚	香港、澳门	2003.12.09
31	拉脱维亚	香港	2002.08.12
32	莱索托	香港	2001.09.05
33	利比里亚	香港	2004.09.07
34	列支敦士顿公国	香港	2012.06.20
35	立陶宛	香港、澳门	1997.05.29 2008.09.03（扩领）
36	卢森堡	香港	1997.04.23
37	马达加斯加	香港	1997.05.28
38	马尔代夫	香港、澳门	1997.04.15 2009.05.21（扩领）
39	马里	香港	1997.04.22
40	马耳他	香港	1997.04.09
41	毛里求斯	香港	1997.04.14
42	密克罗尼西亚	香港	2011.06.17
43	摩纳哥	香港	1997.05.06
44	摩洛哥	香港、澳门	1996.12.25
45	莫桑比克	香港	1997.05.07
46	纳米比亚	香港、澳门	1997.01.30 2000.08.18（扩领）
47	尼日尔	香港	1999.03.01

续表

序号	国名	领区	保留（委派）名誉领事协议日期
48	挪威	香港、澳门	2003.09.10
49	阿曼	香港	1997.04.04
50	巴布亚新几内亚	香港	1996.07.16
51	葡萄牙	香港	2005.01.07
52	卢旺达	香港、澳门	2000.07.26
53	萨摩亚	香港	2004.07.22
54	圣马力诺	香港、澳门	2005.07.05 2010.07.01（扩领）
55	塞内加尔	香港	2009.06.17
56	塞舌尔	香港、澳门	1997.01.03 2009.03.06（扩领）
57	斯洛伐克	香港、澳门	1997.06.19
58	斯洛文尼亚	香港、澳门	1997.06.20 2006.01.12（扩领）
59	斯里兰卡	香港、澳门	1997.05.21 2004.08.04（扩领）
60	苏丹	香港、澳门	2005.12.19 2009.03.10（扩领）
61	苏里南	香港	1997.02.17
62	坦桑尼亚	香港、澳门	1998.04.08
63	多哥	香港	1996.12.19
64	汤加	香港	2003.01.22
65	特立尼达和多巴哥	香港	1997.03.24
66	突尼斯	香港	1997.05.02
67	乌干达	香港	1999.01.08
68	乌克兰	香港	2003.08.20
69	乌拉圭	香港、澳门	2002.12.23 2003.08.08（扩领）
70	也门	香港	2005.10.24

4. 外国在中国澳门特别行政区设立领事机构一览表

（1）总领事馆

序号	国名	领区	保留（设立）领事馆协议日期
1	安哥拉	澳门	2006.07.26
2	菲律宾	澳门	2000.09.25
3	葡萄牙	澳门、 香港（扩领）	1999.07.28 2003.10.15（扩领）
4	莫桑比克	澳门	2014.03.31

（2）名誉领事

序号	国名	领区	保留（委派）名誉领事协议日期
1	不丹	澳门	2000.01.12
2	佛得角	澳门	2000.10.11
3	爱沙尼亚	澳门	1999.08.25
4	法国	澳门	1999.12.14
5	格林纳达	澳门	2005.04.26
6	几内亚	澳门	1999.05.24
7	几内亚比绍	澳门	1999.11.22
8	马里	澳门	1999.03.18
9	尼日尔	澳门	2002.07.03
10	秘鲁	澳门	1999.11.26
11	苏里南	澳门	1999.11.16
12	英国	澳门	1999.10.29
13	坦桑尼亚	澳门	2020.05.18

（六）中国与外国互免签证协议（协定）或安排一览表

（按协议国国名拼音首字母顺序排列）

截至2021年12月15日，中华人民共和国与下列国家缔结互免签证协定。中国公民持所适用的护照前往下列国家短期旅行通常无须事先申请签证。

序号	协议国	互免签证的证件类别	生效日期	备注
1	阿尔巴尼亚	外交、公务护照	1956.08.25	
2	阿尔及利亚	外交、公务护照	2019.03.13	
3	阿富汗	外交护照	2015.07.16	
4	阿根廷	中方外交、公务护照；阿方外交、官员护照	1993.08.14	
5	阿联酋	外交护照	2012.03.21	
		公务、公务普通护照	2016.01.11	
		普通护照	2018.01.16	
6	阿曼	中方外交、公务护照；阿方外交、公务和特别护照	2010.04.16	
7	阿塞拜疆	外交、公务、公务普通护照	1994.02.10	
		团体旅游	1994.05.01	
8	爱尔兰	中方外交护照、公务和公务普通护照（公务和公务普通护照限于随部长级及以上代表团出访者）；爱方外交护照、官员护照（官员护照限于随部长级及以上代表团出访者）	2015.09.23	
		欧盟通行证	2017.01.01	
9	埃及	中方外交、公务护照；埃方外交、特别护照	2007.01.27	
10	埃塞俄比亚	外交、公务、公务普通护照	2015.12.07	
11	爱沙尼亚	外交护照、欧盟通行证	2017.01.01	*3
12	安哥拉	外交、公务护照	2015.04.11	
13	奥地利	外交护照、欧盟通行证	2017.01.01	*3
14	巴巴多斯	中方外交、公务、公务普通护照；巴方外交、官员护照	2014.08.02	
		普通护照	2017.06.01	

续表

序号	协议国	互免签证的证件类别	生效日期	备注
15	巴布亚新几内亚	中方外交、公务、公务普通护照；巴方外交、公务护照	2019.05.02	
16	巴哈马	中方外交、公务、公务普通、普通护照；巴方外交、官员、普通护照	2014.02.12	
17	巴基斯坦	中方外交、公务护照；巴方外交、官员护照	1987.08.16	
		公务普通护照	1988.04.30	
18	巴林	中方外交、公务、公务普通护照；巴方外交、特别护照	2018.10.25	
19	巴拿马	中方外交、公务、公务普通护照；巴方外交、公务护照	2017.10.28	
20	巴西	中方外交、公务护照；巴方外交、官员护照	2004.08.10	
21	白俄罗斯	外交、公务护照；团体旅游	1993.03.01	
		普通护照	2018.08.10	
22	保加利亚	外交、公务护照	2012.04.04	
		欧盟通行证	2017.01.01	*3
23	北马其顿	中方外交、公务、公务普通护照；马方外交、公务、标有“公务”字样的普通护照	1994.07.19	
24	贝宁	中方外交、公务、公务普通护照；贝方外交、公务、附有“公务证明”的普通护照	1993.11.06	
25	比利时	外交护照、欧盟通行证	2017.01.01	*3
26	秘鲁	中方外交、公务护照；秘方外交、特别护照	2004.05.12	
27	冰岛	外交护照	2017.06.01	
28	博茨瓦纳	中方外交、公务、公务普通护照；博方外交、公务、官员护照	2018.12.22	
29	波黑	中方外交、公务、公务普通护照；波方外交、公务护照	1980.01.09	*1
			2017.10.04	
		普通护照	2018.05.29	
30	波兰	外交、公务护照、海员证、机组人员证件	1992.07.27	
		欧盟通行证	2017.01.01	*3
31	玻利维亚	中方外交、公务护照；玻方外交、官员护照	1987.11.15	
		公务普通护照	2008.01.18	
32	布基纳法索	中方外交、公务、公务普通护照；布方外交、公务护照	2018.11.18	
33	布隆迪	外交、公务、公务普通护照	2014.11.25	
34	朝鲜	外交、公务护照	1956.10.01	
		中方公务普通护照、朝方公务团体护照	1965.01.01	

续表

序号	协议国	互免签证的证件类别	生效日期	备注
35	赤道几内亚	中方外交、公务护照；赤方外交、官员护照	2006.01.01	
		中方公务普通护照、赤方特别公务护照	2017.08.06	
36	丹麦	外交护照、欧盟通行证	2017.01.01	*3
37	德国	外交护照、欧盟通行证	2017.01.01	*3
38	东帝汶	外交、公务、公务普通护照	2015.06.24	
39	多哥	外交、公务、公务普通护照	2015.05.07	
40	多米尼加	中方外交、公务、公务普通护照；多方外交、官员护照	2021.01.08	
41	多米尼克	中方外交、公务、公务普通护照；多方外交、官员护照	2014.03.29	
42	厄瓜多尔	中方外交、公务护照；厄方外交、官员护照	1987.07.11	
		中方公务普通护照；厄方特别护照	1988.12.25	
		普通护照	2016.08.18	
43	厄立特里亚	外交、公务、公务普通护照	2015.04.15	
44	俄罗斯	团体旅游	2000.12.01	
		外交、公务护照，随车、飞机、船执行公务的国际列车车组人员、机组人员、持海员证船员	2014.04.26	
45	法国	外交护照、欧盟通行证	2017.01.01	*3
46	斐济	外交、公务、公务普通、普通护照	2015.03.14	
47	菲律宾	中方外交、公务护照（限临时访问人员）；菲方外交、官员护照（限临时访问人员）	2005.02.28	
48	芬兰	外交护照、欧盟通行证	2017.01.01	*3
49	佛得角	外交、公务护照	2015.07.11	
50	冈比亚	中方外交、公务、公务普通护照；冈方外交、公务护照	2018.06.10	
51	刚果（布）	外交、公务、公务普通护照	2014.08.07	
52	格林纳达	中方外交、公务护照；格方外交、官员护照	2010.01.17	
		公务普通、普通护照	2015.06.10	
53	哥伦比亚	外交护照	1987.11.14	
		中方公务护照；哥方官员护照	1991.11.14	
54	哥斯达黎加	外交、公务护照	2008.01.15	
55	格鲁吉亚	外交、公务、公务普通护照；团体旅游	1994.02.03	
56	古巴	中方外交、公务、公务普通护照；古方外交、公务、官员护照	2021.07.16	

续表

序号	协议国	互免签证的证件类别	生效日期	备注
57	圭亚那	中方外交、公务、公务普通护照；圭方外交、官员护照	1998.08.19	
58	韩国	外交护照	2013.08.10	
		中方公务护照；韩方官员护照	2014.12.25	
59	哈萨克斯坦	外交、公务护照	1994.02.01	
60	荷兰	外交护照、欧盟通行证	2017.01.01	*3
61	黑山	外交、公务护照	2013.03.01	
62	加纳	外交、公务护照	2017.03.28	
63	加蓬	外交、公务、公务普通护照	2016.02.05	
64	吉布提	外交、公务、公务普通护照	2014.12.04	
65	吉尔吉斯斯坦	外交、公务护照	2003.06.14	
66	几内亚	外交、公务、公务普通护照	2017.09.16	
67	柬埔寨	外交、公务护照	2006.09.14	
68	捷克	外交护照、欧盟通行证	2017.01.01	*3
69	津巴布韦	外交、公务护照	2014.11.12	
70	喀麦隆	外交、公务护照	2017.08.12	
71	卡塔尔	中方外交、公务、公务普通、普通护照；卡方外交、特别、公务、普通护照	2018.12.21	
72	克罗地亚	中方外交、公务护照；克方外交、官员护照	1995.04.09	
		欧盟通行证	2017.01.01	*3
73	科摩罗	外交、公务、公务普通护照	2016.02.26	
74	科特迪瓦	外交、公务、公务普通护照	2015.12.19	
75	科威特	中方外交、公务、公务普通护照；科方外交、特别护照	2014.10.17	
76	肯尼亚	中方外交、公务护照；肯方外交、官员护照	2014.08.17	
77	拉脱维亚	外交护照、欧盟通行证	2017.01.01	*3
78	莱索托	中方外交、公务护照；莱方外交、官员护照	2016.08.24	
79	老挝	中方外交、公务、公务普通护照；老方外交、公务、加注有效公务签证的普通护照	1989.11.06	
80	利比里亚	外交护照	2016.02.10	
81	立陶宛	外交、公务护照、海员证（随船）	1992.09.14	
		欧盟通行证	2017.01.01	*3
82	卢森堡	外交护照、欧盟通行证	2017.01.01	*3
83	卢旺达	中方外交、公务、公务普通护照；卢方外交、公务护照	2018.12.23	

续表

序号	协议国	互免签证的证件类别	生效日期	备注
84	罗马尼亚	外交、公务护照	1981.09.16	
		欧盟通行证	2017.01.01	*3
85	马尔代夫	外交、公务护照	1984.11.27	
86	马耳他	外交、公务护照	2008.03.06	
		欧盟通行证	2017.01.01	*3
87	马里	外交、公务、公务普通护照	2015.05.09	
88	马来西亚	中方外交、公务护照；马方外交、官员护照	2011.05.18	
89	毛里求斯	外交、公务、公务普通、普通护照	2013.10.31	
90	毛里塔尼亚	中方外交、公务、公务普通护照；毛方外交、公务护照	2017.05.15	
91	蒙古	外交、公务、公务普通护照	1989.04.30	
92	孟加拉国	中方外交、公务、公务普通护照；孟方外交、官员、加注“政府公务”或“免费”字样的普通护照	1989.12.18	
93	缅甸	中方外交、公务护照；缅方外交、官员护照	1998.03.05	
94	摩尔多瓦	中方外交、公务、公务普通护照；摩方外交、公务、加注“公务”字样的普通护照；团体旅游	1993.01.01	
95	摩洛哥	外交、公务护照	2014.03.06	
		中方公务普通、摩方特别护照	2016.06.09	
96	莫桑比克	外交、公务护照	2016.05.14	
97	墨西哥	中方外交、公务护照；墨方外交、官员护照	1998.01.01	
98	南非	外交护照	2010.11.27	
		公务护照	2016.03.01	
99	南苏丹	中方外交、公务、公务普通护照；南方外交、特别护照	2019.03.28	
100	尼泊尔	中方外交、公务护照；尼方外交、官员护照	2006.10.16	
101	尼日尔	中方外交、公务、公务普通护照；尼方外交、公务护照	2018.12.15	
102	尼日利亚	外交、公务、公务普通护照	2014.02.01	
103	挪威	外交护照	2018.06.18	
104	葡萄牙	外交护照、欧盟通行证	2017.01.01	*3
105	瑞典	外交护照、欧盟通行证	2017.01.01	*3
106	瑞士	外交护照	2016.01.29	
107	萨摩亚	中方外交、公务护照；萨方外交、官员护照	2011.02.18	

续表

序号	协议国	互免签证的证件类别	生效日期	备注
108	塞尔维亚	中方外交、公务、公务普通护照；塞方外交、公务、加注“公务”字样的普通护照	1980.01.09	*1
		普通护照	2017.01.15	
109	塞拉利昂	中方外交、公务、公务普通护照；塞方外交、公务护照	2018.12.24	
110	塞内加尔	外交、公务、公务普通护照	2014.05.03	
111	塞浦路斯	外交、公务护照	1991.10.02	
		欧盟通行证	2017.01.01	*3
112	塞舌尔	外交、公务、公务普通、普通护照	2013.06.26	
113	圣多美和普林西比	中方外交、公务、公务普通护照；圣普方外交、特别公务护照	2018.02.03	
114	圣马力诺	外交、公务、普通护照	1985.07.22	
115	斯里兰卡	中方外交、公务、公务普通护照；斯方外交、官员护照	2013.04.18	
116	斯洛伐克	中方外交、公务护照；斯方外交、公务、特别护照	1956.06.01	*2
		欧盟通行证	2017.01.01	*3
117	斯洛文尼亚	外交、公务护照	1994.07.01	
		欧盟通行证	2017.01.01	*3
118	苏丹	中方外交、公务护照；苏方外交、特别、官员护照	1995.10.26	
119	苏里南	外交、公务、公务普通、普通护照	2021.05.01	
120	塔吉克斯坦	中方外交、公务、公务普通；塔方外交、公务、加注“公务”字样的普通护照	1993.06.01	
121	泰国	中方外交、公务护照；泰方外交、官员护照	2003.10.18	
122	坦桑尼亚	外交、公务护照	2005.07.11	
123	汤加	中方外交、公务、公务普通护照；汤方外交、官员护照	2012.11.10	
		普通护照	2016.08.19	
124	特立尼达和多巴哥	中方外交、公务护照；特方外交、官员护照	2006.11.23	
125	突尼斯	中方外交、公务护照；突方外交、特别护照	2006.09.29	
126	土耳其	中方外交、公务、公务普通护照；土方外交、公务、特别护照	1989.12.24	

续表

序号	协议国	互免签证的证件类别	生效日期	备注
127	土库曼斯坦	中方外交、公务、公务普通护照；土方外交、公务、加注“公务”字样的普通护照；团体旅游	1993.02.01	
128	瓦努阿图	中方外交、公务护照；瓦方外交、官员护照	2020.04.19	
129	委内瑞拉	外交、公务护照、公务普通护照	2014.01.08	
130	文莱	中方外交、公务护照；文方外交、官员护照	2005.06.18	
131	乌克兰	外交、公务护照和海员证	2002.03.31	
132	乌拉圭	中方常驻乌方使领馆人员所持外交、公务护照，乌方常驻中方使领馆人员所持外交、官员护照	1988.11.07	
		外交护照	1994.01.01	
		中方外交、公务、公务普通护照；乌方外交、公务护照	2017.01.07	
133	乌兹别克斯坦	外交护照	2010.07.09	
134	西班牙	外交护照、欧盟通行证	2017.01.01	*3
135	希腊	外交护照、欧盟通行证	2017.01.01	*3
136	新加坡	外交、公务、公务普通护照	2011.04.17	
137	匈牙利	外交、公务护照	1992.05.28	
		欧盟通行证	2017.01.01	*3
138	牙买加	中方外交、公务护照；牙方外交、官员护照	1995.06.08	
139	亚美尼亚	中方外交、公务、公务普通护照；亚方外交、公务、公务普通、加注“公务”字样的普通护照	1994.08.03	
		普通护照	2020.01.19	
140	意大利	外交护照、欧盟通行证	2017.01.01	*3
141	伊朗	外交、公务护照	1989.07.12	
142	伊拉克	外交护照	2016.11.02	
143	以色列	外交、公务护照	2016.01.17	
144	印度尼西亚	外交、公务护照（限临时访问人员）	2005.11.14	
145	英国	中方外交护照、公务和公务普通护照（公务和公务普通护照限于随部长级及以上代表团出访者）；英方外交护照、官员护照（官员护照限于随部长级及以上代表团出访者）	2007.10.25	
		欧盟通行证	2017.01.01	*3

续表

序号	协议国	互免签证的证件类别	生效日期	备注
146	约旦	中方外交、公务护照；约方外交、公务、特别护照	1993.03.11	
147	越南	外交、公务、公务普通护照	1992.03.15	
148	乍得	中方外交、公务、公务普通护照；乍方外交、公务护照	2019.11.18	
149	智利	中方外交、公务护照；智方外交、官员护照	1986.05.07	

注：

*1　目前适用中国与南斯拉夫社会主义联邦共和国有关协议。

*2　目前适用中国与捷克斯洛伐克共和国有关协议。

*3　适用《中国与欧盟关于互免持外交护照人员短期停留签证的协定》。

免签入境并不等于可无限期在协定国停留或居住，根据协定要求，持有关护照免签入境后，一般只允许停留不超过30日。持照人如需停留30日以上，按要求应尽快在当地申请办理居留手续。

（七）2021年中国参加或签署的多边条约一览表

序号	名称	通过日期 地点	中国采取行动情况	对中国 生效日期	备注
1	《区域全面经济伙伴关系协定》	2020.11.15 视频签署	2021.02.10 国务院决定核准 2021.04.15 向东盟秘书长交存核准书	2022.01.01	
2	《预防中北冰洋不管制公海渔业协定》	2018.10.03 格陵兰伊卢利萨特	2021.05.08 国务院决定核准 2021.05.26 向加拿大政府交存核准书	2021.06.25	暂不适用于中华人民共和国香港特别行政区
3	《成立平方公里阵列天文台公约》	2019.03.20 意大利罗马	2021.04.29 全国人民代表大会常务委员会决定批准 2021.05.27 向英国政府交存批准书	2021.06.26	暂不适用于中华人民共和国香港特别行政区
4	《关于消耗臭氧层物质的蒙特利尔议定书》基加利修正案	2016.10.15 卢旺达基加利	2021.03.30 国务院决定接受 2021.06.17 向联合国秘书长交存接受书	2021.09.15	暂不适用于中华人民共和国香港特别行政区
5	《关于为盲人、视力障碍者或其他印刷品阅读障碍者获得已出版作品提供便利的马拉喀什条约》	2013.06.27 摩洛哥马拉喀什	2021.10.23 全国人民代表大会常务委员会决定批准	暂未生效	暂不适用于中华人民共和国澳门特别行政区

（八）2021年中国对外缔结的主要双边条约一览表

序号	名称	签署日期	签署地点（方式）
1	中华人民共和国政府和古巴共和国政府关于互免持外交、公务、官员护照和公务普通护照人员签证的协定	2021.01.13	哈瓦那
2	中华人民共和国政府和阿尔及利亚民主人民共和国政府文化协定2021—2025年执行计划	2021.01.27	北京
3	中华人民共和国政府和塞尔维亚共和国政府关于中华人民共和国海关总署企业信用管理制度与塞尔维亚共和国财政部海关署“经认证的经营者”制度互认的协定	2021.02.04	贝尔格莱德
4	《中华人民共和国政府和卡塔尔国政府关于对所得避免双重征税和防止偷漏税的协定》议定书	2021.03.11	多哈
5	中华人民共和国政府和联合国关于技术合作信托基金的协议	2021.03.16	北京
6	中华人民共和国政府和俄罗斯联邦政府关于合作建设国际月球科研站的谅解备忘录	2021.03.09	（视频方式）
7	中华人民共和国和伊朗伊斯兰共和国全面合作计划	2021.03.27	德黑兰
8	中华人民共和国政府和阿曼苏丹国政府文化、卫生、新闻协定2021年至2025年执行计划	2021.03.29	马斯喀特
9	中华人民共和国政府和巴林王国政府关于互设文化中心的协定	2021.03.29	麦纳麦
10	中华人民共和国政府与厄瓜多尔共和国政府文化合作协定之2021—2024年执行计划	2021.05.12	（传签方式）
11	关于一九九七年六月二十七日《中华人民共和国政府和俄罗斯联邦政府关于建立中俄总理定期会晤机制及其组织原则的协定》的议定书	2021.05.19	北京、莫斯科
12	中华人民共和国政府和塞尔维亚共和国政府关于互认换领机动车驾驶证的协议	2021.05.27	（视频方式）
13	中华人民共和国政府与土耳其共和国政府关于土耳其在成都设立总领事馆的换文	2021.04.02 土 2021.06.17 中	

续表

序号	名称	签署日期	签署地点（方式）
14	中华人民共和国政府和乌克兰政府关于深化基础设施建设领域合作的协定	2021.06.30	（传签方式）
15	中华人民共和国政府与卡塔尔国政府关于卡塔尔在上海设立总领事馆的换文	2021.07.07 卡 2021.07.22 中	
16	中华人民共和国政府与坦桑尼亚联合共和国政府关于坦桑尼亚在广州设立总领事馆的换文	2021.08.05 坦 2021.08.26 中	
17	中华人民共和国政府和亚洲—非洲法律协商组织关于在中华人民共和国香港特别行政区设立区域仲裁中心的协定	2021.11.10	纽约
18	中华人民共和国政府和多米尼克国政府关于互免签证的协定	2021.11.22	罗索
19	中华人民共和国政府和老挝人民民主共和国国境铁路协定	2021.11.30	北京、万象
20	中华人民共和国和尼加拉瓜共和国关于恢复外交关系的联合公报	2021.12.10	天津
21	中华人民共和国政府与白俄罗斯共和国政府关于白俄罗斯在香港设立总领事馆的换文	2021.11.17 白 2021.12.28 中	

后 记

《中国外交》由外交部政策规划司主编、外交部各地区业务司撰稿、世界知识出版社出版发行，每年出版一卷，向国内外公开发行。

《中国外交》旨在准确、全面地阐述中国的外交政策和中国对国际形势的最新看法，系统、完整地介绍中国上年度对外关系及外交实践。

《中国外交》(2022年版)主要介绍2021年的中国外交，同时发行中文版和英文全译本。

《中国外交》(2022年版)共分九章。

第一章和第二章主要介绍中国对2021年国际形势的看法和中国的外交工作概况。

第三章主要介绍2021年中国与各建交国家的关系。

第四章主要介绍2021年中国与国际和地区组织的关系以及中国对有关问题的立场及观点。

第五章介绍2021年中国外交中的国际安全、军控与防扩散工作。

第六章介绍2021年中国外交中的条约法律工作。

第七章介绍2021年中国外交中的边界与海洋

工作。

第八章介绍2021年中国外交中的新闻工作和公共外交工作。

第九章介绍2021年中国外交中的领事工作。

外交部政策规划司

2022年12月